RACCONTI DEL NOVECENTO

RACCONTI DEL NOVECENTO
Realtà Regionali

I. T. OLKEN
University of Michigan

CLAUDIO MAZZOLA
Vassar College

PRENTICE HALL, ENGLEWOOD CLIFFS, N.J. 07632

Library of Congress Cataloging-in-Publication Data

Racconti del Novecento: realtà regionali / I.T. Olken, Claudio
  Mazzola.
    p. cm.
  Includes bibliographical references.
  ISBN 0-13-750001-7
    1. Italian language—Readers. 2. Short stories, Italian.
3. Italian fiction—20th century. I. Olken, I. T., 1930–   .
II. Mazzola, Claudio.
PC1117.R3   1991
458.6′421—dc20

90-42378
CIP

Editorial/production supervision and
   interior design: Marina Harrison
Cover design: Barbara Singer
Prepress buyer: Herb Klein
Manufacturing buyer: David Dickey

 © 1991 by Prentice-Hall, Inc.
A Division of Simon & Schuster
Englewood Cliffs, New Jersey 07632

Printed in the United States of America
10 9 8 7 6 5 4 3 2 1

ISBN 0-13-750001-7

Prentice-Hall International (UK) Limited, *London*
Prentice-Hall of Australia Pty. Limited, *Sydney*
Prentice-Hall Canada Inc., *Toronto*
Prentice-Hall Hispanoamericana, S.A., *Mexico*
Prentice-Hall of India Private Limited, *New Delhi*
Prentice-Hall of Japan, Inc., *Tokyo*
Simon & Schuster Asia Pte. Ltd., *Singapore*
Editora Prentice-Hall do Brasil, Ltda., *Rio de Janeiro*

INDICE

IL SECONDO DOPOGUERRA E GLI ANNI '60 – '90

PREFAZIONE

Regional identity, in all its varied forms of expression, is one of the persistent and viable sources of inspiration in Italian literature which narrators from Boccaccio's day to ours have reflected in their stories. The subtleties of this continuing source of personal pride and passion are central factors in any explanation of economic change and development, socio-cultural patterns, and political truths and fictions. Modern Italian literature begins precisely with a combined literary and critical credo in the late nineteenth century, in the stories and novels of Giovanni Verga. Verga's classic story, "La lupa," introduces this collection, as a landmark and a recognized masterpiece of the European short story genre. It is a haunting and bittersweet comment on the strengths and purity—as well as the weaknesses and abjection—of primitive, rural life in Italy of the time, as in much of Europe at the moment of the hesitant beginnings of industrialization. In the particular case of Italy, this period also marks another beginning: the emergence of the Italian peninsula as a newly unified national entity. Verga's harsh Sicilian landscape, the rigidly traditional and therefore monumental articulation of his peasant protagonists, and the sense of immediacy associated with their struggle for existence at the very precarious edges of society are the bedrock of an aesthetic landscape that would stimulate Italian writers for the next two decades and well into the twentieth century. Verga's art introduced stunning and crucial innovations, the most immediately affective of which was the insertion of contemporaneous fact and reality into a broadly universal context of timeless human qualities and behavior. His narratives served as models that influenced the direction of Italian fiction, as students will perceive in several among the other stories in this volume.

Regional divisions may often be clear-cut: they may reflect patent differences between the northerner and southerner, the self-conscious and ambivalent status of the *isolano*, the lively and often volatile traditional competition of communities in close proximity, or even the bitter vying of the several social and economic classes. These same differences may reflect equally the often dramatic divergence and discord between the urban and the agrarian, the plainsman and the mountaineer. In addition, they demonstrate the deep-seated emotions of the writer himself as he attempts to sort out and view objectively the often opposing elements that determine his own identity, that of his native region, and that of his country. Tenacious nostalgia may conflict or blend with contained resentment, civic commitment and aspiration with family loyalty, romantic fantasy with pressing reality. The use of specific dialect terms or syntax, regularized expression of feeling through set phrases and traditional metaphor and simile, references to a specific locale and its unique customs and conventions are all clues to the writer's attitudes and point of view as he then confronts an even deeper series of problems and crises that have to do with identity. These phenomena open the door to another sphere of themes and ideas. External differences often begin to fade and transmute. The presentation of character stresses sameness and similarity, if not universality, of basic feelings and needs. Identity at this level is stripped down to bare essentials. Here, too, Verga's ethic and poetics are seminal for later Italian writers, as is clearly highlighted by many of the conflicts and tensions in the stories that exhibit these phenomena of divergence and discord, quest and fulfillment. How these phenomena contribute to change or stasis, which "regional" customs survive or disappear in modern society, why some among even the most contemporary Italian narrators continue to purvey a fulsome regional atmosphere are a few of the questions students might consider during their reading. Comparison and contrast to their own culture will further suggest answers to these questions.

With the second- and third-year college student in mind, the following selection of stories focuses on provocative and pertinent themes as expressed by primarily major writers. Each may be read and discussed separately, or used as part of a coherent study of the components of Italian culture in the modern period. Attention has been concentrated on the presentation of disparate and contrasting facts and fantasies, demeanor and viewpoint, mood and temperament, in order to highlight the richness and breadth of inspiration in the elements that have contributed to the formation of the contemporary Italian ethos. In a few cases, examples of the *racconto-saggio* have been included (Levi, Pavese, Ginzburg), where the distinction between short story and essay has been purposely blurred by the author for polemic or philosophical reasons.

A short biographical sketch of the author precedes each story, indicating his primary concerns and artistic focus, as well as placing him within the contemporary literary *ambiente* of his time. Accompanying the biography is a list of the author's major works. Notes for each story *(note lessicali e culturali)* explain difficult passages and vocabulary, dialect use, archaisms, and cultural items with which students may not be familiar. A series of content-related and interpretive questions follows each story *(domande)*, as does a group of suggested topics for discussion, composition, and class projects *(temi)*. A second set of four to six exercises *(esercizi)* uses the specific vocabulary and structures within the story to review a comprehensive array of basic grammatical, syntactic, lexical, and idiomatic constructions, geared to aid the student in developing a more extensive active and passive use of the language. These exercises are of broadly different types from story to story, with the constant repetition of a single exercise: the choice or substitution of various verb tenses in a series of sentences. The substitution exercises may be adapted for tenses other than those called for in the specific exercise, depending upon the needs of a given class. They might also be omitted in beginning second-year classes where they treat tenses to which students have had little exposure, such as those of the subjunctive mood. Each set of exercises varies in degree of difficulty, thus offering the instructor the choice of including or omitting a specific exercise at different class levels. A rigorously extensive end-vocabulary includes all entries deemed necessary at the second-year level, excluding cognate items mentioned in the opening paragraph of the vocabulary. This introductory paragraph to the vocabulary may also serve as the basis for additional lexical exercises.

The constraints of a single volume make it impossible to include all major twentieth-century writers, some of whom do not appear simply due to the length of their stories. These writers are included in the Appendix (*Letture supplementari*) which completes the volume. This lists chronologically additional authors and titles which interested students may wish to consult for an even more complete introduction to the short narrative of the late nineteenth and twentieth century. Selections follow a broadly chronological order, and include in an unaltered form shorter and longer stories, representing both the light and serious narrative vein, none of which stories has appeared before in textbook form. The strikingly greater number of stories with somber themes reflects socio-political and economic realities that shaped Italy during the twentieth century. The significance of these realities is vital to an understanding of certain attitudes, trends and developments in modern Italian culture, and the ways some among the most eminent Italian writers have chosen to comment on their world.

CREDITS

We wish to thank the authors, publishers, and holders of copyrights for their permission to reprint the following materials:

Giovanni Verga, LA LUPA, in OPERE (Ricciardi), Arnoldo Mondadori, Editore, 1968.

Grazia Deledda, LE TREDICI UOVA, in ROMANZE E NOVELLE, Arnoldo Mondadori, Editore, 1957.

Luigi Pirandello, LA GIARA, in NOVELLE PER UN ANNO, Arnoldo Mondadori, Editore, 1968.

Federico Tozzi, UNA SBORNIA, in NOVELLE, © 1976 Vallecchi Editore, Firenze.

Corrado Alvaro, LA ZINGARA, in GENTE IN ASPROMONTE, Aldo Garzanti, Editore, 1957.

Romano Bilenchi, UN ERRORE GEOGRAFICO, in ANNA E BRUNO E ALTRI RACCONTI, RCS Rizzoli Libri, 1989.

Vasco Pratolini, IL PALIO, in IL TAPPETO VERDE, Vallecchi, 1941.

Francesco Jovine, MARTINA SULL'ALBERO, in RACCONTI, G. Einaudi, Editore, 1960.

Cesare Pavese, LAVORARE È UN PIACERE, in RACCONTI, G. Einaudi, Editore, 1960.

Vitalino Brancati, I PADRONI DELL'ISOLA, in SOGNO DI UN VALZER, Gruppo Editoriale Fabbri, Bompiani, Sonzogno, Etas SpA, 1982.

Vitalino Brancati, POCHE E MOLTE PAROLE, in SOGNO DI UN VALZER, Gruppo Editoriale Fabbri, Bompiani, Sonzogno, Etas Spa, 1982.

Beppe Fenoglio, PIOGGIA E LA SPOSA, in VENTITRÈ GIORNI DELLA CITTÀ DI ALBA, G. Einaudi, Editore, 1983.

Carlo Levi, IL PONTIAC A ISNELLO e IMPELLITTERI A ISNELLO, in LE PAROLE SONO PIETRE, G. Einaudi, Editore, 1958.

Domenico Rea, L'ALBERO DI NATALE, in IL RE E IL LUSTRASCARPE, 1961.

Natalia Ginzburg, INVERNO IN ABRUZZO, in LE PICCOLE VIRTÙ (in OPERE), 1986.

Giuseppe Marotta, CECILIA, in LE MILANESI, RCS Rizzoli Libri SpA, 1986.

Alba de Cespedes, LA PAURA, in NUOVI RACCONTI ITALIANI, Nuova Accademia, 1963.

Ercole Patti, PICCOLO PROPRIETARIO TERRIERO, in NUOVI RACCONTI ITALIANI, Nuova Accademia, 1963.

Gianni Rodari, LA MACCHINA AMMAZZAERRORI, in IL LIBRO DEGLI ERRORI, G. Einaudi, Editore, 1964.

Italo Calvino, MARCOVALDO AL SUPERMARKET, in MARCOVALDO OVVERO LE STAGIONI IN CITTÀ, 1966.

Piero Chiara, VIENI FUORI, EREMITA! in L'UOVO AL CIANURO E ALTRE STORIE, Arnoldo Mondadori, 1987.

Alberto Moravia, UN GIOCO, in IL PARADISO, Gruppo Editoriale Fabbri, Bompiani, Sonzogno, Etas SpA, 1970.

Leonardo Sciascia, IL LUNGO VIAGGIO, in IL MARE COLORE DEL VINO, G. Einaudi, Editore, 1973.

Lucio Mastronardi, DALLA SANTA, in L'ASSICURATORE, RCS Rizzoli Libri SpA, 1975.

Gianni Celati, MIO ZIO SCOPRE L'ESISTENZA DELLE LINGUE STRANIERE, in NARRATORI DELLA PIANURA, Giangiacomo Feltrinelli, Editore SpA, 1985.

Vincenzo Consolo, COMISO, in LE PIETRE DI PANTALICA, Arnoldo Mondadori, 1988.

REGIONI D'ITALIA

VALLE D'AOSTA

PIEMONTE

LOMBARDIA

ALTO ADIGE— TRENTINO

VENETO

FRIULI— VENEZIA GIULIA

LIGURIA

EMILIA-ROMAGNA

MAR LIGURE

TOSCANA

San Marino

MARCHE

MARE

UMBRIA

ABRUZZI

ADRIATICO

LAZIO

MOLISE

CAMPANIA

PUGLIA

BASILICATA

MAR

SARDEGNA

TIRRENO

CALABRIA

MAR

MARE

MEDITERRANEO

SICILIA

IONIO

L'ULTIMO OTTOCENTO

■ SICILIA
Giovanni Verga, *La lupa*

Giovanni Verga (1840-1922)

La cultura siciliana è rimasta per molti anni, soprattutto per questioni politiche, isolata dal resto d'Italia e d'Europa. Fin dalla prima metà del XIX secolo erano state promosse, a vari livelli, numerose attività che avrebbero potuto riallacciare la Sicilia al resto del continente. L' intellighenzia del primo Ottocento si interessò alle condizioni di vita dei contadini siciliani e soprattutto gli scrittori di questo periodo cercarono di inserire l'aspetto sociologico della loro narrativa nell'atmosfera di rinnovamento post-illuminista italiano ed europeo. Le prime opere di Giovanni Verga, scritte nel periodo che va tra i 16 e i 22 anni, pur essendo ancora il prodotto di uno scrittore immaturo, offrono già molti spunti, quali la tendenza a un realismo popolare, che si ritroveranno nelle opere maggiori.

Nel 1865, Verga si trasferì da Catania a Firenze che allora era la capitale politica e letteraria d'Italia. In questo periodo, egli scrisse alcuni romanzi (il più famoso è *Storia di una capinera* del 1869-71) caratterizzati da una forte introspezione psicologica e da un gusto per atmosfere sentimentali che interferiscono con la descrizione delle vicende. In seguito, si trasferì a Milano, dove venne in contatto con ambienti letterari in cui era diffuso il senso di rinnovamento e sperimentazione. Egli era aperto agli stimoli letterari derivati da questi ambienti; nel frattempo maturò l'idea di un ciclo di romanzi sui ''vinti'', una vasta rappresentazione delle diverse forme di lotta per la vita in cui l'uomo deve impegnarsi. Dei cinque romanzi progettati solo due furono terminati. Il primo è *I Malavoglia* (1881), in cui lo scrittore descrive una famiglia di pescatori che disperatamente cerca di sopravvivere di fronte a tutte le avversità della vita. La terra e la casa sono le uniche cose a cui i pescatori possono attaccarsi per poter sperare di non essere sempre sconfitti. Tra *I Malavoglia* e il secondo romanzo del ciclo, *Mastro Don Gesualdo* (1888), Verga pubblicò — in due volumi — le sue migliori novelle: *Vita dei campi* (1880) e *Novelle Rusticane*. Queste sono opere in cui egli continua la sua analisi della povera gente siciliana e vanno considerate dello stesso valore artistico dei suoi romanzi.

Importante è il concetto della ''roba'', che lo scrittore sviluppa in questo periodo, concetto che è presente in quasi tutte le sue opere maggiori. La roba, cioè i beni materiali che hanno importanza, è l'indice sociale sul quale si basa il giudizio degli altri. Questo è proprio uno dei temi di *Mastro Don Gesualdo,* in cui viene descritta la scalata sociale di un povero muratore. Il suo tentativo viene apparentemente coronato da successo, ma egli è, in realtà, punito per aver cercato di trasgredire le leggi della natura, volendo rompere le barriere sociali. Nel grande palazzo nobiliare Mastro Don Gesualdo non trova la felicità ma la solitudine. Importante è anche da ricordare la trasposizione di alcune strutture sintattiche dal dialetto siciliano in italiano, caratteristica, quest'ultima, che si riscontra in molte opere dello scrittore, ivi incluso anche il racconto qui riportato. Nel 1894 Verga tornò a Catania, dove morì, ventotto anni dopo, senza aver prodotto praticamente più nulla.

''La lupa'' si inserisce perfettamente nel contesto dell'analisi dei contadini siciliani, i cui principi e i cui legami sono indissolubilmente vincolati alla natura. Lo squilibrio, determinato dalla violazione di tali regole da parte dell'uomo, viene quasi automaticamente bilanciato dalla natura stessa che spinge il protagonista all'uccisione della ''lupa'', fonte principale della rottura dell'armonia contadina.

BIBLIOGRAFIA ESSENZIALE

I CARBONARI DELLA MONTAGNA (1861)
UNA PECCATRICE (1866)
STORIA DI UNA CAPINERA (1870)
EVA (1873)
NEDDA (1874)
EROS (1875)
ROSSO MALPELO (1878)
FANTASTICHERIA (1879)
VITA DEI CAMPI (1880)
I MALAVOGLIA (1881)
NOVELLE RUSTICANE (1883)
VAGABONDAGGIO (1887)
MASTRO DON GESUALDO (1888)
I RICORDI DEL CAPITANO D'ARCE (1891)
DON CANDELORO (1894)

LA LUPA

Era alta, magra; aveva soltanto un seno fermo e vigoroso da bruna e pure non era più giovane; era pallida come se avesse sempre addosso la malaria, e su quel pallore due occhi grandi così, e delle labbra fresche e rosse, che vi mangiavano.

5 Al villaggio la chiamavano *la Lupa* perché non era sazia giammai — di nulla. Le donne si facevano la croce quando la vedevano passare, sola come una cagnaccia, con quell'andare randagio e sospettoso della lupa affamata; ella si spolpava i loro figliuoli e i loro mariti in un batter d'occhio, con le sue labbra rosse, e se li tirava dietro alla gonnella solamente a guardarli con 10 quegli occhi da satanasso, fossero stati davanti all'altare di Santa Agrippina. Per fortuna *la Lupa* non veniva mai in chiesa né a Pasqua, né a Natale, né per ascoltar messa, né per confessarsi. — Padre Angiolino di Santa Maria di Gesù, un vero servo di Dio, aveva persa l'anima per lei.

Maricchia,[1] poveretta, buona e brava ragazza, piangeva di nascosto, 15 perché era figlia della *Lupa,* e nessuno l'avrebbe tolta in moglie, sebbene ci avesse la sua bella roba nel cassettone, e la sua buona terra al sole, come ogni altra ragazza del villaggio.

Una volta *la Lupa* si innamorò di un bel ragazzo che era tornato da soldato, e mieteva il fieno con lei nelle chiuse[2] del notaro, ma proprio quello 20 che si dice innamorarsi, sentirsene ardere le carni sotto al fustagno del corpetto, e provare, fissandolo negli occhi, la sete che si ha nelle ore calde di giugno, in fondo alla pianura. Ma colui seguitava a mietere tranquillamente col naso sui manipoli, e le diceva: — O che avete, gnà Pina?[3] — Nei campi immensi, dove scoppiettava soltanto il volo dei grilli, quando il sole batteva a 25 piombo, *la Lupa* affastellava manipoli su manipoli, e covoni su covoni, senza stancarsi mai, senza rizzarsi un momento sulla vita, senza accostare le labbra al fiasco, pur di stare sempre alle calcagna di Nanni,[4] che mieteva e mieteva, e le domandava di quando in quando: — Che volete, gnà Pina?

Una sera ella glielo disse, mentre gli uomini sonnecchiavano nell'aia,

30 stanchi dalla lunga giornata, ed i cani uggiolavano per la vasta campagna nera: — Te voglio! Te che sei bello come il sole, e dolce come il miele. Voglio te!

— Ed io invece voglio vostra figlia, che è vitella[5] — , rispose Nanni ridendo.

35 *La Lupa* si cacciò le mani nei capelli, grattandosi le tempie senza dir parola, e se ne andò, né più comparve nell'aia. Ma in ottobre rivide Nanni, al tempo che cavavano l'olio, perché egli lavorava accanto alla sua casa, e lo scricchiolio del torchio non la faceva dormire tutta notte.

— Prendi il sacco delle ulive, — disse alla figliuola — e vieni con me.

40 Nanni spingeva colla pala le ulive sotto la macina, e gridava — Ohi! — alla mula perché non si arrestasse. — La vuoi mia figlia Maricchia? — gli domandò la gnà Pina. — Cosa gli date a vostra figlia Maricchia? — rispose Nanni. — Essa ha la roba di suo padre, e dippiù io le do la mia casa; a me mi basterà[6] che mi lasciate un cantuccio nella cucina, per stendervi un po' di

45 pagliericcio. — Se è così se ne può parlare a Natale — , disse Nanni. — Nanni era tutto unto e sudicio dell'olio e delle ulive messe a fermentare, e Maricchia non lo voleva a nessun patto; ma sua madre l'afferrò pe' capelli, davanti al focolare, e le disse co' denti stretti: — Se non lo pigli ti ammazzo!

La Lupa era quasi malata, e la gente andava dicendo che il diavolo

50 quando invecchia si fa eremita. Non andava più in qua e in là; non si metteva più sull'uscio, con quegli occhi da spiritata. Suo genero, quando ella glieli piantava in faccia quegli occhi,[7] si metteva a ridere, e cavava fuori l'abitino della Madonna per segnarsi. Maricchia stava in casa ad allattare i figliuoli, e sua madre andava nei campi, a lavorare cogli uomini, proprio come un uomo,

55 a sarchiare, a zappare, a governare le bestie, a potare le viti, fosse stato greco[8] e levante[8] di gennaio, oppure scirocco[8] di agosto, allorquando i muli lasciavano cader la testa penzoloni, e gli uomini dormivano bocconi a ridosso del muro a tramontana.[8] *In quell'ora fra vespero e nona, in cui non ne va in volta femmina buona,*[9] la gnà Pina era la sola anima viva che si vedesse errare per la

60 campagna, sui sassi infuocati delle viottole, fra le stoppie riarse dei campi immensi, che si perdevano nell'afa, lontan lontano, verso l'Etna[10] nebbioso, dove il cielo si aggravava sull'orizzonte.

— Svegliati! — disse *la Lupa* a Nanni che dormiva nel fosso, accanto alla siepe polverosa, col capo fra le braccia. — Svegliati, ché ti ho portato il

65 vino per rinfrescarti la gola.

Nanni spalancò gli occhi imbambolati, fra veglia e sonno, trovandosela dinanzi ritta, pallida, col petto prepotente, e gli occhi neri come il carbone, e stese brancolando le mani.

— No! non ne va in volta femmina buona nell'ora fra vespero e nona!

70 — singhiozzava Nanni, ricacciando la faccia contro l'erba secca del fossato, in fondo in fondo, colle unghie nei capelli. — Andatevene! Andatevene! non ci venite più nell'aia!

Ella se ne andava infatti, *la Lupa*, riannodando le trecce superbe, guardando fisso dinanzi ai suoi passi nelle stoppie calde, cogli occhi neri come il 75 carbone.

Ma nell'aia ci tornò delle altre volte, e Nanni non le disse nulla; e quando tardava a venire, nell'ora fra vespero e nona, egli andava ad aspettarla in cima alla viottola bianca e deserta, col sudore sulla fronte; e dopo si cacciava le mani nei capelli, e le ripeteva ogni volta: — Andatevene! Andatevene! 80 Non ci tornate più nell'aia! — Maricchia piangeva notte e giorno, e alla madre le piantava in faccia gli occhi ardenti di lagrime e di gelosia, come una lupacchiotta anch'essa, quando la vedeva tornare da' campi pallida e muta ogni volta. — Scellerata! — le diceva. — Mamma scellerata!

— Taci!

85 — Ladra! ladra!

— Taci!

— Andrò dal brigadiere,[11] andrò!

— Vacci!

E ci andò davvero, coi figli in collo, senza temere di nulla, e senza 90 versare una lagrima, come una pazza, perché adesso l'amava anche lei quel marito che le avevano dato per forza, unto e sudicio dalle ulive messe a fermentare.

Il brigadiere fece chiamare Nanni, e lo minacciò della galera, e della forca. Nanni si diede a singhiozzare ed a strapparsi i capelli; non negò 95 nulla, non tentò scolparsi. — È la tentazione! — diceva — è la tentazione dell'inferno! — Si buttò ai piedi del brigadiere supplicandolo di mandarlo in galera.

— Per carità, signor brigadiere, levatemi da questo inferno! fatemi ammazzare, mandatemi in prigione; non me la lasciate veder più, mai! mai!

100 — No! — rispose però *la Lupa* al brigadiere. — Io mi son riserbato un cantuccio della cucina per dormirvi, quando gli ho data la mia casa in dote. La casa è mia. Non voglio andarmene!

Poco dopo, Nanni s'ebbe nel petto un calcio dal mulo e fu per morire; ma il parroco ricusò di portargli il Signore[12] se *la Lupa* non usciva di casa. *La* 105 *Lupa* se ne andò, e suo genero allora si poté preparare ad andarsene anche lui da buon cristiano; si confessò e comunicò con tali segni di pentimento e di contrizione che tutti i vicini e i curiosi piangevano davanti al letto del moribondo. E meglio sarebbe stato per lui che fosse morto in quel tempo, prima che il diavolo tornasse a tentarlo e a ficcarglisi nell'anima e nel corpo quando

110 fu guarito. — Lasciatemi stare! — diceva alla *Lupa* — per carità, lasciatemi in pace! Io ho visto la morte cogli occhi! La povera Maricchia non fa che disperarsi. Ora tutto il paese lo sa! Quando non vi vedo è meglio per voi e per me . . .

Ed avrebbe voluto strapparsi gli occhi per non vedere quelli della *Lupa*,
115 che quando gli si ficcavano ne' suoi gli facevano perdere l'anima ed il corpo. Non sapeva più che fare per svincolarsi dall'incantesimo. Pagò delle messe alle anime del Purgatorio e andò a chiedere aiuto al parroco e al brigadiere. A Pasqua andò a confessarsi, e fece pubblicamente sei palmi di lingua a strasciconi[13] sui ciottoli del sacrato innanzi alla chiesa, in penitenza, e poi, come *la*
120 *Lupa* tornava a tentarlo:

— Sentite! — le disse — non ci venite più nell'aia, perché se tornate a cercarmi, com'è vero Iddio, vi ammazzo!

— Ammazzami, — rispose *la Lupa* — ché non me ne importa; ma senza di te non voglio starci.

125 Ei[14] come la scorse da lontano, in mezzo a' seminati verdi, lasciò di zappare la vigna, e andò a staccare la scure dall'olmo. *La Lupa* lo vide venire, pallido e stralunato, colla scure che luccicava al sole, e non si arretrò di un sol passo, non chinò gli occhi, seguitò ad andargli incontro, con le mani piene di manipoli di papaveri rossi, e mangiandoselo con gli occhi neri. — Ah! ma-
130 lanno all'anima vostra! — balbettò Nanni.

NOTE LESSICALI E CULTURALI

[1] **Maricchia** *diminutivo di Maria*

[2] **chiuse** *la parola **chiusa** sta a indicare luogo recintato per pastura o per caccia*

[3] **gnà Pina** *forma dialettale siciliana che significa **signora Pina** (Giuseppina)*

[4] **Nanni** *Giovanni*

[5] **vitella** *donna giovane e bella*

[6] **a me mi basterà** *l'uso enfatico dei due pronomi (me, mi) è diffuso nell'italiano parlato, soprattutto con il verbo **piacere**: a me mi place*

[7] **glieli piantava in faccia quegli occhi** *la guardava fissamente*

[8] **greco, levante, scirocco, tramontana** *vari tipi di vento; il primo viene dal nord-ovest, il secondo da est, il terzo da sud-est, e l'ultimo da nord*

[9] **In quell'ora fra vespero e nona, in cui non ne va in volta femmina buona** *adattamento di un proverbio siciliano che vuol indicare come durante le ore più calde (che, secondo i contadini, sono dominate dagli spiriti maligni) non ci sia in giro nessuno*

[10] **Etna** *vulcano ancora attivo, situato nella Sicilia nord-orientale*

[11] **brigadiere** *sottufficiale dei Carabinieri, un corpo speciale di militari che tutelano l'ordine pubblico. Il titolo di brigadiere corrisponde nelle altre armi a sergente maggiore*

[12] **portargli il Signore** *portare a Nanni i sacramenti*

[13] **lingua a strasciconi**   *si strascina la lingua sul pavimento della chiesa, o sui ciottoli del sacrato, a simbolo di penitenza*

[14] **Ei**   *Egli o lui*

DOMANDE

1. Perché la protagonista era chiamata la Lupa?
2. Di che cosa avevano paura le altre donne?
3. Perché la Maricchia era triste?
4. Com'è l'amore della Lupa per il giovane ragazzo?
5. Perché lavora tanto la Lupa?
6. Come risponde il giovane di fronte all'atteggiamento della Lupa?
7. Che cosa interessa a Nanni prima di accettare di sposare Maricchia?
8. A Maricchia piace Nanni?
9. A quale condizione la Lupa dà la figlia a Nanni?
10. Che cosa portava la Lupa a Nanni?
11. Perché la figlia chiama la madre 'ladra'?
12. Come si comporta Nanni con la Lupa?
13. Cosa dice Nanni al brigadiere?
14. Chi sa della relazione tra Nanni e la Lupa?
15. Che minaccia fa Nanni alla Lupa?
16. Cosa fa la Lupa quando vede Nanni con la scure?
17. Perché Nanni decide di uccidere la Lupa?
18. Alla fine la uccide?
19. Quante espressioni o proverbi trovate nel racconto e quale funzione hanno?
20. Cosa ne pensa Lei del modo in cui Verga conclude il racconto?

TEMI

1. Qual è il ruolo dei proverbi in una società di tipo tradizionale? Ci sono molti esempi in questo racconto?
2. L'universalità della situazione presentata in questo racconto.
3. L'episodio della Lupa vi ricorda qualche altro personaggio di un libro o di un film che conoscete?
4. Sarebbe migliore o peggiore il mondo senza tipi indipendenti come la Lupa?
5. Come è cambiato il rapporto tra chiesa e religione? Quali sono le principali differenze che ancora esistono?

ESERCIZI

I. *Scegliere uno dei seguenti verbi per ogni frase e volgerlo al passato prossimo:*
   **ridere-addormentarsi-perdere-fare-stancarsi-venire-lasciare-tentare-
   mettersi a-andare-versare-innamorarsi-fissare-buttarsi-chiedere-
   stancarsi-piangere-mettere-stendere**

   1. La Lupa non _____ in chiesa a Pasqua.

   2. Lei _____ di un bel ragazzo.

   3. Maricchia _____ di nascosto.

   4. Nanni _____ quando

      _____ la figlia alla Lupa.

   5. Sotto il sole caldo di giugno lei non _____.

   6. Gli uomini, stanchi dalla lunga giornata, _____.

   7. I contadini _____ le olive a fermentare.

   8. Nanni e Maricchia le _____ un cantuccio nella

      cucina. La Lupa ci _____ un po' di pagliericcio.

   9. Maricchia non _____ una lagrima quando

      _____ dal brigadiere.

   10. Il brigadiere _____ chiamare Nanni che

       _____ ai suoi piedi.

II. *Trovare l'infinito che ha la stessa radice dei seguenti nomi e aggettivi:*

1. la forza	6. stretto
2. il sudore	7. stanco
3. lontano	8. il segno
4. pazzo	9. la tentazione
5. il pentimento	10. ardente

III. *Indicare la parola che non ha legami con le altre:*

   1. greco/tramontana/italiano/levante
   2. mietere/stendere/zappare/sarchiare
   3. chinarsi/rizzarsi/scolparsi/arretrarsi
   4. di nascosto/a ridosso di/dinanzi/in cima

5. sonnecchiare/arrestare/stanchi/imbambolato
6. balbettare/singhiozzare/incantare/gridare
7. pallore/infuocato/ardere/afa
8. forca/minaccia/galera/prigione
9. aia/pianura/chiusa/uscio
10. collo/cappello/unghia/petto

IV. *Completare le seguenti frasi secondo il contenuto del racconto:*

1. Lo scirocco e la tramontana sono dei _____.

2. Un segno della malaria è il _____.

3. Satanasso è un sinonimo per _____.

4. La lupacchiotta è la piccola della _____.

5. Una chiusa è un _____.

6. Chi vive solitario, spesso in luoghi deserti, si chiama un

    _____.

7. Ogni ragazza del villaggio aveva _____ e

    _____.

8. Verga parla soltanto di due stagioni: _____ e

    _____.

9. Alla Lupa basta un _____ in cucina.

10. Nanni pagò _____ per svincolarsi dall'incante-
    simo.

V. *Scegliere la frase in II che meglio completa quella in I:*

I

1. La Lupa lavorava nei campi
2. In chiesa non veniva mai
3. Pur di stare sempre alle calcagne di Nanni
4. Nelle chiuse del notaro
5. Quando lo vide con la scure
6. In ottobre

II

1. cavavano l'olio.
2. la sua buona terra al sole.
3. Pina errava per la campagna.
4. come una pazza.
5. nè a Pasqua nè a Natale.
6. Pina e Nanni mietevano il fieno.

7. Quando Nanni fu per morire

8. Maricchia andò dal brigadiere

9. Anche Maricchia aveva

10. Nell'ora fra vespero e nona

7. lei non si rizzò un momento sulla vita.

8. senza stancarsi mai.

9. era pallido e stralunato.

10. il parroco venne soltanto quando Pina era uscita di casa.

IL PRIMO NOVECENTO

SARDEGNA

Grazia Deledda (1875–1936)

Grazia Deledda nacque a Nuoro, in Sardegna, dove finì solo in parte le scuole elementari. Autodidatta, fu una scrittrice molto precoce e prolifica. Quando aveva appena diciassette anni aveva infatti già pubblicato una novella, *Sangue Sardo*. Dopo il matrimonio, avvenuto nel 1900, si trasferì a Roma dove restò fino alla morte. Nonostante il trasferimento nella grande città e l'inserimento in un nuovo ambiente sociale, la Deledda non smise mai di scrivere della sua terra natale. Parlava spesso dei libri classici, che aveva letto nella casa paterna, come qualcosa di fastidioso perchè la sua attenzione era rivolta verso la realtà, la vita cioè che si svolgeva nella sua nativa Nuoro e nella campagna circostante.

La visione della Deledda, che paragonava la vita a un fiume il cui moto non può essere fermato da nulla, era tale per cui il bene e il male sono qualcosa di naturale che, quindi, deve essere in qualche modo accettato. Ecco che i suoi personaggi sono dominati da un senso del fato che emerge dopo una dolorosa lotta interna. Uno dei miti della scrittrice è quello della terra e della natura che sono indissolubilmente uniti al destino degli agricoltori e dei pastori. I suoi personaggi si muovono nella tradizione folkloristica ricca di riti e leggende, in un mondo sostanzialmente ancora spontaneo e autentico. Il volume *Tradizioni popolari di Nuoro in Sardegna* (1895) nacque proprio dal suo desiderio che il patrimonio folkloristico della sua regione non andasse perduto. Forte rimase in lei anche il nostalgico ricordo della casa paterna e della sua infanzia, tema che si presenta già nella raccolta di novelle *Nell'azzurro* (1890). Il processo di descrizione veristica della Sardegna è spesso alternato a una mitizzazione quasi romantica delle tradizioni della sua terra. I personaggi si muovono in una realtà dominata da una struttura sociale ancora feudale che la Deledda accetta, rifiutando invece la mentalità della borghesia cittadina. Questa sua posizione è forse giustificabile se si vede in un possibile cambiamento anche la perdita di quei valori tradizionali in cui la Deledda credeva tanto. Alcune tra le opere più importanti sono: *Elias Portolu* (1900), *Cenere* (1903), *L'edera* (1908), *Canne al vento* (1913) e *La madre* (1920). Sono quasi tutti romanzi caratterizzati da una struttura semplice e da un'accumulazione classica della tensione dovuta alle passioni dei protagonisti. È forse ne *Il segreto dell'uomo solitario* (1921) dove è più presente quasi un rifiuto della struttura classica del romanzo mancando una vera e propria trama. Nel 1926 le fu assegnato il premio Nobel per la letteratura.

In "Tredici uova", il racconto qui riportato, la Deledda descrive il disperato tentativo di una famiglia benestante caduta in disgrazia di risalire la scala sociale tramite un matrimonio d'interesse. Madalena, la giovane protagonista, costretta ad accettare il marito propostole dalla matrigna e dal padre, riesce alla fine a reagire, dimostrando il suo orgoglio sardo.

BIBLIOGRAFIA ESSENZIALE

NELL'AZZURRO (1890)
FIOR DI SARDEGNA (1890)
RACCONTI SARDI (1894)
TRADIZIONI POPOLARI DI NUORO IN SARDEGNA (1895)
ANIME ONESTE (1895)
LA VIA DEL MALE (1896)
PAESAGGI SARDI (1897)
LA GIUSTIZIA (1899)
IL VECCHIO DELLA MONTAGNA (1900)
DOPO IL DIVORZIO (1902)
ELIAS PORTOLU (1903)
CENERE (1903)
L'EDERA (1908)
NEL DESERTO (1911)
COLOMBI E SPARVIERI (1912)
CHIAROSCURO (1912)
CANNE AL VENTO (1913)
L'INCENDIO NELL'OLIVETO (1918)
LA MADRE (1920)
IL SEGRETO DELL'UOMO SOLITARIO (1921)
IL SIGILLO D'AMORE (1926)
COSIMA (1937)

LE TREDICI UOVA

Nel popolo, che ha la sua nobiltà e la sua plebe, vi sono, come nelle classi elevate, famiglie decadute che cercano di risollevarsi facendo fare buoni matrimoni ai loro figliuoli, e giovani di bassa stirpe che credono di nobilitarsi imparentandosi con tali famiglie, e fanciulle che si sacrificano e parenti
5 interessati che non mancano mai di pescare qualche cosa nel torbido.

La famiglia Palas, un tempo assai benestante e rispettata, dopo lunghi anni di decadenza sperava appunto di rinnovare le proprie sorti combinando un buon matrimonio per la figlia Madalena.

Sedute al sole, nel cortiletto sterrato che pareva un angolo di viottolo,
10 Madalena e la matrigna cucivano le ghette d'orbace pei loro uomini e parlavano spesso del sognato matrimonio. La matrigna, pingue e sucida, ma ancora giovane e fresca in viso, con due grandi occhi neri corruscanti, s'agitava sul suo sgabello di ferula, sollevando di tanto in tanto la mano col ditale e l'ago che scintillavano al sole, mentre Madalena, nonostante la sua appa-
15 renza di fanciulla nervosa, rimaneva immobile, col viso oblungo e bianco come un uovo, ombreggiato dal lembo del fazzoletto scuro.

— Di razza buona siamo, figlia cara, — diceva la matrigna — e il tempo e la sorte possono fare e disfare tutto, fortune ed eventi, ma non cambiare le razze. Il pane bianco rimane pane bianco anche nella *bertula*[1] del
20 pezzente, e la sorgente d'acqua dolce rimane tale anche se vi si abbeverano i maiali. Sí, foglia d'argento mia, tuo nonno lo chiamavano *Palas de ferru*,[2] tanto era ritenuto forte e potente. Be', le vicende son mutate, e i tuoi fratelli sono dovuti andare in America assieme coi disperati; ma noi siamo sempre noi, e se tu sposerai Mauru Pinna, egli resterà Mauru Pinna, figlio di un
25 tagliapietre arricchito, e tu resterai la figlia di Franziscu Maria Palas.

Madalena non rispondeva, ma sollevava i grandi occhi dolci e dorati come il miele, s'accomodava con le dita bianche le bretelle del corsettino di velluto verdone, il cordoncino di seta che le ornava il collo un po' lungo e venato d'azzurro, e pareva si svegliasse da un sogno. Ombre fugaci come

30 quelle delle rondini che le passavano quasi rasente la testa, oscuravano di tanto in tanto le sue iridi dorate.

— Eppoi, figlia cara, tu che sei giovane non sai una cosa: la gente di buona razza come noi è furba, è intelligente, mentre i plebei sono anche semplici. Tu sarai la padrona, foglia mia d'argento, e Maureddu il servo: tu
35 potrai dargli pane d'orzo e ricotta secca, quando egli andrà ad arare o a mietere, e tu potrai tener sempre la caffettiera sul fuoco e farti la frollata e i biscotti con la cappa³ e tenere il *pane d'isola*⁴ nel guardaroba. Egli non se ne accorgerà, in coscienza mia.⁵

Queste ragioni convincevano la fanciulla, tanto piú che i Palas, in quella
40 stagione bella ma lontana ancora dalla raccolta, nonostante tutta la nobiltà della loro razza pativano quasi la fame. Un giorno la matrigna dovette farsi prestare, al mille per cento, un mezzo ettolitro di grano; poi impegnò per tre lire la sua medaglia d'argento a filigrana, poi andò nella valle a cogliere finocchiella e ramolacci.

45 Madalena non usciva mai di casa: ma la primavera arrivava fino al cortiletto e copriva i muri di ranuncoli e di fior di musco; e sul tetto della casetta il vento d'aprile scuoteva le gramigne e gli steli d'avena palpitanti che pareva accarezzassero il cielo azzurro sopra gli embrici corrosi. Qualche volta la bianca cucitrice aveva fame; allora pensava a Maureddu Pinna e alla sua
50 provvista di lardo, di frumento, di formaggio; e sollevando le palpebre un po' livide guardava le nuvolette biancastre d'aprile col vago sguardo dei convalescenti affamati.

Verso Pentecoste egli fece la sua domanda. La paraninfa parlò a lungo con la matrigna di Madalena.

55 — Maureddu Pinna? Egli può dirsi un re, in casa sua. Egli ha provviste di tutto; egli ha buoi, carro, vigna, *seminerio*.⁶ E non ha parenti che possano decimare la sua roba.

— Figliastra mia è però un gioiello, — rispose alteramente la matrigna. — Essa ha le mani d'oro ed è di buona stirpe. Maureddu Pinna
60 potrebbe essere ricco come il mare; non troverebbe una ragazza eguale.

Ad ogni modo egli fu accettato, e una sera andò a far la prima visita alla fidanzata. Madalena stava seduta accanto al focolare e cuciva, mentre suo padre, un uomo imponente, dai lineamenti fini e con la barba rossiccia, sdraiato sulla stuoia, parlava con sua moglie infiorando di proverbi e sen-
65 tenze il suo discorso pacato.

— Cosí ti dico, moglie mia; il re raggiunge la lepre col carro. Il malfattore crede spesso di farla franca e di salvarsi perché è furbo: egli corre appunto come la lepre, ma il re, la giustizia del re s'intende, piano piano col suo carro lento ma sicuro finisce col raggiungerlo.

70 D'improvviso Madalena sentí rimbalzarle sul petto come una palla

elastica: trasalí, raccolse in grembo un'arancia, e sollevando gli occhi spaventati vide, sopra la linea oscura dell'*antipelus*, specie di paravento in muratura costrutto tra il focolare e la porta, il viso nero e barbuto del suo fidanzato. Era lui che per annunziarle il suo arrivo le aveva lanciato l'arancia; e rideva silenziosamente dello spavento di lei, mostrando fra i peli neri dei baffi e della barba i lunghi denti puntuti.

— Che tu sii il benvenuto, — disse la matrigna alzandosi. — Non avanzi?

Mauru avanzò: piccolo e con le gambe un po' storte, col suo costume nuovo, il cappuccio sulle spalle, pareva un buffone medioevale.

— Siediti, — gli disse il futuro suocero, senza alzarsi, spingendo uno sgabello.

— Non sono venuto per indugiare, — rispose il pretendente.

Tuttavia sedette e rimase lí due ore, senza mai guardare Madalena, che a sua volta non sollevava mai gli occhi. Ella cuciva e l'arancia, in grembo, le bruciava come una palla di fuoco. Dopo aver parlato del suo seminato, dei suoi buoi, della sua vigna, e fatto assieme con la matrigna e il futuro suocero il calcolo di quanto potevano possedere il tale e il tal altro, il fidanzato se ne andò. La matrigna disse:

— Non è una bandiera di bellezza,[7] ma è grazioso e di buon cuore.

— I quadri con le belle figure stanno attaccati al muro; l'uomo cammina e non ha bisogno d'esser bello, — aggiunse il padre, ripiegandosi la lunga berretta sotto l'orecchio a mo' di cuscino.

Madalena, taciturna, faceva scorrere da una mano all'altra l'arancia, poi si alzò, la depose sul sedile dell'*antipetus* e uscí nel cortiletto.

La luna nuova calava fra gli steli neri dell'avena, sopra il tetto; in lontananza s'udiva un canto d'amore, vibrante e selvaggio come il nitrito dei puledri indomiti a primavera; dalla cucina usciva il profumo dell'arancia che la matrigna mangiava tranquillamente buttandone la buccia sul fuoco, e Madalena s'asciugava gli occhi con la manica della camicia.

Ogni volta che entrava, il fidanzato diceva che non poteva indugiarsi, e dall'*antipetus* lanciava arancie, pere e noci alla fidanzata. Una volta ella piantò sullo sgabello, ove Maureddu usava sedersi, tre piccoli chiodi con la punta in su, e sperò che egli, pungendosi, capisse che ella lo disprezzava e non tornasse piú. Egli si punse, ma non disse nulla e tornò e invece di sedersi sullo sgabello s'appoggiò all'*antipetus*.

Le nozze furono celebrate dopo la raccolta dell'orzo. Benché facesse caldo, la sposa rimaneva pallida fredda come una statua di neve, e le sue nuove vicine di casa, vedendola cosí altera e riserbata, cominciarono a parlar male di lei. La chiamavano appunto la «Santa di ghiaccio».

In autunno Maureddu andò ad arare la terra. La sposa rimase sola in casa, e guardando i suoi sacchi d'orzo, le sue fave, la cassa colma di frumento, le pareva di sognare. Ogni mattina la matrigna, al ritorno dalla messa, entrava da lei e le diceva:

115 — Procura d'ingrassare, che tuo marito ti vorrà piú bene. Non hai uova da farti la frollata?

Madalena aveva le provviste, ma non aveva denari da sprecare in leccornie. Un giorno la matrigna osservò che la cassa del frumento era bucata e che il grano ne veniva fuori.

120 — Fa una cosa, foglia mia d'argento: vendi il grano e compra le uova e lo zucchero. A Mauru dirai che poco per volta le formiche hanno rubato il grano dalla cassa. Egli è semplice e ti crederà.

E cosí fecero e comprarono le uova, lo zucchero, la cioccolata e fecero i biscotti, il *pane d'isola*, i dolci d'uva passa e di sapa.

125 Dopo il frumento fu la volta dell'orzo.

— Dirai a tuo marito che son passati i frati questuanti e i priori di San Francesco e quelli di San Cosimo e che tu hai dato loro l'orzo per l'elemosina.

Poi decimarono anche l'olio e al vino mescolarono l'acqua, e i topi rosicchiarono il formaggio . . . Ma un giorno Madalena disse:

130 — Adesso basta: son grassa abbastanza.

Infatti sembrava un'altra; il suo viso aveva preso una tinta scura e calda ed i suoi occhi splendevano appunto come due stelle sul cielo bruno della sera.

Col sangue rinnovellato le scorreva nelle vene un'insolita energia; e
135 quando il marito tornò, ella seppe dirgli tante bugie che egli la guardò con rispetto e pensò:

«Quasi quasi ella diventa saggia e ponderata come la sua matrigna.»

Mauru ripartí il lunedí mattina con la bisaccia delle provviste sulle spalle. Alcune vicine di casa che andavano alla fontana, lo raggiunsero,
140 guardarono ridendo la bisaccia e gli chiesero:

— Ti ha dato buona roba tua moglie, Maureddu Pí?

— Roba buona mi ha dato; perché, che vi importa?

— No, cosí! perché lei digiuna, quando tu non ci sei, e anche tu, quindi, dovresti far quaresima.

145 — La vita del contadino è tutta una quaresima, — egli rispose, allontanandosi col suo passo lento d'uomo slombato.

Le nuvole salivano a frotte, scapigliate e selvagge, su da Monte Albo e da Monte Pizzinnu;[8] e tutto il cielo sopra la vallata, da Orune a Nuoro,[9] s'oscurava come al crepuscolo: anche sul viso del contadino pareva si sten-
150 desse quell'ombra mobile e triste.

Egli credeva d'essere molto furbo, e pretendeva che tutti lo rispettassero, specialmente dopo il suo matrimonio con Madalena. Le sue vicine, invece, lo deridevano appunto a proposito di sua moglie; perché? A che cosa

alludevano? Ella digiunava? Accennavano forse alle privazioni amorose
della moglie quando è lontano il marito? Ma se esse ridevano significava che
Madalena non sentiva troppo queste privazioni.

Alcuni giorni dopo egli rientrò a casa all'improvviso, e trovò il fuoco
acceso e Madalena che arrostiva allo spiedo un bel pezzo di carne grassa.

— Abbiamo un ospite, — ella disse, alquanto confusa, — il tuo amico
Juanne Zichina, che è venuto dal suo paese per una lite, che ha col fratello...

— Ben venga l'ospite: fai bene a trattarlo con onore.

Poco dopo arrivò la matrigna di Madalena, guardandosi attorno, e
fiutando l'aria come un cane da preda; ma la figliastra l'accolse con freddezza
e non la invitò neppure a sedersi.

Maureddu attese fino a mezzogiorno; poi siccome l'ospite non rientrava, si decise a ripartire.

I suoi buoi erano rimasti al pascolo, senza custodia, ed egli pensava che i
malfattori quando vedono un bue e non ne vedono il padrone, si sostitui-
scono volentieri a questo.

Prima di uscire di casa disse a Madalena:

— E con le vicine come vai?

— Non è gente per me, — ella rispose torcendo la bocca da un lato; ed
egli se ne andò senza osare di dirle altro.

Ma nella solitudine fu ripreso dai suoi cattivi pensieri, perché è appunto
nella solitudine che il demonio ci punge come il contadino punge i buoi
sonnolenti per farli camminare.

E Maureddu si rimise di nuovo in cammino: era una bella mattina di
dicembre: vapori azzurri come veli staccatisi dal cielo coprivano le lonta-
nanze; ma fin dove l'occhio poteva distinguer le pietre e i macigni, questi
apparivano nitidi, come lustrati; ogni filo d'erba aveva una perla di rugiada, e
sulle quercie nere le foglie gialle scintillavano come monete d'oro.

A gran distanza, nel sentiero della vallata, Maureddu distinse un uomo
a cavallo, col cappuccio in testa e l'archibugio sulle spalle, e riconobbe il suo
amico Juanne Zichina che si recava a Nuoro per la solita lite. Maureddu non si
fermò, ma a poco a poco Juanne Zichina lo raggiunse, e assieme fecero il resto
della strada. L'uomo a cavallo cominciò a parlare della sua lite, chiamando
suo fratello «nuovo Caino» perché s'era impadronito di una lista di terra in
una *tanca*[10] di comune proprietà; e l'uomo a piedi ascoltava torvo, sollevando
di tanto in tanto gli occhi ironici e minacciosi.

Juanne Zichina era un bellissimo uomo sui cinquant'anni, alto, colorito
in viso, con la lunga barba nera e gli occhi e i denti scintillanti, dritto sul suo
cavallo, con la cartucciera alla cintura e gli speroni sulle ghette.

Accanto a lui Maureddu si sentiva piccolo e goffo, e un pensiero strano,
proprio di quelli che manda il diavolo, gli attraversava la mente.

Nel veder arrivare assieme i due uomini, Madalena corrugò le sopracciglia, ma non disse nulla.

— Siediti accanto al fuoco, Juanne Zichí, — disse Maureddu. — Ora mia moglie ci darà da mangiare e da bere e tu potrai andare all'udienza con la
200   calma della volpe sazia . . .

— Dunque ti dicevo, *frate caru*,[11] quel nuovo Caino voleva anche prendersi la fontana che si trova in mezzo alla *tanca* . . . — riprese l'ospite, sedendosi accanto al focolare, dopo aver salutato Madalena. — Tu dirai: la fontana era d'entrambi. No, adesso ti spiego . . .
205   Prese la canna di ferro, avanzo di un antico archibugio, che serviva per soffiare il fuoco, e cominciò a tracciare qualche linea sulla cenere ammucchiata in un angolo del focolare.

Madalena preparava il canestro per la colazione: si avvicinò con evidente inquietudine e cominciò a fissare l'ospite in modo strano, come vivamente
210   colpita dal suo racconto e dalle traccie dei muri e dei sentieri della *tanca* che egli segnava sulla cenere.

— Quel Caino, dunque, doveva prendersi questa parte, cioè il bosco e il pascolo dell'asfodelo; a me spettava la marcita . . . Io gli dissi: *frate meu*,[12] siamo nati per morire, cerchiamo dunque di aggiustarci alla meglio . . . Invece
215   egli mi si gettò addosso . . . eravamo appunto davanti alla maledetta sorgente, come sarebbe a dire qui . . . Io gridai e accorsero i pastori; altrimenti Caino mi avrebbe strangolato come quello antico fece col fratel suo.

— Oh, *Zesus, Zesus!*[13] — gridò a sua volta Madalena, atterrita, strappandogli la canna di mano.
220   Anche Maureddu era livido, e fissava l'ospite con uno sguardo febbrile. Ma il Zichina si mise a ridere, mostrando i suoi bei denti da lupo serrati e candidi; s'alzò e disse:

— Adesso il giudice aggiusterà ogni cosa; andiamo in Tribunale.

Appena egli fu uscito, Maureddu balzò su come se il pavimento gli
225   scottasse, e si gettò sopra la moglie come il nuovo Caino s'era gettato sul fratello.

— Ah, con gli stranieri dunque ti metti, coi vecchi cinghiali, mala donna, che ho raccolta morta di fame?

Madalena non vacillò, non si piegò: solo gli mise le mani sul petto per
230   respingerlo, sollevando il viso diventato color del lievito. I suoi occhi sembravano brage.

— Appunto perché avevo fame ti ho preso, o tu che hai il cervello storto come le gambe! Lasciami!

Un sorriso crudele illuminò il suo viso tragico. Si curvò sul focolare e dal
235   mucchio di cenere su cui il Zichina aveva tracciato le linee della *tanca*, tolse due, cinque, tredici uova.

— Ecco, le vedi, — disse, curva, con due uova nel cavo delle mani protese. — Sí, ti ho sposato per saziarmi, e t'ho decimato il frumento, l'orzo, l'olio, per comprarmi i biscotti, il caffè, le uova . . . Le vedi? È stata matrigna a consigliarmi, e abbiamo rubato e mangiato assieme; ma adesso ero stanca e volevo mangiar da sola, e siccome lei fruga e fruga, ogni volta che entra qui, avevo nascosto le uova . . . e non volevo che lei le vedesse . . . neppure tu! . . . E tanto meno l'ospite, che avrebbe riso di noi . . .

L'uomo ascoltava sbalordito. Allora Madalena balzò su, e cominciò a lanciargli le uova sulla testa.

— Prendi, mala stirpe . . . cosí mi buttavi le arance . . . prendi . . . ed io schiantavo di rabbia, mentre nel vederti avevo voglia di ridere . . . prendi; e va a lagnarti con matrigna, se non sei contento . . . Prendi, tu che osi insultarmi come una tua pari! . . .

Le uova si spaccavano contro la testa del disgraziato, e il rosso si scioglieva tingendogli d'oro il viso e il petto, mentre l'albume scivolava fino al pavimento: ed egli mugolava come un vitello saltando a testa bassa di qua e di là per la cucina e pulendosi gli occhi con la manica della camicia, proprio come se li aveva asciugati lei[14] la prima sera del loro fidanzamento.

NOTE LESSICALI E CULTURALI

[1] **bertula**   *dialetto sardo per* **bisaccia** *o* **zaino**, *una grossa sacca usata in viaggio*

[2] **Palas de ferru**   *forma dialettale che indica* **spalle di ferro**

[3] **i biscotti con la cappa**   *biscotti di uvetta con sopra una glassa di zucchero e acqua*

[4] **il pane d'isola**   *panini dolci*

[5] **in coscienza mia**   *ne sono sicura*

[6] **seminerio**   *terra coltivata, campi coltivati*

[7] **Non è una bandiera di bellezza**   *Non è veramente bello*

[8] **Monte Albo, Monte Pizzinnu**   *monti che si trovano nella parte nord-est della Sardegna*

[9] **Orune, Nuoro**   *Il primo è un piccolo paese, mentre la seconda è una città, entrambe si trovano ai piedi del Monte Albo*

[10] **tanca**   *parola usata in Sardegna per definire un pezzo di terreno recintato, usato per il pascolo ovino*

[11] **frate caru**   *forma dialettale che vuol dire* **fratello caro**

[12] **frate meu**   *forma dialettale che vuol dire* **fratello mio**

[13] **Zesus, Zesus!**   *forma dialettale che vuol dire* **Gesù, Gesù!**

[14] **come se li aveva asciugati lei**   *come se li era asciugati lei*

DOMANDE

1. Perché la famiglia Palas vuole far sposare la figlia Madalena?
2. Cosa pensa la matrigna della loro condizione?
3. Cosa deve fare la matrigna per avere un po' di soldi?

4. Chi è Maureddu Pinna?
5. Perché la paraninfa parla con la matrigna?
6. Com'è il padre di Madalena?
7. Quando Maureddu va a casa dei Palas, come annuncia il suo arrivo?
8. Perché Maureddu viene accettato?
9. Perché i genitori non chiedono l'opinione di Madalena?
10. Sta bene Madalena dopo il matrimonio?
11. Che cosa pensa Madalena delle vicine di casa?
12. In che modo Madalena cambia?
13. Perché le vicine scherzavano Maureddu?
14. Che cosa sospetta Maureddu?
15. Com'è Juanne Zichina?
16. Come reagisce Madalena quando il marito l'accusa?
17. Perché Juanne va a Nuoro?
18. Nel finale, Madalena si dimostra un personaggio debole o forte?
19. Cosa sembra alla fine Maureddu quando lei gli tira le uova?
20. È giustificato il comportamento di Maureddu?

TEMI

1. Quale altra soluzione potrebbe avere, secondo voi, la famiglia Palas ai propri problemi economici?
2. Quali sono gli aspetti positivi e negativi di una matrimonio fissato dai genitori?
3. Esiste in una società economicamente più avanzata questo tipo di problema? Come viene risolto?
4. Quali sono le conseguenze psicologiche di dispute familiari come quelle tra Juanne e suo fratello?

ESERCIZI

I. *Volgere il verbo in corsivo al trapassato del congiuntivo:*

1. Benché la famiglia Palas *essere* benestante e rispettata, ora era in decadenza.
2. Se loro *potere* trovare un marito ricco per Madalena, avrebbero potuto risollevarsi.
3. La matrigna disse che la sorgente d'acqua dolce sarebbe rimasta tale anche se vi *abbeverarsi* i maiali.

4. Disse pure a Madalena che anche se *sposare* Mauru Pinna, sarebbe restata una Palas.

5. Non avrebbe pensato a Mauru se non *avere* fame qualche volta.

6. Sapeva già che doveva sposarlo, anche prima che i genitori glielo *dire*.

7. Mauru era piú insistente di quel che *pensare* Madalena.

8. Era tornato nonostante che lei una volta *mettere* dei piccoli chiodi sullo sgabello.

9. Se Mauru non le *lanciare* l'arancia per annunciarle il suo arrivo, le sarebbe piaciuto di piú?

10. Prima che egli *tornare* dai campi, lei aveva nascosto le uova.

II. *Scegliere tra le parole e le frasi in corsivo quelle che meglio completano la frase:*

1. Il padre di Mauru era stato *furbo/tagliapietre/di buona stirpe.*

2. La matrigna parlava spesso *del pane bianco/del sognato matrimonio/ della bellezza di Mauru.*

3. Secondo il padre, i quadri con le belle figure *sono imponenti/non hanno bisogno d'esser belli/stanno attaccati al muro.*

4. Mauru sarà un buon marito perché *non ha parenti che possano decimare la sua roba/è un gioiello/non voleva indugiare.*

5. Per avere del denaro Madalena *ha bucato la cassa del frumento/vendé il grano/diede l'orzo ai frati questuanti.*

6. Secondo Mauru, la vita del contadino *è sempre un'ombra mobile e triste/è sempre meglio con la moglie saggia e ponderata/è sempre una quaresima.*

7. Le donne lo deridono *a proposito della moglie/perché la moglie gli dà buona roba nella bisaccia/perché era piccolo o goffo.*

8. Quando Maureddu riconobbe l'amico Juanne *lo raggiunse sulla strada/si decise a ripartire/non si fermò.*

9. Juanne veniva dal suo paese *con la calma della volpe sazia/dopo aver strangolato il "nuovo Caino"/per la solita lite.*

10. Adesso Madalena *ruba e mangia con la matrigna/vuole mangiare da sola/ascolta il marito sbalordita.*

III. *Completare scegliendo la parola piú conveniente:*

1. Si accolgono: a) le uova b) le arance c) gli ospiti.

2. Si torce: a) lo sgabello b) la bocca c) la gramigna.

3. S'impegnano: a) i furbi b) i tetti c) i possedimenti.

4. Si combinano: a) i matrimoni b) il guardaroba c) le uova e lo zucchero.

5. Si zappa: a) il seminato b) nel sentiero della vallata c) il pascolo.

6. Si colgono: a) le lepri b) i papaveri c) le nozze.
7. Si mescolano: a) le fave e la gramigna b) i canestri e il miele c) le uova e lo zucchero.
8. Si fruga: a) nel ditale b) nel guardaroba c) nell'ago.
9. Si presta: a) il denaro b) per nascondersi c) nella tanca.
10. Si trasale: a) addosso b) dallo spavento c) dal paravento.

IV. *Spiegare il significato dei seguenti proverbi e espressioni con degli esempi tratti dal racconto:*

1. Il pane bianco rimane pane bianco anche nella bisaccia del pezzente.
2. La sorgente d'acqua dolce rimane tale anche se vi si abbeverano i maiali.
3. Pescare nel torbido.
4. Essere re in casa sua.
5. Aver le mani d'oro.
6. Essere ricco come il mare.
7. La giustizia del re finisce col raggiungere il malfattore.
8. Un nuovo ''Caino.''
9. La vita del contadino è tutta una quaresima.
10. Il tempo non cambia le razze.

SICILIA

Luigi Pirandello *(1867–1936)*

Luigi Pirandello rimase nella natìa Sicilia fino al completamento dei suoi studi inferiori e poi si trasferì prima a Roma e, in seguito, a Bonn, in Germania, dove si laureò in filologia romanza. Dopo l'esperienza tedesca, tornò definitivamente a Roma, dove insegnò all'Istituto Superiore del Magistero dal 1897 al 1922. La sua attività letteraria iniziò un po' di fuori delle mode e delle correnti artistiche della sua epoca. Le sue prime opere, tra cui vari racconti e il romanzo *L'esclusa* (1893), ricordano vagamente Verga, ma il contenuto e il modo della rappresentazione sono decisamente anti-veristici. Il protagonista delle opere di Pirandello è spesso un uomo che rimane vittima dei rapporti sociali e che è quasi attratto, da una forza inarrestabile e sconosciuta, verso la propria distruzione. Da un canto si possono leggere nelle sue prime poesie e nei saggi la delusione di quegli ideali di un'Italia unita che il Risorgimento aveva divulgato. La realtà è dominata e distrutta da leggi che risultano difficili da comprendere e di cui l'uomo può solo vedere il risultato finale, cioè lo sconvolgimento di tutte quelle forme di sicurezza (la famiglia, il lavoro, l'amore) su cui aveva fatto affidamento. Non resta che fuggire alla ricerca di qualcosa dentro sè stessi che possa fungere da supporto alternativo. È quello che succede nel romanzo *Il fu Mattia Pascal* (1904), dove il protagonista cerca di ricostruirsi una propria vita, abbandonando la famiglia e il paese d'origine cambiando identità. Mattia scopre però che non c'è speranza e deve ritornare al suo ruolo originario, riconoscendo la necessità dei rapporti sociali. Resta al protagonista pirandelliano la possibilità di inscenare una forma di protesta dall'interno che, pur essendo sterile, può essere valida per il fatto stesso che l'uomo è capace di ribellarsi. Il personaggio delle opere più mature vive questo dramma all'interno dello spazio narrativo, ecco infatti che in alcune novelle (*La tragedia di un personaggio* e *Colloqui coi personaggi*) i personaggi diventano responsabili della loro esistenza.

Era quasi logico che Pirandello arrivasse al teatro dove la ricerca di nuove forme di comunicazione da parte dei personaggi si fa più esplicita e dove ritorna anche il concetto di maschera che ogni uomo deve portare, sia nel teatro che nella realtà. Tra le prime prove vanno ricordate *All'uscita* (1916) e *Così è (se vi pare)* (1918), quest'ultima, come altre commedie di Pirandello, tratta da suoi racconti brevi. Più innovative sono invece le opere mature tra le quali *Sei personaggi in cerca d'autore*, *Questa sera si recita a soggetto* e *Enrico IV*, opere in cui viene formulata una moderna poetica teatrale e che hanno rivoluzionato il teatro contemporaneo. Questa sua passione per il teatro lo portò a dirigere il Teatro dell'Arte dal 1925 al 1928. Pirandello ottenne il premio Nobel per la Letteratura nel 1934.

"La giara", ambientata in Sicilia, è una novella dove si sente ancora la forte presenza del sistema feudale, dove il padrone può e deve avere sempre ragione. La logica e la pazienza dell'acconciabrocche riescono però ad avere la meglio sulla cieca ostinazione del padrone.

BIBLIOGRAFIA ESSENZIALE

AMORI SENZA AMORE (1894)
MAL GIOCONDO (1889)
PASQUA DI GEA (1891)
L'ESCLUSA (1901)
QUAND'ERO MATTO (1902)
IL TURNO (1902)
IL FU MATTIA PASCAL (1904)
SUO MARITO (1911)
LE DUE MASCHERE (1914)
SI GIRA (1916)
NOVELLE PER UN ANNO (1922–1936)
UNO, NESSUNO E CENTOMILA (1925–6)

OPERE TEATRALI

SE NON È COSÌ (1916)
PENSACI GIACOMINO! (1917)
LIOLÀ (1917)
COSÌ È (SE VI PARE) (1918)
IL BERRETTO A SONAGLI (1918)
IL GIUOCO DELLE PARTI (1919)
SEI PERSONAGGI IN CERCA D'AUTORE (1921)
ENRICO IV (1922)
CIASCUNO A SUO MODO (1924)
LA GIARA (1925)
O DI UNO O DI NESSUNO (1929)
QUESTA SERA SI RECITA A SOGGETTO (1930)

LA GIARA

Piena anche per gli olivi, quell'annata. Piante massaje,[1] cariche l'anno avanti, avevano raffermato tutte, a dispetto della nebbia che le aveva oppresse sul fiorire.

Lo Zirafa, che ne aveva un bel giro[2] nel suo podere delle Quote a Primosole, prevedendo che le cinque giare vecchie di coccio smaltato che aveva in cantina non sarebbero bastate a contener tutto l'olio della nuova raccolta, ne aveva ordinata a tempo una sesta piú capace a Santo Stefano di Camastra, dove si fabbricavano: alta a petto d'uomo, bella panciuta e maestosa, che fosse delle altre cinque la badessa.

Neanche a dirlo,[3] aveva litigato anche col fornaciajo di là per questa giara. E con chi non la attaccava don[4] Lollò Zirafa? Per ogni nonnulla, anche per una pietruzza caduta dal murello di cinta, anche per una festuca di paglia, gridava che gli sellassero la mula per correre in città a fare gli atti. Cosí, a furia di carta bollata e d'onorarii agli avvocati, citando questo, citando quello e pagando sempre le spese per tutti, s'era mezzo rovinato.

Dicevano che il suo consulente legale, stanco di vederselo comparire davanti due o tre volte la settimana, per levarselo di torno, gli aveva regalato un libricino come quelli da messa: il codice, perché si scapasse a cercare da sé il fondamento giuridico alle liti che voleva intentare.

Prima, tutti coloro con cui aveva da dire, per prenderlo in giro gli gridavano: — «Sellate la mula!» — Ora, invece: — «Consultate il calepino!»[5]

E don Lollò rispondeva:

— Sicuro, e vi fulmino tutti, figli d'un cane!

Quella giara nuova, pagata quattr'onze ballanti e sonanti,[6] in attesa del posto da trovarle in cantina, fu allogata provvisoriamente nel palmento. Una giara cosí non s'era mai veduta. Allogata in quell'antro intanfato di mosto e di quell'odore acre e crudo che cova nei luoghi senz'aria e senza luce, faceva pena.

30 Da due giorni era cominciata l'abbacchiatura delle olive, e don Lollò era su tutte le furie[7] perché, tra gli abbacchiatori e i mulattieri venuti con le mule cariche di concime da depositare a mucchi su la costa per la favata della nuova stagione, non sapeva piú come spartirsi, a chi badar prima. E bestemmiava come un turco e minacciava di fulminare questi e quelli, se un'oliva,
35 che fosse un'oliva, gli fosse mancata, quasi le avesse prima contate tutte a una a una su gli alberi; o se non fosse ogni mucchio di concime della stessa misura degli altri. Col cappellaccio bianco, in maniche di camicia, spettorato, affocato in volto e tutto sgocciolante di sudore, correva di qua e di là, girando gli occhi lupigni e stropicciandosi con rabbia le guance rase, su cui la barba
40 prepotente rispuntava quasi sotto la raschiatura del rasojo.

Ora, alla fine della terza giornata, tre dei contadini che avevano abbacchiato, entrando nel palmento per deporvi le scale e le canne, restarono alla vista della bella giara nuova, spaccata in due, come se qualcuno, con un taglio netto, prendendo tutta l'ampiezza della pancia, ne avesse staccato tutto il
45 lembo davanti.

— Guardate! guardate!

— Chi sarà stato?

— Oh mamma mia! E chi lo sente ora[8] don Lollò? La giara nuova, peccato!
50 Il primo, piú spaurito di tutti, propose di raccostar subito la porta e andare via zitti zitti, lasciando fuori, appoggiate al muro, le scale e le canne. Ma il secondo:

— Siete pazzi? Con don Lollò? Sarebbe capace di credere che gliel'abbiamo rotta noi. Fermi qua tutti!
55 Uscí davanti al palmento e, facendosi portavoce delle mani, chiamò:

— Don Lollò! Ah, don Lollòoo!

Eccolo là sotto la costa con gli scaricatori del concime: gesticolava al solito furiosamente, dandosi di tratto in tratto con ambo le mani una rincalcata al cappellaccio bianco. Arrivava talvolta, a forza di quelle rincalcate, a
60 non poterselo piú strappare dalla nuca e dalla fronte. Già nel cielo si spegnevano gli ultimi fuochi del crepuscolo, e tra la pace che scendeva su la campagna con le ombre della sera e la dolce frescura, avventavano i gesti di quell'uomo sempre infuriato.

— Don Lollò! Ah, don Lollòoo!
65 Quando venne sú e vide lo scempio, parve volesse impazzire. Si scagliò prima contro quei tre; ne afferrò uno per la gola e lo impiccò al muro, gridando:

— Sangue della Madonna, me la pagherete!

Afferrato a sua volta dagli altri due, stravolti nelle facce terrigne e
70 bestiali, rivolse contro se stesso la rabbia furibonda, sbatacchiò a terra il

cappellaccio, si percosse le guance, pestando i piedi e sbraitando a modo di quelli che piangono un parente morto:

— La giara nuova! Quattr'onze di giara! Non incignata ancora!

Voleva sapere chi gliel'avesse rotta! Possibile che si fosse rotta da sé?
75 Qualcuno per forza[9] doveva averla rotta, per infamità o per invidia! Ma quando? ma come? Non si vedeva segno di violenza! Che fosse arrivata rotta dalla fabbrica? Ma che! Sonava come una campana!

Appena i contadini videro che la prima furia gli era caduta, cominciarono a esortarlo a calmarsi. La giara si poteva sanare. Non era poi rotta
80 malamente. Un pezzo solo. Un bravo conciabrocche l'avrebbe rimessa sú,[10] nuova. C'era giusto Zi' Dima Licasi, che aveva scoperto un mastice miracoloso, di cui serbava gelosamente il segreto: un mastice, che neanche il martello ci poteva,[11] quando aveva fatto presa. Ecco: se don Lollò voleva, domani, alla punta dell'alba, Zi' Dima Licasi sarebbe venuto lí e, in quattro e
85 quattr'otto,[12] la giara, meglio di prima.

Don Lollò diceva di no, a quelle esortazioni: ch'era tutto inutile; che non c'era piú rimedio; ma alla fine si lasciò persuadere, e il giorno appresso, all'alba, puntuale, si presentò a Primosole Zi' Dima Licasi con la cesta degli attrezzi dietro le spalle.

90 Era un vecchio sbilenco, dalle giunture storpie e nodose, come un ceppo antico d'olivo saraceno. Per cavargli una parola di bocca ci voleva l'uncino. Mutria, o tristezza radicate in quel suo corpo deforme; o anche sconfidenza che nessuno potesse capire e apprezzare giustamente il suo merito d'inventore non ancora patentato. Voleva che parlassero i fatti, Zi' Dima Licasi.
95 Doveva poi guardarsi davanti e dietro, perché non gli rubassero il segreto.

— Fatemi vedere codesto mastice, — gli disse per prima cosa don Lollò, dopo averlo squadrato a lungo, con diffidenza.

Zi' Dima negò col capo, pieno di dignità.

— All'opera si vede.

100 — Ma verrà bene?

Zi' Dima posò a terra la cesta; ne cavò un grosso fazzoletto di cotone rosso, logoro e tutto avvoltolato; prese a svolgerlo pian piano, tra l'attenzione e la curiosità di tutti, e quando alla fine venne fuori un pajo d'occhiali col sellino e le stanghe rotti e legati con lo spago, lui sospirò e gli altri risero. Zi'
105 Dima non se ne curò; si pulí le dita prima di pigliare gli occhiali; se li inforcò; poi si mise a esaminare con molta gravità la giara tratta su l'aja. Disse:

— Verrà bene.

— Col mastice solo però, — mise per patto[13] lo Zirafa, — non mi fido. Ci voglio anche i punti.

110 — Me ne vado, — rispose senz'altro Zi' Dima, rizzandosi e rimettendosi la cesta dietro le spalle.

Don Lollò lo acchiappò per un braccio.

— Dove? Messere e porco,[14] cosí trattate? Ma guarda un po' che arie da
115 Carlomagno![15] Scannato miserabile e pezzo d'asino,[16] ci devo metter olio, io,
là dentro, e l'olio trasuda! Un miglio di spaccatura, col mastice solo? Ci voglio
i punti. Mastice e punti. Comando io.

Zi' Dima chiuse gli occhi, strinse le labbra e scosse il capo. Tutti cosí! Gli
era negato il piacere di fare un lavoro pulito, filato coscienziosamente a regola
120 d'arte,[17] e di dare una prova della virtú del suo mastice.

— Se la giara — disse — non suona di nuovo come una campana . . .

— Non sento niente, — lo interruppe don Lollò. — I punti! Pago mastice e punti. Quanto vi debbo dare?

— Se col mastice solo . . .

125 — Càzzica,[18] che testa! — esclamò lo Zirafa. — Come parlo? V'ho
detto che ci voglio i punti. C'intenderemo a lavoro finito: non ho tempo da
perdere con voi.

Zi' Dima si mise all'opera gonfio d'ira e di dispetto. E l'ira e il dispetto gli
crebbero a ogni foro che praticava col trapano nella giara e nel lembo staccato
130 per farvi passare il fil di ferro della cucitura. Accompagnava il frullo della
saettella con grugniti a mano a mano piú frequenti e piú forti; e il viso gli
diventava piú verde dalla bile e gli occhi piú aguzzi e accesi di stizza. Finita
quella prima operazione, scagliò con rabbia il trapano nella cesta; applicò il
lembo staccato alla giara per provare se i fori erano a egual distanza e in
135 corrispondenza tra loro, poi con le tanaglie fece del fil di ferro tanti pezzetti
quant'erano i punti che doveva dare, e chiamò per ajuto uno dei contadini
che abbacchiavano.

— Coraggio, Zi' Dima! — gli disse quello, vedendogli la faccia alterata.

Zi' Dima alzò la mano a un gesto rabbioso. Aprí la scatola di latta che
140 conteneva il mastice, e lo levò al cielo, scotendolo, come per offrirlo a Dio,
visto che gli uomini non volevano riconoscerne la virtú: poi col dito cominciò
a spalmarlo tutt'in giro al lembo spaccato e lungo la spaccatura; prese le
tanaglie e i pezzetti di fil di ferro preparati avanti, e si cacciò dentro la pancia
aperta della giara, ordinando al contadino d'applicare il lembo alla giara, cosí
145 come aveva fatto lui poc'anzi. Prima di cominciare a dare i punti:

— Tira! — disse dall'interno della giara al contadino. — Tira con tutta
la tua forza! Vedi se si stacca piú? Malanno a chi non ci crede! Picchia, picchia!
Suona, sí o no, come una campana, anche con me qua dentro? Va', va' a dirlo
al tuo padrone.

150 — Chi è sopra comanda, Zi' Dima, — sospirò il contadino, — e chi è
sotto si danna! Date i punti, date i punti.

E Zi' Dima si mise a far passare ogni pezzetto di fil di ferro attraverso i
due fori accanto, l'uno di qua e l'altro di là dalla saldatura; e con le tanaglie ne
attorceva i due capi. Ci volle un'ora a passarli tutti. I sudori, giú a fontana,[19]

155 dentro la giara. Lavorando, si lagnava della sua mala sorte. E il contadino, di fuori, a confortarlo.

— Ora ajutami a uscirne, — disse alla fine Zi' Dima.

Ma quanto larga di pancia, tanto quella giara era stretta di collo. Zi' Dima, nella rabbia, non ci aveva fatto caso. Ora, prova e riprova, non trovava
160 piú modo a uscirne. E il contadino, invece di dargli ajuto, eccolo là, si torceva dalle risa. Imprigionato, imprigionato lí, nella giara da lui stesso sanata, e che ora — non c'era via di mezzo[20] — per farlo uscire, doveva esser rotta daccapo e per sempre.

Alle risa, alle grida, sopravvenne don Lollò. Zi' Dima, dentro la giara,
165 era come un gatto inferocito.

— Fatemi uscire! — urlava. — Corpo di Dio,[21] voglio uscire! Subito! Datemi ajuto!

Don Lollò rimase dapprima come stordito. Non sapeva crederci.

— Ma come? Là dentro? S'è cucito là dentro?

170 S'accostò alla giara e gridò al vecchio:

— Ajuto? E che ajuto posso darvi io? Vecchiaccio stolido, ma come? non dovevate prender prima le misure? Sú, provate: fuori un braccio . . . cosí! e la testa . . . sú . . . no, piano! . . . Che! giú . . . aspettate! cosí no! giú, giú . . . Ma come avete fatto? E la giara, adesso? Calma! Calma! Calma! — si mise a
175 raccomandare tutt'intorno, come se la calma stessero per perderla gli altri e non lui. — Mi fuma la testa![22] Calma! Questo è caso nuovo . . . La mula!

Picchiò con le nocche delle dita su la giara. Sonava davvero come una campana.

— Bella! Rimessa a nuovo . . . Aspettate! — disse al prigioniero. — Va'
180 a sellarmi la mula! — ordinò al contadino; e, grattandosi con tutte le dita la fronte, seguitò a dire tra sé: — Ma vedete un po' che mi càpita! Questa non è giara! Quest'è ordigno del diavolo! Fermo! Fermo lí!

E accorse a regger la giara, in cui Zi' Dima, furibondo, si dibatteva come una bestia in trappola.

185 — Caso nuovo, caro mio, che deve risolvere l'avvocato! Io non mi fido. La mula! la mula! Vado e torno, abbiate pazienza! Nell'interesse vostro . . . Intanto, piano! calma! Io mi guardo i miei.[23] E prima di tutto, per salvare il mio diritto, faccio il mio dovere. Ecco: vi pago il lavoro, vi pago la giornata. Cinque lire. Vi bastano?

190 — Non voglio nulla! — gridò Zi' Dima. — Voglio uscire!

— Uscirete. Ma io, intanto, vi pago. Qua, cinque lire.

Le levò dal taschino del panciotto e le buttò nella giara. Poi domandò, premuroso:

— Avete fatto colazione? Pane e companatico, subito! Non ne volete?
195 Buttatelo ai cani! A me basta che ve l'abbia dato.

Ordinò che gli si désse; montò in sella, e via di galoppo per la città. Chi lo vide, credette che andasse a chiudersi da sé al manicomio, tanto e in cosí strano modo gesticolava.

Per fortuna, non gli toccò di fare anticamera nello studio dell'avvocato; ma gli toccò d'attendere un bel po', prima che questo finisse di ridere, quando gli ebbe esposto il caso. Delle risa si stizzí.

— Che c'è da ridere, scusi? A vossignoria[24] non brucia![25] La giara è mia!

Ma quello seguitava a ridere e voleva che gli rinarrasse il caso, com'era stato, per farci sú altre risate. Dentro, eh? S'era cucito dentro? E lui, don Lollò, che pretendeva? Te . . . tene . . . tenerlo là dentro . . . ah ah ah . . . ohi ohi ohi . . . tenerlo là dentro per non perderci la giara?

— Ce la devo perdere? — domandò lo Zirafa con le pugna serrate. — Il danno e lo scorno?

— Ma sapete come si chiama questo? — gli disse in fine l'avvocato. — Si chiama sequestro di persona!

— Sequestro? E chi l'ha sequestrato? — esclamò lo Zirafa. — S'è sequestrato lui da sé! Che colpa ne ho io?

L'avvocato allora gli spiegò che erano due casi. Da un canto, lui, don Lollò, doveva subito liberare il prigioniero per non rispondere di sequestro di persona; dall'altro, il conciabrocche doveva rispondere del danno che veniva a cagionare con la sua imperizia o con la sua storditaggine.

— Ah! — rifiatò lo Zirafa. — Pagandomi la giara!

— Piano! — osservò l'avvocato. — Non come se fosse nuova, badiamo!

— E perché?

— Ma perché era rotta, oh bella!

— Rotta? Nossignore. Ora è sana. Meglio che sana, lo dice lui stesso! E se ora torno a romperla, non potrò piú farla risanare. Giara perduta, signor avvocato!

L'avvocato gli assicurò che se ne sarebbe tenuto conto, facendogliela pagare per quanto valeva nello stato in cui era adesso.

— Anzi, — gli consigliò, — fatela stimare avanti da lui stesso.

— Bacio le mani,[26] — disse don Lollò, andando via di corsa.

Di ritorno, verso sera, trovò tutti i contadini in festa attorno alla giara abitata. Partecipava alla festa anche il cane di guardia saltando e abbajando. Zi' Dima s'era calmato, non solo, ma aveva preso gusto anche lui alla sua bizzarra avventura e ne rideva con la gajezza mala dei tristi.

Lo Zirafa scostò tutti e si sporse a guardare dentro la giara.

— Ah! Ci stai bene?

— Benone. Al fresco, — rispose quello. — Meglio che a casa mia.

— Piacere. Intanto ti avverto che questa giara mi costò quattr'onze, nuova. Quanto credi che possa costare adesso?

— Con me qua dentro? — domandò Zi' Dima.

I villani risero.

240 — Silenzio! — gridò lo Zirafa. — Delle due l'una: o il tuo mastice serve a qualche cosa, o non serve a nulla: se non serve a nulla, tu sei un imbroglione; se serve a qualche cosa, la giara, così com'è, deve avere il suo prezzo. Che prezzo? Stimala tu.

Zi' Dima rimase un pezzo a riflettere, poi disse:

245 — Rispondo. Se lei me l'avesse fatta conciare col mastice solo, com'io volevo, io, prima di tutto, non mi troverei qua dentro, e la giara avrebbe sú per giú lo stesso prezzo di prima. Così sconciata con questi puntacci, che ho dovuto darle per forza di qua dentro, che prezzo potrà avere? Un terzo di quanto valeva, sí e no.

250 — Un terzo? — domandò lo Zirafa. — Un'onza e trentatré?

— Meno sí, piú no.

— Ebbene, — disse don Lollò. — Passi la tua parola,[27] e dammi un'onza e trentatré.

— Che? — fece Zi' Dima, come se non avesse inteso.

255 — Rompo la giara per farti uscire, — rispose don Lollò, — e tu, dice l'avvocato, me la paghi per quanto l'hai stimata: un'onza e trentatré.

— Io, pagare? — sghignò Zi' Dima. — Vossignoria scherza! Qua dentro ci faccio i vermi.[28]

E, tratta di tasca con qualche stento la pipetta intartarita, l'accese e si 260 mise a fumare, cacciando il fumo per il collo della giara.

Don Lollò ci restò brutto.[29] Quest'altro caso, che Zi' Dima ora non volesse piú uscire dalla giara, né lui né l'avvocato lo avevano previsto. E come si risolveva adesso? Fu lí lí per[30] ordinare di nuovo: — La mula! — ma pensò ch'era già sera.

265 — Ah sí? — disse. — Ti vuoi domiciliare nella mia giara? Testimonii tutti qua! Non vuole uscirne lui, per non pagarla; io sono pronto a romperla! Intanto, poiché vuole stare lí, domani io lo cito per alloggio abusivo e perché mi impedisce l'uso della giara.

Zi' Dima cacciò prima fuori un'altra boccata di fumo, poi rispose, pla- 270 cido:

— Nossignore. Non voglio impedirle niente, io. Sto forse qua per piacere? Mi faccia uscire, e me ne vado volentieri. Pagare...neanche per ischerzo, vossignoria!

Don Lollò, in un impeto di rabbia, alzò un piede per avventare un calcio 275 alla giara; ma si trattenne; la abbrancò invece con ambo le mani e la scrollò tutta, fremendo.

— Vede che mastice? — gli disse Zi' Dima.

— Pezzo da galera![31] — ruggí allora lo Zirafa. — Chi l'ha fatto il male, io o tu? E devo pagarlo io? Muori di fame là dentro! Vedremo chi la vince!

280 E se n'andò, non pensando alle cinque lire che gli aveva buttate la mattina dentro la giara. Con esse, per cominciare, Zi' Dima pensò di far festa quella sera insieme coi contadini che, avendo fatto tardi per quello strano accidente, rimanevano a passare la notte in campagna, all'aperto, su l'aja.[32] Uno andò a far le spese in una taverna lí presso. A farlo apposta, c'era una
285 luna che pareva fosse raggiornato.

A una cert'ora don Lollò, andato a dormire, fu svegliato da un baccano d'inferno. S'affacciò a un balcone della cascina e vide su l'aja, sotto la luna, tanti diavoli: i contadini ubriachi che, presisi per mano, ballavano attorno alla giara. Zi' Dima, là dentro, cantava a squarciagola.

290 Questa volta non poté piú reggere, don Lollò: si precipitò come un toro infuriato e, prima che quelli avessero tempo di pararlo, con uno spintone mandò a rotolare la giara giú per la costa. Rotolando, accompagnata dalle risa degli ubriachi, la giara andò a spaccarsi contro un olivo.

E la vinse Zi' Dima.

NOTE LESSICALI E CULTURALI

[1] **massaje**   *molto comune in Pirandello l'uso della "j" al posto della "i"*

[2] **un bel giro**   *parecchie*

[3] **Neanche a dirlo**   *in questo caso significa* **senza sorpresa**

[4] **don**   *titolo di rispetto usato nel sud d'Italia*

[5] **calepino**   *grosso vocabolario*

[6] **quattr'onze ballanti e sonanti**   *un bel po' di soldi, cioè una somma considerevole*

[7] **era su tutte le furie**   *era molto arrabbiato*

[8] **E chi lo sente ora**   *Chi ha il coraggio di ascoltare le sue lamentele ora; chissà quanto strilla ora*

[9] **per forza**   *ovviamente*

[10] **rimettere su**   *mettere a posto, aggiustare*

[11] **ci poteva**   *poteva fare qualcosa per*

[12] **in quattro e quattr'otto**   *in poco tempo*

[13] **mise per patto**   *mettere come condizione necessaria*

[14] **Messere e porco**   *Signore e imbroglione*

[15] **arie da Carlomagno**   *quanta importanza si dà*

[16] **Scannato miserabile e pezzo d'asino**   *insulti non molto offensivi*

[17] **a regola d'arte**   *perfetto*

[18] **Cazzica**   *espressione di rabbia piuttosto volgare*

[19] **giù a fontana**   *le gocce del suo sudore scendono nella giara come l'acqua di una fontana*

[20] **non c'era via di mezzo**   *non c'era soluzione di compromesso*

[21] **Corpo di Dio**   *equivale a Dio mio*

[22] **Mi fuma la testa!**   *Non riesco a pensare*

²³ **Io mi guardo i miei**   *Io proteggo i miei interessi*
²⁴ **vossignoria**   *titolo di rispetto, forma sincopata di **vostra signoria***
²⁵ **non brucia**   *non interessa o colpisce direttamente*
²⁶ **Bacio le mani**   *modo di salutare tipico della Sicilia*
²⁷ **Passi la tua parola**   *la tua parola vale come giudizio finale*
²⁸ **ci faccio i vermi**   *ci resto per sempre*
²⁹ **ci restò brutto**   *ci restò (rimase) male*
³⁰ **Fu lì lì per**   *era quasi convinto di fare qualcosa*
³¹ **Pezzo da galera!**   *persona non per bene; disgraziato*
³² **l'aja**   *vedi nota #1*

DOMANDE

1. Perché don Lollò Zirafa ordina una nuova giara?
2. Perché paga tanti avvocati?
3. Di che umore è don Lollò durante la raccolta delle olive?
4. Che cosa decidono di fare gli uomini che trovano la giara rotta?
5. Perché Zi' Dima Licasi è speciale?
6. Don Lollò si fida di Zi' Dima?
7. Che persona è Zi' Dima?
8. Come reagisce don Lollò quando vede Zi' Dima nella giara?
9. Perché don Lollò dà i soldi a Zi' Dima nella giara?
10. Che cosa gli dice l'avvocato?
11. Cosa fanno i contadini quando lui torna?
12. Secondo don Lollò, perché Zi' Dima deve dargli dei soldi?
13. Cosa fa Zi' Dima dopo la richiesta dei soldi?
14. Perché vuole citare Zi' Dima?
15. Come mai alla fine don Lollò rompe la giara?
16. Come ragiona don Lollò?
17. Che rapporto ha lui con i contadini?
18. Secondo Lei, chi ha ragione?
19. Che cosa avrebbe fatto Lei, se fosse stato al posto di don Lollò?
20. Se Zi' Dima è una persona saggia, come mai è rimasto nella giara?

TEMI

1. Una persona con la quale non è mai possibile avere ragione.
2. Cosa ne pensa delle possibili interpretazioni personali che possono essere date di fronte a una legge?

3. Il tipo di persona che ricorre sempre alla legge.
4. La realtà vista come assoluto o relativo.

ESERCIZI

I. *Volgere il verbo in corsivo al tempo conveniente del congiuntivo:*

1. Nonostante che *esserci* della nebbia ad opprimere le piante sul fiorire, c'è stato un buon raccolto.
2. Credeva che voi *sbagliare* nel contare le giare di coccio smaltato in cantina.
3. La sesta e nuova giara è la più bella che egli *avere*.
4. È possibile che il suo consulente gli *regalare* il codice per levarselo di torno?
5. Per quanto egli *correre* di qua e di là, non sapeva piú come spartirsi, a chi badar prima.
6. Sembra che qualcuno *staccare* tutto il lembo davanti.
7. Don Lollò è capace di credere che la *rompere* loro.
8. Il mastice miracoloso, secondo Zi' Dima, era il migliore che *esistere* mai.
9. Non è giusto che Don Lollò non *volere* riconoscere le virtù del mastice.
10. Sebbene tutti gli altri *ridere*, Don Lollò, furibondo, bestemmiò come un turco.

II. *I verbi composti di -trarre, (part. passato* tratto*), (passato remoto,* trassi*), (imperfetto,* traevo*): astrarre, attrarre, contrarre, distrarre, estrarre, protrarre, ritrarre, e sottrarre. Tutti questi verbi possono avere la desinenza -tract in inglese. Dare la forma richiesta tra parentesi:*

1. Don Lollò (contracted) con Zi' Dima il quale disse che poteva sanare la giara.
2. Zi' Dima (took out) dal grosso fazzoletto un paio d'occhiali.
3. Nessuno osava (distract) Zi' Dima quando lavorava.
4. Certo, egli non (protracted) il lavoro.
5. Egli (extracted) il fil di ferro con l'aiuto del contadino.
6. Il suo non era affatto un problema (abstract).
7. Secondo Don Lollò, (the contract) era stato rotto.
8. Egli (prolonged) la bizzarra avventura insistendo a farla risolvere dal suo avvocato.

9. Zi' Dima (subtracted) due terzi del valore della giara.
10. (Drawn) dal baccano d'inferno sull'aia, Don Lollò si precipitò come un toro infuriato.

III. *Usare le parole in corsivo per formare delle altre frasi:*

1. Egli rimase *un pezzo* a riflettere.
2. Zi' Dima, là dentro, *cantava a squarciagola.*
3. S'era mezzo rovinato *a furia di* carta bollata.
4. Possibile che si fosse rotto *da sé?*
5. *Per cavargli una parola di bocca* ci voleva l'uncino.
6. Cominciò a spalmare il mastice *tutt'in giro* al lembo spaccato.
7. *Ci volle* un'ora a far passare ogni pezzetto di fil di ferro.
8. "Bacio le mani," disse, andando via *di corsa.*
9. *Aveva preso gusto* anche lui alla sua bizzarra avventura.
10. *A farla apposta,* c'era una luna che pareva fosse raggiornato.

IV. *Completare le seguenti frasi:*

1. Il libricino come quello di messa era il _____.
2. Don Lollò ordinò una _____ giara.
3. La nuova giara sonava come _____.
4. Uno dei contadini voleva lasciare le canne e le scale _____ al muro.
5. Era possibile che la giara fosse arrivata rotta dalla _____?
6. Un bravo _____ avrebbe potuto rimetterla su, nuova.
7. Ma Don Lollò disse che non c'era piú _____, ch'era tutto inutile.
8. Zi' Dima Licasi aveva il corpo _____.
9. Il mastice era in una _____.
10. Chi è sopra _____ e chi è sotto _____.

V. Rispondere alle seguenti domande:

1. Che cos'è un murello di cinta?
2. A che cosa serve il concime?
3. Che cos'è un codice?
4. Che lavoro facevano gli abbacchiatori?
5. Che lavoro fanno i mulattieri?
6. A che cosa serve il mastice?
7. Che cos'è il sequestro di persona?
8. Che cos'è un imbroglione?

VI. Riscrivere il penultimo paragrafo del racconto, trovando un'altra soluzione al problema di Zi' Dima.

TOSCANA

Federigo Tozzi (1883–1920)

Federigo Tozzi nacque a Siena, dove frequentò varie scuole con scarsi risultati pratici anche per la natura del suo temperamento. Non rimase soddisfatto del lavoro e decise quindi di andare a Roma con la speranza di trovare un lavoro di tipo giornalistico. Fu a Roma che Tozzi scrisse le sue opere più importanti. Egli si formò come scrittore in un momento in cui andava affermandosi la bellezza formale della cosiddetta prosa d'arte. Fu quasi naturale quindi che egli ne venisse influenzato, nonostante fosse attratto da forme letterarie più impegnate dell'ossessiva e spesso compiacente ricerca stilistica allora di moda. D'altronde, non è strano che parlando della formazione letteraria di Tozzi si debbano tenere in considerazione diverse correnti letterarie se si pensa che varie ed influenti riviste letterarie come *La Ronda* e *La Voce,* nelle quali interessi diversi spesso si scontravano, ebbero un ruolo dominante sugli intellettuali di quel periodo.

La Voce, rivista pubblicata tra il 1908 e il 1916, mirava, pur tra una certa eterogeneità di intenzioni dovute anche al lungo periodo di pubblicazione, a stabilire il modello di un'egemonia culturale per la classe borghese, modello che non fosse estraneo anche a precise posizioni politiche.

La Ronda venne pubblicata tra il 1919 e il 1923. I suoi collaboratori portarono avanti il concetto della letteratura come centro autonomo di ricerca. Non bisogna altresì dimenticare che certe forme di disorientamento letterario (per esempio, la crisi definitiva del romanticismo) erano uno strano riflesso della crisi politico-sociale di un'Italia che pur essendo una nazione ancora giovane fu ben presto costretta ad affrontare i rischi di una guerra a livello mondiale.

Nel racconto *Ricordi di un impiegato* (pubblicato postumo) è riscontrabile una prosa che mescola del verismo e dell'impressionismo anche se si può dire che il lirismo di Tozzi non è mai veramente fine a sè stesso. Nel suo primo romanzo *Con gli occhi chiusi* (1918) si può notare un misto di elementi autobiografici, presentati con tono lirico, ed elementi realistici. La confessione (soggettiva) e la narrazione (oggettiva) si mescolano provocando un'unica sensazione di ricordo distanziato. I personaggi di Tozzi sono di solito definiti con pochi tratti psicologici di cui però restano immancabilmente prigionieri. Il suo interesse per l'ambiente letterario toscano si rivelò soprattutto con lo studio sugli scrittori senesi del 1913. Anche l'uso del dialetto, sempre in opposizione all'italiano, gli servì per arrivare a nuove formulazioni stilistiche. Tra le altre opere narrative si possono ricordare anche *Bestie, Il podere* e *Tre croci*. Soprattutto queste ultime due, senz'altro tra le sue migliori opere di narrativa, presentano quelle figure dei "vinti" che tanto ricordano i personaggi del Verga: uomini e donne le cui azioni sono dominate da un incontrollabile senso di sconfitta.

La cronologia delle opere di Tozzi risulta difficile, soprattutto quella dei racconti. Nel 1963 il figlio curò un'edizione comprendente molte opere inedite. Tozzi si dedicò inoltre attivamente al teatro, alternandolo alla narrativa. Alcune opere teatrali sono infatti il rifacimento di materiale già eleborato in romanzi o racconti. Per molti anni Tozzi fu quasi dimenticato o relegato a un ruolo decisamente minore della letteratura italiana.

Nel racconto "Una sbornia" il protagonista ricorda il periodo di lavoro passato a Poggibonsi, una piccola città tra Firenze e Siena. L'ambiente che viene descritto è quello in cui esistono ancora dei rapporti semplici ma sinceri.

BIBLIOGRAFIA ESSENZIALE

LA ZAMPOGNA VERDE (1911)
ANTOLOGIA D'ANTICHI SCRITTORI SENESI DALLE ORIGINI FINO A SANTA CATERINA (1913)
LA CITTÀ DELLA VERGINE (1913)
BESTIE (1917)
CON GLI OCCHI CHIUSI (1918)
TRE CROCI (1920)
RICORDI DI UN IMPIEGATO (1920)
GIOVANI (1920)
L'AMORE (1920)
IL PODERE (1921)
GLI EGOISTI (1923)

UNA SBORNIA

Ora che ho già quarant'anni, m'è venuto voglia di pigliar moglie. È vero che al matrimonio ci ho pensato parecchie volte, ma non credevo mai di decidermi sul serio. Sono impiegato alle ferrovie, e capostazione da molto tempo. Cominciai la mia carriera in un piccolo paese delle Marche,[1] poi fui mandato in
5 Toscana, poi vicino a Bologna; ed ora sto a Firenze.

Stasera scriverò a quella che fu la mia padrona di casa qui in Toscana, e le domanderò se è disposta a sposarmi. Glielo dico dopo sei anni che sono qua; e mai glielo avevo fatto capire. Già, io stesso non ci pensavo né meno!

È una vedova, pensionata dalla Ferrovia; e credo che io non le sia
10 antipatico. Lei non è bella: è corpulenta, ha i denti troppo radi e guasti, ha il naso che pare gonfio. Ma la sua casa era pulitissima; ed è stata con me molto gentile. Dalla sua finestra di cucina si poteva vedere la mia, perché ambedue rispondevano in un cortile tutto incalcinato e stretto. Qualche gatto c'era sempre a miagolare, guardando in su. Le altre finestre, tutte piccole, avevano
15 davanti una tavola con una fila di testi fioriti, quasi tutti geranî. Noi ci attaccavamo i panni da asciugare. La signora Costanza, così si chiama quella che vorrei sposare, lavava molto; e assai volte ho perso tempo stando alla finestra a veder dondolare le sue calze e le sue camicie; le calze tutte rosse e le camicie di tela greve, con una trinuccia a punta intorno al collo. Quando ella
20 s'affacciava dalla cucina e mi vedeva, arrossiva.

Ma, ora, forse, capisco perché non ho mai pensato a parlarle d'amore. M'è successo così altre volte: mi sono innamorato dopo parecchio tempo, quando non ero più vicino. Ma, questa volta, ci penso da vero; e mi maraviglio d'essere stato zitto. Quando tornavo a casa, la trovavo, se non era già
25 buio, a leggere; ella leggeva sempre lo stesso libro da anni e anni: i *Tre Moschettieri*. Alcune pagine erano gialle d'unto; ma il libro era stato fasciato con un giornale. Quando mi vedeva, lo posava, e accarezzava il gatto sonnecchiante su le sue ginocchia.

— Buona sera!
30 — Ben tornato. È stanco?

— Non poco.

— Vuole accendere il lume?

— Grazie: i fiammiferi ce li ho.

Mi frucavo in tasca, cavavo un fiammifero di legno e lo sdrusciavo in
35 terra perché il muro era stato ripulito quando ci tornai io. In camera, trovavo
la lucernina. Ah, pensavo sempre alla luce elettrica della stazione! Mi cam-
biavo la giubba, mi lavavo le mani; e andavo in salotto a mangiare. La signora
Costanza, puntuale, aveva già apparecchiato; anzi qualche volta m'aspettava a sedere. Il gatto s'era già accovacciato tra le nostre due sedie. E si
40 cominciava. Quando mangiavo alla trattoria per far più presto, pensavo
sempre a quel salotto; e la signora Costanza si sentiva così sola che se non
fossero state le ciarle sarebbe venuta a vedermi alla stazione prima che finisse
il mio orario.

Ma mai c'eravamo detto niente: non credevo né meno di esserle amico.
45 Credo che, almeno in principio, ella provasse una certa diffidenza di me e
anche disinganno. Io la vedevo molte volte triste, e mi pareva che invec-
chiasse; ma non pensavo a farle continuar quel tentativo di sorriso melan-
conico più della miseria e della malattia. Nel mezzo del salotto c'era un
tavolino ovale con un ricamo quadrato, di lana, a frange, verde e rosso; e
50 sopra questo una campana di vetro, con un passerotto imbalsamato; le due
tendine erano divenute quasi gialle. Per tornare un passo a dietro, bisogna
che dica che la signora Costanza s'affezionava specialmente alle bestie; e
aveva ancora un piccione così agevole e buono che tutte le mattine saltava sul
suo letto beccandole la bocca; un piccione che non la lasciava mai per tutta la
55 casa. Ella lo alzava e lo accarezzava: esso tremava tra le sue mani, e guardava
non si sa se lei o la stanza con gli occhi dolcissimi. Aveva anche un gallettino a
cui non volevano spuntar le penne; il quale dormiva tra le gambe del gatto; e
pigolava sempre quando andavamo a mangiare.

Talvolta, fumavo tutto il mio mezzo sigaro senza alzarmi da sedere,
60 leggendo il giornale. La signora Costanza mi domandava, sparecchiando:

— È vero che una ragazza è stata uccisa con quindici coltellate? È vero
che ricomincia la guerra?

Ma se il piccione le saltava su le spalle, allora si metteva a parlar con lui.
Io ne provavo un effetto curioso, ma indefinibile: ed ero così abituato a queste
65 cose che quando non avvenivano avevo sempre brutti presentimenti, quantunque non sia superstizioso.

È una cosa ridicola: sono andato a ritrovare le lettere e le cartoline
illustrate che ho ricevute da lei. Le sue lettere me la ricordano in un modo
perfetto, senza leggerle. Di ciascuna ricordo confusamente quel che c'è
70 scritto, ed ora mi suscitano un sentimento che rassomiglia al benessere. Sì:
ecco lei, il suo bicchiere di vetro verde, a calice, il fiasco del vino, le bucce di

mela; e quel suo masticar lento che ella propose a me come un esempio, perché digerivo male.

Ma ora son certo ch'ella mi ha amato sempre! Ma è evidente! Perché non mi ha mandato mai via? Perché mi disse che non avrebbe preso a retta nessun altro? Ma, no, d'altra parte mi sembra impossibile; non può esser vero. Che ne penseranno al suo paese? Ci saranno sempre i colleghi che lasciai? Ma, no, ormai è troppo tardi; sarebbe inutile che io le scrivessi.

Eppure i cinque anni passati con lei sono indimenticabili; e andrò qualche volta a rivederla. E se fosse morta, e se fosse malata? Quanta polvere, allora, su la campana di vetro, con quel passerotto mezzo sfondato dall'impagliatura, con le zampette sopra uno stecco a forcella, col piedistallo rotondo e nero! E il piccione morirebbe di fame? E il gatto scenderebbe nel cortile? Anche prima, quel salotto mi dava una sensazione di tristezza che durava lungo tempo: aveva qualche cosa di funebre e anche di sinistro, e dalle tende la luce diveniva dolorosa. Io aprivo subito le finestre perché entrasse l'aria; ma il salotto rimaneva, nondimeno, sempre lo stesso. Non ci sono mai stato senza inquietudine, pur sentendo nelle altre stanze la signora Costanza. Ma qualche volta ne provavo un buon senso di pace; e mi veniva voglia di addormentarmici.

Eppure, quando pagavo la mia mesata, andavamo in quel salotto; ed a pagare così puntualmente ci ho sempre provato un orgoglio che è forte come un piacere. Dopo, fischiettavo ed ero allegro.

Ma perché la signora Costanza vi andava a piangere qualche volta? Oh, le pagine dei *Tre Moschettieri* inumidite dalle lacrime! Sembrava che si commovesse anche il viso di d'Artagnan:[2] faceva proprio quell'illusione. Ed io che non le ho mai chiesto perché fosse così piena di dolore! Mi contentavo della spiegazione che tutti me ne avevano data, a gara: non s'era più consolata del suo povero marito.

Quelle lacrime invece mi facevano pensare che anch'io invecchiavo a fretta e che presto sarei morto. Allora provavo su per le braccia lo stesso effetto che fanno le scintille dell'apparecchio telegrafico, quando è temporale. Non c'era che il mio berretto rosso, quantunque untuoso, con tre righe d'oro,[3] i miei attestati di buon servizio: oh, tutte queste cose non si dimenticavano di me! Aprivo il cassettone e guardavo questi fogli, poi prendevo le fotografie del mio fratello e della mia sorella:[4] allora mi pareva ch'essi vivessero tanto, con una intensità che mi faceva invidia, quasi odio; e che a me non fosse stato mai possibile: io non ero che un sopraddipiù[5] accanto a loro. Ma li amavo, li amavo, fino a sentir il mio cuore battere più forte. E mi veniva da piangere. Ma pensando che, di là, la signora Costanza aveva fatto lo stesso per un morto, pensavo che io non dovessi piangere per non portarmi qualche sventura. Io stesso pensavo di essere la disgrazia della signora Costanza. Ma

a sorridere non mi riesciva; e restavo con uno sconforto indeterminato e confuso; e, allora, mi veniva voglia di tornare subito in servizio. Pigliavo il
115 cappello e uscivo. Il paese, Poggibonsi,[6] la sera era molto rumoroso; i caffè si empivano. Il fiumiciattolo che passava sotto il ponte presso la stazione scrosciava tra i sassi. Le ragazze a braccetto mi sfioravano con i gomiti; i ragazzi m'urtavano. Qualcuno, da una bottega, mi chiamava a bere. Io rispondevo sorridendo; e, secondo il caso, togliendomi il cappello e provando un piccolo
120 brivido quando era qualche signore. A metà della strada, vedevo la finestra di cucina dove certo era la signora Costanza; e, allora, tornavo a dietro. Ma pensando a lei, qualche volta burlandomene; perché il suo viso magro e angoloso diventava goffo e si gonfiava. Oh, no, per tornare in servizio sarei stato troppo stanco; mi girava la testa! E come avrei potuto fare se c'era il mio
125 compagno di turno?[7] Avevo lasciato tutto bene all'ordine, non era avvenuto niente; e l'ispettore mi aveva dato la mano, sentendomi ebbro sotto gli sguardi dei miei subalterni ch'io guardavo accigliato, nervosamente, quasi che la pelle intorno agli occhi si fosse contratta da sé.

Allora, passeggiavo per quelle strade più solitarie, dove si sentivano
130 conversare soltanto le donne o strillar qualche ragazzo in fasce. Un organetto a mantice sonava sempre dentro un'osteria, il cui lumicino rosso aspettava gli avventori. Passando dinanzi, si sentivano le bestemmie mescolarsi, quasi fondersi, con quel suono allegro e stridulo che pareva la risata di un becero. Uscivo un poco fuori del paese, incontrando i contadini che tornavano con i
135 bovi. Qualche donna a una finestra, qualche uomo silenzioso a fumar su l'uscio di casa. I campi, molto più alti della strada costruita tra due muri laterali, si coprivano d'ombre; i cani abbaiavano, i rumori della gente si attenuavano. Tornavo in dietro. Salivo in casa mia e speravo che la signora Costanza fosse andata a letto; ma invece era là, accanto a quel salotto, a
140 leggere il *Libro dei sogni*;[8] mentre i *Tre Moschettieri* erano chiusi nel mezzo della tavola, con un ferro da calza dentro per segnale delle pagine lette.

Io passavo oltre, fingendo che non l'avessi voluta disturbare; ella alzava la testa come per invitarmi a sedere, ma non osava. Io ci provavo un piacere crudele a vederle far quell'atto; e allora, anche se prima avessi avuto voglia di
145 conversare, non mi sarei fermato; più soddisfatto di comportarmi e di trattarla così. Prima di addormentarmi, imaginavo che mi desse noia leggendo; e sì che non bisbigliava né meno![9] Ma non importa: era un pretesto perché io soffocassi ogni sentimento di amicizia; la quale ormai era innegabile. Tra me e lei era nato qualche cosa, quantunque fosse sempre quella del primo giorno.
150 Qualche volta mi veniva voglia di schernirla perché teneva tutte quelle bestie in casa; e supponevo che anche a me volesse bene come a loro. Allora, la guardavo con collera.

— Che ha stamani, signor Vincenzo?

Io capivo di sbagliare, ero più contento e le sorridevo.

155 Ma, infine, insomma, perché m'è venuta la decisione di sposarla? E che penserà di me? Ora tutto ciò ch'io le dicevo crederà che fosse il principio del mio amore; e ciò mi dispiace. Scommetto che si ricorda benissimo di me, e che crede ch'io voglia burlare. Come faccio a farglielo credere subito? No, non posso incaricare nessuno; e, allora, andrò da me. È meglio che scrivere:
160 scommetto che l'impiegato postale aprirebbe la lettera. Una lettera alla signora Costanza! Ma noi saremo felici; ne son certo. Dio mio, perché non ci ho pensato prima? E il piccione, che ormai sarà vecchio? E il gatto? Tutto qui, in questa casa; in casa mia. Se avremo qualche figlio, ci vorremo bene anche di più. Mi farò il ritratto anche io e lo manderò ai miei fratelli. Oh, quanto
165 l'amerò! Tutto l'amore che non ho mai avuto. Come sarò commosso quando le dirò: «Signora Costanza, vuole essere la mia sposa?» E lei mi risponderà . . . come mi risponderà? Non me lo so imaginare. Ma saremo tanto contenti tutti e due! Sì, sarò commosso dicendole: «Io non potevo star senza tornare in questa casa!» E lei si metterà a piangere; ci scommetto, si metterà a
170 piangere. La farò piangere io.

Costanza era morta; ma i suoi parenti hanno lasciato intatto quel salotto. Il piccione era zoppo: l'ho visto.

Prima di risalire in treno, i miei compagni mi hanno portato a bevere;[10] e poi che io mi vergognavo di dir perché ero tornato, anzi avevo dato ad
175 intendere ch'ero tornato soltanto per riveder loro, m'hanno fatto prendere, per festeggiarmi, una sbornia immensa, una sbornia che è diventata proverbiale. Non so come ho fatto: è la prima, e il vino m'andava giù a litri.

NOTE LESSICALI E CULTURALI

[1] **le Marche**   *regione dell'Italia centrale*

[2] **D'Artagnan**   *personaggio dei* **Tre Moschettieri**

[3] **tre righe d'oro**   *le tre righe indicano un grado di servizio*

[4] **del mio fratello e della mia sorella**   *forma colloquiale in cui viene usato l'articolo davanti all'aggettivo possessivo con nome che indica un grado di parentela*

[5] **sopraddipiù**   *qualcosa o qualcuno non strettamente necessario*

[6] **Poggibonsi**   *cittadina della Toscana a sud di Firenze*

[7] **il mio compagno di turno**   *la persona che lavora insieme a lui*

[8] *Libro dei sogni*   *un libro che interpreta i sogni e che viene consultato per predire il futuro*

[9] **e sì che non bisbigliava né meno!**   *eppure non bisbigliava*

[10] **bevere**   *forma in disuso per* **bere**

DOMANDE

1. Perché il protagonista chiede alla sua ex-padrona di casa di sposarlo?
2. Come mai non gliel'aveva chiesto prima?
3. Che tipo di rapporto c'era fra loro due?
4. Qual è la virtù della signora Costanza che il narratore descrive?
5. Dove andava a mangiare dopo il lavoro il protagonista?
6. Perché tiene le sue lettere e le sue cartoline?
7. Ci sono animali in casa?
8. Perché lui è sicuro che lei lo ama?
9. Perché la signora Costanza piangeva?
10. Che lavoro fa il protagonista?
11. Di che umore era lui quando usciva a fare una passeggiata?
12. Perché lui si comporta in modo crudele?
13. Come si immagina il futuro con la signora Costanza?
14. Che cosa scopre quando va a trovare Costanza?
15. Come ha reagito alla novità su Costanza?
16. Secondo Lei, come descriverebbe il comportamento del protagonista verso Costanza?

TEMI

1. Descriva una situazione che aveva mitizzato.
2. È giusto nascondere certi sentimenti verso le altre persone?
3. Ha mai rimpianto un rapporto con una persona che non si è sviluppato?

ESERCIZI

I. *Volgere il verbo in corsivo al passato prossimo o all'imperfetto secondo il caso:*

1. Io *cominciare* la mia carriera in un piccolo paese delle Marche, poi mi *mandare* in Toscana.
2. All'improvviso lei *affacciarsi* dalla cucina.
3. Quella volta io ci *pensare* davvero.
4. La signora Costanza *leggere* alcune pagine, *mettere* dentro un ferro da calza per segnale delle pagine lette, e poi *chiudere* il libro.
5. Ogni mese lei *ripulire* il muro nel salotto.

6. Mi *cambiare* sempre la giubba prima di uscire la sera.

7. Perchè tu non *volere* mai venire a vedermi alla stazione?

8. Alle nove mi *venire* voglia di addormentarmi.

9. Qualcuno *uccidere* una ragazza con quindici coltellate.

10. Prima egli *andare* a ritrovare le lettere e le cartoline illustrate.

II. *Scegliere dalla seconda colonna le parole che sono il contrario di quelle nella prima colonna:*

1. inumidire	1. odiare
2. sparecchiare	2. confuso
3. l'inquietudine	3. rumoroso
4. bisbigliare	4. corpulento
5. all'ordine	5. melancolico
6. accigliato	6. strillare
7. magro	7. la pace
8. felice	8. apparecchiare
9. affezionarsi	9. asciugare
10. silenzioso	10. sorridendo

III. *I verbi composti di porre (presente, pongo, poni, pone, poniamo, ponete, pongono), (participio passato, -posto), (passato remoto, posi), (imperfetto, ponevo): comporre, disporre, esporre, imporre, interporre, opporre, posporre, proporre, riporre, scomporre, supporre.*
Completare le seguenti frasi con la forma conveniente del verbo in corsivo:

1. Io *have supposed* sempre che la signora Costanza si sentisse molto sola.

2. La mia famiglia non era *opposed* al mio matrimonio.

3. Ella *had arranged* il tavolino con un ricamo quadrato e una campana di vetro con un passerotto imbalsamato.

4. Da anni *I have postponed* la decisione di pigliar moglie.

5. Credo che la signora Costanza sia ancora *disposed* a sposarmi.

6. Io *composed* una bella lettera dopo che ebbi ricevuto la cartolina illustrata.

7. Se *postpone* il loro ritorno, posso prendere la camera io.

8. Il capostazione non *had expounded* ai compagni la sua ragione per essere tornato.

9. Loro *proposed* di andare all'osteria per festeggiarlo.

10. Io *put back* i fiammiferi.

IV. Vero o falso:

1. Il capostazione è vedovo e ha deciso di pigliar moglie.
2. Vuole sposare la signora Costanza perché lei è una vedova di un ricco pensionato della Ferrovia.
3. Se non era già buio quando egli tornava a casa, lei leggeva.
4. Lei veniva a vederlo alla stazione prima che finisse il suo orario.
5. Il capostazione non è superstizioso però, non gli piace quando succede qualcosa di strano.
6. La signora Costanza piangeva sulle pagine del libro perché non s'era più consolata dopo la morte del suo povero marito.
7. Il gatto e il gallettino dormivano insieme.
8. I suoi sentimenti verso la padrona di casa cambiavano spesso.
9. Egli preferiva sempre passeggiare la sera che stare a casa con la signora.
10. Era meglio scriverle che andare a trovarla.

V. Formare delle frasi, scegliendo un verbo della seconda colonna che meglio si adatta a un nome della prima colonna:

1. Il caffè	1. dondolano.
2. Il passerotto	2. suona.
3. L'uomo	3. suscita un sentimento.
4. Il gatto	4. abbaia.
5. Il piccione	5. si attenuano.
6. Le calze e le camicie	6. miagola.
7. Il ricordo	7. pigola.
8. L'organetto a mantice	8. becca.
9. Il cane	9. si empia.
10. I rumori	10. fischia.

CALABRIA

Corrado Alvaro (1895–1956)

Caratteristica delle opere di Corrado Alvaro è la presenza di generi e tecniche assai diversi. Egli passò buona parte della sua infanzia in un piccolo paese sulle montagne dell'Aspromonte in Calabria. Le condizioni di estrema povertà del paese e la mentalità chiusa ma onesta dei suoi abitanti saranno sempre nella mente dello scrittore. Partecipò alla prima guerra mondiale e nel 1919 iniziò la sua attività giornalistica che non smise praticamente fino alla sua morte. Di grande influenza per la sua narrativa, la prosa giornalistica è importante anche per opere di carattere regionale assai interessanti, si veda per esempio *Calabria* (1931) e *Itinerario italiano* (1933) e, più tardi, *Roma vestita di nuovo* (1957) e *Un treno nel sud* (1958). In tutte queste opere d'ambiente e di costume, Alvaro mostra chiaramente di saper penetrare la realtà locale con particolare acume e intelligenza. Durante il fascismo egli si oppose alla dittatura di Mussolini e come forma di protesta civile si rifiutò di fuggire in esilio all'estero.

Le prime opere narrative, la serie di racconti contenuta in *La siepe e l'orto* (1920) e il romanzo *L'uomo nel labirinto* (1922), sono da ricordare se non altro per alcune caratteristiche che si ripresenteranno più tardi. In particolare c'è da rilevare la problematica legata alla vita cittadina con tutti i suoi patemi e ansie e dall'altra parte il ricordo e l'attrazione per la vita semplice paesana che Alvaro probabilmente ricordava dalla sua adolescenza. Alvaro fu uno di quegli scrittori che delineò il suo sviluppo artistico sin dalle prime opere. Delle varie raccolte di novelle pubblicate in questo periodo va ricordata soprattutto *Amata alla finestra* (1929) in cui Alvaro propone i temi più cari legati alla sua terra d'origine. Nel 1930 apparve la sua opera più famosa, *Gente in Aspromonte,* il cui tema principale è il tentativo di rottura della barriera sociale da parte del protagonista. Egli vuole infatti che uno dei suoi due figli continui a studiare per poter uscire dall'isolamento sociale a cui egli è costretto ad obbedire. Le descrizioni realistiche, che ricordano Verga, sono inserite in una struttura complessa in cui non manca anche una certa indagine psicologica dei vari personaggi. La sua prosa regionalistica è stata spesso avvicinata a quella di Verga e Deledda e segna, in fondo, il periodo di transizione tra loro e il neo-realismo.

C'è da ricordare che i personaggi di Alvaro sono molto influenzati dalla sua prosa giornalistica; la narrazione diventa più un mezzo per le annotazioni dell'autore che non uno spazio vitale entro il quale si muovono i suoi personaggi. Essi non interagiscono armonicamente nell'universo romanzesco di Alvaro, sono piuttosto delle figurine statiche che l'autore osserva con la sua caratteristica attenzione, come nel caso di Crisolia.

BIBLIOGRAFIA ESSENZIALE

La siepe e l'orto (1920)
L'uomo nel labirinto (1926)
L'amata alla finestra (1929)
La signora dell'isola (1930)
Gente in Aspromonte (1930)
Vent'anni (1930)
Il mare (1934)
L'uomo è forte (1938)
Incontri d'amore (1940)
L'età breve (1946)
Settantacinque racconti (1955)
Belmoro (1957)

LA ZINGARA

Lo zingaro arriva una mattina in piazza che[1] nessuno se lo aspetta, si mette a sedere in terra, scava una buca, tira fuori due mantici di pelle vellosa, congiunge nella buca i due becchi di latta, si mette a mandar su e giù i mantici come se suonasse un organetto. Nella buca si accende la fiammella azzurra
5 del carbone. Fa questo lavoro con raccoglimento, guardando appena in giro coi suoi occhi bianchi. Quando la fiamma è gialla e sicura, si leva, tira fuori un pane di stagno in cui si specchia abbagliante tutto il sole. Aspetta che gli portino i vasi di rame da stagnare e da saldare. Sembra che sia arrivato solo; invece si sente un suono come di chi piange piano per non farsi sentire: è lo
10 zingaro più piccolo che gira per richiamo suonando il suo strumento invisibile, una lamina d'acciaio che si mette sotto la lingua e fa vibrare, variandone i suoni col cavo delle mani disposto a cassa armonica. Poi ne spunta un altro, e le donne silenziose e infide.

La gente chiude la porta perchè gli zingari sono ladri, e le madri non
15 finiscono di raccomandare alle figlie di non aprire e di non dar retta per quanto dicano. Le zingare lo sanno e stanno ore intere dietro la porta dicendo: «Aprite, vi devo dire una bella cosa, perchè ho letto nella vostra fortuna. Aprite, bella stella.» Parlano, insistono, pregano, supplicano. Le ragazze tremano perchè vorrebbero aprire e intanto hanno paura. Stanno dietro la
20 porta e guardano dal buco della serratura: la zingara coi suoi occhi bramosi è là dietro e guarda la porta per lungo e per largo[2] con quel senso di stupore animale proprio dei cani davanti alle porte chiuse. «Io so chi vi vuol bene,» supplica la zingara. «Apritemi e ve lo dico.» Lo zingaro, invece, sta serio serio in piazza. Tutti i trafficanti, quando arrivano, si mettono a gridare per an-
25 nunziarsi, ma lui no; basta che si veda da lungi il suo fuocherello, che si senta il grosso respiro dei mantici, perchè tutti corrano a vedere. Egli sta attento che non gli rubino nulla i ragazzi. Coi suoi occhi mette in soggezione e sembra che veda da tutte le parti. Ha i cerchietti d'oro agli orecchi. Suo figlio o suo fratello gira per le porte a cercare lavoro; i suoi occhi pronti scoprono tutto nella

30 penombra delle case, si ficcano addosso[3] alle belle ragazze. I suoi denti, mentre parla o ride, fanno rabbrividire. Le ragazze si rifugiano in un angolo e tremano di aver aperto. Le pastore e le contadine sono audaci quando arriva l'orefice o il venditore di orci di creta. Fanno siepe intorno, complici, qualcuna di loro riesce a mettersi sotto il grembiule una cuccuma o una fiasca.

35 Qualcuna è riuscita a trafugare un anello, tant'è vero che[4] i venditori, quando arrivano, ora, fanno col bastone un continuo giro per tener indietro la gente. «Paese di celebri ladri!» esclamano, e nessuno se n'ha per male.[5] Ma la sera, quando va via, il venditore s'accorge che gli manca qualche cosa. Con gli zingari invece è più difficile. I ragazzi studiano, in disparte, i momenti di

40 distrazione dello zingaro sperando di portargli via il martelletto da stagnare, o un pezzo di stagno. Gli zingari vanno via all'improvviso come ladroni, e tutti si frugano per vedere se manca qualche cosa. Una volta mancò una ragazza, la Crisolia.

La Crisolia molti se la ricordavano ragazzina proprio l'anno avanti,

45 quando le legavano i capelli ricci in un ciuffo stretto al sommo del capo. Fin da piccina aveva sempre tentato di partire con tutti quelli che partivano, e pareva un capriccio infantile e innocuo. Veniva a sapere che qualcuno andava via ed ella si presentava all'alba, senza dir motto, alla casa di costui, aspettava pazientemente fuori della porta, e sentiva i rumori dei preparativi

50 alla partenza; teneva sulle ginocchia il suo bagaglio: una scatola di cartone in cui era la sua vesticciuola rossa delle feste. La gente, quando si accorgeva che ella aspettava, apriva la porta, la invitava a entrare, perchè era risaputo che all'alba di tutte le partenze la Crisolia faceva la sua apparizione. Ella si metteva in un angolo e guardava tutto attentamente, e rideva fra sè e sè. In

55 fretta, prima che chi partiva si muovesse, ella discendeva le scale e si precipitava accanto al mulo legato davanti al mannello di fieno. Si arrampicava coi piedi scalzi (la mamma non le aveva messe le scarpe per la partenza) sulle sporgenze del muro, e aspettava. Poi, quando il viaggiatore scendeva, ella supplicava invano che la portasse con sè, si metteva a corrergli dietro, e

60 piangeva, fino a che non lo vedeva dileguare. Poi si chetava e aspettava di partire con un altro, mai delusa. Ora era partita sul serio dietro allo zingaro.

Crisolia non ha il colore della pelle degli zingari, è bianca, non ha rubato mai in piazza, quando arrivavano i mercanti, e non sa rubare neppur ora. Lo zingaro la guarda compassionevolmente, non senza tenerezza, e i compagni

65 gliela guardano con pietà. Ella non sa più perchè sta con lui; guarda spesso l'uomo che le piacque, che nella sua mente non ha un nome preciso, e si chiama ancora e sempre per lei lo Zingaro. Ella non ha saputo fargli neppure un figlio, e si sa che i ragazzi servono per scorrazzare nei paesi, e portano via sempre qualche cosa, nascosta sotto la camicia. Ella non va più da molto

70 tempo al suo paese, ma in tutti i paesi che traversa riconosce le stesse facce del

luogo dove è nata; questo la stupiva un poco dapprima; a quelle si affeziona e non si azzarda a far male.

Tutti conoscono la vecchia bigotta che sta alla Marina. Era ricca e ora non ha che un giardinetto intorno alla casa; prega tutto il giorno, e quando
75 non prega sta a curare i suoi fiori; delle volte aspetta una visita promessa, perchè nei momenti liberi è in giro a pregare gli amici e i forestieri che vadano a visitare il suo giardino. Bisogna dirle che andrà in Paradiso e che il suo giardino è bello; allora fissa l'interlocutore coi suoi occhi di fedele che vede lontano e domanda: «Me lo dite sul serio?» Poi accompagna il visitatore per il
80 suo giardinetto, guidandolo per ogni pianta come in un mondo. «Questa è la menta, questa è la salvia, questo è il geranio.» Guarda i fiori che spuntano meravigliosamente, e quando è generosa stacca una foglia e la porge al visitatore. Tutti le promettono di andare da lei, e poi magari non vanno perchè si annoiano; ella aspetta ore intere nelle sue stanze dove ha messo
85 tutto in ordine e dove ha preparato il caffè. Lentamente l'odore inebriante del caffè si disperde, la ciotola diviene fredda, ed ella la tocca di quando in quando come si fa coi febbricitanti. Nessuno arriva, o arriva quando è sera, ed è troppo tardi per vedere il giardino. Allora esce col lume a farglielo vedere, e il giardino è pieno di misteri e di meandri. Quando arrivano le zingare, costei
90 è la sola che apra la porta sicura e che si fidi di loro. Dà loro i trespoli del letto, e il trìpode di ferro della catinella perchè le facciano un bel lavoro; le zingare dileguano e non si fanno più vedere. Tutte queste vagabonde lo sanno, perchè ogni carovana manda qualcuno a bussare alla sua porta e a supplicare. Le prendono la vecchia mano, l'aprono, e vi leggono: «Qui è scritto che
95 andrete davvero in Paradiso.»

Invece, la Crisolia non sa fare neppur questo. Ella dice, dietro la porta, cose che non la interessano: «Presto,» le dice, «riacquisterete le ricchezze perdute; presto vi verrà una gran novità; c'è un giovane che vi vuol male ma c'è un vecchio signore che vi protegge.» «A me dici queste cose? Chi vuoi che
100 mi voglia bene e che mi protegga? Tu ti devi essere sbagliata, e non sei una buona zingara.» La vecchia non vuole aprire, perchè questa non sa tirar bene la sorte. Ma la Crisolia ha paura di tornare al suo uomo a mani vuote, e insiste, e picchia rabbiosamente contro la porta. La vecchia dice dietro la fessura della chiave: «Tu non sei una vera zingara, tu devi essere una ladra.» Ora la Crisolia
105 trema dietro la porta e supplica: «Apritemi, signora Adelaide, apritemi perchè io so . . . » «Che cosa sai, se non ti viene in mente che non mi chiamo Adelaide?» Non c'è più speranza, e la Crisolia si mette a supplicare tremando e sudando: «Datemi qualche cosa a gloria del Signore, datemi qualche cosa: un pezzo di pane, mi basta. Io non posso tornare a mani vuote. Voi non sapete.»
110 La vecchia non risponde altro che un «sì, sì» canzonatorio, e la Crisolia la vede, attraverso la serratura, che sta seduta con le mani sulle ginocchia, e un

ciuffo di capelli stopposi le pende sugli occhi spenti. Batte le mani aperte furiosamente contro la porta: «Datemi almeno un po' d'acqua. Neanche un po' d'acqua?» La vecchia alla fine si decide ad aprire e le butta un catino
115 d'acqua sporca addosso.

La Crisolia, come un cane bagnato, si mette a girare per i vicoli, guarda i balconi, spia le entrate delle case, vede che molti chiudono precipitosamente la porta. Se almeno avesse il triangolo di acciaio su cui battere e fare un poco di musica per richiamo, i curiosi si affaccerebbero. Ma così ha l'aria di essere
120 una forestiera e non una zingara, perchè è vestita decentemente e non è scura in faccia. Sulla fronte ha un lieve colore perlaceo e dorato; le labbra rosse, le guance fiorenti, gli occhi chiari e limpidi. Ed ecco che scorge a un balcone una donna, una ragazza, pare, che si sporge un poco per annaffiare il vaso di menta: si vede il suo gomito aguzzo e infantile. La Crisolia infila le scale, di
125 corsa, arriva davanti alla porta sbarrata, bussa discretamente. Nessuno risponde. Bussa più forte. «Chi è?» Ella riprende fiato e dice in fretta in fretta come ha sentito dire a molte sue compagne: «Io so che un Peppino vi vuol bene, che una vecchia donna vi vuol male, ma c'è un vecchio signore che vi protegge.» «Ma che Peppino!» strilla una voce fresca di dentro; «se io sono
130 sposata, e mio marito si chiama Antonio! E poi mia suocera mi vuol bene, e quanto al vecchio signore . . . » Ella esita. Che non voglia dire che il vecchio signore, suo padre, si deciderebbe a darle quei soldi? La donna dietro la porta rincalza: «Io vi so dire la buona ventura.» Ma questo rimette in sospetto la padrona di casa la quale non risponde. «Datemi un po' d'acqua almeno, mi
135 contento dell'acqua. La volete la fortuna per un po' d'acqua?» «Se è per l'acqua, ecco.» La donna ha aperto la porta.

È una cucina abbastanza larga, imbiancata da poco, segno che la casa è abitata da gente nuova; c'è il fornello acceso, e sopra vi bolle una pentola con un odore e un calore di mattinata familiare. Dalla finestrella entra la luce del
140 meriggio, e la grande voce della campagna supina, e il grappolo sonoro delle cicale.[6] La padrona di casa non è una ragazza come pareva. Può avere diciotto anni, esile, il viso magro da adolescente, e poi un gran ventre su cui posa le mani conserte. Ha l'aspetto avido delle ragazze e insieme delle donne prossime a diventar madri, i suoi gesti ripetono nelle faccende familiari quelli fatti
145 per giuoco e per ischerzo nell'infanzia. Su una sedia è un cesto di frutta, ed ella lo guarda di quando in quando come se si trattasse di darne a un suo figlio ideale, a un figlio non nato. Forse per chetarlo prende un pugno di ciliege e mangia, come se le spartisse in due, fra madre e figlio. «Ecco l'acqua. Avete dove metterla?» La osserva da capo a piedi, i piedi nudi, mentre la zingara si è
150 chinata sul fornello e soffia fra le braci. «Dove volete che metta l'acqua?» Avidamente si attacca all'orcio e beve a grandi sorsate l'acqua fresca; ora ne

sembra tutta irrorata, la pelle le diviene fresca e morbida, la gola le trema mentre beve. L'acqua le scende sul collo, fresca, mentre posa l'orcio. Si pulisce con la manica. «Siete sposata da poco?» «Sei mesi.» Su un'altra sedia è
155 una fascia bianca arrotolata. La zingara la prende, la svolge un poco, sorride; ma la sposa gliela ghermisce e la nasconde in una cassa.

La zingara ha seguito la sposa mentre è andata di là, dove è eretto il letto alto. Appoggiata alla sponda del letto la padrona di casa si copre il ventre gelosamente con le due mani, fissa la zingara e le domanda: «Voi non avete
160 avuto figli?» La zingara dice di no col capo. È facile indovinarlo: le è rimasto un che d'immaturo,[7] ha la vita stretta come una vespa, i suoi occhi e la sua bocca hanno contorni netti, la sua voce è aspra: dà, insomma, l'idea di quegli arboscelli matti che crescono sui vecchi muri e non danno frutti, pur fiorendo a primavera, e sembrano forti. «Il Signore non me ne ha voluti dare.» Intorno
165 a lei si fa il silenzio e il vuoto, mentre la padrona di casa si affretta a nascondere tutto quello che ricorda il bambino che deve venire. La zingara se ne accorge e dice: «Io non sono nata zingara, ma mi ci sono fatta.» La sposa s'interessa subito a questo discorso, si fa raccontare com'ella è fuggita di notte, come si nascose presso la città prima, come al suo paese ella non va
170 mai, mai più. Ora discorrono tutte e due presso il letto, e la sposa vi si è sdraiata come un animale. Ricordandosene improvvisamente corre in un angolo, trova certe mele acerbe, ancora piccole come mandorle. «Le mandorle non sono buone quest'anno, sono vuote, ma le mele, anche così acerbe, sono dolci, dolci, provate.» È intenta a mangiare, assorta come una capra, e
175 come una capra leva gli occhi interrogativi intorno. Il frutto sotto i suoi denti sembra divenire più succoso e le irrora le labbra. La zingara dà un morso a un frutto anch'essa, e si ricorda improvvisamente della sua infanzia. Dice: «Io sapevo fare tante cose, sapevo ricamare, sapevo fare il merletto. Invece eccomi qui.» La sposa domanda tranquillamente: «Vi vuol bene lui, lo zin-
180 garo?» Ella sospira e si stringe nelle spalle. «A me sì, il mio,» dice la sposa. «Quando torna, ora che è la stagione dei frutti, mi porta sempre qualche cosa. Entra senza dir nulla, posa una manata di frutta sulla tavola, appena staccata dall'albero, e mi dice: "Mangia subito e non ti toccare." Ha paura che faccia il figlio con una voglia di nespola o di ciliegia.» La zingara dice: «Avete mai
185 mangiato terra e carbone, come fanno tante donne nella vostra condizione?[8]» La sposa ha una smorfia di disgusto. «A me, perchè le dovete dire certe cose?» Le sembra che la donna voglia farle del male, la guarda mentre ha preso la scopa per spazzare, gliela strappa di mano, dice: «È tempo che ve ne andiate via.» Mentre dice questo i suoi occhi cadono sulla tovaglia che ella ha ripie-
190 gato accuratamente, sui bicchieri che ella ha lavato, sul pavimento spazzato a metà. La Crisolia la guarda supplichevole: «Avete veduto che so fare tutto

come una donna civile?» «Andate via perchè se mio marito mi trova con una zingara mi sgrida.» La Crisolia si è avviata alla porta, e prima di uscire dice: «Non mi regalate nulla? Vi ho servita.» Ma quella fa di no col capo. Allora si
195 mette a supplicare: «Per l'amore di quello che vi deve nascere, datemi qualche cosa, per non farmi tornare a mani vuote, o mi dicono che non lavoro.» La sposa prende la scopa, la brandisce, minaccia come si fa coi monelli. La Crisolia si precipita in cucina, dove ha veduto un pane, lo afferra, se lo mette sotto il grembiule, e via di corsa per le scale. La sposa si è affacciata alla
200 finestra gridando: «Acchiappatela la zingara che mi ha derubata.» Ora si vede la Crisolia che l'hanno afferrata chi per i capelli, chi per le orecchie, chi per la veste; sente che vanno cercando una guardia, e non si può muovere. Il pane è caduto in terra, qualcuno lo raccatta, lo spolvera, lo bacia, perchè il pane non si butta in terra. Una donna esclama: «Che miracolo, acchiappare una zingara
205 che ha rubato! Credo che sia la prima volta che succede.»

NOTE LESSICALI E CULTURALI

[1] **che**   *qui ha valore temporale: **quando, mentre***
[2] **per lungo e per largo**   *in ogni luogo, dappertutto*
[3] **si ficcano addosso**   *si attaccano*
[4] **tant'è vero che**   *infatti*
[5] **nessuno se n'ha per male**   *nessuno si offende*
[6] **il grappolo sonoro delle cicale**   *l'insieme delle cicale che cantano*
[7] **un che d'immaturo**   *qualcosa che fa capire che è ancora giovane e inesperta*
[8] **Avete mai mangiato terra e carbone, come fanno tante donne nella vostra condizione?**   *I contadini di questa zona, e soprattutto le donne incinte, mangiavano infatti terra e carbone per ottenere i minerali che mancavano nella loro dieta povera*

DOMANDE

1. Cosa fa lo zingaro quando arriva in piazza?
2. Arriva sempre solo?
3. Come reagisce la gente alla presenza degli zingari?
4. Perché gli zingari bussano alle porte delle ragazze?
5. Che rapporto si stabilisce tra la gente del paese e lo zingaro?
6. Cosa fanno i paesani ai venditori ambulanti?
7. Da bambina che cosa faceva sempre Crisolia?
8. Perché rappresenta un problema il fatto che Crisolia non abbia fatto figli?
9. Qual è la fissazione della vecchia bigotta?
10. Cosa fanno gli zingari alla vecchia?

11. Come si comporta Crisolia con la vecchia signora?
12. Cosa le fa la signora?
13. Perché la gente non pensa che lei sia una zingara?
14. Che rapporto si stabilisce tra la giovane signora e la zingara?
15. A che cosa è interessata la giovane donna?
16. Che cosa fa la zingara in casa della donna?
17. Perché improvvisamente la donna assume un atteggiamento ostile nei confronti della zingara?
18. Quale significato ha l'arresto di Crisolia?
19. Era contenta di essere una zingara?
20. Che cosa ha attratto Crisolia a diventare una zingara?

TEMI

1. Quali sono i pregiudizi che si hanno verso chi non vive secondo le regole comuni? C'è qualche differenza per chi vive in città e in campagna?
2. Come mai alla gente piace credere a certe cose anche quando sa che non sono vere?
3. È possibile cambiare classe sociale o modo di vivere con successo?
4. Quale gruppo di persone ha la stessa posizione economica e sociale degli zingari negli Stati Uniti?

ESERCIZI

I. *Volgere il verbo in corsivo all'imperfetto:*

1. Crisolia non *avere* il colore della pelle degli zingari.
2. Tutti *conoscere* la vecchia bigotta. Le *promettere* di andare da lei e poi, magari non *andare* perché *annoiarsi.*
3. Le vagabonde le *prendere* la vecchia mano, l'*aprire* e vi *leggere.*
4. Voi *volere* rimanere con gli zingari?
5. Non *esserci* piú speranza e Crisolia *mettersi* a supplicare.
6. Noi *chiudere* la porta quando *arrivare* gli zingari.
7. *Sentirsi* dei suoni come di chi *plangere* piano per non farsi sentire.
8. Le zingare *parlare, insistere, pregare* e *supplicare.*
9. Lei *brandire* la scopa e *minacciare* come si fa coi monelli.
10. Qualcuno *raccattare* il pane, lo *spolverare* e lo *baciare.*

II. Formare delle frasi adoperando i seguenti verbi:

1. trattarsi di   6. chinarsi
2. accorgersi   7. levarsi
3. muoversi   8. aspettarsi
4. annoiarsi   9. disperdersi
5. rifugiarsi   10. affacciarsi

III. Tradurre:

1. She has red lips and cheeks, and her skin is soft and fresh.
2. His face was too thin under his curly hair.
3. They looked at me from head to foot.
4. I didn't open my mouth, and I kept my hands folded.
5. She raised her elbow to cover her clear, black eyes.
6. They didn't see our bare knees or feet.
7. We put it behind our teeth, under our tongue.
8. My throat hurts and my shoulder aches.
9. She has a small waist but a large abdomen.
10. The women grab her by the ears and the neck.

IV. Rispondere alle seguenti domande:

1. Chi stagna e salda i vasi di rame?
2. Chi fa un continuo giro col bastone per tener indietro la gente?
3. Chi si mette a gridare per annunziarsi?
4. Chi riesce a mettersi sotto il grembiule una cuccuma o una fiasca?
5. Chi s'accorge la sera che gli manca qualche cosa?
6. Chi è la sola che apra la porta sicura e che si fidi delle zingare?
7. Chi si presenta all'alba alla casa dei viaggiatori?
8. Chi porta sempre della frutta a casa?
9. Chi annaffia un vaso di menta sul balcone?
10. Chi si va cercando dopo aver afferrato Crisolia?

V. Completare le frasi nel primo gruppo, scegliendo tra quelle del secondo gruppo:

1. Si acchiappa   1. una lamina d'acciaio.
2. Si chiudono le porte 2. di andare a visitare il
                            giardino.
3. Si suona   3. con un martelletto.

4. Si spazza

 4. per vedere se manca qualche cosa.

5. Si saldano

 5. le donne silenziose e infide.

6. Si raccomanda

 6. la fiammella nella buca.

7. Si stagna

 7. perché gli zingari sono ladri.

8. Si fruga

 8. una zingara che ha rubato.

9. Si promette

 9. i vasi di rame.

10. Si spuntano

 10. alle figlie di non aprire.

11. Si fa vibrare

 11. uno strumento.

12. Si accende

 12. il pavimento.

VI. *Dare la forma richiesta del verbo **dovere** tra parentesi:*

1. Lo zingaro piú piccolo (must) girare per richiamo.
2. La gente (had to) chiudere la porta perché gli zingari sono ladri.
3. Voi (should) offrire qualcosa a Crisolia.
4. Crisolia (should have) rimanere a casa con la famiglia.
5. Le ragazze (must not) farsi vedere.
6. Chi (was supposed to) andare a trovare la vecchia bigotta?
7. Non so cosa farei se (I had to) vivere da zingaro.
8. Qualcuno (will have to) andare a trovare una guardia.

Romano Bilenchi (1909-1989)

Nato a Colle Val d'Elsa, in provincia di Siena, Romano Bilenchi concentrò quasi tutta la sua produzione tra il 1930 e il 1940, e rimase legato allo stimolante ambiente fiorentino di quegli anni, manifestando una costante limpidezza di stile, come, per esempio, in *La siccità,* uno dei migliori racconti degli anni '40.

Prima le speranze politiche riposte nel fascismo, e poi l'apertura culturale alla letteratura europea furono due delle principali caratteristiche delle opere che apparvero su *Solaria* e *Letteratura,* le due riviste attorno alle quali si riunì un folto gruppo di scrittori toscani. L'illusione del "fascismo rivoluzionario" appare solo nei primissimi racconti di Bilenchi; in essi è già possibile però notare la scelta fatta dallo scrittore di non rappresentare nel testo i "fatti" che caratterizzano la storia. Per questa ragione Bilenchi si affidò soprattutto all'imperfetto e, solo in poche occasioni, compare il passato remoto. Questa tecnica gli permise di evidenziare nei protagonisti una certa estraneità agli eventi che si svolgono attorno a loro; perciò essi sembrano dominati nelle loro azioni da una forma di predestinazione. Il rapporto tra individuo e società e il senso di esclusione di cui sono vittima i personaggi vengono analizzati nella raccolta *Mio cugino Andrea,* da cui è tratto "Un errore geografico" (scritto tra il 1936 e il 1937).

Nel romanzo *Conservatorio di Santa Teresa* (1940), lo scrittore prese in esame il mondo dell'infanzia e dell'adolescenza e il problematico confronto che esso ha con la realtà degli adulti. In una delle sue opere più recenti, *Il bottone di Stalingrado* (1972), si può notare l'abbandono di questo tema, in favore di una ricerca politica e sociale che, comunque, resta abbastanza estranea allo scrittore.

Negli anni '50, all'attività di scrittore alternò quella di redattore della rivista *Contemporaneo* e direttore del *Nuovo Corriere.*

"Un errore geografico" racconta la vergogna che un ragazzino prova nell'essere identificato per qualcuno che proviene dalla Maremma. Al tempo in cui il racconto fu scritto la Maremma era ancora una zona paludosa ed economicamente depressa.

BIBLIOGRAFIA ESSENZIALE

Vita di Pisto (1931)
Cronaca dell'Italia meschina (1933)
Il capofabbrica (1935)
Anna e Bruno (1938)
Il conservatorio di Santa Teresa (1940)
La siccità (1941)
Dino e altri racconti (1942)
Mio cugino Andrea (1943)
Racconti (1958)
Una città (1959)
I silenzi di Rosai (1971)
Il bottone di Stalingrado (1972)
Il gelo (1982)

UN ERRORE GEOGRAFICO

Gli abitanti della città di F. non conoscono la geografia; la geografia del loro paese, di casa propria. Quando da G. andai a studiare a F. mi avvidi subito che quella gente aveva un'idea sbagliata della posizione del mio paese nativo. Appena nominai G. mi dissero: «Ohé, maremmano!».[1]

5 Un giorno, poi, mentre spiegava non ricordo più quale scrittore antico, il professore d'italiano cominciò a parlare di certi pastori che alle finestre delle loro capanne tenevano, invece di vetri, pelli di pecore conciate fini fini. Chi sa perché mi alzai, dall'ultimo banco ove sedevo, e dissi: «Sì, è vero: anche da noi i contadini appiccicano alle finestre delle loro casupole pelli di coniglio o 10 di pecora al posto dei vetri, tanto è grande la loro miseria». Chi sa perché mi alzai e dissi così; forse per farmi bello[2] verso il professore; forse perché, spinto da un impulso umanitario per la povera gente, volevo testimoniare ai miei compagni, tutti piccoli cittadini, che il professore aveva detto una cosa giusta, che esisteva davvero nel mondo una simile miseria; ma, a parte la miseria, 15 l'affermazione era un prodotto della mia fantasia. In vita mia, e Dio sa se di campagna ne avevo girata, mi era capitato una sola volta di vedere, in una capanna di contadini, un vetro rattoppato con pezzi di carta; e la massaia, del resto, si era quasi scusata dicendo che appena qualcuno della famiglia fosse andato in città avrebbe comprato un bel vetro nuovo. Appena in piedi di- 20 nanzi alla classe sentii ogni impulso frenato e m'accorsi d'averla detta grossa.[3] Sperai che il professore non fosse al corrente degli usi della mia provincia, ma lui, a quella uscita, alzò la testa dal libro e disse: «Non raccontare sciocchezze». Dopo un momento rise e tutti risero, anche per compiacerlo. «Ma aspettiamo un po'» disse poi «forse hai ragione. Il tuo paese, G., 25 non è in Maremma? È probabile che in Maremma vadano ancora vestiti di pelle di pecora.»

Di nuovo tutti si misero a ridere. Qualcuno, forse per rilevare che tanto io quanto il professore eravamo allo stesso livello di stupidità, sghignazzò

ambiguamente. Mi voltai per cogliere quella incerta eppure unica solidarietà
30 nei miei riguardi, ma il primo compagno che incontrai con gli occhi per non
compromettersi mi disse: «Zampognaro»[4] e fece il verso della zampogna. Un
altro disse: «Hai mai guardato le pecorine?» e in coro gli altri fecero: «Beee,
beee.»

Cominciai, e questo fu il mio errore, a rispondere a ciascuno di loro, via
35 via che aprivano bocca. Ero uno dei più piccoli e ingenui della classe, e ben
presto fui preda di quella masnada. Benché appartenessero a famiglie di-
stinte, c'era fra loro soltanto un figlio di bottegaio di mercato arricchito, come
avevo potuto osservare dalle mamme e dai babbi che ogni mese venivano alla
scuola, me ne dissero di ogni colore.[5] Infine con le lacrime agli occhi, appro-
40 fittando d'un istante di silenzio, urlai: «Professore, G. non è in Maremma.»

«È in Maremma.»

«No, non è in Maremma.»

«È in Maremma» disse il professore a muso duro.»[6] «Ho amici dalle tue
parti e spesso vado da loro a cacciare le allodole. Conosco bene il paese. È in
45 Maremma.»

«Anche noi di G. andiamo a cacciare le allodole in Maremma. Ma dal
mio paese alla Maremma ci sono per lo meno ottanta chilometri. È tutta una
cosa diversa da noi. E poi G. è una città» dissi.

«Ma se ho veduto dei butteri[7] proprio al mercato di G.» disse lui.
50 «È impossibile. Sono sempre vissuto lì e butteri non ne ho mai veduti.»

«Non insistere. Non vorrai mica far credere che io sia scemo?»

«Io non voglio nulla» dissi «ma G. non è in Maremma. Al mercato
vengono venditori ambulanti vestiti da pellirosse. Per questo si potrebbe
affermare che G. è in America.»
55 «Sei anche spiritoso» disse lui. «Ma prima di darti dello stupido e di
buttarti fuori di classe dimostrerò ai tuoi compagni come G. si trovi in Maremma.» Mandò un ragazzo a prendere la carta geografica della regione
nell'aula di scienze, così anche lì seppero del mio diverbio e che ci si stava
divertendo alle mie spalle. Sulla carta, nonostante non gli facessi passare per
60 buona una sola delle sue affermazioni, abolendo i veri confini delle province
e creandone dei nuovi immaginari, il professore riuscì a convincere i miei
compagni, complici la scala di 1 : 1.000.000 e altre storie, che G. era effettivamente in Maremma.

«È tanto vero che G. non è in Maremma» ribattei infine «che da noi
65 maremmano è sinonimo d'uomo rozzo e ignorante.»

«Abbiamo allora in te» concluse lui «la riprova che a G. siete autentici
maremmani. Rozzi e ignoranti come te ho conosciuto pochi ragazzi. Hai
ancora i calzettoni pelosi.» E con uno sguardo mi percorse la persona. Gli altri

fecero lo stesso. Sentii di non essere elegante come i miei compagni. Tacqui
70 avvilito. Da quel giorno fui "il maremmano". Ma ciò che m'irritava di più era,
in fondo, l'ignoranza geografica del professore e dei miei compagni.

Non potevo soffrire la Maremma. Ero stato preso da tale avversione al
primo scritto che mi era capitato sotto gli occhi intorno a quel territorio e ai
suoi abitanti. Avevo letto in precedenza numerosi libri sui cavalieri della
75 praterie americane, avevo visto al cinematografo infiniti films sulle loro
strabilianti avventure; libri e film che mi avevano esaltato. Un paio di anni
della mia vita erano stati dedicati ai cavalli, ai lacci, ai grandi cappelli, alle
pistole di quegli uomini straordinari. Nel mio cuore non c'era stato posto per
altri. Quando essi giungevano a liberare i compagni assaliti dagli indiani,
80 sentivo che la loro piccola guizzante bandiera rappresentava la libertà; e mi
sarei scagliato alla gola di coloro che parteggiavano per il Cervo Bianco e per il
Figlio dell'Aquila.[8] Quando i carri della carovana, costretta a disporsi in
cerchio per fronteggiare l'assalto degli indiani assassini, tornavano allegri e
veloci a inseguirsi per immense e deserte praterie e per profonde gole di
85 monti, mi pareva che gli uomini avessero di nuovo conquistato il diritto di
percorrere il mondo. I nomi di quei cavalieri — sapevo tutti i nomi degli eroi
di tutti i romanzi a dispense e di tutti i films — erano sempre sulla mia bocca.
Valutavo ogni persona confrontandola con loro e ben pochi resistevano al
confronto. Quando lessi che a due passi, si può dire, da casa mia, c'erano
90 uomini che prendevano al laccio cavalli selvaggi, che domavano tori, che
vestivano come nel Far-West o press'a poco, che bivaccavano la notte sotto il
cielo stellato ravvolti in coperte intorno a grossi fuochi e con accanto il fucile e
il cane fedele, risi di cuore. Neppure le storie dei cani fedeli, comuni e
accettate in ogni parte del mondo, riuscii a prendere sul serio. Guardai tante
95 carte geografiche e sempre più mi convinsi che in quella zona così vicina a
me, larga quanto una moneta da un soldo, non era possibile vi fossero bestie
selvagge, uomini audaci e probabilità di avventure. Né le dolcissime donne
brune che cantavano sui carri coperti di tela e che, all'occorrenza, caricavano
le armi dei compagni. Una brutta copia degli eroi di mia conoscenza. I cava-
100 lieri dei libri e dei films combattevano continuamente contro indiani e predoni; ma lì, a due passi da me, che predoni potevano esserci? Lontano il
tempo degli antichi famosi briganti, se mai erano esistiti: anche su di loro
avevo i miei dubbi.
Quando andai a studiare a F. la pensavo proprio così. Perciò non potevo
105 gradire il soprannome di "maremmano".

Giocavo al calcio con abilità, ma anche con una certa rudezza, nonostante fossi piccolo e magro. Mi feci notare subito la prima volta che scesi in

campo coi miei compagni, e mi misero mezzala sinistra nella squadra che rappresentava il liceo nel campionato studentesco. Giocai alcune partite riscotendo molti applausi.

«Il maremmano è bravo» dicevano «deve essersi allenato coi puledri selvaggi. I butteri gli hanno insegnato un sacco di diavolerie.»

I frizzi e le stoccate, siccome ero certo contenessero una lode sincera, non m'irritavano affatto. Sorridevo e gli altri tacevano presto. Eravamo ormai vicini alla fine del campionato con molta probabilità di riuscirvi primi e mi ripromettevo, per i servizi resi all'onore del liceo, pensate che una partita era stata vinta per un unico punto segnato da me, di non essere, in avvenire chiamato "maremmano", quando nell'ultimo incontro accadde un brutto incidente. Durante una discesa mi trovai a voltare le spalle alla porta avversaria. Dalla destra mi passarono il pallone. Mi girai per colpire al volo.[9] Il portiere aveva intuito la mossa e si gettò in avanti per bloccare gamba e pallone, ma il mio calcio lo prese in piena bocca. Svenne. Gli avevo rotto tre denti. I suoi compagni mi furono addosso minacciosi. Dissi che non l'avevo fatto apposta, che era stata una disgrazia, che ero amicissimo del portiere il quale alloggiava nella mia stessa pensione, ma gli studenti sostenitori dell'altra squadra, assai numerosi tra il pubblico, cominciarono a urlare: «Maremmano, maremmano, maremmano.»

Persi il lume degli occhi, e voltandomi dalla parte del pubblico che gridava di più, feci un gesto sconcio. L'arbitro mi mandò fuori del campo. Mentre uscivo dal recinto di giuoco le grida e le offese raddoppiarono. Vidi che gridavano anche le ragazze.

«Maremmano, maremmano, maremmano; viene da G.»

Tra coloro che urlavano dovevano esserci anche i miei compagni. Infatti, come potevano tutti sapere che ero nato a G.? Mi sentii privo di ogni solidarietà e camminai a capo basso verso gli spogliatoi.

«Maremmano, maremmano, ha ancora i calzettoni pelosi.»

Che i miei calzettoni non piacessero agli altri non m'importava. Era questione di gusti. La roba di lana mi è sempre piaciuta fatta a mano e piuttosto grossa. Per me i calzettoni erano bellissimi e io non davo loro la colpa dei miei guai, nonostante fossero continuamente oggetto di rilievi e di satira. Anche quella volta più che per ogni altra cosa mi arrabbiai per l'ingiustizia che si commetteva ai danni di G. continuando a crederla in Maremma. Andai fra il pubblico e cercai di spiegare a quegli ignoranti l'errore che commettevano, ma a forza di risa, di grida, di spinte e persino di calci nel sedere fui cacciato negli spogliatoi.

Il giorno dopo il preside mi chiamò e mi sospese per una settimana a causa del gesto fatto al pubblico, gesto che disonorava il liceo. Mi sfogai col preside sperando che almeno lui capisse che G. non era in Maremma. Egli mi

ascoltò a lungo, ma sul volto aveva la stressa aria canzonatoria dei miei
150 compagni e, alla fine del mio discorso, confermò la punizione. Forse mi
credette un po' scemo.

Primo impulso fu quello di scrivere a casa e pregare il babbo e la mamma
di mandarmi a studiare in un'altra città. Ma come spiegare le mie pene? Non
sarei stato compreso, anzi mi avrebbero sgridato. Essi facevano dei sacrifici
155 per mantenermi al liceo. Decisi di sopportare ancora. Al mio ritorno a scuola
dopo la sospensione, le offese contro G. e contro di me si moltiplicarono. Però
si avvicinava l'estate e con l'estate sarebbero venute le vacanze. A casa avrei
pensato al da farsi per l'anno dopo; forse avrei abbandonato gli studi e sarei
andato a lavorare. Ma proprio allora mi capitò il guaio più grosso.

160   Una domenica mattina, uscito di buon'ora dalla pensione per godermi i
freschi colori della inoltrata primavera, vidi i muri pieni di manifesti vivaci e
molta gente in crocchio che stava ad ammirarli. Le tre figure che campeggia-
vano nei manifesti mi fecero subito arricciare il naso: un toro a capo basso
quasi nell'atto di lanciarsi nella strada, un puledro esile e scalpitante e un
165 buttero che guardava le due bestie con un'espressione di sprezzante sicurezza. Mi avvicinai. I manifesti annunziavano che la prossima domenica, in
un prato vicino all'ippodromo, per la prima volta in una città, i cavalieri di
Maremma si sarebbero esibiti in emozionanti prodezze.

Non ero mai stato in Maremma, né avevo veduto butteri altro che nelle
170 fotografie. Migliore occasione di quella per ridere di loro non poteva capi-
tarmi. Inoltre mi piaceva immensamente il luogo ove si sarebbe svolta la
giostra. Il fiume, uscendo dalla città, si allontana, con bizzarre svolte, nella
campagna, finalmente libero da case e da ponti. Tra la riva destra del fiume e
una fila di colline ci sono parchi molto belli, con caffè di legno e alberi enormi;
175 e belli sono alcuni prati verdi circondati da ben curate siepi di bossolo, che si
aprono all'improvviso in mezzo agli alberi. In uno di quei prati era allora
l'ippodromo. I prati e le siepi verdi mi piacevano più d'ogni altra cosa a F. e
non mancavo mai, nei pomeriggi in cui non avevo lezione, di recarmi a
visitarli. Sedevo ai margini, accanto al bossolo, e di lì osservavo l'erba bassa e
180 tenera che mi empiva l'animo di gioia.

«Ci andrò domenica» decisi e, a mezzogiorno, di ritorno alla pensione,
invitai i miei compagni di tavola, il portiere che avevo ferito durante la partita
di calcio e due alunni del mio stesso liceo, a recarsi con me allo spettacolo.

«Avevamo già veduto il manifesto» disse il portiere. «Verremo ad am-
185 mirare i tuoi maestri.» Anche gli altri accettarono e il giorno fissato c'incamminammo verso il luogo dello spettacolo. Vi era una grande folla quale non
mi aspettavo, richiamata lì, pensai, più dalla splendida giornata che dai
butteri e dalle loro bestie. Signore e ragazze belle, come alle corse. Avevo

190 cominciato in quel luogo a guardare le donne andando a passeggiare la domenica nei pressi dell'ippodromo. Procedendo dietro alla folla entrammo in un prato, su un lato del quale erano state costruite alcune tribune di legno. Improvvisamente mi accorsi di non essere più con i miei compagni; forse la calca ci aveva diviso. Trovai un posto a sedere.

195 Entrarono nella lizza un puledro selvaggio e alcuni butteri vestiti alla maniera dei cavalieri d'oltre Oceano. Ne fui subito urtato. Il puledro prese a vagare disordinatamente per il prato. Un buttero gli si precipitò dietro. Compito del buttero era quello di montare in groppa al puledro mentre correva e di rimanerci a dispetto delle furie della bestia. Ma il puledro, scorto l'uomo, si fermò e si lasciò avvicinare. Allora il buttero, forse impressionato dalla pre-

200 senza di tanta gente, spiccò un salto andando a finire cavalcioni quasi sul collo del puledro. Era come montare su un cavallo di legno, eppure cavallo e cavaliere caddero in terra. Accorsero gli altri butteri. Il puledro non voleva alzarsi e teneva l'uomo prigioniero premendogli con la pancia sulle gambe. Il pubblico cominciò a gridare. Finalmente il puledro si decise a rimettersi in

205 piedi e, quieto, quieto si fece condurre fuori dal prato.

«Non è da domare» gridò uno spettatore. «È una pecora.»

Scoppiarono risate e clamori. Anch'io ridevo di gusto.

Entrò nello spiazzo verde un toro. Subito un buttero l'affrontò tentando di afferrarlo per le corna e di piegarlo. La folla tacque. Il toro sembrava più

210 sveglio del puledro. Infatti ben presto le parti s'invertirono. Pareva fosse il toro che avesse l'incarico di atterrare il buttero. Cominciò la bestia ad agire con una specie di strana malizia: si produsse in una lunga serie di finte come un giocatore di calcio che vuole superare un avversario: infine caricò l'uomo mandandolo a gambe levate. Una carica però piena di precauzione, senza

215 malanimo, quasi che il toro avesse voluto burlarsi del burbero atteggiamento del nemico, e gli spettatori compresero subito che il cavaliere non si era fatto alcun male. Di nuovo gli altri butteri corsero in aiuto del compagno. Allora il toro prese a correre allegramente e quei poveri diavoli dietro. Si diresse verso le siepi, e compiuti due giri torno torno al prato, trovato un varco, si precipitò

220 in direzione del fiume. I butteri, disperati, scomparvero anch'essi oltre la siepe fra gli schiamazzi del pubblico.

La folla gridava e imprecava. Infine, saputo che altre attrazioni non ci sarebbero state, cominciò a sfollare.

«Truffatori» urlavano.

225 «È uno scandalo.»

«Un ladrocinio.»

«Abbasso i maremmani.»

«Vogliamo i denari che abbiamo pagato.»

Io urlavo insieme con gli altri. Qualcuno tirò delle legnate sul casotto

230 dove prima si vendevano i biglietti delle tribune. Io tirai una pietra sulle
tavole di legno: avrei desiderato di vedere tutto distrutto. All'uscita i miei
compagni mi circondarono.

«Ti cercavamo» disse uno.

«Ti sei nascosto, eh!»

235 «Belli i tuoi compaesani. Dovresti rendere a tutti gli spettatori i denari del
biglietto.»

«È un maremmano anche lui» disse il portiere, indicandomi alle persone
vicine.

«È proprio un maremmano come questi truffatori che ci hanno preso in
240 giro.»

Numerosi ragazzi mi vennero addosso e cominciarono a canzonarmi
come se mi avessero sempre conosciuto.

«Non credete che sia maremmano?» disse ancora il portiere. «Guarda-
tegli i calzettoni. È roba di Maremma.»

245 «Domani mi metterò i calzettoni di cotone» dissi. «Faccio così ogni anno
quando viene il caldo.» Poi aggiunsi: «G. non è in Maremma.»

Al nome di G. anche i grandi fecero causa comune con i ragazzi.

«Di' ai tuoi compaesani che sono dei ladri» disse un giovanotto. Gli altri
risero. Con le lacrime agli occhi cercai allora di spiegare il gravissimo errore
250 che commettevano credendo che è in Maremma.»

«È un po' tocco?» chiese uno a un mio compagno.

«Altro che poco» rispose il mio compagno.

I ragazzi urlarono più di prima. Mi dettero perfino delle spinte, e i grandi
non erano da meno[10] di loro.

255 Sopraggiunse un giovane; rideva e raccontò di essere stato sul fiume. Il
toro si era gettato nell'acqua e i butteri piangevano, bestemmiavano e prega-
vano i santi e il toro, ma non riuscivano a tirarlo fuori. A queste notizie
raddoppiarono gli schiamazzi contro di me.

«Sarà il figlio del padrone dei butteri se li difende tanto» disse una
260 ragazza.

«No» gridai. «Non li difendo. Li odio. Non c'entro nulla con loro. Mio
nonno aveva poderi. Mia madre è una signora. È lei che ha fatto questi
calzettoni.»

«Sono di lana caprina»[11] disse un vecchio signore. Un ragazzo fece:
265 «Bee» un altro: «Muu» e un altro ancora mi dette un pugno.

Mi voltai. Stavo in mezzo a uno dei viali che portano alla città. La gente
mi veniva dietro a semicerchio. Piangevo. Forse era molto tempo che piangevo. Mi staccai dal gruppo e mi appoggiai a un albero. Lontano, sul greto del
fiume, intravidi i miei compagni che correvano in direzione opposta. Forse
270 andavano a vedere il toro che si era buttato nell'acqua.

NOTE LESSICALI E CULTURALI

[1] **maremanno**   *persona che viene dalla Maremma, zona di origine paludosa, nel sud della Toscana, ora usata soprattutto per il pascolo*

[2] **per farmi bello**   *per sembrare piú interessante*

[3] **dirla grossa**   *dire qualcosa di grave e imbarazzante per chi parla*

[4] **zampognaro**   *persona che suona la zampogna, di solito si tratta di pastori che vanno in città a suonare durante il periodo natalizio*

[5] **dirne di ogni colore**   *attaccare verbalmente una persona con varie accuse*

[6] **a muso duro**   *come se fosse arrabbiato*

[7] **buttero**   *persona che a cavallo cura le mandrie*

[8] **Cervo Bianco, Figlio dell'Aquila**   *nomi immaginari di capi indiani tradotti in italiano*

[9] **colpire al volo**   *dare un calcio alla palla senza farle toccare terra*

[10] **non erano da meno**   *facevano anche loro la stessa cosa*

[11] **lana caprina**   *di lana di capra, di solito usata dai pastori*

DOMANDE

1. Da dove viene il protagonista?
2. Che cosa fanno, secondo il professore, i contadini alle finestre delle loro case?
3. Perché il protagonista interviene nella spiegazione del professore?
4. Come accoglie il professore l'annotazione del ragazzo?
5. Perché tutti credono che il ragazzo sia maremmano?
6. Perché è negativo venire dalla Maremma?
7. Aveva ragione il professore a dire che G. è in Maremma?
8. Come dimostra il professore che il ragazzo ha torto?
9. Da che cosa era affascinato il giovane protagonista? Perché?
10. In quale gioco è bravo?
11. Cosa pensa di fare, giocando bene a calcio?
12. Perché viene chiamato "maremmano" durante una partita?
13. Che cosa gli dice il preside?
14. Come viene a sapere dei Cavalieri della Maremma?
15. Per quale ragione vuole andare a vedere lo spettacolo dei butteri?
16. Com'è l'esibizione dei butteri?
17. Come mai anche i compagni attaccano il ragazzo dopo lo spettacolo?
18. È possibile che il ragazzo non riesca a far capire agli altri dove si trovi veramente la sua città?

19. Perché il protagonista è interessato all'America?
20. Che cosa vuole mettere in rilievo Bilenchi in questo racconto?
21. Di quale simbolo si serve l'autore per rappresentare la Maremma?

TEMI

1. Il senso di frustrazione di un giovane nei confronti degli adulti.
2. L'orgoglio per il proprio luogo di provenienza.
3. L'incubo di rimanere vittima di un errore.
4. Oggigiorno è facile trovare qualcuno che si vergogni della propria regione d'origine?

ESERCIZI

I. *Scegliere uno tra i verbi in corsivo e volgerlo a un tempo conveniente:*

1. Egli *sedersi-affermare-alzarsi-girare* dall'ultimo banco dove sedeva.
2. Di nuovo tutti *piacere-dire-mettersi-mettere* a ridere.
3. Il professore *venire-dimostrare-andare-trovarsi* spesso dagli amici a cacciare le allodole.
4. Si fece notare subito la prima volta che *sghignazzare-scendere-valutare-pensare* in campo coi compagni.
5. Il ragazzo *perdere-trovare-guardare-combattere* il lume degli occhi.
6. Il giorno dopo il preside lo *chiamare-incontrare-tacere-sospendere* per una settimana.
7. Egli vuole *spingere-uscire-spiegare-combattere* a quegli ignoranti l'errore che commettono.
8. Per il ragazzo maremmano *essere-stare-riuscire-avere* sinonimo d'uomo rozzo e ignorante.
9. Non *arrabbiarsi-cercare-dare-gridare* ai calzettoni la colpa dei suoi guai.
10. Finalmente il puledro si decise a *lanciarsi-rimettersi-sfogarsi-svolgersi* in piedi.

II. *Formare l'avverbio dei seguenti aggettivi:*

1. burbero	6. rozzo
2. tenero	7. minaccioso
3. audace	8. vivace

  4. impulsivo   9. allegro
  5. ingenuo   10. disordinato

III. *Tradurre:*

  1. They made fun of us.
  2. I don't blame my troubles on them.
  3. It's none of my business.
  4. I have never liked that nickname.
  5. They all broke out laughing again.
  6. He couldn't imitate a horse.
  7. The inhabitants of Florence don't know geography.
  8. My greatest error was to become angry.
  9. In spring, I always left the rooming house early.
  10. Why do you defend them if you hate them?

IV. *Completare le frasi con un verbo all'infinito:*

  1. I contadini devono _____ alle finestre pelli di coniglio.
  2. Si vede che tu sei maremanno dal tuo modo

     di _____ .
  3. Prima di _____ il ragazzo fuori di classe, vuole dimostrargli che G. è in Maremma.
  4. Eravamo ormai vicini alla fine del campionato con molta probabilità

     di _____ vi.
  5. Volevo scrivere a casa e _____ i genitori di

     mandarmi a _____ in un'altra città.
  6. Piú d'ogni altra cosa, mi piaceva _____ i prati e le siepi.
  7. Il puledro si lasciò _____ dal buttero.
  8. Il toro invece cominciò a _____ con malizia.
  9. Dovresti _____ a tutti gli spettatori i denari del biglietto.
  10. Un giovane voleva _____ quello che aveva visto sul fiume.

V. Vero o falso:

1. I pastori di una volta tenevano pelli di pecore alle finestre perché la loro miseria era grande.
2. Sperava che il professore non fosse al corrente degli usi della sua provincia.
3. È probabile che in Maremma vadano ancora vestiti di pelle di pecora.
4. Si cacciano le allodole e i butteri in Maremma.
5. Al mercato di G. vengono dei pellirosse che vendono vestiti.
6. Aveva dei dubbi sugli antichi briganti del suo paese.
7. Giocava bene al calcio perché era piccolo e magro.
8. Il preside lo ascoltò con la stessa aria canzonatoria dei suoi compagni.
9. Il puledro e il toro erano piú svegli dei butteri.
10. La folla tirò delle legnate ai butteri.

GLI ANNI '40 E IL PRIMO DOPOGUERRA

■ TOSCANA
Vasco Pratolini, *Il palio*

■ MOLISE
Francesco Jovine, *Martina sull'albero*

■ PIEMONTE
Cesare Pavese, *Lavorare è un piacere*
La Langa
Beppe Fenoglio, *Pioggia e la sposa*

■ SICILIA
Vitaliano Brancati, *I padroni dell'isola*
Poche e molte parole
Carlo Levi, *Il Pontiac a Isnello*
Impellitteri a Isnello

TOSCANA

Vasco Pratolini (1913–)

Nato a Firenze, Vasco Pratolini aderì, come molti scrittori della sua generazione, al fascismo. La sua scelta era probabilmente motivata anche da un bisogno di ordine politico che il caos seguito alla Prima Guerra Mondiale pareva negare. Fu prima vicino ai collaboratori (tra cui Vittorini) della rivista *Il Bargello,* per poi diventare, nel 1938, redattore di un'altra rivista letteraria, *Campo di Marte,* che sarà soppressa un anno dopo dalla censura fascista. Nel 1939 si trasferì a Roma come impiegato ministeriale; ormai la sua maturazione politica l'aveva portato ad allontanarsi definitivamente dal partito fascista. La sua principale attività diventò quella letteraria e nel 1941 pubblicò la sua prima raccolta, *Tappeto verde.*

Nonostante la maggior parte delle sue opere si possano iscrivere alla corrente neo-realista, la mole e la qualità del suo lavoro si sottraggono ad una rigida categorizzazione. I suoi interessi coprono il teatro, la saggistica e anche la traduzione, anche se la narrativa e il romanzo in particolare restano il suo campo di lavoro preferito. Quasi tutte le sue opere sono ambientate nelle vie e piazze di Firenze. I suoi primi lavori (soprattutto *Via de' Magazzini* del 1941, e *Il quartiere* del 1945) sono caratterizzati dalla descrizione del trauma subìto dai giovani protagonisti, dopo la loro iniziazione alla vita adulta, dopo l'abbandono del protettivo nucleo domestico. Sia *Il quartiere* che *Cronaca di poveri amanti* (1947), oltre ad avere in comune l'ambientazione (Firenze) e lo sfondo storico rappresentato dal fascismo, sono legati soprattutto dal concetto di solidarietà che viene messo in rilievo nelle classi popolari. Una solidarietà che si riscontra soprattutto nella catena di affetti che domina la vita dei protagonisti. Si tratta, in fondo, di una certa forma di populismo che a volte mostra un che di ingenuo e di superficiale. È il caso di *Cronache di poveri amanti* (1947) dove l'intervento personale del narratore, in alcune parti, toglie forza alla narrazione. Nel 1955 esce *Metello,* opera che fa parte di una triade narrativa in cui Pratolini voleva narrare la storia moderna d'Italia tramite tre episodi distinti: il movimento operaio, l'ascesa e la caduta del fascismo. Anche in *Metello* lo sfondo della lotta sociale resta inserito nella tipica tematica dell'uomo assillato da problemi e angosce (a livello pubblico) e pochi momenti di felicità (a livello privato). Ma con le altre due opere della trilogia, *Lo scialo* (1960) e *Allegoria e derisione* (1966), l'eroe positivo e il realismo di *Metello* sono in parte abbandonati, per un più logico sviluppo narrativo, in cui domina una razionalità critica — assente nel primo romanzo della trilogia — e per soluzioni strutturali del racconto più innovative. Nel momento in cui Pratolini ripudia il forzato ottimismo e le soluzioni più idilliache non riesce però ad andare fino in fondo nella scoperta e nell'approfondimento del male. Ci si ritrova sempre a fare i conti con una soluzione che sa di compromesso. Ciò è quanto succede sia in *La costanza della ragione* (1963) che nel già menzionato *Allegoria e derisione.*

Ne ''Il Palio,'' Pratolini il protagonista racconta, in modo originale, uno spettacolo che ancor oggi ha luogo ogni estate a Siena. Il nome deriva dal premio, cioè un drappo, che veniva dato a chi, nel Medioevo, vinceva una gara. La competizione dei cavalli a Siena sull'antica Piazza del Campo è diventata la gara più famosa.

BIBLIOGRAFIA ESSENZIALE

IL TAPPETO VERDE (1941)
VIA DE' MAGAZZINI (1941)
LE AMICHE (1941)
IL QUARTIERE (1945)
CRONACA FAMILIARE (1947)
CRONACHE DI POVERI AMANTI (1947)
MESTIERE DA VAGABONDO (1947)
UN EROE DEL NOSTRO TEMPO (1949)
LE RAGAZZE DI SANFREDIANO (1949)
LA DOMENICA DELLA POVERA GENTE (1952)
IL MIO CUORE A PONTE MILVIO (1954)
METELLO (1955)
DIARIO SENTIMENTALE (1956)
LO SCIALO (1960)
LA COSTANZA DELLA RAGIONE (1963)
ALLEGORIA E DECISIONE (1966)

IL PALIO

—Il Palio![1] Tu non hai mai visto il Palio?.

Ma ancor oggi, amici, dopo aver vissuto la mattinata del due luglio in Siena, dopo avere assistito alle disturne nei rioni, ma blande disturne, come di gente che deve seriosamente tener fede a una parola data, dopo aver
5 seguito l'amico malinconioso per i ricordi di prima età in questa città stupenda, io non ho visto il Palio. Ho visto gli occhi e la bocca di una fanciulla senese, di una senese adolescente, e mi resta la sua immagine, mi restano il suo sguardo e la sua voce.

Del Palio io conosco per averle avute riflesse dagli occhi della fanciulla
10 le *figure*, l'armonia e la compostezza del suo scenario. Ma soprattutto io conosco oggi lo stemma e le bandiere di una contrada[2] che non esiste più da secoli e che faceva per arme *campo bianco con sei rose rosse, tre sopra e tre sotto, con una lista azzurra con tre gigli d'oro*. E senza che la fanciulla lo confermasse, perchè non voleva crederlo, seppi nelle disturne fra contradaioli che l'*Oca*[3]
15 danarosa e cattiva, l'Oca che tiene appesa al collo una croce di cavaliere, brigava affinchè la *Torre*, la grande rivale, venisse sconfitta.

L'ho detto: io non avevo mai assistito al Palio, nè conoscevo le fanciulle senesi. Conoscevo Siena da quel distratto turista che sono: non ho memoria delle città, vengo vinto da esse ogni volta per il tempo che le presume. Ma ho
20 memoria degli uomini, continua memoria delle fanciulle.

Stavamo, la fanciulla ed io, sul tetto di un palazzo di via di Città; e avevamo gente d'attorno, vecchie donne e un secondo amico, timido e silenzioso, trepidante per la nostra audacia sugli embrici e sulle grondaie. Nel Campo[4] trascorrevano i figuranti e s'inquadravano a picco sotto di noi, sban-
25 dierando la festa con drappi multicolori. La fanciulla era una bandiera gettata alta nel cielo, bianca e celeste come i gonfaloni dell'*Onda*, e i suoi occhi grigi e oro come i colori della *Pantera*, orizzontali al campanone del Palazzo: i

rondoni a filo sulle nostre teste, la folla pressata nel campo, le caricature animate e frettolose dei ritardatari s'incrociavano nel dedalo di Fonte-
30 branda.[5]

—La Torre, la Torre! — gridò la fanciulla.

Io sapevo che la *Torre* non avrebbe vinto, ed ora trovavo giusto che fosse così: c'era al fondo dello sguardo della mia piccola amica un'ombra di tristezza che la gioia avrebbe cacciata, una sua vita segreta, preziosa e solitaria,
35 che non poteva conoscere così presto, così subito, una gioia che fosse di tutti: delle vecchie sul terrazzo, dell'amico silenzioso, della folla che fischiava l'*Oca* corruttrice di fantini.

Tornammo al terrazzo che ci apriva un più vasto orizzonte sul *Campo*, e vi trovammo una ragazza saputa,[6] le vecchie donne, e due bambini che
40 chiamavano il babbo dall'altra parte della piazza verso San Martino: la voce dei piccoli si perdeva nel rullo dei tamburi, nello scoppio dei mortaretti che segnalavano imminente la *mossa*, nel brusio della folla ove quel padre era l'unica cosa visibile al loro sguardo.

La fanciulla si era aggrappata con le mani alla balaustra del terrazzo,
45 quasi volesse slanciarsi coi barberi nella corsa, agitato il seno in un respiro affannoso e represso. Io seguivo la corsa sul volto della mia piccola amica e quando i suoi occhi s'incupirono e il suo seno fu paralizzato, e la bocca si schiuse appena sul labbro inferiore; nell'istante in cui essa mi porse il suo volto costernata e offesa insieme e poi ridente e sconsolata, volgendomi alla
50 pista vidi lontano una macchia rossa e nera rotolare e un cavallo sbrigliato inseguire il nugolo ansante dei galoppatori, fatto lieto e leggiero, libero del cavaliere: il fantino della *Torre* era caduto, l'*Aquila* infilava vittoriosa la curva d'arrivo.

NOTE LESSICALI E CULTURALI

[1] **il Palio**   *È una gara a cavallo che si svolge sulla piazza principale di Siena a cui partecipano rappresentanti delle diverse sezioni (chiamate* **contrade**) *in cui è divisa la città*

[2] **contrada**   *rappresenta il quartiere in cui erano divise alcune città nel Medioevo. A Siena c'erano 17 contrade*

[3] **Oca, Torre, Onda, Pantera, Aquila**   *sono tutti nomi che caratterizzano le varie contrade*

[4] **il Campo**   *è la piazza del Campo dove si svolge il Palio*

[5] **il dedalo di Fontebranda**   *le piccole strade a labirinto del vecchissimo quartiere di Fontebranda dove si trovava l'unica fonte*

[6] **saputa**   *conosciuta*

DOMANDE

1. Che cosa contrappone il narratore all'esperienza del Palio?
2. Che cosa ricorda dei suoi viaggi?
3. Chi è la ragazza di cui parla?
4. Che rapporto ha il narratore con la ragazza?
5. Che cos'ha al collo la ragazza?
6. Dove sono a vedere il Palio?
7. Come si segnala "la mossa"?
8. Come reagisce la ragazza alla sconfitta della *Torre*?
9. Come ha saputo il narratore che la *Torre* non avrebbe vinto?
10. Cosa succede al fantino della *Torre*?
11. Perché il narratore dice all'inizio di non aver visto il Palio?
12. Come dice di averlo seguito?

TEMI

1. Quali sono le manifestazioni popolari simili al Palio negli Stati Uniti?
2. Esiste, nella Sua città, una divisione in quartieri che è caratterizzata da una certa rivalità?
3. Le manifestazioni sportive, come le olimpiadi, dividono o uniscono persone di cultura e nazionalità diversa?
4. C'è una soluzione al problema dell'invasione dell'industria privata nello sport?

ESERCIZI

I. *Volgere il verbo in corsivo al condizionale passato:*

1. Tu non *andare* a Siena a vedere il Palio?
2. Voi *sapere* disegnare una bandiera?
3. Noi *vedere* meglio la corsa dal terrazzo di quel palazzo.
4. Loro *riconoscere* la contrada dallo stemma e dalla bandiera.
5. Il narratore non *sapere* quali erano le armi delle contrade diverse.
6. Egli *avere* però, continua memoria delle fanciulle senesi.
7. *Esserci* poi il rullo dei tamburi e lo scoppio dei mortaretti per segnalare la mossa.
8. Sapemmo che la Torre non *vincere*.

9. La ragazza *volere* slanciarsi nella corsa.
10. Nessun turista *potere* capire perché il fantino della Torre fosse caduto.

II. *Rispondere:*

1. Quali sono i colori della bandiera italiana? Che disegno ha?
2. Quali sono i colori della bandiera americana? Che disegno ha?
3. Quali sono i colori della bandiera francese? Che disegno ha?
4. Quali sono i colori della bandiera canadese? Che disegno ha?
5. Quali sono i colori della bandiera svizzera? Che disegno ha?
6. Quali sono i colori della bandiera russa? Che disegno ha?
7. Quali sono i colori della bandiera del vostro stato? Che disegno ha?
8. Quali sono i colori della bandiera della vostra università? Che disegno ha?

III. *Disegnare una bandiera per una nuova contrada senese, scegliendo tra i gruppi seguenti, o aggiungendone altri, a vostro piacere:*

1. CAMPO: bianco, azzurro, giallo, verde, nero, arancione, celeste, grigio
2. GIGLI: d'oro, d'argento, bianchi, gialli, arancione, rosa, verdi, grigi
3. ROSE: bianche, rosse, gialle, arancioni, nere, rosa, d'oro, d'argento, porpora
4. LISTE: azzurre, verdi, nere, gialle, rosse, rosa, grige, bianche, celesti
5. ANIMALI: la pantera, il serpente, l'aquila, il lupo, la rondine, il centauro, il leone, il gufo, la scimmia, la colomba, l'oca
6. VARIE: la torre, la spada, la corona, la stella, il sole, l'albero, la luna crescente, il libro, la croce

IV. *Dare la forma conveniente del dimostrativo tra parentesi:*

1. Erano offesi (quello) _____ amici suoi.
2. (Quello) _____ oche sono cattive.
3. Mi resta (questo) _____ immagine e mi resterà per sempre.
4. Vengono anche (quello) _____ contradaioli.
5. (Questo) _____ è la grande rivale della Torre.
6. (Quello) _____ palazzo ha un terrazzo da cui possiamo guardare la corsa.

7. Vieni nel Campo con noi o rimani sul terrazzo con (quello) _____ tuoi amici senesi?

8. Perferisce il disegno di (questo) _____ balaustra o di (quello) _____ .

9. Chi può vedere (quello) _____ occhi e non ricordarli?

10. La mia bandiera perferita è (questo) _____ ; la sua è _____ (quello).

MOLISE

Francesco Jovine (1902–1950)

Francesco Jovine nacque in provincia di Campobasso, nel Molise, e, in gioventù, girò la regione natìa per completare gli studi medi e superiori.Nonostante nella biblioteca paterna mancasse una buona collezione di autori moderni, il giovane scittore fu esposto alla letteratura orale della propria regione e rimase affascinato dalle storie paesane raccontategli dal padre. In seguito egli si recò a Roma per gli studi universitari. Dopo la laurea iniziò a lavorare nell'ambiente della scuola elementare come direttore didattico. Il primo romanzo pubblicato fu *Un uomo provvisorio* (1934) in cui Jovine accentra la propria attenzione sui secolari problemi dei contadini: la fame, la miseria, le malattie, ecc..

Nel 1940 fu pubblicato *Ladro di galline,* una raccolta di racconti, in cui si può riscontrare il tema dell'attaccamento dei contadini alla terra e il loro atteggiamento chiuso e schivo che diventerà in seguito caro a Jovine. Non si può però dire che lo scrittore prenda una posizione paternalista nei confronti dei contadini. Egli infatti annota come ci sia sempre in loro un'autonoma ricerca di un momento per riscattare la propria dura esistenza; questo è del resto un motivo ricorrente in scrittori come Verga, Levi e Rea che si sono interessati alla realtà regionale. È in questo periodo che Jovine approfondisce maggiormente la propria coscienza di scrittore "meridionalista".

Nel 1941, Jovine tornò in Molise per scrivere alcuni articoli sulla propria regione che definì come isolata, dalla natura aspra, e rimasta al di fuori di qualsiasi forma di progresso tecnologico. Due altri volumi di racconti furono pubblicati in questo periodo: *Il pastore sepolto* (1945) e *L'impero in provincia* (1945), da cui è tratto il racconto "Martina sull'albero."

Durante la Seconda Guerra Mondiale, partecipò attivamente alla Resistenza e, nel 1948, aderì al Partito Comunista. Frutto del rinnovato clima culturale dell'Italia del dopoguerra è il romanzo *Le terre del sacramento* (1950), dove il problema dei contadini meridionali è inserito in un contesto dove vi è un minor senso di rassegnazione, atteggiamento che è invece presente in opere precedenti. Per la morte prematura, Jovine non vide mai la pubblicazione di questo romanzo.

"Martina sull'albero" è ambientato in un villaggio remoto del Molise. I campi e il lavoro dei contadini viene improvvisamente disturbato dall'irrompere delle bande fasciste. La storia lacera così l'atmosfera stagnante del piccolo villaggio.

BIBLIOGRAFIA ESSENZIALE

UN UOMO PROVVISORIO (1934)
RAGAZZA SOLA (1936–37)
LADRO DI GALLINE (1940)
SIGNORA AVA (1942)
L'IMPERO IN PROVINCIA (1945)
IL PASTORE SEPOLTO (1946)
TUTTI I MIEI PECCATORI (1948)
LE TERRE DEL SACRAMENTO (1950)
RACCONTI (1960)
COMMEDIE INEDITE E CRONACHE TEATRALI (1983)

MARTINA SULL'ALBERO

Martina è una donna spenta e spiritata che attende, forse, la fioritura dei capelli bianchi per calmarsi.

Per ora è rubizza, angolosa e litiga con un vigore stizzoso che le infiamma i pomelli e dà alla bocca sdentata un rilievo arguto e irritante. Attacca e si difende con una varietà di ingiurie e allusioni offensive, alcune tratte dalla tradizione, altre piene di bizzarro estro, che le sprizzano dalla mente eccitata dalla foga.

La sua tempesta agita periodicamente le pigre acque di un chiassuolo sul quale dieci usci miserabili si aprono e versano all'alba, nel breve spazio fangoso, cento galline bisbetiche, forse trenta ragazzi sudici e maneschi e, dalle stallette, alcuni maiali che pescano, col grifo vorace, nei trugoli di pietra.

Uno dei maiali appartiene a Martina; è sempre il più pulito e grasso, perché è il piú pacifico e nutrito. Martina, dopo il pasto, gli si mette accanto, e lo gratta dolcemente sotto la pancia e gli dice con voce ritmata su quattro note calanti: ciccò-tè; ciccò-tè,[1] fino a quando il maiale con gli occhi velati cede alla dolcezza dell'invito e si addormenta.

Allora Martina lo guarda dormire e, o sferruzza o si concentra nel liberarlo, con gesto fulmineo e leggero, dagli insetti che camminano sornioni sulla pelle rosea, tra il bosco delle setole.

A ottobre Martina vende il maiale; e per molti giorni piange. Lo vende sempre a compratori della Puglia[2] per non avere negli orecchi, come le capitò una volta, l'urlo mortale dell'animale scannato.

Poi via via si consola e incomincia ad allevare un altro maiale. Col ricavato della vendita paga l'affitto della stamberga dove abita e della stalla. Per mangiare Martina spigola di estate e va a cogliere l'ulivo d'inverno. Donna saggia ed economa, misura la sua farina e la sera, quando si fa la zuppa, immerge un ferro da calza nell'orcio dell'olio e ne fa colare esattamente dodici gocce nel piatto.

Nelle sere d'inverno va a veglia, a turno, nelle case dei vicini e racconta i suoi sogni; Martina sogna tutte le notti; nel suo cervello addormentato si

dànno convegno tutti i morti del villaggio e mandano messaggi ai vivi. Li vede affannarsi per i loro congiunti di cui seguono le quotidiane sciagure con una voce debole e lontana come devono avere quelli che abitano l'altro mondo tra cumuli di nubi e mazzi di stelle, a mezzaria, tra valle di Olivoli e il
35 Liscione.[3]

Martina ha pianto tutti i morti del villaggio, ha seguito tutti i funerali e discorre con i morti nei suoi sogni; ma teme d'incontrarli al crepuscolo, seduti come pezzenti muti agli angoli bui delle fratte; abitatori solitari della campagna prima che la notte se li riporti lontano.

40 Martina parla dei morti, sbigottita e stralunata, facendosi larghi segni di croce e rabbrividendo di dolcezza e di paura.

Cosí passano gli anni della povera Martina. Ma, in questi ultimi tempi, le sono accadute alcune disgrazie che hanno turbato i suoi sogni. Martina forse possiede tre palmi di campo tra il cimitero e il fiume; si dice forse, perché, da
45 molti anni, piú nessuno le contende il possesso; deve trattarsi di un lembo di terra perduto fra le vecchie pieghe del catasto di Re Gioacchino[4] e pel quale nessuno le chiede le tasse. Sono veramente tre palmi di terreno con due olivelle stente e grommose e un pero d'estate vigoroso e fronzuto; il campicello è scosceso e lavato dalle piogge che si portano a valle il fiore della terra e
50 la sementa nonostante che Martina accumuli pietre sugli orli. Solo la gramigna affonda nelle crepe del suolo le sue radici disparate.

Un giorno di novembre Martina era con Concetta Magno, una vecchia sorda e storta come uno sterpo, a raccogliere le poche ulive acerbe cadute per l'uragano della notte precedente, prima che la fanghiglia le inghiottisse.
55 Erano inginocchiate nella mota e frugavano la poltiglia aguzzando lo sguardo per ritrovare gli acini tanto simili, per il colore, alla terra.

Il cielo lavato dall'acqua notturna era sereno e tenero; ma faceva freddo e Martina, ogni tanto, si soffiava sulle dita intrise di fango. Era passata poco prima una motocicletta poco discosto dalle due donne, lungo la provinciale.[5]
60 Martina aveva avuto un sussulto per gli scoppi del motore e s'era voltata a guardare; sulla motocicletta c'erano due uomini; quello che guidava era vestito da milite.

Martina s'era fatta il segno della croce e aveva detto: — Oggi guai, Concetta.

65 Ma la vecchia non aveva capito. Aveva visto Martina che si segnava e s'era segnata anche lei; poi aveva ripreso il suo lavoro.

Dopo mezz'ora, la motocicletta tornò indietro e si arrestò di netto ai margini del campicello di Martina. I due che la montavano saltarono a terra e si precipitarono verso le due donne. Quello vestito da milite chiese a brucia-
70 pelo:

— Di chi è questo campo?

— È mio, — rispose Martina.

— E che fate qui?

— Raccogliamo le ulive cadute.

75 La vecchia s'era alzata in piedi e guardava il gruppo con gli occhi inquieti e il mento tremante.

— E quella donna lí? — chiese l'uomo in borghese indicando la vecchia.

— L'ho chiamata io per farmi aiutare; facciamo a metà. Stasera con-
80 tiamo gli acini, e poi: uno a lei e uno a me, uno a lei e uno a me, grossi e piccoli come vengono; poi li laviamo, li facciamo asciugare e . . .

— Basta con le chiacchiere, — disse il milite, — vi siete rivolta al sindaco per assumerla? Voi siete datrice di lavoro.

— Io non do lavoro; ci ho parlato[6] prima; è sorda ma piano piano
85 capisce. Ho detto: vuoi venire con me domani a raccogliere le ulive cadute? facciamo come gli altri anni; metà per uno. Poi ho detto: non rubare; perché sai che fa? se non la guardi mette un acino nel grembiule e uno in tasca; ha una tasca che pare una sacchetta in mezzo alle gambe. Ma io quando la sera torniamo dico: l'anima a Dio e la roba a chi spetta;[7] la tasto e . . .

90 Martina parlava ad alta voce gesticolando. La vecchia aveva capito che parlavano di lei e agitava il capo, si guardava intorno come se volesse fare un tentativo di fuga. Poi all'improvviso affondò la mano fangosa tra il cumulo delle gonne e ne trasse un pugno di olive.

— Solo queste, — e le ributtò per terra con stizza. Poi intrecciò le mani
95 sul capo e incominciò a dondolarsi come per un lamento funebre.

— Tradimento Martina, tradimento; m'hai tradito per due olive; hai chiamato la giustizia per due olive. Tradimento.

— Ci portano a spasso,[8] signor tenente, — disse il milite rivolto all'altro, — queste vecchie dei paesi sono furbe come il diavolo.

100 — Basta, — fece allora quello in borghese, — voi siete datrice di lavoro e non vi siete rivolta all'ufficio di collocamento per assumerla. Siete in contravvenzione: trecento lire . . .

Martina aveva capito confusamente che doveva pagare trecento lire, che volevano da lei trecento lire. L'idea le parve talmente curiosa che le venne
105 da ridere e incominciò a ridere con quella sua risata stridula e irritante, col mento aguzzo che le sporgeva e la bocca sdentata che rientrava.

Concetta a vederla cosí allegra si convinse che tutto era finito bene e incominciò a ridere anche lei battendosi le cosce a palme aperte per la gioia.

Allora i due s'arrabbiarono e investirono Martina con furia. —
110 Sappiamo come ti chiami, sai? Ci hanno dato il tuo nome in paese, che credi?

Allora Martina smise di ridere; sul suo viso comparve il terrore; incominciò a parlare confusamente:

— Facciamo la parte io e lei, un acino per uno; domandalo a lei, — e indicava la vecchia.

115 Concetta era tornata inquieta; capí che non era finita che ce l'avevano con lei, che Martina l'aveva tradita. Allora incominciò a piangere e diceva tra le lacrime:

— Non ho fatto nulla, quanto è vero Cristo,[9] — e si metteva le mani in croce sul petto.

120 Arrivarono gli uscieri e Martina pagò le trecento lire; avevano incominciato a staccare dalle pareti il paiolo di rame, lo staccio, le scarpe della festa, il tino.

Martina trasse da una pezzuola le trecento lire, le mise lentamente in mano all'usciere e mormorò tra sé tre volte una terribile maledizione che 125 doveva trasformare in mortale veleno quel danaro che lei aveva custodito per anni nel ventre del materasso.

Fu per molti giorni irritabile e taciturna; la notte i morti cessarono di visitarla spaventati dal rombo delle motociclette che rotolavano furibonde nella sua testa addormentata.

130 Quando incominciava a calmarsi, un giorno d'inverno, un giorno di neve freddissimo e Martina era sola accanto al fuoco, sentí un vociare confuso davanti all'uscio; poi qualcuno picchiò, spinse la porta ed entrarono forse dieci persone nel suo stambugio. C'erano il podestà, il brigadiere, il segretario, il medico, donna Saveria e donna Matilde.

135 Martina fu per svenire; ebbe per un momento il timore che la visita potesse riguardare la sua terribile giornata delle olive. Ma donna Matilde, la moglie del medico condotto, disse con voce dolcissima:

— Martina, siamo venuti per l'oro alla Patria.

Martina si alzò, fece una riverenza impacciata e poi guardò in tondo le 140 sue brevi pareti ed ebbe un gesto ampio come per indicare la sua miseria.

— Martina, — ripeté donna Matilde mettendosi una mano sul petto, — diamo l'oro alla Patria che ne ha bisogno per conquistare l'impero. Lo sappiamo Martina che sei povera, ma la Patria è come il Signore; giudica dall'amore col quale si fa il dono, e come il Signore la Patria fa molto per quelli 145 che dànno di meno. La Patria conquista l'impero per i poveri. Vuol dare la terra a chi non ce l'ha. Noi non ne avremmo bisogno, eppure vedi ...

L'arciprete fece un inchino e aggiunse:

— Succede come per la santa religione; sono proprio i peccatori bisognosi quelli che pregano di meno; eppure il Signore è sempre pronto a dare 150 per loro. Ma non sempre lo capiscono ...

Il podestà disse:

— Già, ecco, dal giro che stiamo facendo possiamo constatare che i piú restii sono quelli che trarranno maggior profitto dalla conquista dell'impero.

    Martina non capiva nulla ancora; sorrideva imbarazzata e gentile ma
155   provava in fondo all'anima un certo tremito di paura.

    — Bisogna dare l'oro alla Patria, Martina, — riprese donna Matilde. —
Vedi, — e le mostrò le mani nude, — noi abbiamo già dato la fede. Fate
vedere, Gilani, — disse a uno dei presenti che aveva sotto il braccio una
borsa di cuoio.

160   L'uomo aprí la borsa: davanti agli occhi inquieti di Martina comparve un
mucchio scintillante di frammenti d'oro e di anelli.

    — Tutte le donne del paese hanno dato la fede, — riprese donna Ma-
tilde e le mise sotto gli occhi ancora una volta le sue mani nude, bianche e
morbide, odorose di mughetto.

165   Martina capí che doveva togliersi l'anello dalle sue dure mani davanti a
tutti quegli uomini che guardavano le sue mani; e se le nascose dietro la
schiena, intanto diceva: sí, sí, e tentava di sfilare la sua rozza corniola dall'a-
nulare nodoso e s'inchinava imbarazzata, faceva riverenze con un accenno di
moto danzante nel busto magro.

170   Si cavò finalmente l'anello e con un gesto fulmineo lo mise sul palmo
aperto di donna Matilde. Costei sorrise al podestà e disse graziosamente:

    — Cosí va bene, Martina.

    Poi tutti se ne andarono scalpicciando nella neve, chiacchierando e
ridendo tra loro.

175   Martina tornata a sedere accanto al fuoco si guardava il dito che aveva
portato per trent'anni l'anello nuziale. Si vedeva il segno bianco dell'ultimo
lembo di pelle giovane nel suo corpo cotto dalle intemperie. Martina si
ricordò di Pasquale Matrodinardo, suo marito, morto venti anni prima, annegato, e disse battendosi le ginocchia con le palme aperte e flettendo dolo-
180   rosamente il busto:

    — Trent'anni, Pasquale, l'ho portata la corniola. Cristo solo lo sa che io
non volevo darla; ma è arrivata la Patria, Pasquale!

    Da quel giorno il villaggio è spesso pieno di grida; di tanto in tanto i
galantuomini si mettono la camicia nera,[10] chiamano i calzolai, i sarti, i
185   barbieri e vanno gridando per i vicoli con le bandiere spiegate; sembrano
arrabbiati e invece sono molto allegri.

    I contadini si affacciano sugli usci e i ragazzi sono contenti e gridano
anch'essi; ma Martina è taciturna ed il suo cuore è pieno di tristi pensieri.

    Alcuni che sono stati in guerra sono tornati; ce ne è due che abitano in un
190   vicolo vicino a quello di Martina. Prima di partire facevano i sarti e adesso
sono uscieri e fanno i sequestri a quelli che non pagano le tasse.

    Quando arriva una motocicletta con i forestieri vestiti da marescialli[11]

sono sempre loro che li accompagnano in giro per il paese nelle case di tutti i
contadini e vogliono sapere tutto: se hai il grano, se hai l'olio; perché il
195 governo forse vuole il grano e l'olio.

Questi due si chiamano Pietro Stanga e Luigi Prazzelli, sono due uomini
svelti, burloni, sempre pieni di scherzi e di notizie; quando entrano in casa di
un contadino non ne escono mai a mani vuote. I contadini li rispettano
perché conoscono tutte le autorità, stanno sul municipio tutti i giorni, sanno
200 le notizie e dànno buoni consigli a tutti, scrivono le carte difficili. Pietro
Stanga dice che senza di lui tutti i contadini sarebbero andati una volta o
l'altra in galera.

— Non sono piú i tempi antichi, — dice Pietro. — Arriva un ordine e tu
devi pagare le tasse; arriva un altro ordine e devi dare il grano, ne arriva un
205 altro e devi dare l'olio. Devi fare presto, devi fare a tempo, se no che succede?
Vengono i militi con le motociclette e ti spogliano. Se davi tu, davi poco,
quando vengono quelli a casa ti portano via tutto.

E Pietro Stanga ride perché è un uomo allegro e gli piace di canzonare
Martina e spaventarla con brutte notizie inventate di sana pianta.[12]
210 Ma Martina non ride, non si fa persuadere dal suo aspetto bonario; lei sa
che Stanga e Prazzelli vogliono mangiarsi il sudore[13] della povera gente, che
girano per le case dalla mattina alla sera come monaci alla questua e dicono
tante chiacchiere. — La chiacchiera è arte leggera e chi chiacchiera suda solo
sotto la lingua.

215 Martina risponde ai loro scherzi con acrimonia; i due fingono di divertirsi ma sentono sotto le parole della donna una grande inimicizia.

I battibecchi avvengono di sera sugli usci o accanto ai camini; gli altri
contadini si mettono anche loro a burlare Martina con le parole di Pietro e di
Luigi e ridono, ridono ripetendosi le curiose risposte della vedova.

220 Passati alcuni anni le motociclette arrivano sempre piú spesso; il Signore
per due stagioni di seguito non mandò una nuvola di primavera sui campi
riarsi; pioveva solo alla fine di maggio sugli steli fragili e la terra lievitata dalle
piogge improvvise empiva di gamigna e di loglio i campi e faceva leggerissi-
sime le spighe.

225 Tutti attendevano che il magro raccolto maturasse e misuravano a giumelle[14] il grano sui fondi vuoti delle matarche.[15]

La terra si asciugava vaporando lentamente e c'era un cielo di giugno
profondo e vaporoso come un cielo d'ottobre. I campi erano silenziosi e se
arrivava una motocicletta calante a valle dalla provinciale, dopo il ponte
230 Gravellina, rompeva il silenzio stupito delle chiare mattine. Tutti avevano
raccolto il grano nei sacchi, pronti a portarli lontano, se veramente, come
diceva Pietro, una volta o l'altra i militi fossero venuti nelle case.

Martina aveva un sacchetto di farina e l'aveva messo accanto al letto. La

notte quando si svegliava allungava una mano per sentire se c'era sempre e
235 aguzzava gli orecchi per ascoltare se mai quel tremendo scoppio del motore
facesse vibrare l'aria notturna.

Una notte picchiarono un colpo secco all'uscio e una voce disse rapida e
affannata:

— Motociclette!

240 Martina fece un balzo dal letto; si vestí in un baleno, accese la lucerna, si
caricò il sacco sulle spalle e scese nella strada; all'aperto vide nel buio rischiarato da uno spicchio di luna appena nata tutti gli asini dei suoi conoscenti carichi di grano e di legumi.

Tutti tacevano e si chiamavano a sibili; gli animali avevano gli zoccoli
245 fasciati di cenci per smorzare il rumore delle pedate. Un vicino liberò Martina
dal peso e lo caricò sul suo asino. Poi le disse:

— Vengono domani mattina all'alba. Lo ha detto Pietro; portiamo tutto
nelle masserie. Non far rumore; togliti le scarpe; noi siamo tutti scalzi.

E s'avviarono per un vicolo che sboccava verso la Torretta, per Piedi-
250 castello incontrarono altri muli ed asini, tutti carichi, tutti con le zampe
fasciate. Il tonfo degli zoccoli s'udiva appena, sembrava lo scalpitare delle
bestie sullo strame in stalle chiuse.

Usciti fuori dell'abitato si sparsero per le masserie e attesero l'alba.
All'alba arrivarono veramente i militi e frugarono le case come una tasca; ma
255 non trovarono nulla. Qualcuno però fece la spia e i militi seppero che il grano
era stato nascosto nelle masserie; e, bestemmiando come ossessi, avevano
minacciato per il giorno seguente una visita a tutte le masserie. La sera i
contadini, a buio fondo, ricaricarono gli asini e riportarono il grano nelle case.

Martina aveva fatto a piedi tutta la lunga strada; al ritorno non aveva
260 trovato un cane che le portasse il sacco e se l'era caricato sulla testa. Arrivata,
aveva il collo dolente e le braccia cionche; s'era buttata sul letto semivestita e
aveva fatto torbidi sogni.

Ma verso l'alba i fatti del giorno prima le si erano snodati chiarissimi
nella mente addormentata; aveva sognato i militi che empivano i motori delle
265 motociclette di grano che s'infiammava, e per il moto delle ruote, schizzava
da tutti i lati in mazzi di scintille rosse e verdi e illuminava i piedi biforcuti dei
militi e le code e gli occhi fosforici.

Ai lati delle motociclette correvano come cani da caccia, con la lingua di
fuori, Pietro Stanga e Luigi Prazzelli.

270 Martina capí, svegliandosi, che Luigi e Pietro avevano fatto la spia; e la
sera seguente raccontò a casa di un vicino il suo sogno; c'erano forse venti
persone tra donne, uomini e bambini e tutti, dopo aver a lungo ragionato,
capirono che Pietro e Luigi avevano fatto la spia. La notizia si sparse e i due
uscieri da quel giorno entravano nelle case ma i contadini non davano nulla,

275 rispondevano freddi e ostili alle loro chiacchiere festose; e questo li irritava e li rendeva inquieti perché i tempi erano difficili e senza la generosità e il rispetto dei contadini non avrebbero potuto campare.

Dopo quel giorno seppero del sogno di Martina e quando la incontravano la guardavano di sbieco con occhi velenosi e facevano strani discorsi in 280 cui entravano le parole governo, traditori della patria, galera.

Martina si ricordava di tutto quello che le era capitato in quegli ultimi anni, rimuginava nell'inquieto cervello le minacciose parole e non le riusciva piú di prendere sonno.

Una notte, dopo aver dormito qualche ora, udí dei picchi alla porta 285 rapidi e frenetici, e poi una voce che diceva soffocata, attraverso la gattaiola:

— Martina, arrivano le motociclette, portano via tutto. Scappa Martina.

La vedova s'era buttata fuori del letto come una furia, s'era incollato il sacco della farina, era scesa a precipizio per la breve scaletta, era entrata nella stalla, aveva scosso dal sonno placido il maiale ed era tornata fuori.

290 Sullo spiazzo non c'era nessuno; allora Martina picchiò a tutti gli usci e disse sotto le gattaiole:

— Svegliatevi, arriva la Patria!

Attese qualche attimo e non udendo rumori si convinse che tutti fossero già fuggiti lasciandola sola. Allora infilò un vicolo, di corsa, trascinandosi 295 dietro il maiale.

Quando fu fuori delle case s'accorse che il cielo era buio, agitato e grosse nuvole nere correvano per murare brevi lembi stellati verso la marina.

La campagna era percorsa di tanto in tanto da folate di vento basso e umido e le piante stormivano e il grano si piegava ad onde come la schiena di 300 un animale.

Martina udiva voci e sibili e richiami; ogni tanto si voltava spaventata a scrutare le tenebre.

Non vedeva che buio e luccicori lontani di lampi e udiva il fiato del vento e cauti trepestii sulle pietre del sentiero alle sue spalle.

305 Il maiale era inquieto e si lasciava trascinare restio puntando i piedi grugnendo o la sorpassava di corsa tentando di sfuggirle di mano. Martina teneva salda la cavezza nel pugno e lo chiamava di tanto in tanto con dolcezza.

Non incontrava nessuno; tutti dovevano essere fuggiti molto tempo 310 prima di lei.

Martina guarda il cielo; sente che l'aria si va quietando; sa che, caduto il vento, verrà la pioggia e bagnerà la farina che ha nel sacco e Martina rimarrà senza pane per molti giorni.

Vorrebbe arrivare ad una masseria di amici che è sulla sua strada; spera

315 che il Signore fermi la pioggia per qualche tempo ancora e le permetta di arrivare. Ma il Signore mandò un tuono immenso che empí di rombi e di boati lunghi la valle del Trapura e la pioggia scrosciò. Il maiale impaurito trascinava Martina e grugniva stizzosamente; alle loro spalle s'udiva di tanto in tanto un fitto scalpiccio di streghe in fuga.

320 Martina correva affannata e disfatta, invocava i suoi angeli e i suoi santi e carezzava con amorosa voce il maiale impermalito.

Quando furono prossimi al campicello il maiale vi si diresse decisamente. Martina andò a mettersi sotto al pero, legò il maiale al tronco, scelse un angolo asciutto sotto le fronde, vi depose la farina, allargò le sue ampie 325 gonne ad ombrello e si sedette sul sacco.

Qualche goccia sulle prime le cadde sul capo ma il grande pero bevve l'acqua del cielo e le foglie smunte dalla calura del giorno si aprirono, si distesero vigorose e difesero la farina della vedova.

Martina stette a lungo con il maiale accosciato ai piedi, isolata dal tem-330 porale, scrutando il buio ascoltando il rumore dell'acqua.

Non sapeva che ora fosse; il cielo cupo sembrava chiuso per sempre al cammino dell'alba. Ora pioveva con gocciole piú rade e leggere e grosse stille raccolte lentamente nel grembo di una foglia colpivano a tradimento il collo nudo di Martina dandole un soprassalto.

335 A un tratto quando la pioggia accennava a cessare Martina vide comparire ai margini del campo due fantasmi. Nel buio fitto le loro forme chiuse nel sudario bianco apparivano ora immense, figlie delle nuvole tetre, ora piccolissime, inghiottite dalla terra fradicia di pioggia.

Il maiale ebbe un grugnito doloroso; Martina tentò di alzarsi ma si sentí 340 le gambe irrigidite dallo spavento. I due fantasmi procedevano a balzi silenziosi verso l'albero. A Martina parve all'improvviso di avere su tutte le membra il freddo fiato della morte; si alzò di scatto e forse per qualche attimo ebbe l'intenzione di fuggire, perché tentò con le dita tremanti di sciogliere la cavezza, di sollevare il sacco, ma i suoi occhi non potevano lasciare i fantasmi 345 e le sue mani annaspavano inutilmente.

Le parve che le braccia degli spettri si allungassero per ghermirla. Allora Martina si arrampicò sull'albero, raggiunse con alcune bracciate vigorose l'innesto dei rami maestri e poi si nascose nel fogliame; aprí uno spiraglio tra le fronde e guardò in basso con gli occhi invetriti dallo spavento.

350 I fantasmi raggiunsero silenziosamente il ceppo del pero e uno dei due tentò di sciogliere il maiale, l'altro fece per sollevare il sacco.

Martina allora capí tutto; nella sua mente ottenebrata dallo spavento si fece la luce; il sangue le si sciolse nelle membra e fu presa da una sorta di rabbiosa allegria.

355   Mentre il fantasma tentava invano di snodare la corda umida Martina colse una pera, ne sentiva una grande e dura come pietra sotto la mano, e mirò attentamente alla testa.

    La bestia colpita alla tempia dal tiro di Martina grugní dolorosamente e come impazzita fece due o tre giri su se stessa avvolgendo nella lunga cavezza
360 il fantasma che cadde col muso nel fango.

    Il caduto gridò:

    — Scioglimi, Luigi, taglia la fune.

    L'altro fece per liberarsi dal lenzuolo che lo copriva ma una pera di Martina lo colpí in fronte come una martellata. Luigi bestemmiò e vibrò
365 rabbiosamente i pugni verso l'albero. L'altro tentava di districarsi ma il maiale impaurito rinserrava la stretta della corda e lo spingeva ferocemente col grifo.

    Il compagno provò ancora ad avvicinarsi, ma Martina lo tempestava di colpi.

370   Allora Luigi Prazzelli si chinò per cercare dei sassi nel terriccio fangoso e rispondere al tiro; ne trovò uno, lo scagliò tra le foglie contro l'invisibile nemica.

    Ma la vedova ormai eccitata ed allegra saltava da un ramo all'altro ridendo, insultando i due ladri, scagliando con furia le sue pere.

375   Aveva sentito che le foglie s'erano svegliate e sibilavano dolcemente; senza guardare il cielo comprese che arrivava l'alba.

    Divenne piú allegra; e gridava e combatteva selvaggiamente; il maiale impaurito dalle grida girava su se stesso e avvolgeva sempre piú strettamente il caduto e lo calpestava; costui, gemendo, chiedeva aiuto al compagno.

380   Luigi s'era accorto che l'aria si veniva schiarendo; allora, curvando la schiena, si fece sotto l'albero prendendosi, senza fiatare, la gragnuola dei colpi, e recise la fune. Il maiale libero fuggí velocissimo verso il paese; i due, imbrattati di fango, si sollevarono, volsero le terga all'albero inseguiti dalle grida trionfali di Martina e dai primi raggi del sole che ad oriente, avevano
385 rotto le nuvole e pungevano, altissimi, l'orizzonte.

NOTE LESSICALI E CULTURALI

[1] **ciccò-té ciccò-té**   *litania scherzosa usata dai bambini*

[2] **Puglia**   *regione che si trova nel sud d'Italia, forma il tacco dello stivale*

[3] **Valle di Olivoli e il Liscione**   *valle e fiume vicino a Guardialfiera in Molise*

[4] **Re Gioacchino**   *titolo creato dall'autore*

[5] **la provinciale**   *strada importante che collega due province*

[6] **ci ho parlato**   *forma colloquiale per **ho parlato con lei***

[7] **l'anima a Dio e la roba a chi spetta**   *proverbio che indica l'attaccamento popolare alla "roba," cioè tutto quello che una persona possiede*

[8] **portare a spasso**   *prendere in giro*

[9] **quanto è vero Cristo**   *espressione idiomatica usata per indicare l'assoluta verità di un'affermazione*

[10] **camicia nera**   *uniforme usata dai fascisti*

[11] **i forestieri vestiti da marescialli**   *per forestieri, qui si vogliono indicare i soldati che arrivano in uniforme da ufficiali per sequestrare i generi alimentari dei contadini*

[12] **inventare di sana pianta**   *inventare completamente*

[13] **mangiarsi il sudore**   *figura retorica per indicare rubare dei soldi a chi li ha guadagnati onestamente*

[14] **giumelle**   *misura che indica la quantità che è possibile tenere nelle mani quando sono congiunte*

[15] **matarca**   *forma dialettale per una specie di cassa con ribalta, sorretta da quattro gambe*

DOMANDE

1. Che tipo di persona è Martina?
2. Dove abita?
3. Perché tratta così bene il maiale?
4. Cosa fa per vivere?
5. Dove va le sere d'inverno e di che cosa parla?
6. Sogna spesso e cosa?
7. È ricca Martina? Cosa possiede?
8. Che cosa vogliono i due militi da Martina?
9. Durante il dialogo con i militi, che cosa fa la vecchia che aiuta Martina? Perché?
10. Chi la va a trovare un giorno d'inverno? Perché?
11. Perché ha dovuto dare l'anello alle autorità?
12. Chi sono le persone che vanno in giro con la camicia nera?
13. Perché quelle persone parlano della conquista dell'impero?
14. Che cosa fanno Pietro e Luigi?
15. Perché tutti decidono di nascondere il loro grano e la loro farina nelle masserie?
16. Perché i contadini non danno più niente a Pietro e Luigi?
17. Cosa fa Martina quando vengono a dirle di scappare?
18. Come riesce Martina a sconfiggere i due fantasmi?
19. Qual è il rapporto tra Martina e gli altri abitanti del villaggio?
20. Che cosa suggerisce il racconto del rapporto tra cittadino e l'autorità durante il periodo fascista?

TEMI

1. Martina come donna forte e indipendente.
3. L'abuso di potere da parte di un gruppo politico.
3. La vita in una piccola comunità.

ESERCIZI

I. *Volgere il verbo in corsivo al futuro:*

1. Poi via via *si consola* e *incomincia* ad allevare un altro maiale.
2. Io non *do* lavoro. *Facciamo* a metà. Stasera *contiamo* gli acini, e poi ne *prende* uno lei, ne *prendo* uno io.
3. *Arrivano* gli uscieri e *staccano* tutto dalle pareti.
4. Cosí *va* bene, Martina.
5. I contadini *si affacciano* sugli usci.
6. *Devi* fare presto, se no che *succede?*
7. *Veniamo* domani mattina all'alba.
8. Martina *paga* trecento lire.
9. *Si cava* finalmente l'anello e con un gesto fulmineo lo *mette* sul palmo aperto di donna Matilde.
10. Quando *sono* prossimi al campicello il maiale vi *si dirige,* Martina lo *lega* al pero, *sceglie* un angolo asciutto e *allarga* le sue ampie gonne.

II. *Scegliere l'aggettivo appropriato:*

1. Martina è una donna *pigra/spenta e spiritata/pulita.*
2. Il maiale pesca col grifo *bisbetico/fangoso/vorace* nei trugoli di pietra.
3. Gil insetti camminano *sornioni/dolcemente* sulla pelle rosea del maiale.
4. Concetta è una vecchia *addormentata/sorda/serena.*
5. Martina incominciò a ridere con quella sua risata *gentile/irritante e stridula/minacciosa.*
6. Tentava di sfilare la corniola dall'anulare *rozzo/vuoto/nodoso.*
7. Pietro Stanga e Luigi Prazzelli sono due uomini *rabbiosi/burloni/cauti.*
8. Tutti attendevano che il *morbido/scalzo/magro* raccolto maturasse.
9. Una notte picchiarono un colpo *secco/notturno/funebre* all'uscio.
10. S'era buttata sul letto semivestita e aveva fatto *placidi/torbidi* sogni.

III. Completare le frasi seguenti secondo quanto letto nel racconto:

1. Si capisce che Martina non è una donna tranquilla perché

   _____.

2. Mentre il maiale dorme, Martina _____.
3. Vende il maiale sempre a compratori della Puglia perché

   _____.

4. Col ricavato della vendita, Martina _____.
5. I tre palmi di campo di Martina si trovano _____.
6. Chi dà del lavoro deve _____.
7. Anche sapendo che Martina è povera, donna Matilde viene da lei

   per _____.

8. I forestieri vestiti da marescialli che accompagnano Pietro Stanga e Luigi Prazzelli in giro nelle case dei contadini vogliono sapere

   _____.

9. Se una volta o l'altra i militi verranno nelle case, i contadini saranno

   pronti a _____.

10. Martina si arrampica sull'albero perché _____.

IV. Dare il contrario delle seguenti parole ed espressioni:

1. angelo
2. rischiarato
3. amico
4. cominciare
5. pulito
6. sciogliere
7. peccatore
8. magro
9. fradicio
10. bel tempo

V. Completare la frase nel primo gruppo, scegliendo tra quelle del secondo gruppo:

1. Per mangiare, Martina	1. suda solo sotto la lingua.
2. Litiga con un vigore stizzoso che	2. gli zoccoli fasciati.
3. I contadini si affacciano	3. pregano di meno.
4. Martina capì che doveva	4. misura la farina.
5. La vecchia Concetta guardava il gruppo	5. prima che la fanghiglia le inghiottisse.

6. Sono proprio i peccatori bisognosi quelli che

6. spigola d'estate e va a cogliere l'uva d'inverno.

7. Chi chiacchiera

7. le infiamma i pomelli.

8. Donna saggia ed economa,

8. sugli usci.

9. Martina e Concetta raccolgono le olive

9. con gli occhi inquieti e il mento tremante.

10. Gli animali avevano

10. togliersi l'anello.

VI. *Usare le seguenti espressioni in domande da fare a un altro studente:*

1. via via
2. ricordarsi di
3. a mani vuote
4. di tanto in tanto
5. fare un balzo
6. una volta o l'altra
7. avviarsi
8. di corsa
9. all'improvviso
10. a lungo

PIEMONTE

Cesare Pavese (1908-1950)

Cesare Pavese nacque in provincia di Cuneo, in quella parte meridionale del Piemonte (chiamata le Langhe) in cui visse e operò l'altro grande scrittore moderno piemontese, Beppe Fenoglio. Nonostante si fosse transferito da giovane dalla campagna in città (Torino), egli rimase profondamente legato ai suoi luoghi d'origine. A Torino studiò prima al liceo e poi si laureò in lettere nel 1930. Frequentò circoli intellettuali dove conobbe tra gli altri Leone Ginzburg, marito della scrittrice Natalia Ginzburg. Per un certo periodo dopo la laurea insegnò, prima l'italiano e poi l'inglese. Iniziò nel frattempo a pubblicare saggi sulla letteratura nord-americana e a dedicarsi a traduzioni di romanzi dall'inglese. Tra gli autori tradotti si possono ricordare: Joyce, Dos Passos, Dickens, Steinbeck; ma probabilmente il suo lavoro migliore fu la traduzione di *Moby Dick* che apparve nel 1932 e che per molti anni rimase l'unica traduzione disponibile. Da ricordare, a riguardo, è anche la raccolta di saggi *La letteratura americana e altri saggi* che fu pubblicato postumo nel 1952. Mentre la situazione politica si faceva sempre più difficile (Pavese fu infatti accusato di antifascismo e mandato al confino per un anno), egli iniziò a collaborare, nella prima parte degli anni '30, alla casa editrice Einaudi. Pavese si dedicò alla poesia soprattutto all'inizio e verso la fine della sua carriera. *Lavorare stanca* fu la prima raccolta di poesie pubblicata nel 1936. Il suo esordio narrativo avvenne invece con *Paesi tuoi* (1941) che da molti viene considerata una delle opere che segna una svolta nella narrativa italiana e diede inizio al neorealismo in letteratura. In realtà Pavese aveva già scritto altre opere che però verranno pubblicate solo in seguito (sono importanti per esempio *Il carcere* e *La bella estate*). Dopo la guerra, alla quale non partecipò direttamente, si iscrisse al Partito Comunista Italiano. In questo periodo furono stampate le sue opere migliori tra le quali *La casa in collina* (1948), *Il diavolo sulle colline* (1948) ed infine quello che è da molti ritenuto il suo capolavoro: *La luna e i falò* (1950).

Pavese, forse più di qualsiasi altro scrittore moderno, sentiva l'impossibilità di uscire dall'isolamento che provava come uomo e come intellettuale. Nelle sue opere la figura femminile è spesso qualcosa di irragiungibile e sconosciuto per il protagonista maschile. Era questa una dolorosa costatazione personale che è anche possibile verificare nel diario (*Il mestiere di vivere*) che tenne dal 1935 fino al giorno della sua morte. Nelle sue prime poesie e poi anche nelle opere narrative Pavese rielabora la sua poetica basata su una concezione mitica di alcune realtà a lui familiari. Un particolare e nostalgico rapporto con la natura, il ricordo delle colline (la zone delle Langhe) e la campagna, la città (con la quale ha un rapporto di amore-odio) e l'amore sono alcuni di questi miti ricorrenti. Pavese si suicidò nell'agosto del 1950 a Torino. Il tema del suicidio è una costante facilmente rintracciabile ne *Il mestiere di vivere*.

"La Langa" descrive l'attaccamento del narratore per la zona collinosa che costituisce la parte meridionale del Piemonte. All'industrializzazione della città vengono contrapposte le colline delle Langhe e lo strano legame che il narratore mostra per la sua terra. Le colline e la terra hanno ancora un fascino a cui il protagonista non può resistere.

"Lavorare è un piacere" presenta una situazione simile, attraverso gli occhi di un ragazzo che preferisce l'attività che si svolge in campagna, ancora una volta le Langhe, alla frenetica vita della città che non lascia neppure il tempo di guardare il cielo.

BIBLIOGRAFIA ESSENZIALE

LAVORARE STANCA (1936)
PAESI TUOI (1941)
LA SPIAGGIA (1942)
FERIA D'AGOSTO (1946)
DIALOGHI CON LEUCÒ (1947)
IL COMPAGNO (1947)
PRIMA CHE IL GALLO CANTI (1949)
LA CASA IN COLLINA (1949)
LA BELLA ESTATE (1949)
IL DIAVOLO SULLE COLLINE (1949)
TRA DONNE SOLE (1949)
LA LUNA E I FALÒ (1950)
VERRÀ LA MORTE E AVRÀ I TUOI OCCHI (1950)
IL MESTIERE DI VIVERE (1952)
RACCONTI (1960)

LAVORARE È UN PIACERE

Io vissi sempre in campagna nella bella stagione, da giugno a ottobre, e ci venivo come a una festa. Ero un ragazzo, e i contadini mi portavano con loro ai raccolti — i piú leggeri, far su[1] il fieno, staccare la meliga, vendemmiare. Non a mietere il grano, per via del sole troppo forte; e a guardar l'aratura
5 d'ottobre mi annoiavo, perché come tutti i ragazzi preferivo, anche nel gioco e nella festa, le cose che rendono, le raccolte, le ceste piene; e solamente un contadino vede nei solchi appena aperti il grano dell'anno dopo. I giorni che non c'era raccolto, me ne stavo a girare per la casa, o per i beni tutto solo, e cercavo la frutta o giocavo con altri ragazzi a pescare nel Belbo[2] — lí c'era
10 dell'utile e mi pareva una gran cosa tornare a casa con quella miseria, un pesciolino che poi il gatto si mangiava. In tutto quello che facevo mi davo importanza, e pagavo cosí la mia parte di lavoro al prossimo, alla casa, e a me stesso.

Perché credevo di sapere che cosa fosse lavoro. Vedevo lavorare dap-
15 pertutto, in quel modo tranquillo e intermittente che mi piaceva — certi giorni, dall'alba alla notte senza nemmeno andare a pranzo, e sudati, scamiciati, contenti — altre volte, gli stessi se ne andavano a spasso in paese col cappello, o si sedevano sul trave a discorrere, e mangiavamo, ridevamo e bevevamo. Per le strade incontravo un massaro che andava sotto il sole a una
20 fiera, a vedere e parlare, e godevo pensando che anche quello era lavoro, che quella vita era ben meglio della prigione cittadina dove, quand'io dormivo ancora, una sirena raccoglieva impiegati e operai, tutti i giorni tutti i giorni, e li mollava solamente di notte.

A quel tempo ero convinto che ci fosse differenza tra uscire la mattina
25 avanti giorno in un campo davanti a colline pestando l'erba bagnata, e attraversare di corsa marciapiedi consunti, senza nemmeno il tempo di sbirciare la fetta di cielo che fa capolino sulle case. Ero un ragazzo, e può anche darsi che non capissi la città dove raccolti e ceste piene non se ne fanno; e certo, se mi avessero chiesto, avrei risposto ch'era meglio, e piú utile, magari

30   andare a pescare o raccogliere more che non fondere il ferro nei forni o
battere a macchina lettere e conti.

Ma in casa sentivo i miei parlare e arrabbiarsi, e ingiuriare proprio quegli
operai di città come lavoratori, come gente che col pretesto che lavorava non
aveva mai finito di pretendere e dar noia e far disordini. Quando un giorno si
35   seppe che in città anche gli impiegati avevano chiesto qualcosa e dato noia, fu
addirittura una cagnara. Nessuno in casa nostra capiva che cosa avessero da
spartire o guadagnare gli impiegati — gli impiegati! — a mettersi coi lavoratori. «Possibile? contro quelli che gli dan[3] da mangiare?» «Abbassarsi cosí?»
«Sono pazzi o venduti». «Ignoranti».

40   Il ragazzo ascoltava e taceva. Lavoro per lui voleva dire l'alba estiva e il
solleone, la corba sul collo, il sudore che cola, la zappa che rompe. Capiva che
in città si lamentassero e non volessero saperne — le aveva viste quelle
fabbriche tremende e quegli uffici soffocanti — starci dentro dal mattino alla
sera. Non capiva che fosse un lavoro. «Lavorare è un piacere», diceva tra sé.

45   — Lavorare è un piacere, — dissi un giorno al massaro, che mi riempiva il cesto d'uva da portare alla mamma.

— Fosse vero, — rispose, — ma c'è chi non ne ha voglia.

Quel massaro era un tipo severo, che il piú del tempo stava zitto e sapeva
tutti i trucchi della vita di campagna. Comandava anche a me qualche volta,
50   ma per scherzo. Aveva terre sue, una casina oltre Belbo e ci teneva dei
massari.

Questi massari la domenica gli venivano a portare la verdura o a dare
una mano se il lavoro picchiava. Lui era sempre dappertutto e lavorava a casa
nostra, lavorava sul suo, girava le fiere. Quando i massari ci venivano e non
55   c'era, si fermavano a discorrere con noi. Erano due, il vecchio e il giovane, e
ridevano.

— Lavorare è un piacere, — dissi anche a loro, quell'anno che i miei si
arrabbiavano perché in città c'eran disordini.

— Chi lo dice? — risposero. — Chi non fa niente, come te.
60   — Lo dice il massaro.

Allora risero piú forte. — Si capisce, — mi dissero, — hai mai sentito
dir dal parroco che andare in chiesa sia mal fatto?

Capii che il discorso diventava di quelli che si facevano in casa
quell'anno.

65   — Se non vi piace lavorare, — dissi, — vi piace raccogliere i frutti.

Il giovane smise di ridere. — Ci sono i padroni, — disse adagio, — che
dividono i frutti senz'aver lavorato.

Lo guardai, rosso in faccia.

— Fate sciopero, — dissi, — se non siete contenti. A Torino si fa.

70   Allora il giovane guardò suo padre, mi strizzarono l'occhio, e tornarono a ridere.

— Prima dobbiamo vendemmiare, — disse il vecchio, — poi vedremo —. Ma il giovane scosse la testa e rideva. — Non farete mai niente, papà, — disse adagio.

75   Difatti non fecero niente, e in casa mia si continuò a piantar baccano[4] sui disordini d'impiegati e operai ch'eran stati guastati dalla facile vita degli anni di guerra.[5] Io ascoltavo e tacevo, e pensavo agli scioperi come a una festa che permetteva agli operai d'andare a spasso. Ma un'idea — da principio non fu che un sospetto — m'era entrata nel sangue: lavorare non era un piacere

80   nemmeno in campagna. E stavolta sapevo che il bisogno di vedere il raccolto e portarselo a casa, era ciò che impediva ai villani di fare qualcosa.

NOTE LESSICALI E CULTURALI

[1] **far su**   *raccogliere e imballare il fieno*
[2] **il Belbo**   *fiume che si trova nella parte meridionale del Piemonte*
[3] **dan**   *danno*
[4] **piantar baccano**   *lamentarsi, protestare*
[5] **degli anni di guerra**   *gli anni della Seconda Guerra Mondiale*

DOMANDE

1. Perché al protagonista piace passare del tempo in campagna?
2. Perché s'annoia durante l'aratura?
3. Cosa faceva quando non c'era raccolto?
4. Qual è la cosa che lo affascina di più della campagna?
5. Perché gli pareva una gran cosa tornare a casa con un pesciolino?
6. Cosa pensa della città?
7. Perché i lavoratori della città sono criticati dai suoi?
8. Cosa vuol dire per il protagonista "lavorare è un piacere"?
9. Perché ridono i contadini quando il ragazzo dice che secondo il massaro lavorare è un piacere?
10. Perché i contadini non fanno sciopero per migliorare le loro condizioni?
11. Cosa pensa il ragazzo degli scioperi?
12. Ha imparato qualcosa il ragazzo alla fine della storia?

TEMI

1. È facile capire la situazione degli altri e criticare?
2. Cosa vuol dire per Lei lavorare?
3. Il lavoro produttivo è quello che dà dei risultati immediati?
4. Chi vive in città può capire gli stenti della vita campagnola (contadina)?
5. Discutere il proverbio "l'erba del vicino è sempre più verde", secondo quanto detto nel racconto.

ESERCIZI

I. *Volgere il verbo in corsivo (1) al presente, e (2) al futuro:*

1. A tutti i ragazzi della grande città *piacere* far su il fieno e vendemmiare?
2. Il ragazzo *annoiarsi* a guardare l'aratura d'ottobre; *preferire* qualcosa che rende: i raccolti, le ceste piene.
3. I contadini *sedersi* su un trave, poi *discorrere* e *bere.*
4. Per le strade si *incontrare* dei massari.
5. Mentre in città le sirene *raccogliere* impiegati e operai e li *mollare* solamente di notte.
6. I giorni dei raccolti noi *uscire* la mattina avanti giorno e *pestare* l'erba bagnata.
7. I miei *arrabbiarsi* e *ingiuriare* gli operai.
8. I massari gli *riempire* il cesto d'uva da portare a casa.
9. I ragazzi *pensare* agli scioperi come a una festa.
10. Stavolta egli *capire* che il bisogno di portare il raccolto a casa *impedire* ai villani di fare qualcosa.

II. *Completare la frase del primo gruppo scegliendo tra quelle del secondo:*

1. Si raccoglie	1. la meliga
2. Si strizza	2. lo sciopero
3. Si miete	3. lettere e conti
4. Si fa su	4. l'occhio
5. Si portano	5. le more
6. Si fonde	6. la frutta
7. Si fa	7. il ferro
8. Si stacca	8. il fieno
9. Si raccolgono	9. le ceste piene
10. Si battono a macchina	10. il ferro

III. Vero o falso:

1. È più difficile pescare che fondere il ferro.
2. È più facile mietere il grano che staccare la meliga.
3. È meno difficile andare a spasso che andare sotto il sole a una fiera.
4. È meno facile battere a macchina lettere e conti che rompere con la zappa.
5. È più facile far su il fieno che sedersi su un trave e discorrere.
6. È meno difficile raccogliere more che mietere il grano.
7. È più difficile preparare i solchi che piantar baccano.
8. È meno facile portare le ceste di more che vendemmiare.
9. È più facile raccogliere i frutti che portarseli a casa.
10. È meno difficile portare la corba sul collo che attraversare di corsa marciapiedi consunti.

IV. Fornire la parola necessaria per completare la frase:

1. La mattina l'erba è ————————.

2. La ———————— raccoglie impiegati e operai mentre io dormo ancora.

3. Il sudore ———————— quando si lavora sotto il sole estivo.

4. Quando tornavo con un ————————, il gatto lo mangiava.

5. Si fonda il ferro nei ————————.

6. ———————— non direbbe mai che andare in chiesa sia mal fatto.

7. C'è chi non ha voglia di ————————.

8. Il ragazzo pensava agli scioperi come a una

   ————————.

9. Un'altra parola per villano è ————————.

10. Gli operai lavorano nelle ————————.

LA LANGA

Io sono un uomo molto ambizioso e lasciai da giovane il mio paese, con l'idea fissa di diventare qualcuno. Il mio paese sono quattro baracche e un gran fango, ma lo attraversa lo stradone provinciale dove giocavo da bambino. Siccome — ripeto — sono ambizioso, volevo girar tutto il mondo e, giunto nei siti piú lontani, voltarmi e dire in presenza di tutti: «Non avete mai sentito nominare quei quattro tetti? Ebbene, io vengo di là!» Certi giorni, studiavo con piú attenzione del solito il profilo della collina, poi chiudevo gli occhi e mi fingevo di essere già per il mondo a ripensare per filo e per segno[1] al noto paesaggio.

Cosí, andai per il mondo e vi ebbi una certa fortuna. Non posso dire di essere, piú di un altro, diventato qualcuno, perché conobbi tanti che — chi per un motivo chi per un altro — sono diventati qualcuno, che, se fossi ancora in tempo, smetterei volentieri di arrovellarmi dietro a queste chimere. Attualmente la mia ambizione sempre insonne mi suggerirebbe di distinguermi, se mai, con la rinuncia, ma non sempre si può fare ciò che si vorrebbe. Basti dire che vissi in una grande città e feci perfino molti viaggi per mare e, un giorno che mi trovavo all'estero, fui lí lí[2] per sposare una ragazza bella e ricca, che aveva le mie stesse ambizioni e mi voleva un gran bene. Non lo feci, perché avrei dovuto stabilirmi laggiú e rinunciare per sempre alla mia terra.

Un bel giorno tornai invece a casa e rivisitai le mie colline. Dei miei non c'era piú nessuno, ma le piante e le case restavano, e anche qualche faccia nota. Lo stradone provinciale e la piazzetta erano molto piú angusti di come me li ricordavo, piú terra terra,[3] e soltanto il profilo lontano della collina non aveva scapitato. Le sere di quell'estate, dal balcone dell'albergo, guardai sovente la collina e pensai che in tutti quegli anni non mi ero ricordato di inorgoglirmene come avevo progettato. Mi accadeva se mai,[4] adesso, di vantarmi con vecchi compaesani della molta strada che avevo fatta e dei porti e delle stazioni dov'ero passato. Tutto questo mi dava una malinconia che da un pezzo[5] non provavo piú ma che non mi dispiaceva.

In questi casi ci si sposa, e la voce della vallata era infatti ch'io fossi tornato per scegliermi una moglie. Diverse famiglie, anche contadine, si fecero visitare perché vedessi le figliuole. Mi piacque che in nessun caso cercarono di apparirmi diversi da come li ricordavo: i campagnoli mi condussero alla stalla e portarono da bere nell'aia, i borghesi mi accolsero nel

35 salottino disusato e stemmo seduti in cerchio fra le tendine pesanti mentre fuori era estate. Neanche questi tuttavia mi delusero: accadeva che in certe figliole che scherzavano imbarazzate riconoscessi le inflessioni e gli sguardi che mi erano balenati dalle finestre o sulle soglie quand'ero ragazzo. Ma tutti dicevano ch'era una bella cosa ricordarsi del paese e ritornarci come facevo

40 io, ne vantavano i terreni, ne vantavano i raccolti e la bontà della gente e del vino. Anche l'indole dei paesani, un'indole singolarmente fegatosa e taciturna, veniva citata e illustrata interminabilmente, tanto da farmi sorridere.

Io non mi sposai. Capii subito che se mi fossi portata dietro in città una di quelle ragazze, anche la piú sveglia, avrei avuto il mio paese in casa e non

45 avrei mai piú potuto ricordarmelo come adesso me n'era tornato il gusto. Ciascuna di loro, ciascuno di quei contadini e possidenti, era soltanto una parte del mio paese, rappresentava una villa, un podere, una costa sola. E invece io ce l'avevo nella memoria tutto quanto, ero io stesso il mio paese: bastava che chiudessi gli occhi e mi raccogliessi, non piú per dire «Conoscete

50 quei quattro tetti?», ma per sentire che il mio sangue, le mie ossa, il mio respiro, tutto era fatto di quella sostanza e oltre me e quella terra non esisteva nulla.

Non so chi ha detto che bisogna andar cauti, quando si è ragazzi, nel fare progetti, poiché questi si avverano sempre nella maturità. Se questo è vero,

55 una volta di piú vuol dire che tutto il nostro destino è già stampato nelle nostre ossa, prima ancora che abbiamo l'età della ragione.

Io, per me, ne sono convinto, ma penso a volte che è sempre possibile commettere errori che ci costringeranno a tradire questo destino. È per questo che tanta gente sbaglia sposandosi. Nei progetti del ragazzo non c'è eviden-

60 temente mai nulla a questo proposito, e la decisione va presa a tutto rischio del proprio destino. Al mio paese, chi s'innamora viene canzonato; chi si sposa, lodato, quando non muti in nulla la sua vita.

Ripresi dunque a viaggiare, promettendo in paese che sarei tornato presto. Nei primi tempi lo credevo, tanto le colline e il dialetto mi stavano

65 nitidi nel cervello. Non avevo bisogno di contrapporli con nostalgia ai miei ambienti consueti. Sapevo ch'erano là, e soprattutto sapevo ch'io venivo di là, che tutto ciò che di quella terra contava era chiuso nel mio corpo e nella mia coscienza. Ma ormai sono passati degli anni e ho tanto rimandato il mio ritorno che quasi non oso piú prendere quel treno. In mia presenza i compae-

70 sani capirebbero che li ho giocati,[6] che li ho lasciati discorrere delle virtú della mia terra soltanto per ritrovarla e portarmela via. Capirebbero adesso tutta l'ambizione del ragazzo che avevano dimenticato.

NOTE LESSICALI E CULTURALI

[1] **per filo e per segno**   *in tutti i suoi particolari*
[2] **fui lí, lí**   *vedi Pirandello, LA GIARA, nota #30*
[3] **piú terra terra**   *normali*
[4] **se mai**   *anzi*
[5] **da un pezzo**   *da molto tempo*
[6] **li ho giocati**   *li ho presi in giro*

DOMANDE

1. Perché il narratore lascia il suo paese?
2. Com'è il paese da dove viene?
3. Come mai fino ad allora non si è sposato?
4. Perché non sposa la ragazza straniera?
5. Che cosa ritrova quando ritorna al suo paese d'origine?
6. Gli abitanti cosa pensano che lui sia venuto a fare?
7. Dove va con i campagnoli?
8. Cosa si ricorda vedendo le varie ragazze?
9. Cosa crede possa succedere se porta una delle ragazze con sè?
10. Qual è il rapporto che lui ha con il suo paese?
11. Cosa pensa del destino?
12. Perché non è più tornato al paese?

TEMI

1. Descrivete un posto mitico che vive solo nella vostra memoria.
2. È vero che il destino è sempre nelle nostre mani?
3. Chi lascia un piccolo paese per cercare fortuna nella grande città sarà più ambizioso di chi ci è sempre vissuto?
4. È possibile ritornare al mondo di una volta?

ESERCIZI

I. *Formare un periodo ipotetico, volgendo i due verbi in corsivo, uno all'imperfetto del congiuntivo, l'altro al condizionale:*

1. A quest'ora il narratore *essere* sempre al suo paese se non *essere* ambizioso.

2. Chi non *lasciare* un tale paese se *potere?*

3. *Stabilirsi* all'estero se *sposare* la ragazza bella e ricca.

4. Adesso che era tornato, se *parlare* con vecchi compaesani, *ricordarsi* dei porti e delle stazioni dov'era passato.

5. Non gli *dispiacere* se questi discorsi gli *dare* una malinconia.

6. Se egli *avere* già il passato dentro di lui, tutta questa terra e tutte queste famiglie *far* parte della memoria e non *potere* determinare per lui il presente.

7. Se egli *bere* nell'aia o *stare* seduto nei salottini disusati, *pensare* a quando era ragazzo.

8. *Partire* anche loro se *sapere* il futuro?

9. Noi *fare* progetti da ragazzi se *credere* che il nostro destino è già stampato nelle nostre ossa?

10. Adesso se egli *tornare* al paese, i compaesani *capire* che aveva giocato con loro.

II. *Completare le frasi, scegliendo tra le seguenti forme del partitivo se conveniente:*

di + articolo ... alcuni ... alcune ... un po' di ... qualche

1. Ha girato il mondo ma non ha visto che _____ paese qua e là.

2. Non avevano più _____ progetti per il futuro.

3. Si può rinunciare a _____ cose ma non ad altre.

4. All'estero vide _____ porti e _____ stazioni

che gli davano _____ nostalgia.

5. _____ famiglia si fece visitare perché vedesse le figliuole.

6. Io riconoscerei _____ inflessioni e

_____ sguardi che mi erano balenati dalle finestre quand'ero ragazzo.

7. Ci sono sempre _____ belle cose da ricordare.

8. C'erano _____ giorni quando studiavo con più attenzione del solito il profilo della collina.

9. Non ci sono _____ stradoni provinciali vicino al mio paese.

10. Ognuno commette _____ errore.

III. *Formare una frase per ogni espressione:*

1. da giovane
2. nei primi tempi
3. sentir nominare
4. per filo e per segno
5. chi . . . chi . . .
6. un bel giorno
7. i miei, i tuoi, i suoi, ecc.
8. a volte
9. tutto quanto
10. in mia presenza, in tua presenza, in sua presenza, ecc.

IV. *Tradurre le seguenti frasi in cui* andare + il participio passato *indica obbligo o necessità:*

1. I motivi della sua ambizione vanno considerati.
2. Anche la rinuncia va vista in questa luce.
3. L'indole taciturna dei paesani va cambiata.
4. La moglie va scelta cautamente.
5. La decisione va presa a tutto rischio del proprio destino.
6. Chi s'innamora non va canzonato, nè va lodato chi si sposa.
7. Questi viaggi vanno fatti da giovane.
8. La bontà di questa gente va ricordata.

V. *Trovare nel racconto il nome con la stessa radice dei seguenti aggettivi:*

1. ambizioso
2. deciso
3. malinconico
4. sostanzioso
5. ragionevole
6. dialettale
7. nostalgico
8. ambientale
9. buono
10. virtuoso

Vitaliano Brancati (1907 – 1954)

Nato in provincia di Siracusa, Vitaliano Brancati si laureò in Lettere all'Università di Catania. Come molti altri intellettuali dell'epoca aderì al fascismo, affascinato dall'esplosiva vitalità che la retorica mussoliniana esaltava. Il primo romanzo, *L'amico del vincitore* (1932), appartiene a questa fase che lo scrittore poi rifiuterà. La prima opera di una certa importanza fu *Gli anni perduti* (1935), dove si può già notare un certo interesse per il mondo della provincia italiana, ed in particolare per la realtà siciliana. L'umorismo che caratterizza Brancati è spesso un sorriso amaro che dà ai suoi personaggi una dimensione ancora più tragica. In *Don Giovanni in Sicilia* (1941), egli descrive con particolare lucidità il tema del gallismo italiano e lo scontro tra il modo di concepire la vita del Sud e del Nord. Nel frattempo, oltre a opere narrative, Brancati s'interessa al teatro e scrive anche saggi sulla società contemporanea. Subito dopo la guerra pubblica alcuni racconti, tra cui ''La doccia'' e ''Il passo del silenzio,'' in cui viene descritta la tragica e assurda situazione della guerra. In questo periodo però, egli diventa vittima del suo stesso scetticismo che gli impedisce di comprendere fino in fondo la mutata realtà politica e sociale dell'Italia. *Il bell'Antonio,* romanzo pubblicato nel 1949, resta al di fuori delle sue polemiche moralistiche contro la società del dopoguerra; lo scrittore torna invece a trattare il problema del gallismo. Sin dagli inizi della sua carriera Brancati si interessò al teatro a cui lo legava anche la moglie, Anna Proclemer, una delle migliori attrici teatrali italiane.

Negli anni '50 i suoi interessi si rivolgono anche al cinema, per il quale scrisse una sceneggiatura. Quando morì non aveva ancora ultimato il suo romanzo più importante, *Paolo il caldo*. Nonostante mancassero ancora due capitoli, poco prima di morire, egli stesso diede il permesso affinché l'opera venisse pubblicata. Anche se l'umorismo è ancora presente, il tono del romanzo è cupo, senza che venga vagheggiata una possibile via d'uscita al dramma dell'uomo.

''I padroni dell'isola'' si svolge a Vulcano, una piccola isola poco lontano dalla costa settentrionale della Sicilia. Brancati oppone al costante avvicendarsi di padroni la terra stessa che resta sempre arida e brulla anche se potrebbe essere trasformata in poco tempo, mentre ''Poche e molte parole'' tratta, in chiave minore, il tema del gallismo.

BIBLIOGRAFIA ESSENZIALE

L'AMICO DEL VINCITORE (1932)
IN CERCA DI UN SÌ (1939)
GLI ANNI PERDUTI (1941)
DON GIOVANNI IN SICILIA (1941)
IL VECCHIO CON GLI STIVALI (1945)
IL BELL'ANTONIO (1949)
PAOLO IL CALDO (1955)
I PIACERI (1962)
IL BORGHESE E L'IMMENSITÀ (1973)
SOGNO DI UN VALZER E ALTRI RACCONTI (1982)

I PADRONI DELL'ISOLA

Diario, *Vulcano*,[1] luglio.

Da cinque giorni in quest'isola vulcanica, a mezz'ora di barca da Lipari.[2]

Il mare luccica da ogni parte, chiuso da ogni parte fra rupi nere, ritte, con le corna; dai crepacci, che si aprono mollemente e in silenzio, fuma lo zolfo;
5 una spiaggia è tutta di zolfo, e l'acqua che la bagna va bollendo; nell'interno, la terra è arida e nerastra, le canne vi nascono già fradice, il verde delle vigne è sospetto come il colorito dei febbricitanti. Il corvo svolazza a uncino sulla campagna, e di tanto in tanto precipita come un'ancora senza catena.

Quest'isola ha una storia singolare.

10 I Borboni[3] la regalarono a un signore inglese che non volle mai abitarla. Mandò in vece sua un amministratore, un certo Harley, se ho capito bene il nome, un uomo gelido e decadente che sguinzagliò subito per tutta l'isola dei cani feroci il cui urlo e sgretolare di denti teneva al largo qualunque estraneo.

Si fece costruire un palazzo neoclassico, con portici e colonne e spianò
15 dei viali lunghissimi per i quali, ogni pomeriggio, passava tintinnando con la sua quadriga di cavalli neri.

Era un uomo inospitale, e stabiliva immediatamente, fra sé e gli altri, una corrente di dispetto. I cani, accarezzati dalla sua mano, lievemente pelosa e sempre con le dita strette, si facevano più feroci, come gatti strofinati
20 contropelo; i barcaioli rispondevano al suo sguardo con la promessa di diventare il meno umani che riuscisse possibile alla loro indole mediterranea; i cavalli, appena egli li sfiorava con la frusta, s'abbassavano sui garetti, e volavano con il visibile intento di buttarsi a chiodo nel mare, all'orlo del quale però un urlo secco del padrone li arrestava e immobilizzava come simulacri.

25 Un pomeriggio, i due figli di Harley, nonostante il divieto del padre, presero una barca e salparono per Lipari.

Il mare era furiosissimo, e l'odore dello zolfo, sbattuto giù dai vento, irritava le gole dei sempre esacerbati abitanti dell'isola, uomini o animali che fossero.

30   D'un tratto, la barca dei giovani Harley salì al cielo e ripiombò capovolta.

Harley, avvertito dai servi, era già sulla riva, con le braccia conserte e il frustino sotto l'ascella. I pochi marinai presenti, ansiosi di portare aiuto ai naufraghi, tirarono rapidamente e faticosamente un lungo barcone fuori
35 della sabbia e lo spinsero fra gli urti spaventosi del mare.

Ma Harley li fermò con lo sguardo.

"No!" disse, "no!..."

I marinai mogi mogi ritirarono la barca sulla sabbia, si fecero il segno della croce e diedero le spalle al mare, a cui invece Harley continuava a stare
40 rivolto. Di tanto in tanto gettavano una sbirciatina sul viso di lui, cercando di leggervi cos'andasse accadendo ai due poveri sciagurati rimasti in preda alle onde.

Ma il viso del padrone era impassibile, gli occhi vitrei non specchiavano nulla, il naso diritto sembrava, come sempre, vuoto d'aria e di respiro. D'un
45 tratto, una smorfia di dispetto vi si disegnò come un fulmine. Harley si volse, salì con un salto sulla quadriga, frustò i cavalli e disparve. Un minuto dopo, arrivavano stremati, zuppi, seminudi, pallidissimi, i due giovani figli.

La notte, il palazzo rimaneva illuminato: con l'intensità e la costanza di chi si applichi a uno studio, Harley beveva; ogni tanto, veniva sulla terrazza e
50 s'appoggiava alla balaustra perfettamente immoto, lasciandosi penetrare dal silenzio del mare e del cielo come dal gelo necessario al suo cuore freddissimo.

Un giorno però, mentre egli sedeva solo solo alla sua lunga tavola, i cani emisero un gemito: poco dopo, un crepaccio si aprì nel pavimento e un
55 soffione di zolfo riempì la stanza di puzza e di luce verdastra. Subito il soffitto s'inclinò, le colonne si contorsero, un fumo intollerabile avvolse ogni cosa.

Il cuore fa dei brutti scherzi. Per sessant'anni, il cuore di Harley era stato coperto di gelo: d'un tratto, esplose in un sentimento di paura. Tutti gli animali che tremano senza il soccorso e i freni della ragione, senza la spe-
60 ranza che un ricordo, una parola, un'idea venga a salvarli, ebbero in quest'uomo il peggiore esemplare di se stessi.

Harley fuggì a testa bassa verso la riva, si cacciò in una barca, respingendo a colpi di remo i cani che volevano seguirlo e di cui egli aveva ormai un misterioso fastidio come di complici pericolosi, e, remando col fiato tra i
65 denti, sempre a testa bassa, s'allontanò verso Lipari.

Non volle mai più tornare a Vulcano che vendette a tre cittadini di Lipari.

Di questi, due avevano dovuto contrarre gravi debiti per procurarsi la somma richiesta da Harley. Dopo pochi anni, scadenze e interessi li oppres-

70 sero a tal punto che furono costretti a svendere le loro due parti a un certo signor Fav... Questi era un siciliano ricco, pigro e pieno di pregiudizi. Per lui era importante possedere: mettere il proprio nome su una distesa di terra. Le cose disonorevoli erano due: vendere, perché voleva dire trovarsi in cattive acque; e coltivare eccessivamente le proprie terre, perché voleva dire spre-

75 merle, avere bisogno, supplicare alberi ed erbe di fargli la carità di una rendita straordinaria.

Con queste leggi applicate con tanto scrupolo che egli non solo non coltivò eccessivamente le sue terre, ma non le coltivò affatto, il signor Fav. visse e morì.

80 Oggi le proprietarie di due terzi di Vulcano sono due signorine anziane. I crateri di Vulcano sono due: ciascuna signorina Fav. ne possiede uno, con tutto il territorio circostante. Non vogliono vendere e non vogliono coltivare. In questa terra arida, basta scavare per una profondità di quattro metri, come ha fatto un animoso italo-americano, il signor Ferlazzi, e l'acqua zampilla.

85 Tre mesi di lavoro intenso, e quest'isola infernale sorriderebbe.

Ma qui non si coltiva né si vende.

Le due padrone abitano a Lipari e le sere d'estate guardano da lontano i loro crateri.

"È il tuo che fuma?" dice una sorella all'altra.

90 "Sì, è il mio. Ma mi pare che anche il tuo mandi puzza di zolfo."

Seggono[4] al balcone di una casa modesta e poggiano la fronte contro la ringhiera di ferro. Non sognano, non sperano, non temono, non hanno bisogno di nulla. In un simile stato, il sonno arriva subito: basta reclinare la testa e il cervello, vuoto di pensieri, si riempie di una tenebra densa.

95 Così s'addormentano. A distanza, dietro le loro palpebre abbassate, i due loro crateri si vanno riempiendo di luce lunare che, mista al verde e al rossigno della pietra, riverbera intorno intorno una luce da oreficeria del diavolo.

NOTE LESSICALI E CULTURALI

[1] **Vulcano**   *isola del gruppo Eolie o Lipari, che si trova al nord della Sicilia*

[2] **Lipari**   *isola poco più a nord di Vulcano*

[3] **I Borboni**   *la stirpe Franco-Spagnola che dominò per molto tempo nel sud d'Italia*

[4] **seggono**   *dal verbo* **sedere**, *sono seduti, è una forma alternativa al verbo* **sedersi**, *che in questo caso sarebbe* **si siedono**.

DOMANDE

1. Come viene descritta l'isola di Vulcano? Dove si trova?
2. Chi controllava l'isola nel passato?
3. Cosa fece Harley quando andò ad abitarci?
4. Che rapporto aveva con gli abitanti dell'isola?
5. Perché era così inospitale?
6. Che animali lo circondavano? Come li trattava?
7. Che cosa successe ai figli, mentre andavano a Lipari in barca?
8. Perché Harley non voleva che i marinai andassero in cerca dei figli?
9. Che fine fecero i ragazzi?
10. Cosa faceva di notte Harley?
11. Perché egli fuggí verso Lipari?
12. Perché Harley vendette l'isola?
13. A quali regole obbediva il signore siciliano che comprò Vulcano?
14. Chi possiede l'isola oggigiorno?
15. Che cosa si potrebbe fare sull'isola?
16. Che cosa rappresenta l'isola di Vulcano?

TEMI

1. Possedere qualcosa di bello e prezioso implica il dividerlo con gli altri?
2. I vantaggi e gli svantaggi di vivere su un'isola o in un posto isolato.
3. La speculazione della terra al giorno d'oggi — può mai avere qualche risvolto positivo?

ESERCIZI

I. Formare il plurale dei seguenti nomi:

1. la spiaggia
2. il dito
3. lo sguardo
4. la sabbia
5. la smorfia
6. l'intensità
7. il crepaccio
8. l'esemplare
9. l'erba
10. l'oreficeria

II. *Trovare il significato del participio presente dei seguenti verbi e formare con questo una frase:*

1. fumare/fumante
2. bollire/bollente
3. tenere/tenente
4. bagnare/bagnante
5. seguire/seguente

6. volare/volante
7. andare/andante
8. decadere/decadente
9. rispondere/rispondente
10. correre/corrente

III. *Volgere il verbo in corsivo all'imperativo:*

1. (tu) *Tenere* al largo qualunque estraneo!
2. (Lei) *Non farsi* costruire un palazzo neoclassico!
3. (noi) *Riempire* il barcone di naufraghi!
4. (Loro) *Avvertire* Harley che i figli hanno preso la barca!
5. (tu) *Non buttarsi* nel mare!
6. (voi) *Fermare* i marinai sulla riva!
7. (Lei) *Non essere* così inospitale!
8. (tu) *Volgersi* e vedrai lo zolfo!
9. (noi) *Costringere* le proprietarie a vendere l'isola!
10. (voi) *Ritirare* la barca sulla sabbia e *sedersi* al balcone!

IV. *Scegliere la parola o la frase in corsivo più adatta per completare le seguenti frasi:*

1. Si porta *una smorfia/aiuto/un' ancora* ai naufraghi.
2. L'odore dello zolfo irritava *le dita strette/gli occhi vitrei/la gola* degli abitanti.
3. La storia dell'isola è *illuminata/singolare/spaventosa*.
4. Opprimono i tre cittadini di Lipari *interessi/sospetti e pregiudizi/scadenze*.
5. Harley fu *avvertito/immobilizzato/allontanato* dai servi.
6. Sulla riva Harley stette con le braccia *sotto l'ascella/ansiose/conserte*.
7. Egli fermò i marinai *mogio mogio/con lo sguardo/rivolto*.
8. La terra *arida/modesta/distesa* potrebbe essere coltivata.
9. La spiaggia di Vulcano è tutta di *fumo/rupi/zolfo*.
10. *Il visibile intento del padrone/le dita strette/un urlo secco* arrestava i cavalli.

POCHE E MOLTE PAROLE

Il silenzio, in Sicilia, non è stato distribuito con equità. Ci sono uomini che parlano sempre, ed altri che tacciono sempre.

Di questi ultimi, era mio cugino Alberto. Lo zio e la zia averbbero pagato chissà quale somma per sentirgli dire una parola, impacciati com'erano di versare il loro enorme affetto su un uomo che, senza dubbio, aveva una profonda vita interna, ma che dal di fuori sembrava fatto di stoffa e di gomma.

Alberto non si svegliava tardi, ma si alzava dal letto tardissimo, perché nessuno spettacolo piaceva ai suoi occhi come quello del buio fitto. Egli spingeva lo sguardo nella tenebra che gli stava davanti, ignorando se guardasse lontano o vicino, e rovesciava la bocca per toccare con l'interno delle labbra l'orlo del lenzuolo che gli copriva anche il naso. Così passavano due ore. Poi si alzava in pantofole, e permetteva l'ingresso nella camera di un piccolissimo raggio di sole. Aggirandosi nudo in questo barlume, cercava nei cassetti e negli armadi, rovesciava gli ingombri che stavano sulle poltrone, finché socchiudeva la porta e gridava: "Un paio di calze!" La sua voce giungeva molto gradita in cucina, dove la madre si asciugava lesta lesta le mani, e mormorava: "Alberto!" Nello stesso momento, il padre, dallo studio, gridava alla moglie: "Chiama Alberto!" La cameriera, posata la scopa, usciva dal corridoio dicendo: "Chiama il signorino Alberto!" La portinaia suonava il campanello dell'atrio per avvertire, con una mano attorno alla bocca: "Mi pare che chiami il signor Alberto!"

Tutti speravano che, quella mattina, Alberto avrebbe detto qualche parola in aggiunta alle solite; ma poco dopo, la speranza era svanita: Alberto prendeva in silenzio le calze dalle mani della madre e, masticando amaro, faceva capire che non gli piacevano. Se la madre domandava: "Ne vuoi un altro paio?" il figlio dava una spallucciata e sporgeva strette le labbra.

A mezzogiorno, rincasando, Alberto non veniva subito a tavola, ma andava a sdraiarsi sul letto, con un piede sul pavimento e un giornale sportivo aperto dinnanzi agli occhi. Se qualcuno bussava alla porta, egli non rispondeva. Infine, bisognava entrare e domandargli con garbo: "Alberto, perché non rispondi?"

Allora, per non rispondere, Alberto andava a tavola e sedeva al suo posto, coprendosi col giornale rosso[1] ove sembrava che guardasse senza
35 leggere.

Di pomeriggio, chiedeva le scarpe, con la stessa voce con cui, al mattino, aveva chiesto le calze. Era il solo momento in cui la madre si augurava ch'egli non dicesse nulla, perché, se diceva sei parole, queste erano infallibilmente: "Che razza di vernice usate qui!"
40 Rincasava nel cuore della notte, quando tutti erano a letto. Se nel corridoio, appendendo il cappello all'attaccapanni, faceva cadere un ombrello, la madre dalla sua camera domandava: "Alberto?" E Alberto rispondeva con un rumore sordo della gola molto simile a un colpo di tosse.

Così, da ventisette anni, viveva nel più assoluto silenzio, quando s'in-
45 namorò.

Il segnale di quello strano avvenimento fu dato da una canzonetta, precisamente "Non partir!" che non abbandonò più le labbra di Alberto. La madre ascoltava stupefatta questo insolito e continuo suono che veniva dalle labbra del figlio. Pochi giorni dopo, una vecchia signora svelò il mistero: "Ah,
50 questi ragazzi! Come fanno presto a perdere la testa! Io ho promesso di non parlare . . . " E disse il nome e il cognome di una ragazza, la dote, l'indirizzo e l'età.

Cominciò per Alberto una vita singolare. Si alzava alle otto e andava a rifugiarsi nello stanzino buio in cui era impiantato il telefono. Lo stanzino
55 faceva parte di un corridoio, ma Alberto rimise nei cardini una vecchia porta a vetri, attraverso la quale chi passava per il corridoio lo vedeva curvo sul microfono e debolmente illuminato dal balcone che dava nel cortiletto. Parlava fino alle nove, poi si recava all'ufficio. Dopo il pranzo, tornava a chiudersi nello stanzino e ivi rimaneva a parlare dall'una alle quattro. La sera,
60 spegneva la lampada centrale del corridoio e, confortato dal chiarore rosso di una lampadina di tre candele, sempre accesa davanti a un' immagine sacra, parlava per altre due ore.

Calcolammo che questo giovane taciturno produceva continuamente parole per sei ore al giorno. Lo stupore crebbe col passare del tempo; egli
65 sosteneva già da tre mesi una simile vita. In giugno, si combinò un lettuccio sul cassone che stava sotto il microfono, e, sdraiato su quello, con una tazza di caffè sopra una sedia accanto e la sigaretta in bocca, continuava a parlare sommessamente. Coloro che entravano nel corridoio vedevano per ore e ore la punta delle sue ginocchia mossa da un leggerissimo dondolìo. Poi egli
70 apriva la porta a vetri, e usciva insieme a una densa nuvola di fumo, con un aspetto di vecchio gatto bruciacchiato.

Una sera, mi avvicinai alla porta a vetro, e, nascosto nell'angolo più buio, drizzai l'orecchio verso il telefono. Alberto, sdraiato sul cassone, con le gambe ripiegate dinnanzi, teneva stretto il microfono fra l'orecchio e la
75 spalla, e agitava continuamente le labbra. Egli parlava in un modo così sommesso, che neanche una sillaba raggiungeva il mio orecchio. Per un momento, dubitai che una di quelle strane manie, che sogliono impossessarsi dei vecchi, spingesse precocemente mio cugino ad agitare le labbra vicino ad un microfono senza parlare a nessuno.

80 Ma pochi giorni dopo, incontrai la fidanzata. Essa m'informò che Alberto le parlava al telefono per sei ore al giorno, e che vivevano felici di questa conversazione. La madre di Alberto, quando io le riferii queste parole, impallidì per una casta e profonda gelosia; e la sera, uscito il figlio dallo stanzino, andò ad immergersi in quella nuvola di fumo, come se ancora vi sentisse il
85 calore delle parole.

Dopo un anno dal matrimonio, incontrai la moglie di Alberto e seppi ch'egli era tornato, nella nuova casa, al mutismo in cui era vissuto nella casa paterna. Confrontammo le poche parole, che egli diceva alla sposa, con quelle che aveva detto alla madre. Ed erano le stesse. Al mattino: "Un paio di
90 calze!" Di pomeriggio: "Che razza di vernice usate qui!"

NOTE LESSICALI E CULTURALI

[1] **giornale rosso**   *La Gazzetta dello Sport, quotidiano di solo sport, caratterizzato da carta di colore rosa*

DOMANDE

1. Che tipo di persona era Alberto?
2. Perché si alzava tardissimo?
3. Cosa succedeva quando Alberto chiedeva qualcosa dalla sua camera?
4. Che cosa faceva quando tornava a casa a mezzogiorno?
5. Perché i genitori permettevano che lui si comportasse in questo modo?
6. Di che cosa si lamentava quando cercava le scarpe?
7. Stava a casa la sera?
8. Perché ha cominciato a cantare una canzonetta?
9. Come si capisce che la ragazza è lontana?
10. Che cosa ha fatto Alberto per essere più vicino al microfono?
11. Che cosa sospettava il narratore?
12. Chi è il narratore?

13. Come viene a sapere la madre della ragazza?
14. Perché la madre era gelosa?
15. Che tipo di donna era la fidanzata?
16. Che cosa è successo dopo il matrimonio?
17. Come mai l'atteggiamento di Alberto non è cambiato dopo il matrimonio?
18. Che tipo di rapporto è possibile stabilire con una persona come il protagonista?

TEMI

1. È vero che i figli maschi sono più "coccolati"? Come si può spiegare storicamente questo comportamento?
2. Il ruolo della figura paterna nella famiglia d'oggi.
3. Figli unici o famiglia numerosa.

ESERCIZI

I. *Trovare la parola nel primo gruppo che ha un rapporto con una del secondo gruppo:*

1. la pantofola	1. l'armadio
2. il raggio	2. il corridoio
3. la sedia	3. il letto
4. il ginocchio	4. la scarpa
5. il buio	5. la poltrona
6. l'attaccapanni	6. la gamba
7. la tosse	7. il barlume
8. il cassetto	8. la tenebra
9. il lenzuolo	9. la gola
10. l'atrio	10. appendere

II. *Completare la frase secondo quanto letto nel racconto:*

1. La voce di Alberto giunge _____ alla madre in cucina.

2. Secondo i genitori, il figlio aveva una vita interna _____ .

3. Il narratore è il _____ dei genitori di Alberto.

4. A tavola Alberto si copriva con un giornale

_____.

5. Quando rincasava la notte appendeva _____.

6. La lampadina da tre candele si trovava _____.

7. Quando Alberto usciva dallo stanzino, usciva insieme

a _____.

8. Il segnale dell'innamorarsi di Alberto

fu _____ che non gli abbandonò più le labbra.

9. Lo stanzino si trovava _____.

10. Neanche una sillaba della conversazione telefonica raggiungeva l'orecchio del narratore perché Alberto parlava

_____.

III. *Scegliere uno dei verbi in corsivo e volgerlo nel tempo corretto:*

1. D'estate Alberto *svegliarsi-rincasare-raggiungere* a mezzogiorno per il pranzo.

2. Gli *piacere-prendere-innamorarsi* quest'idea di crearsi un'altra camera buia.

3. Ora io *abbandonare-riferire-volere* sentire la sua conversazione ma non ci *sapere-riuscire-raggiungere*.

4. La cameriera *posare-appendere-rimettere* la scopa quando sentí) la sua voce.

5. Domani tu *combinare-riferire-chiedere* quelle parole alla madre?

6. Lui *spingere-spegnere-aggirarsi* la lampadina centrale e *rinchiudersi-chiudere-socchiudere* nello stanzino.

7. La canzonetta non *avvertire-abbandonare-alzarsi* più le labbra di Alberto.

8. Alberto *rispondere-prendere-sostenere* in silenzio le calze dalle mani della moglie come aveva fatto con la madre.

9. Quella volta la vecchia signora *sapere-augurarsi-chiedere* dire tutto della ragazza.

10. Alle sei noi *alzarsi-avvicinarsi-agitarsi* alla porta a vetro, e *nascondersi-recarsi-immergersi* nell'angolo più buio.

IV. *Il verbo* produrre (*participio passato*, prodotto; *imperfetto*, producevo; *passato remoto*, produssi) *fa parte di un gruppo di verbi composti contratti con la desinenza in* -durre. *Questo gruppo contiene i verbi:* addurre; condurre;

dedurre; indurre; ridurre; sedurre; *e* tradurre. *Sostituire alle parole in corsivo la forma corretta del verbo corrispondente:*

1. Questa sera *I will translate* quel racconto che abbiamo letto durante la lezione oggi.
2. *I used to translate* un racconto ogni settimana.
3. Il corridoio *leads* all'atrio.
4. Il 27 gennaio, la cameriera li *led* alla porta per l'ultima volta.
5. Che cosa *deduces* la madre dal suo silenzio?
6. Che cosa *will deduce* la madre dal suo silenzio?
7. Se *we reduce* la sua dote, come farà a trovare un marito?
8. Quando i genitori *had reduced* la sua dote, il fidanzato l'ha lasciata.
9. Loro *induced* sempre la portinaia a tenere aperta la porta dopo le undici.
10. Il buio della camera lo *seduced* sempre piú.

PIEMONTE

Beppe Fenoglio (1922-1963)

Beppe Fenoglio rimase per tutta la vita un personaggio schivo, non amava la pubblicità ed evitava qualsiasi occasione per rendere pubbliche informazioni sulla propria vita privata. Per questo motivo la sua biografia è abbastanza breve ed essenziale; egli rimase per molto tempo emarginato rispetto ai ''grandi'' della letteratura italiana del dopoguerra. Due sono i fatti più importanti nella vita dello scrittore piemontese: la sua partecipazione alla Seconda Guerra Mondiale come partigiano e il suo interesse per la letteratura inglese. Entrambe ebbero una grande influenza sulla sua produzione letteraria. Le colline della zona nel sud del Piemonte, chiamate Langhe (la stessa zona cara al conterraneo Cesare Pavese), costituiscono lo sfondo che caratterizza quasi tutti i suoi lavori. I temi più cari a Fenoglio, e che egli alterna quasi con ritmo metodico, sono quelli della lotta partigiana e quelli della vita contadina.

Già nella sua prima raccolta di racconti, *I ventitrè giorni della città di Alba* (1952), è riscontrabile la mescolanza dei due temi sopra menzionati. Il suo non è un atteggiamento di critica o giudizio degli avvenimenti che caratterizzarono la liberazione dell'Italia del nord dai fascisti e dai tedeschi. Nella descrizione dello scontro tra i fascisti e i partigiani non c'è una forzatura ideologica ma semmai una lucida visione della tragica realtà di quei giorni. Non è però sempre possibile riscontrare questo tono distaccato e ironico nei racconti. Quando il ricordo diventa più difficile da oggettivizzare, quando la morte fa la sua comparsa, Fenoglio deve cambiare registro e non sempre lo fa con successo. Il romanzo *Primavera di bellezza* (1959) è ricco di spunti personali autobiografici e la morte del giovane protagonista, alla fine del romanzo, è vista quasi come una soluzione al suo completo isolamento dal mondo che lo circonda. *Primavera di bellezza* rappresenta solo un episodio della più vasta opera che Fenoglio aveva in mente e che venne pubblicata solo postuma nel 1968 con il titolo *Il partigiano Johnny*.

Ancora molti dubbi e polemiche circondano la pubblicazione di questo romanzo. A noi interessa comunque notare che, forse alla ricerca di nuovi mezzi espressivi, Fenoglio probabilmente operò una prima stesura del romanzo in inglese. Un altro romanzo del 1950 uscito postumo, *La paga del sabato,* analizza, con stile vagamente neo-realista, il difficile riinserimento del giovane protagonista, subito dopo la guerra, nel mondo contadino che si sta lentamente industrializzando. Fenoglio sosteneva che per lui scrivere non era un divertimento ma una vocazione a cui non poteva rinunciare. Ogni pagina era per lui una forma di sofferenza, ogni suo scritto sembra provare questa affermazione ma evidenzia anche la vocazione di cui Fenoglio si sentiva investito.

"Pioggia e la sposa" è un racconto che ha luogo tra le colline delle Langhe. La povertà e la fame spingono i protagonisti ad intraprendere un lungo viaggio in condizioni atmosferiche estremamente sfavorevoli. Il legame e l'influenza delle Langhe sulle persone li si possono notare nel breve accenno finale al fatto che il prete si è allontanato dalle colline e ha abbandonato la chiesa.

BIBLIOGRAFIA ESSENZIALE

I VENTITRÈ GIORNI DELLA CITTÀ DI ALBA (1952)
LA MALORA (1954)
PRIMAVERA DI BELLEZZA (1959)
IL PARTIGIANO JOHNNY (1968)
LA PAGA DEL SABATO (1968)
UN FENOGLIO ALLA PRIMA GUERRA MONDIALE (1973)
RACCONTI PARTIGIANI (1976)

PIOGGIA E LA SPOSA

Fu la peggior alzata di tutti i secoli della mia infanzia. Quando la zia salì alla mia camera sottotetto e mi svegliò, io mi sentivo come se avessi chiusi gli occhi solo un attimo prima, e non c'è risveglio peggiore di questo per un bambino che non abbia davanti a sé una sua festa o un bel viaggio promesso.

5 La pioggia scrosciava sul nostro tetto e sul fogliame degli alberi vicini, la mia stanza era scura come all'alba del giorno.

Abbasso, mio cugino stava abbottonandosi la tonaca sul buffo costume che i preti portano sotto la vesta nera e la sua faccia era tale che ancor oggi è la prima cosa che mi viene in mente quando debbo pensare a nausea maligna.

10 Mia zia, lei stava sull'uscio, con le mani sui fianchi, a guardar fuori, ora al cielo ora in terra. Andai semisvestito dietro di lei a guardar fuori anch'io e vidi, in terra, acqua bruna lambire il primo scalino della nostra porta e in cielo, dietro la pioggia, nubi nere e gonfie come dirigibili ormeggiati agli alberi sulla cresta della collina dirimpetto. Mi ritirai con le mani sulle spalle e la zia venne

15 ad aiutarmi a vestirmi con movimenti decisi. Ricordo che non mi fece lavare la faccia.

Adesso mio cugino prete stava girandosi tra le mani il suo cappello e dava fuori sguardate furtive, si sarebbe detto che non voleva che sua madre lo sorprendesse a guardar fuori in quella maniera. Ma lei ce lo sorprese e gli

20 disse con la sua voce per me indimenticabile: «Mettiti pure il cappello in testa, ché andiamo. Credi che per un po' d'acqua voglio perdere un pranzo di sposa?».

«Madre, questo non è un po' d'acqua, questo è tutta l'acqua che il cielo può versare in una volta. Non vorrei che l'acqua c'entrasse in casa con tutti i

25 danni che può fare, mentre noi siamo seduti a un pranzo di sposa.»

Lei disse: «Chiuderò bene».

«Non vale chiuder bene con l'acqua, o madre!»

«Non è l'acqua che mi fa paura e non è per lei che voglio chiudere bene. Chiuderò bene perché ci sono gli zingari fermi coi loro cavalli sotto il portico

30 del Santuario. E anche per qualcun altro che zingaro non è, ma cristiano.»

Allora il prete con tutt'e due le mani si mise in testa il suo cappello nero. Nemmeno lui, nemmeno stavolta, l'aveva spuntata con sua madre, mia zia. Era (perché da anni si trova nel camposanto di San Benedetto[1] e io posso sempre, senza sforzo di memoria, vedere sottoterra la sua faccia con le labbra

35 premute) era una piccolissima donna, tutta nera, di capelli d'occhi e di vesti, ma io debbo ancora incontrare nel mondo il suo eguale in fatto di forza d'imperio e di immutabile coscienza del maggior valore dei propri pensieri a confronto di quelli altrui. Figurarsi che con lei io, un bambino di allora sette anni, avevo presto perduto il senso di quel diritto all'indulgenza di cui fanno

40 tanto e quasi sempre impunito uso tutti i bambini. Devo però ricordare che la zia non mi picchiò mai, nemmeno da principio quando, per non conoscerla ancor bene, non temevo di peccare contro i suoi comandamenti; suo figlio il prete sì, più d'una volta mi picchiò, facendomi un vero male.

Non si aveva ombrelli, ce n'era forse uno di ombrelli in tutto il paese. La

45 zia mi prese per un polso e mi calò giù per i gradini fino a che mi trovai nell'acqua fangosa alta alle caviglie, e lì mi lasciò per risalire a chiudere bene. La pioggia battente mi costringeva a testa in giù e mi prese una vertigine per tutta quell'acqua che mi passava grassa e pur rapida tra le gambe. Guardai su a mio cugino e verso lui tesi una mano perché mi sostenesse. Ma lui stette a

50 fissarmela un po' come se la mia mano fosse una cosa fenomenale, poi parve riscuotersi e cominciò ad armeggiare per tenersi la tonaca alta sull'acqua con una sola mano e reggermi con l'altra, ma prima che ci fosse riuscito la zia era già scesa a riprendermi. Poi anche il prete strinse un mio polso e così mi trainavano avanti. A volte mi sollevavano con uno sforzo concorde e mi

55 facevano trascorrere sull'acqua per un breve tratto, e io questo non lo capivo, fosse stato per depositarmi finalmente sull'asciutto, ma mi lasciavano ricadere sempre nell'acqua, spruzzando io così più fanghiglia e più alta sulle loro vesti nere.

Mio cugino parlò a sua madre sopra la mia testa: «Forse era meglio che il

60 bambino lo lasciavamo a casa».

«Perché? Io lo porto per fargli un regalo. Il bambino non deve avercela con me perché l'ho uscito[2] con quest'acqua, perché io lo porto a star bene, lo porto a un pranzo di sposa. E un pranzo di sposa deve piacergli, anche se lui viene dalla città.» Poi disse a me: «Non è vero che sei contento di andarci

65 anche con l'acqua?» ed io assentii chinando il capo.

Più avanti, la pioggia rinforzava ma non poteva farci più danno a noi ed ai nostri vestiti di quanto non n'avesse già fatto, io domandai cauto alla zia dov'era la casa di questa sposa che ci dava il pranzo. «Cadilù»[3] rispose breve la zia, e io trovai barbaro il nome di quel posto sconosciuto come così barbari

70 più non ho trovati i nomi d'altri posti barbaramente chiamati.

La zia aveva poi detto: «Prendiamo per i boschi».[4]

Scoccò il primo fulmine, detonando così immediato e secco che noi tre ristemmo[5] come davanti a un improvviso atto di guerra. «Comincia proprio sulle nostre teste» disse il prete rincamminandosi col mento sul petto.

75 Dal margine del bosco guardando giù al piano si vedeva il torrente straripare, l'acqua scavalcava la proda come serpenti l'orlo del loro cesto. A quella vista mio cugino mise fuori un gran sospiro, la zia scattò la testa a guardarlo ma poi non gli disse niente, diede invece uno strattone al mio polso.

80 Lassù i lampi s'erano infittiti, in quel fulminio noi arrancavamo per un lucido sentiero scivoloso. Per quanto bambino, io sapevo per sentito dire[6] da mio padre che il fulmine è più pericoloso per chi sta o si muove sotto gli alberi, così incominciai a tremare ad ogni saetta, finii col tremare di continuo, e i miei parenti non potevano non accorgersene attraverso i polsi che sempre mi 85 tenevano.

Dopo un tuono, la zia comandò a suo figlio: «Su, di' una preghiera per il tempo, una che tenga il fulmine lontano dalle nostre teste».

Io m'atterrii quando il prete le rispose gridando: «E che vuoi che serva la preghiera!» mettendosi poi a correr su per il sentiero, come scappando da noi.

90 «Figlio!» urlò la zia fermandosi e fermandomi: «Adesso sì che il fulmine cadrà su noi! Io lo aspetto, guardami, e sarai stato tu . . . !».

«Nooo, madre, io la dirò!» gridò lui tornando a salti giù da noi «la dirò con tutto il cuore e con la più ferma intenzione. E mentre io la dico tu aiutami con tutto lo sforzo dell'anima tua. Ma . . . » balbettava, «io non so che preghiera 95 dire . . . che si confaccia . . . »

Lei chiuse gli occhi, alzò il viso alla pioggia e a bassa voce disse come a se stessa: «Il Signore mi castigherà, il Signore mi darà l'inferno per l'ambizione che ho avuta di metter mio figlio al suo servizio e il figlio che gli ho dato è un indegno senza fede che non crede nella preghiera e così nemmeno sa le 100 preghiere necessarie». Poi gli gridò: «Recita un pezzo delle rogazioni!» e si mosse trascinandomi.

Dietro ci veniva il prete con le mani giunte e pregando forte in latino, ma nemmeno io non credevo al buon effetto della sua preghiera, perché la sua voce era piena soltanto di paura, paura soltanto di sua madre. E lei alla fine gli 105 disse: «Se il fulmine non ci ha presi è perché di lassù il Signore ha visto tra noi due questo innocente» e suo figlio chinò la testa e le mani disintrecciate andarono a sbattergli contro i fianchi.

Eravamo usciti dal bosco e andavamo incontro alle colline, ma il mio cuore non s'era fatto men greve, perché quelle colline hanno un aspetto 110 cattivo anche nei giorni di sole. Da un po' di tempo la zia mi fissava la testa, ora io me la sentivo come pungere dal suo sguardo frequente. Non reggendoci più alzai il viso al viso di mia zia, e vidi che gli occhi di lei insieme con la sua mano sfioravano i miei capelli fradici, e la sua mano era distesa e tenera

stavolta come sempre la mano di mia madre, e pure gli occhi mi apparivano
115 straordinariamente buoni per me, e meno neri. Allora mi sentii dentro un po'
di calore ed insieme una voglia di piangere. Un po' piansi, in silenzio, da
grande,[7] dovevo solo badare a non singhiozzare, per il resto l'acqua irrorava
la mia faccia.

La zia disse a suo figlio: «Togliti il cappello e daglielo a questo povero
120 bambino, mettiglielo tu bene in testa».

Era chiaro che lui non voleva, e nemmeno io volevo, ma la zia disse
ancora: «Mettigli il tuo cappello, la sua testa è la più debole e ho paura che
l'acqua arrivi a toccargli il cervello». Doveva ancor finir di parlare che io vidi
tutto nero, perché il cappello m'era sceso fin sulle orecchie, per la larghezza e
125 per il gesto maligno del prete. Me lo rialzai sulla fronte e mi misi a guardar
nascostamente mio cugino: si ostinava a ravviarsi i capelli che la pioggia
continuamente gli scomponeva, poi l'acqua dovette dargli un particolare
fastido sul nudo della chierica perché trasportò là una mano e ce la tenne.

Diceva: «A quanto vedo, siamo noi soli per strada. Non vorrei che lassù
130 trovassimo che noi soli ci siamo mossi in quest'acqua per il pranzo, e la
famiglia della sposa andasse poi a dire in giro che il prete e sua madre hanno
una fame da sfidare il diluvio».[8]

E la zia, calma: «Siamo soli per questa strada perché del paese hanno
invitato noi soli. Gli altri vanno a Cadilù dalle loro case sulle colline. Ricordati
135 che dovrai benedire il cibo».

Gli ultimi lampi, io li avvertivo per il riflesso giallo che si accendeva
prima che altrove sotto l'ala nera del cappello del prete, ma erano lampi
ormai lontani e li seguiva un tuono come un borborigmo del cielo. Invece la
pioggia durava forte.
140 Poi la zia disse che c'eravamo, che là era Cadilù, e io guardai alzando gli
occhi e il cappello. Vidi una sola casa su tutta la nuda collina. Bassa e storta,
era di pietre annerite dall'intemperie, coi tetti di lavagna caricati di sassi
perché non li strappi il vento delle colline, con un angolo tutto guastato da un
antico incendio, con un'unica finestra e da quella spioveva foraggio. Chi era
145 l'uomo che di là dentro traeva la sua sposa? E quale poteva essere il pranzo
nuziale che avremmo consumato fra quelle mura?

Ci avvicinavamo e alla porta si fece una bambina a osservar meglio chi
veniva per dare poi dentro l'avviso: stava all'asciutto e rise forte quando vide
il bambino vestito da città arrivare con in testa il cappello del prete. Fu la
150 prima e la più cocente vergogna della mia vita quella che provai per la risata
della bambina di Cadilù, e mi strappai di testa il cappello, anche se così
facendo scoprivo intero il mio rossore, e malamente lo restituii al prete.

Pioggia e la sposa: non altro che questo mi balzò dalla memoria il giorno
ormai lontano in cui da una voce sgomenta seppi che mio cugino, il vescovo
155 avendolo destinato a una chiesa in pianura e sua madre non potendovelo

seguire, una volta solo e lontano dagli occhi di lei, s'era spretato, e lassù in collina mia zia era subito morta per lo sdegno.

NOTE LESSICALI E CULTURALI

[1] **San Benedetto**   *paese che si trova in Piemonte*
[2] **l'ho uscito**   *l'ho fatto uscire, l'ho portato fuori*
[3] **Cadilù**   *paese che si trova in Piemonte*
[4] **Prendiamo per i boschi**   *Andiamo attraverso i boschi*
[5] **ristemmo**   *restammo*
[6] **per sentito dire**   *perché altre persone l'hanno detto*
[7] **da grande**   *come un adulto*
[8] **hanno una fame da sfidare il diluvio**   *hanno tanta fame che non hanno paura di uscire con la pioggia*

DOMANDE

1. Perché il giovane protagonista non è contento?
2. Dove stanno andando, lui, suo cugino e la zia?
3. Perché la zia chiude bene la casa?
4. Che cosa ammira il protagonista nella zia?
5. Come tratta la zia il nipote?
6. Perché la zia porta con sè il bambino?
7. Perché il ragazzo ha paura del temporale?
8. Come mai il prete non vuole dire la preghiera?
9. Perché non c'è nessuno per strada?
10. Cosa pensa il giovane quando vede Cadilù?
11. Perché la bambina ride quando vede il giovane?
12. Che cosa succede allo zio prete?
13. Come è trattato il giovane dagli adulti?
14. Che ricordi ha il bambino dell'infanzia?
15. Perché non ci sorprende il fatto che lo zio si spreta?
16. Perché la zia muore?

TEMI

1. Vi ricordate un episodio in cui, da piccoli, non era chiaro quello che stavano facendo i grandi?

2. Che impressione vi ha fatto la prima città o paese che avete visto da piccoli?
3. Quali sono i ricordi più forti che abbiamo della nostra gioventù?

ESERCIZI

I. *Scegliere la forma corretta del verbo:*

1. La zia (era salita-fu salita-salga-è salito) alla mia camera sottotetto.
2. Non (ci fosse-c'era-ci fossero-c'erano) risveglio peggiore di questo.
3. (Ero andato-andrai-andrà-era andata) semisvestito dietro a lei a guardar fuori anch'io.
4. Allora il prete (si era messa-si sarà messo-si mise) in testa il suo cappello nero.
5. Tutt'e due (si muovono-si muovano-muovano) trascinandomi.
6. (Si avvicinano-ci avviciniamo-si avvicinavano-ci avvicinate) la zia, il prete ed io, alla porta della casa.
7. Lei non mi (avevo mai picchiato-picchiava mai-era mai picchiato).
8. Lei disse a suo figlio di (togliersi-toglie-si toglie-tolga) il cappello.
9. Anche il prete mi (stretto-stringa-ebbe stretto-strinse) il polso.
10. Lei lo (ebbe sorpreso-aveva sorpreso-sorprenda-aveva sorpresa) con la sua voce indimenticabile.

II. *Dare la forma contraria delle parole in corsivo:*

1. Fu la *peggiore* alzata di tutti i secoli della mia infanzia.
2. Mi sentivo come se avessi *chiuso* gli occhi solo un attimo prima.
3. La pioggia scrosciava sul fogliame degli alberi *vicini*.
4. La mia stanza era *scura*.
5. *Abbasso*, mio cugino stava *abbottonandosi* la tonaca.
6. *Si mise* il suo cappello nero.
7. Mi prese per un polso e mi *calò giù* per i gradini.
8. Guardai *su* a mio cugino.
9. La zia era già *scesa* a riprendermi.
10. Trovai barbaro il nome di quel posto *sconosciuto*.

III. *Vero o falso:*

1. Il fogliame degli alberi vicini era scuro come all'alba del giorno.
2. La zia chiude bene perché l'acqua non entri in casa.
3. Il nipote non temeva mai di peccare contro i comandamenti della zia.

4. Il prete picchiava il bambino facendogli male.

5. Ora il prete si trova nel camposanto di San Benedetto.

6. Nè il prete nè la zia volevano che il bambino portasse il cappello.

7. La zia disse al figlio di mettersi bene in testa il cappello.

8. C'era una sola casa bassa e storta sulla collina.

9. La zia era morta perché il vescovo aveva destinato il figlio a una chiesa in pianura.

10. Il cuore del bambino non s'era fatto meno greve quando uscirono dal bosco.

IV. *Trovare l'infinito che ha la stressa radice delle seguenti parole:*

1. la preghiera	6. asciutto
2. la festa	7. la forza
3. il movimento	8. il regalo
4. il bottone	9. l'incendio
5. l'uscio	10. il sospiro

V. *Raccontare un aneddoto in cui compaia un parente che vi ha influenzato da bambino, adoperando alcune tra le seguenti parole, frasi, ed espressioni:*

l'infanzia - la faccia - aiutare - ricordare - lo sguardo - indimenticabile - far paura - spuntare - la memoria - temere - far male - il paese - fissare - riuscire - lo sforzo - il regalo - assentire - i vestiti - pericoloso - chinare la testa - lo sdegno - una voglia di piangere - ricordarsi - la preghiera - tremare - l'ambizione - la coscienza - costringere - il pensiero - avercela con qualcuno - cauto - sconosciuto - scattare la testa - di continuo - accorgersi - figurarsi - presto - la vertigine - debole - ridere - il calore

Carlo Levi (1902–1975)

Carlo Levi nacque a Torino, dove studiò medicina. I suoi interessi però si rivolsero alla pittura e alla letteratura, in particolare al giornalismo. Sin dalla sua prima opera, *Paura della libertà,* scritto dopo la Prima Guerra Mondiale, ma pubblicato solo nel 1946, lo scrittore sviluppò la sua tematica più caratteristica che consiste nell'individuare, nella realtà, degli aspetti archetipici che tendono, in un certo senso, a destoricizzare la realtà. A causa della sua attività antifascista, fu mandato — dal 1935 al 1936 — al confino in Lucania; nel 1942 si rifugiò poi in Francia. Fu durante il suo esilio nel sud d'Italia che Levi maturò la sua opera più famosa, *Cristo si è fermato a Eboli* (1945). In quest'opera, a metà strada tra il diario e il saggio giornalistico, egli rileva certi valori della civiltà contadina e vi inserisce la propria visione politica, concernente il problema del Meridione d'Italia. Lo scrittore non scade mai in un populismo di maniera ma riesce piuttosto a toccare con mano alcuni dei problemi che affliggono la Lucania, una tra le zone economicamente più arretrate d'Italia. Grazie a questo libro, iniziarono accese polemiche in Parlamento che ebbero come risultato parziali riforme riguardanti i vari problemi che Levi aveva sollevato nel suo romanzo.

Le Parole sono pietre (1955), da cui sono tratti i due brani qui presentati, sono ricordi di un viaggio in Sicilia, una Sicilia ancora afflitta da questioni sociali, politiche ed economiche. In questo quadro Levi ritiene si debba contare su riforme che possano aiutare i contadini a risolvere i loro problemi, senza però sperare in un intervento miracoloso dall'esterno. I frequenti viaggi che lo scrittore intraprese si rispecchiano nelle sue opere, che illustrano il suo impegno umanistico e servono da commentari culturali (*La doppia notte dei tigli* — Germania, *Tutto il miele è finito* — Sardegna e *Il futuro ha un cuore antico* — Unione Sovietica). Tutte le sue opere degli anni '50 e '60 sono caratterizzate da uno stile documentaristico in cui è sempre più evidente un forte impegno politico e sociale. Non manca però nella sua visione da narratore e saggista una vena umoristico-ironica che è evidente nei brani qui riportati. Dal 1963 al 1972 Levi fu senatore, al Parlamento italiano, tra gli indipendenti di sinistra. Egli si dedicò anche alla pittura, raggiungendo un discreto successo di critica; nel 1977 un'esposizione — retrospettiva del suo lavoro — fu tenuta a Firenze all'Orsanmichele.

Nei due brani che seguono, il ritorno del signor Impellitteri al paese natale è visto dagli abitanti quasi come un arrivo miracoloso. Egli è paragonato a Cristo, diventando così il mito della speranza che caratterizzava la vita isolata dei cittadini di Isnello e della Sicilia negli anni '50.

BIBLIOGRAFIA ESSENZIALE

CRISTO SI È FERMATO A EBOLI (1945)
PAURA DELLA LIBERTÀ (1946)
L'OROLOGIO (1950)
LE PAROLE SONO PIETRE (1955)
IL FUTURO HA UN CUORE ANTICO (1956)
LA DOPPIA NOTTE DEI TIGLI (1959)
UN VOLTO CHE CI SOMIGLIA (1960)
TUTTO IL MIELE È FINITO (1964)
CORAGGIO DEI MITI (1975)-COLLEZIONE DI SAGGI (INCLUDE SCRITTI SU MOLTI AUTORI ITALIANI DAL 1922 AL 1974)

IL PONTIAC A ISNELLO*

Quando l'automobile del sindaco di New York, una bella *Pontiac* grigia avuta in prestito per l'occasione, si fu fermata all'ingresso del villaggio di Isnello, e il signor Impellitteri, e la signora, furono scesi, nel frastuono degli applausi e della banda municipale, e nella confusione dei carabinieri, dei motociclisti
del seguito, dei giornalisti, dei fotografi, dei curiosi, degli infiniti cugini, procugini e parenti, dei borghesi, dei contadini, dei pastori, delle donne, e, insomma, dei 4000 abitanti di Isnello che lo aspettavano, i ragazzi del paese le si affollarono intorno, chiamandosi l'un l'altro a gran voce, spingendosi, urtandosi, facendosi largo a gomitate per toccarla. — Toccamo 'a macchina
— gridavano, esortandosi reciprocamente, coi visi seri di chi fa una cosa importante: — Toccamo 'a macchina,[1] *cosi ce ne andiamo in America* —. L'automobile era appena arrivata, e già era diventata una reliquia, una cosa santa e miracolosa, che solo a toccarla avrebbe avuto il potere di assicurare a quei fanciulli, intenti al rito improvviso, il piú vero dei Paradisi, il vagheggiato Paradiso Americano. La macchina rimase lí, ferma, per tutto il giorno. Migliaia di mani di bambini la toccarono reverenti, migliaia di aperti occhi neri la guardarono con passione e speranza. Sulla prima casa del paese, subito sopra all'automobile, si leggeva, scritta in grandi caratteri non cancellati dal tempo, una di quelle massime firmate con una grande *M*, di cui
Mussolini aveva riempito tutti i muri d'Italia: *I popoli dalle culle vuote non hanno diritto all'Impero.*[2] Le culle di Isnello non sono vuote, tutt'altro: le strade nereggiano di bambini: ma l'Impero non è ormai (non è mai stato) che un desiderio di fuga affidato a una speranza magica, a un infantile rito propiziatorio.
Cosí, fin dal primo momento dell'ingresso, il viaggio del signor Impellitteri fu, per i contadini di Isnello, una avventura favolosa, un avvenimento mitologico. Non so se il signor Impellitteri se ne sia reso conto. Credo piut-

*Titolo dato dall'editore

tosto di no: egli è troppo fisicamente vicino a quel mondo per potersi accorgere della sua natura. Ignoro, e non gli ho chiesto, i motivi che l'hanno spinto
al suo viaggio in Italia (e in Palestina): se il semplice gusto di vedere dei paesi
o il desiderio di stringere i legami di amicizia fra l'Italia e l'America, o la
ricerca di popolarità e la volontà di fare cosa grata ai suoi elettori, o la curiosità
affettuosa di conoscere il proprio luogo natio, di mostrarlo alla moglie, di fare
omaggio alla memoria dei genitori, o tutte queste cose insieme. Se egli fosse
nato in una grande città, o in una cittadina o in un paese moderno dell'Italia
del Nord, il suo viaggio non uscirebbe dalla comune cronaca politica, che
occupa fuggevolmente per un giorno i giornali, o dal suo privato e particolare
interesse sentimentale, di cui sarebbe inutile e indiscreto occuparci. Invece, è
diventato, questo viaggio, per gli Isnellesi, una favola, e lo resterà, nel tempo,
senza averlo voluto né preveduto: la favola della nascita e della Fortuna, la
favola dell'America, dell'altra faccia del mondo. Certo (non so se per abilità o
per semplicità), il signor Impellitteri ha fatto tutto quello che era necessario
perché la favola si creasse: si è comportato, da questo punto di vista, in modo
perfetto. Non lui solo, del resto, ma tutti si sono comportati in modo perfetto:
i contadini, i signori, le autorità, i deputati e le deputatesse democristiani, i
comunisti, i preti, i parenti, e perfino le capre e gli asini, e i cani, e perfino le
mosche. Perché tutto si è svolto a Isnello, in uno dei mille e mille villaggi di
una terra antica e sincera, dove tutte le cose diventano vere, perfino i viaggi
degli uomini politici.

La cosa era cominciata, per dire la verità, nel modo piú convenzionale. I
giornalisti americani e italiani, i fotografi, le autorità, avevano dato l'assalto
già da parecchi giorni a tutti i mezzi di trasporto da Roma a Palermo. Gli
aeroplani, i vagoni letto e perfino il vecchio battello che fa il servizio notturno
da Napoli alla Conca d'Oro,[3] erano da parecchi giorni completi, perché non
solo il sindaco di New York andava in Sicilia, ma nello stesso tempo ci
andavano anche le candidate di un concorso di bellezza che doveva proclamare la vincitrice Miss Europa. In mancanza dell'aeroplano normale, mi
trovai a partire su un aeroplano straordinario, su cui viaggiava appunto il
signor Impellitteri con la sua gentile signora dagli occhi azzurro pervinca, e
alcune delle cosiddette bellezze europee. Il signor Impellitteri non lo starò a
descrivere, perché tutti lo conoscono. Quanto alle Miss, erano, a quel che
taluno malignamente diceva, in parte false Miss, racimolate qua e là, a rappresentare i piú strani Stati: la Bulgaria, il Principato di Monaco, il Liechtenstein. Se ne stavano sui sedili, da una parte, con le loro facce finte e un po'
spaventate. All'arrivo a Palermo altri fotografi, altre autorità, altri giornalisti,
e il primo stuolo di cugini del sindaco: una grande quantità di Impellitteri, di
Fiorentino, di Vacca, di Cannici, venuti da ogni parte della Sicilia, a salutare il
loro illustre parente. Dal campo di Bocca di Falco, fummo portati tutti in un

grande albergo del principio del secolo, misto di moresco e di Liberty, dove
70 aspettavano altri fotografi, altri giornalisti, altre autorità, altri Impellitteri. Il
sindaco venne subito trascinato nella girandola di una giornata di ricevimenti
ufficiali; io venni bloccato da alcuni Impellitteri piú timidi che m'avevano
scambiato per un amico intimo del loro grande parente e che, mostrandomi le
carte d'identità e i documenti, mi chiedevano di presentarli a lui. Uno di essi,
75 con due bambini gemelli con gli occhi storti come quelli del Paladino Orlando,[4] mi trattenne, dicendo che voleva mostrarmi l'albero «ginecologico»
della famiglia. Riuscii a stento a liberarmene, rimandando a piú tardi i miei
studi sulla genealogia degli Impellitteri, e, salito sulla mia macchina, fuggii
verso Isnello.
80   La strada passa dapprima, sino a Termini Imerese,[5] attraverso la piú
splendida costiera d'Italia. Fra gli aranceti e le alte canne brilla un mare
meraviglioso, negli orti lavorano al sole uomini e donne, nelle piccole fornaci
artigiane gli operai impastano la terra per le tegole, per le strade passano
miriadi di carri dipinti, colorati, con le storie dei Paladini, come una continua
85 emigrazione di un popolo che non può star fermo. Ma, passata di pochi
chilometri Termini Imerese, la strada si addentra verso la montagna. Il paesaggio cambia di colpo, ci si inoltra nelle lande sterminate e nude dei feudi.
Sono le terre dei principi e dei baroni, del Principe di Gangi, del Marchese di
Santa Colomba. A mano a mano che ci si innalza, per quella strada del
90 circuito delle Madonie[6] dove i nobili siciliani amano ammazzarsi nelle corse
d'automobile, la natura prende l'aspetto serio, nobile e desolato dell'Italia
interna, dell'Italia dei contadini. A Collesano ci aspetta sulla piazza una frotta
di ragazzi, e Armando, il pazzo del paese, un uomo già avanti negli anni, ci
accoglie con un evviva e si sdraia per terra davanti a noi, sotto l'occhio
95 paterno del maresciallo dei carabinieri. Dopo Collesano ci si addentra in una
gola di montagna, tra le alte pareti delle Madonie, e si sale finché, a una
svolta, compare lontano il villaggio di Isnello. Un gregge di pecore ingombra
la strada, con i pastori e i cani. Una vecchia passa reggendo una fascina. Sul
velo nero che le copre il capo, sulla schiena, sulla sottana, sta posato un
100 innumerabile stuolo di mosche che si fanno portare, immobili e tranquille, da
lei. Guardando di là il paese, tornavano ai miei occhi le immagini familiari di
un paesetto lucano.[7] Isnello gli assomiglia: per quanto sia piú grande, meno
povero, piú pulito. È un paese di pastori, di contadini, piccolissimi proprietari
di una terra divisa in frazioni microscopiche, di artigiani la cui arte è ormai
105 costretta alla decadenza, ma che ricordano i tempi d'oro in cui si facevano
splendidi pizzi, si fondevano campane, si conciavano le pelli e si soffiava il
vetro. Ancora oggi le tre parti in cui è diviso il paese, si chiamano Vetreria,
Fonderia e Conceria.
      Questo villaggio (e tutti gli altri) non ha avuto finora altra storia che

110 preistorica. Il tempo vi è passato senz'altri avvenimenti che il mutare dei
signori feudali, Saraceni, Aragonesi, Borboni, Principi di Santa Colomba e
Conti di Isnello:[8] ma esso è (come gli altri) antichissimo e perciò pieno di
profonda nobiltà. E i preti umanisti del secolo scorso che vi hanno abitato,
Don Carmelo Virga o Don Cristoforo Grisanti, hanno scritto dei dotti volumi
115 sulla storia di questo paese senza storia, discutendo sulle sue origini pela-
sgiche o sicane e sulla etimologia siriaca o orientale del suo nome, sul passaggio di qualche principe e sulle immobili usanze. Quale altro prete aggiungerà,
a quei volumi un ultimo dotto capitolo sugli avvenimenti di domani?

Il paese era già invaso da giornalisti americani che andavano di porta in
120 porta, interrogando gli abitanti con una specie di maniaca passione per le
notizie piú futili. Di tutti volevano sapere i nomi, i cognomi, l'età, il lavoro, il
guadagno, il numero dei componenti la famiglia, e, naturalmente, il grado di
parentela col signor Impellitteri. Era una specie di grande processo poliziesco
a cui quei contadini si sottomettevano con gentilezza rassegnata e civile. I
125 taccuini dei reporter si riempivano di notizie inutili, mentre il banditore del
paese suonava la sua tromba e gridava a ogni cantonata il suo bando: «Domani arriva il sindaco di Nuova York; tutti gli animali, gli asini, le capre, le
pecore, i maiali devono essere chiusi nelle case e non devono passeggiare
sulla pubblica via». La guardia municipale e il bidello giravano con un fascio
130 di vecchie bandiere stinte per addobbarne finestre e balconi: le ottanta ban-
dierine della festa di San Nicola di Bari, protettore di Isnello. Le cugine del
sindaco ornavano le porte delle loro case con semplici festoni di foglie. Sulla
strada, presso l'ingresso del paese, dei braccianti si affrettavano a riempire i
buchi del terreno e un giovane lustrava una delle tante madonnine che
135 sorgono qua e là dentro una edicola. Lo spazzino municipale e i suoi quattro
aiutanti improvvisati si adoperavano, con le loro scope, in un lavoro senza
fine perché gli animali non erano ancora rinchiusi, e avrebbero ricominciato
all'alba di domani. La banda municipale provava davanti alla chiesa. Ma
tutto era tranquillo, senza eccitazione: era un comune giorno di lavoro, e,
140 come sempre, nei giorni di lavoro, il paese era mezzo vuoto. I modesti preparativi erano fatti con calma e quasi con indifferenza. Passavano per la
strada degli uomini che assomigliavano straordinariamente al signor Impellitteri, con lo stesso viso lungo e scuro, gli stessi occhi neri, lo stesso naso
diritto, e che tuttavia *non erano suoi parenti*. Uno, invece, alto, vestito di nero,
145 con gli occhi storti anch'egli come il Paladino Orlando, mi venne incontro e
mi mostrò la sua carta d'identità: era un cugino, venuto da un paese lontanissimo, dall'altro capo della Sicilia.

Gli «americani», gli isnellesi vissuti in America e ritornati nel loro paese,
passeggiavano per la piazza con i loro berretti, i loro vestiti civili e le loro

150 catene d'oro, aspettando il piú grande degli «americani», un americano che
però non sarebbe rimasto. Uno di essi, sergente di carriera per molti anni
nell'esercito federale, mi raccontò a lungo dei bisogni del paese, della frana
che aveva divorato i 40 milioni che dovevano servire a costruire la scuola, del
mal uso dei denari, della speranza in milioni di dollari che sarebbero piovuti
155 dal cielo per la visita del sindaco. Ma tutto questo non pareva commovesse
profondamente i contadini e i pastori di Isnello. I preparativi che venivano
fatti non avevano nulla di diverso da quelli di una comune festa per un santo
o per il passaggio di un vescovo o di un prefetto. Qualche cosa d'altro li
commoveva, di piú nascosto, e che essi non dicevano, perché sono altrettanto
160 riservati quanto gentili. C'era qualche cosa di misterioso in questo Impellitteri
che si aspettava, che nessuno conosceva, perché era stato portato via bambino piccolo di un anno, cinquanta anni fa, e che ora tornava, circonfuso di
gloria come un santo del paradiso, dall'America: e che, per quanto ignoto a
tutti, era tuttavia uno di loro. Come in quella di Omero, di Cristoforo Co-
165 lombo (o, piú precisamente, di Gesú Cristo), c'era qualche cosa di misterioso
nella sua nascita, e qualche cosa di miracoloso nel suo ritorno, nella sua
prossima epifania.

   Come per quei grandi uomini dell'antichità, o, meglio ancora, per Gesú
Cristo, una fitta nuvola di leggenda copre il luogo della sua nascita. Egli è
170 nato, come dicono le carte, in una via che si chiamava allora Figurella, e ora è
chiamata via Cristoforo Grisanti, Folkrorista (come è scritto sulla cantonata,
con un veniale errore di ortografia), proprio all'angolo di un vicolo strettis-
simo che ha nome, non senza profonde e evidenti ragioni, vicolo Betlemme:
ma non si sa se egli sia nato al numero 70 o al 67 di questa via. Sull'uscio del
175 67 mi accoglie la moglie dello spazzino, una donna piccola e nera, ancor
giovane, con occhi lucenti e lineamenti pieni di finezza, fremente di passione
nascosta, di un celato fanatismo, circondata da una quantità di bambini. Mi
dice: — Vogliono che sia nato là in faccia, al numero 70, ma *qui* è nato. Là fu
la sola abitazione, sicurissimo, come sacramentato. Qui è nato, in questa casa,
180 in una camera piena di paglia e di fieno, come Gesú Bambino. Io non so
niente, sono nata ieri, ma *cosí è detto dagli antichi.* Come nascita è stata qui: io
non so niente, non mi interessa, poverina me. Certo, è un onore, è un grande
onore; ma io sono nata ieri, inquilina sono, e non so niente. È detto dagli
antichi che qui è nato, qui, al 67. Ora pretendono che sia nato al 70, sono nate
185 polemiche, perché si crede che lascerà delle ricchezze. Invidia c'è. Io non
chiedo nulla, io mangio sicura sul lavoro di mio marito, lo spazzino. Ma vede,
almeno selciassero la strada davanti al 67, non lo fecero per la grande invidia.
È come i partiti, sa come sono i partiti: tutti la stessa cosa. Lei è democratico,
lei è comunista, lei è sociale,[9] lei è altra cosa, nasce la falsità. Domani, quando

190 viene, vorrei che non andasse né qui né là, da nessuna parte: ma io non so nulla, sono nata ieri. Certo, è un onore, è un grandissimo onore, ma poi, altro, niente.

Davanti al numero 70, c'era una donna barbuta che cercava di nascondere il viso dentro uno scialle nero. E due vecchie di novant'anni, e altre donne, contadini e bambini. Avevano maggiori documenti storici. Una vec-
195 chia, dagli occhi azzurro-chiari, con un grosso porro alla radice del naso, affermava di ricordarsi benissimo del padre di Impellitteri che aveva, diceva, su quella soglia, la «bancaredda du scarparu»[10] e, quando faceva bel tempo, la metteva «di fora»,[11] e, quando pioveva, la metteva di dentro. E si ricordava di quando era andato in America, «cercando un pezzo di pane». Anche il figlio
200 di lei era in America, in «Schenicchi» (Schenectady): e mi mostrava le fotografie del figlio con la moglie e la famiglia americana. Un'altra vecchia, figlia di uno dei testimoni della nascita, mi confermò di ricordare che egli era nato qui, al numero 70. E andò cercando in casa una prova, un documento indiscutibile. Era, incorniciato in una cornice di legno, un certificato di iscrizione
205 di Nicolina Di Maria, fu Vincenzo, nonna del sindaco, alla Lega eucaristica, del 1897; e le era stato lasciato per ricordo dagli Impellitteri il giorno in cui partirono per l'America. Chiesi alla vecchia che cosa essa avesse dato, in cambio, a questi antichi emigranti. Esitò un po' a rispondermi, quasi si vergognasse, e poi mi disse: —Gli avevo dato del formaggio per mangiare
210 durante la traversata: poveri erano, non avevano denaro.

Un giornalista americano baffuto, che sopraggiunse, ci interruppe per registrare sul suo taccuino il nome di tutti, come un giudice istruttore, e chiese: — Che cosa sperate che faccia domani il sindaco di New York? —Cosa può fare, — risposero, — non possiamo dirlo, non sappiamo niente
215 —. Un vecchio disse: — Mancano tante cose, un ospedale, che dobbiamo andare a Palermo o a Cefalú; c'era un antico lascito, è sfumato; la scuola, e la casa del Comune, e un cinema religioso — (non c'è cinematografo a Isnello, e il vecchio lo avrebbe voluto religioso). Gli rispondevano per compiacerlo, ma si vedeva che essi erano fieri e dignitosi, e che in fondo non speravano nulla,
220 non chiedevano e non aspettavano nulla, né regali né beneficenza, nulla di pratico, che fosse di questa terra. Aspettavano soltanto che venisse, aspettavano un'apparizione. Ma un bambino gridò: — I musicanti, i musicanti! — Sognava che Impellitteri desse denaro per una bella fanfara: i santi amano la musica.

225 Non solo il luogo, ma anche il giorno della nascita del sindaco è avvolto nel mistero. Perché pare che Impellitteri abbia sempre festeggiato il 4 febbraio come proprio giorno natale, ma nelle preziose carte che mi mostrò il segretario comunale, egli è registrato invece come nato il 4 gennaio del 1900, alle ore 7,15, il primo nato del secolo nel Comune di Isnello. Da lui comincia il

230 Secolo, ma è nato davvero in questo secolo, o in qualche remotissima antichità? Della sua nascita, del suo ritorno, come dice la moglie dello spazzino,
favoleggiavano gli antichi.

Avvolto in quest'ombra mitologica, e nella notte che era ormai calata, mi
affrettai in automobile per la lunga strada verso Palermo, tra i lumi penduli
235 dei carri e le nenie dei carrettieri. Nel giardino dell'albergo moresco, al lume
dei riflettori, sfilavano seminude, come ranocchie rosate, davanti al sindaco
di New York, le sette povere Miss, sotto gli occhi digiuni e voraci della nobiltà
palermitana.

NOTE LESSICALI E CULTURALI

[1] **Toccamo 'a macchina**   *forma dialettale per tocchiamo la macchina*

[2] **Impero**   *Mussolini voleva costruire un Impero, basato sulle conquiste coloniali in Africa, seguendo l'esempio di molte altre nazioni europee*

[3] **Conca d'Oro**   *la valle in Sicilia, in cui si trova Palermo*

[4] **il paladino Orlando**   *Eroe dell'**Orlando furioso** di Ludovico Ariosto (1494–1533). Il poema, scritto intorno al 1502, fu pubblicato nel 1516. Prendendo come spunto la liberazione della Terra Santa, cioè le Crociate, Ariosto narra della guerra di Agramante, re dei Mori, contro Carlo Magno; dell'innamoramento di Orlando per Angelica; della follia di Orlando; ed infine dell'amore tra Ruggiero e Bradamante*

[5] **Termini Imerese**   *paese che si trova nelle vicinanze di Palermo*

[6] **Madonie**   *nome di una corsa automobilistica che prende il nome dalla catena montuosa delle Madonie*

[7] **lucano**   *La Lucania è una zona dell'Italia meridionale che fa parte della regione Basilicata*

[8] **Saraceni, Aragonesi, Borboni, Principi di Santa Colomba e Conti di Isnello** *Tutte le dinastie che hanno governato in Sicilia, sfruttando la popolazione, imponendo il sistema feudale*

[9] **sociale**   *chi vota per il partito socialista*

[10] **bancaredda du scarparu**   *forma dialettale per bancarella del calzolaio*

[11] **di fora**   *forma dialettale per fuori*

DOMANDE

1. Chi arriva nel villaggio di Isnello?
2. Perché i ragazzi vogliono toccare la macchina?
3. Perché l'America viene definita ''il vagheggiato paradiso americano''?
4. Che cosa vuol dire la scritta di Mussolini?
5. Secondo Lei, perché il signor Impellitteri è andato in Italia?
6. Perché il suo viaggio avrebbe un altro significato se fosse nato nell'Italia del Nord?

7. Chi era il signor Impellitteri?
8. Quale manifestazione si svolgeva in concomitanza con l'arrivo del sindaco?
9. Qual è il contrasto tra la costa e la zona dove si trova Isnello?
10. Qual è la principale attività economica di Isnello?
11. Cosa caratterizza la storia di Isnello?
12. Come si preparavano all'arrivo del sindaco gli abitanti del paese?
13. Per quale ragione gli abitanti devono rinchiudere le loro bestie?
14. Perché il paese era affascinato dall'arrivo del signor Impellitteri?
15. Perché si discute sull'esatta casa dove è nato?
16. Qual è l'atteggiamento della moglie dello spazzino di fronte alla disputa sul posto esatto dove è nato il sindaco?
17. Che cosa dovrebbe fare il sindaco secondo la gente del paese?
18. Che cosa ha di unico la data di nascita del sindaco?
19. Qual è lo spirito del narratore nel raccontare la storia?
20. Perchè Levi introduce il concorso di bellezza a Palermo nel racconto del suo viaggio in Sicilia?

TEMI

1. L'aggettivo "magico," ieri e oggi.
2. I limiti che la stampa e gli altri mezzi di comunicazione dovrebbero imporsi.
3. Le visite al luogo di nascita di personaggi famosi e celebri: a chi servono?

ESERCIZI

I. *Volgere il verbo in corsivo al condizionale presente:*

1. Secondo loro l'automobile *si ferma* all'ingresso del villaggio.
2. *Aspettano* anche i giornalisti e i fotografi?
3. Non *scendiamo* prima del sindaco.
4. Non *descrivo* il signor Impellitteri perché era ben conosciuto.
5. Chiedete agli ufficiali se *vengono* subito a salutarlo.
6. *Cambio* strada per vedere dove tanti si sono ammazzati nelle corse automobilistiche.
7. *Sei* contento di offrire loro dei soldi per un nuovo ospedale?
8. Di lí *si può* veder passare miriadi di carri dipinti e colorati con le storie dei Paladini.

Levi, *Il Pontiac a Isnello* **141**

9. Come *riesco* a liberarmi di lui?
10. *Volete* sapere i nomi, i cognomi, e l'età di tutti.

II. *Come si chiama una persona che. . . .*

1. governa una città?
2. fa delle fotografie?
3. porta i greggi nei campi e sulle montagne?
4. rappresenta una regione nel governo centrale?
5. scrive articoli per i giornali e le riviste?
6. pulisce le strade e i vicoli del paese?
7. mantiene l'ordine pubblico?
8. suona in una banda municipale?
9. guida la motocicletta?
10. fa lavori manuali faticosi?

III. *Completare con la preposizione semplice o la preposizione articolata adatta:*

1. Gli "americani," vissuti _____ America e ritornati _____ loro paese passeggiavano _____ la piazza.

2. I giornalisti danno l'assalto già _____ parecchi giorni _____ tutti i mezzi di trasporto _____ Roma e _____ Palermo. Vanno _____ porta _____ porta, interrogando gli abitanti.

3. Negli orti lavorano _____ sole uomini e donne.

4. Ci aspetta _____ piazza una frotta di ragazzi.

5. Le mosche stanno _____ velo nero che le copre il capo, _____ schiena e _____ sottana.

6. Vorrei che non andasse nè qui nè là, _____ nessuna parte.

7. Sono venuti _____ ogni parte della Sicilia, _____ salutare il loro illustre parente.

8. Il pazzo del paese ci accoglie _____ un evviva e

    si sdraia _____ terra.

9. Sono piccoli proprietari _____ una terra, divisa

    _____ frazioni microscopiche.

10. C'era qualcosa _____ misterioso in quell'uomo.

IV. *Scegliere l'aggettivo o l'avverbio che completa meglio il significato della frase:*

1. La macchina rimase lí *miracolosa/ferma/tranquilla* per tutto il giorno.
2. Armando si sdraia sotto l'occhio *immobile/serio/paterno* del maresciallo dei carabinieri.
3. Gli abitanti ricordano i tempi d'oro in cui si facevano *innumerabili/splendidi/improvvisati* pizzi.
4. I giornalisti interrogavano tutti con una specie di *semplice/maniaca/strana* passione per le notizie più futili.
5. Alcuni parenti del sindaco avevano gli occhi *storti/lontanissimi/rassegnati* come il Paladino Orlando.
6. Mi raccontò *benissimo/a lungo/solenne* dei bisogni del paese.
7. Si chiamarono l'un l'altro a *gran/sincera/cosiddetta* voce.
8. L'Impero non è *fuggevolmente/perfino/ormai* che un desiderio di fuga, affidato a una speranza magica.
9. La strada passa attraverso la piú *sterminata/splendida/continua* costiera d'Italia.
10. Questi uomini assomigliavano *profondamente/straordinariamente/naturalmente* al sindaco di New York.

V. *Tradurre:*

1. The so-called beauties were on the airplane.
2. Did he realize what his trip meant to the peasants?
3. To tell the truth, it began in a conventional way.
4. They mistook him for a friend of their relative.
5. Here and there, I saw flocks of sheep in the street.
6. The landscape changes suddenly.
7. One of them showed me his identity card.
8. Up to now there have been no changes here.
9. There is something mysterious about that man.
10. What did the old lady give in exchange?

IMPELLITTERI A ISNELLO*

Il sole si levò, la mattina appresso, brillante e allegro come nei giorni di festa; ma era già alto in cielo quando io mi destai, perché il portiere del grande albergo aveva dimenticato, con saracena indifferenza, di darmi la sveglia; e il corteo del signor Impellitteri era già partito. Dovetti inseguirlo, lasciandomi dietro in un lampo Ficarazzi e Ficarazzelli e Bagheria e Trabia e Termini Imerese, volando tra i carretti dipinti come in un assurdo film americano. Lo raggiunsi infine, a un passaggio a livello, all'inizio della salita, perché il corteo, accompagnato da tre motociclisti del Comune di Palermo dagli enormi caschi bianchi e neri, avanzava lentamente, per dar agio agli Ospiti illustri di godere il paesaggio; e insieme procedemmo per le curve della montagna.

Se Isnello pareva, la vigilia, come tutti i villaggi contadini, semideserto, oggi invece le sue piccole strade non bastavano a contenere la folla. Erano tutti lí, contadini e pastori e artigiani e donne, dietro la banda e il gonfalone del Comune, pigiati e schierati in un muro di facce, come in una sacra rappresentazione. Isnello è noto per una sua antica rappresentazione popolare in molti quadri del dramma della Passione, che è chiamata «La Casazza», e che si tiene, da qualche secolo, nella Settimana Santa, negli anni dei buoni raccolti, quando c'è piú denaro. Tutti i contadini vi fanno da attori, e sono Gesú e San Giuseppe e Maria e Erode e Pilato e i soldati romani e gli ebrei e gli apostoli. Quella di oggi era la piú straordinaria scena di tutte le Casazze. Anche oggi erano tutti attori, ma c'era un protagonista vero: dopo la fuga in Egitto avvenuta cinquanta anni fa, era l'ingresso di Cristo a Gerusalemme.

Sotto gli striscioni, dove era scritto, nel dubbio inglese degli «americani»: «Welcome Impy», «Welcome in your nice country», sotto i balconi gremiti, e gli sguardi dardeggianti delle ragazze affacciate, e le musiche e gli applausi, si percorse il Corso, per andare subito alla Chiesa Madre, ad ascoltare la Messa.

---

* Titolo dato dall'editore.

Alla svolta, alla fine del Corso, verso la chiesa, erano allineate centinaia di
donne, velate in veli neri, una parete di facce e di occhi neri brillianti, sotto il
30 muro di una casa con una scritta «Carni», e il vicino pendio diruto e nudo della
montagna. Dal gruppo silenzioso si alzò una voce isolata e acutissima: —
Vincenzino! Bedduzzo di mamma! I fímmini di Isnello qua stanno![1] Guar-
daci, Vincenzino! — Era una donna vestita col velo nero delle contadine, che
protendeva le braccia. La guardai e la riconobbi: era una autorevole deputa-
35 tessa, componente valorosa del nostro Governo. Il signor Impellitteri si voltò;
e il suo sguardo si posò benevolo sulle donne plaudenti.
  Era difficile entrare in chiesa, per la gran folla. Non c'erano quadrupedi
per la strada, né asini né capre né pecore, cacciate dal bando: ma c'erano
invece le mosche, pigre, pazienti mosche del principio dell'autunno, vinci-
40 trici gloriose di tante battaglie, in sciami innumerevoli; ed entrarono con noi
nella bella chiesa del '400, antica moschea, forse per rendere anch'esse
omaggio al sindaco e a Dio, volando a migliaia nell'aria piena delle note
dell'organo, e posandosi ostinate sul volto dei fedeli, sulle autorità inginocchiate, sui giornalisti americani, sulle macchine dei fotografi, sui poliziotti,
45 sui motociclisti col casco, e perfino sul bel viso profetico e sulla grande barba
bianca di un illustre frate isnellese, Padre Domenico, il Generale dei Cappuccini, Difensore del Vincolo al Tribunale[2] della Sacra Rota, venuto apposta da
Roma. Officiava un giovane prete dal collo taurino, con gli occhiali neri e la
stola verde, anch'egli cugino del signor Impellitteri. La messa fu lunga e
50 solenne: in prima fila il sindaco si segnava portando il pollice della mano
destra alla bocca, secondo l'antica usanza delle donne di Isnello all'appressarsi dei temporali, per scongiurare le tempeste.
  Vicino a me c'era un giovane con dei baffetti neri filiformi, che avevo già
incontrato all'albergo a Palermo: evidentemente un poliziotto di scorta al
55 signor Impellitteri, mi aveva, non so come, riconosciuto e mi sussurrò: — Mi
dica, lei che è uno scrittore, come si fa a pubblicare un romanzo? Ne vorrei
scrivere uno; sono stato sei anni in prigionia, ho visto tante cose. Ma come si
fa poi a pubblicarlo? A chi ci si rivolge? Io non so nulla. Lei deve saperlo —.
Anche lui, il poliziotto, si sentiva un artista. Mentre, sottovoce, gli spiegavo
60 che esistono degli editori, fummo interrotti dal lungo e secco cugino dagli
occhi storti, che avevo visto il giorno prima, e che era venuto di lontano.
Aveva un viso tristissimo. Mi disse: — Con tutta questa gente, non oso
presentarmi. Non mi ha neanche visto. Glielo devi dire tu, che sono io qua!
Sono il solo vero Impellitteri, gli altri sono tutti dei Billitteri. Devi dirglielo! —
65 Ma come dirglielo? La messa volgeva al termine, e dopo un discorso di saluto
del prete (— Cinquant'anni fa entrava qui bambino per essere rigenerato
nelle acque battesimali. Chi l'avrebbe mai pensato che dopo cinquanta anni
sarebbe tornato come sindaco della piú grande città del mondo? Questo è un

miracolo della fede. Che questa fede possa risplendere a beneficio della
70   Chiesa e dei Popoli! —), tutti si mossero verso l'uscita.

Dopo la nascita in Dio, la nascita al Mondo; dopo la Casa di Dio, la Casa
dello Stato: bisognava andare in Municipio, a pochi metri di distanza. Ci si
arrivò a stento, perché la folla era ancora più fitta: tutta la strada nereggiava
di visi felici. Il Municipio consiste in due stanzette al primo piano di una
75   vecchia casa, cui si giunge per una ripida scaletta. Là vennero mostrate le
carte preziose, l'atto di nascita, la domanda del visto per emigrare fatta dalla
madre del piccolo Vincenzino e firmata da lei, che era analfabeta, con una
croce. E là vennero regalati all'ospite dei ricordi: una grande fotografia di
Isnello incorniciata d'argento, un romanzo rosa[3] scritto da una donna di
80   Isnello, intitolato *Torna per loro!* e infine, un cofanetto d'argento, pieno di
terra di Isnello, con la scritta incisa: «Il Comune di Isnello offre al grande suo
figlio Vincenzo Impellitteri». Era, questo di consegnare la terra, un antico uso
feudale. Scrive, in uno dei suoi dotti libri, il sacerdote Grisanti, nel capitolo
intitolato «Ricordi paurosi»: «Giovinetto appresi, da persone ottantenni, che
85   quando il Signor Padrone (cosí chiamavano il Conte di Isnello) tornava dopo
una lunga assenza a Isnello, i magistrati del Comune, secondo la legge,
dovevano trovarsi alla porta maggiore del paese (di recente abbattuta), per
riceverlo e consegnargli in una tazza un pugno di terra e le chiavi di quella in
segno di vassallaggio». Il signor Impellitteri non ebbe le chiavi, perché non
90   esistono, ma ebbe la terra, come era giusto, perché egli entrava nel suo paese,
piú che come un Conte o un Signore Feudale, come un Sindaco d'America,
un Re del Cielo.

Cominciarono allora, dal balconcino sulla strada, i discorsi ufficiali:
quello del rappresentante della Regione Siciliana, quello del sindaco di
95   Isnello, e la risposta del signor Impy. Sarebbe troppo facile fare dell'ironia su
quella oratoria: non occorrerebbe la penna del Gogol[4] delle *Anime morte*:
basterebbe scrivere qui, se esistesse, senza alterarlo, il resoconto stenografico.
Ma non lo farò, perché non sarebbe giusto. Quei discorsi, malgrado la loro
retorica domenicale, erano, a modo loro, perfetti. Il rappresentante del Go-
100   verno Regionale parlò dell'orgoglio del povero emigrante, diventato illustre
«non per magnanimi lombi,[5] ma per le due leggi di Sicilia: la legge dell'onore e
quella dell'amore». E disse come «l'orgoglio personale di Impellitteri si placa e
si ingrandisce in quello dei quattromila cittadini di Isnello, e, se permettete,
dei quattro milioni di siciliani». — Tu hai dimostrato, — aggiunse, — quello
105   che è il senso vero del nostro Impero e del dominio della nostra popolazione,
il primato della sua civiltà. Tu, siciliano autentico fin dalla culla, siciliano col
certificato di nascita, sei uno di quei meravigliosi coloni che solcando il mare
che tu oggi hai rifatto con volo d'aquila, hanno fatto l'Impero: l'Impero del
Lavoro. Io ti devo ringraziare, caro Vincenzo, a nome di tutti, perché tutti

110 sentono il trionfo della propria razza nella tua persona: e questo è avvenuto
perché a New York c'è la libertà e c'è l'uguaglianza —. E cosí via.

A parte l'Impero e la culla (quelli che avevo visto sul muro, con la firma
M.), a parte la razza, a parte tutte le categorie luiginesche, l'oratore aveva
detto una cosa vera: il paese di Isnello festeggiava se stesso; ciascuno, in
115 Impellitteri, riconosceva se stesso. Egli era come Cristo, un Dio-Uomo; ed era
per la comune natura umana, anzi siciliana e isnellese, che tutti, signori e
popolani, lo onoravano e adoravano: perché era un uomo come gli altri, un
siciliano come gli altri. Le stesse cose disse, in modo piú semplice e meno
enfatico, il sindaco di Isnello, un maestro di scuola: egli si sentiva collega del
120 signor Impellitteri, e perciò piú familiare, piú pari, e piú orgogliosamente e
naturalmente felice.

Non so se il signor Impellitteri sia, in inglese, un buon oratore: in siciliano fu perfetto. Egli capí che i suoi concittadini celebravano se stessi in lui e,
in poche parole, pose tutti gli elementi necessari per cristallizzare il mito, nel
125 quale il figlio del calzolaio poteva ben prendere il posto del Figlio del Falegname. Cominciò dicendo che era «allegro» di tornare, come sindaco di New
York, nella città della sua «natività». Fosse scarsa conoscenza dell'italiano,
fosse una profonda intuizione, egli disse allora e sempre «natività» anziché
«nascita», e con questo accettò senza accorgersi il mondo della favola, e ci si
130 inoltrò definitivamente. Parlò della sua «mogliera»,[6] del suo «papà e mamà»;
disse: — Sono figlio di un povero scarparo che lasciava Isnello senza cinque
soldi dint' a' sacca,[7] con sei figli maschi, e poi arrivava una figlia femmina:
qua erano tutti mascoli, e in America femmina. Perciò sempre per la demo-
crazia, è possibile per questi carusi che sono qua essere domani il sindaco di
135 Roma o il capo d'Italia o il sindaco di New York come me. Questa è democra-
zia e libertà. Qui ero battezzato e oggi sono il sindaco della piú grande città del
mondo. Viva la Sicilia, viva l'Italia, viva gli Stati Uniti d'America!

Sotto il balcone, nella strada, sotto il sole e il volo delle mosche, tutti
erano felici, tutti erano, in lui, nel Paradiso Terrestre. Le sue parole significa-
140 vano la stessa cosa di quelle intese mille volte: «Il Regno dei Cieli è aperto a
tutti», ma il Regno dei Cieli era sceso su quel balcone, era incarnato in uno di
loro, si chiamava l'America.

Onorati la Chiesa e lo Stato, restava ora, per completare il grande
ritorno, di andare alla casa della Natività. Fu deciso (solo qualche futuro
145 Vangelo apocrifo sosterrà la tesi del numero 67) che era quella al numero 70;
all'angolo del vicolo Betlemme; e davvero era una capanna, anche se non
c'erano l'asino e il bue, e la paglia della mangiatoia, ma soltanto le eterne,
innumerevoli mosche. Ci vive un calabrese, che guadagna tremila lire
all'anno facendo qualsiasi lavoro: non si poté entrare in molti perché il

150 pavimento, dissero, era pericolante e non avrebbe retto al peso. Muri nudi, soffitto di cannicci, immagini sante attaccate ai muri con uno spillo, un letto per unico mobile e, per armadio, un grezzo ramo d'albero a cui erano appesi i poveri panni della famiglia. Davanti a quella capanna sostarono, adorando, Re Magi e Pastori.

155 E qui, con l'Adorazione e la Natività, finí la sacra rappresentazione nella quale il signor Impellitteri si era trovato ad essere protagonista ed attore. Nessuna crocifissione, nessun Golgota[8] lo attendeva, del resto; ma soltanto un grande pranzo, che non era l'Ultima Cena, ma un pranzo organizzato dalle monache dell'Orfanotrofio di Santa Maria; e dopo il pranzo le visite ai 160 parenti; cose tutte nelle quali il signor Impellitteri sarebbe ritornato a essere soltanto il signor Impellitteri. Era la parte convenzionale e privata della visita: il sole, che fino allora aveva brillato di gioia, si oscurò, e presto cominciò a cadere la prima pioggia d'autunno.

Le orfanelle lo attendevano, prima del pranzo, cantando una canzon-
165 cina scritta per l'occasione; e una bambina gli offrí dei fiori, dicendo:

> Son troppo piccina
> parlare non so
> ma un piccolo dono
> donare ti vo'.[9]

170 A questo punto il signor Impellitteri, tornato uomo, non seppe piú resistere all'emozione, e si mise a piangere a calde lacrime.

Ma il pranzo ci aspettava. I giornalisti e i poliziotti furono messi in una stanzetta a parte; gli Impellitteri di Palermo, ignoti a quelli di Isnello, che erano venuti nelle ultime macchine del corteo, furono lasciati fuori dell'uscio;
175 e i gemelli con gli occhi storti e il loro padre dovettero accontentarsi, poiché a Isnello non c'è albergo né osteria, di mangiare in piedi un po' di pane e formaggio. Noi, invece, mangiammo benissimo, e alla fine ci furono anche i dolci delle suore, i torroncini e i «mocatoli»[10] preparati da Suor Maria Benigna, cugina del signor Impellitteri. Alla fine, altri discorsi, fra cui uno
180 eloquentissimo della sottosegretaria Cingolani, che la mattina aveva gridato «Vincenzino», e che ora aveva lasciato lo scialle delle contadine per un abito piú ministeriale (— In quello scialle, — disse con bel movimento oratorio, — mi è parso di aver passato tutta la vita —), che fece l'elogio della signora Impellitteri e finí, cercando, secondo la tradizione della Chiesa, di trasfor-
185 mare i miti spontanei in rituale ecclesiastico (— Questa giornata resterà nelle generazioni: voi sarete i nostri Protettori: il nostro Protettore e la nostra Protettrice —), e di attaccare ai muri le immagini sante di san Vincent e di santa Elisabeth. A questo punto fu annunciato che il signor Impellitteri

regalava mezzo milione al convento di sua cugina, e un milione e mezzo al
190 Comune, perché, secondo il consiglio del sindaco di Isnello, si costruisse uno
stabilimento di docce pubbliche.

Gli dèi, diventati semplici santi tutelari, dovevano pur fare il loro dovere
di protettori e di filantropi: ma tuttavia non potei fare a meno di ammirare la
divina inutilità del dono. Chi mai farà la doccia nelle docce di Impy? Esse
195 saranno, di certo, un intoccabile oggetto di adorazione.

Pioveva ormai fitto, una fredda pioggia autunnale, e le montagne si
coprivano di nebbia. Il signor Impellitteri, tornato semplice uomo, andò a
visitare, ad una ad una, le case dei suoi parenti, cominciando dal convento di
Suor Maria Benigna. I giornalisti americani cercavano invano un telefono,
200 perché avevano urgenza di telefonare a New York senza perdere un minuto;
e mi pregarono di lasciarli partire sulla mia automobile: io avrei preso il loro
posto su una delle macchine del seguito. Sotto la pioggia mi misi a girare il
paese, a guardare, nei vicoli, attraverso le porte, dove stavano nascoste le
capre; a respirare gli odori di fumo e di animali, a me familiari;[11] a entrare nei
205 pochi negozi. Nel bar incontrai il capo dei comunisti di Isnello, un medico,
che faceva parte del comitato di onore per le accoglienze, e che avevo già
visto al pranzo all'Orfanotrofio. Era anch'egli contento della giornata. Mi
disse che di fronte ad avvenimenti cittadini come quello di oggi, che era un
onore per tutti, cadeva ogni lotta politica. Aveva solo qualche dubbio sulle
210 docce, ma questo non gli impediva di sentirsi anch'egli partecipe dell'onore
che ricadeva su tutti, di essere anche lui un poco, una quattromillesima parte,
sindaco di New York.

Era scesa la notte, e ci accingemmo a partire. Mentre mi avviavo alla
macchina, attendendo che il signor Impellitteri uscisse dalla casa dell'ultimo
215 cugino, mi si avvicinò un contadino, con una vecchia mantellina militare, e
mi disse: — Vorrei un lavoro per levarmi di qui. Qualunque cosa. Mi conten-
terei di fare il facchino sopra una macchina,[12] il guardiano, qualunque cosa,
purché mi levassi da questi terreni.

Finalmente, nella notte, partimmo. Io mi trovai nell'automobile del
220 Comune di Palermo, con le autorità e altri signori siciliani. Correndo attraverso le notturne distese dei feudi, il discorso cadde sulla mafia. Il piú importante dei compagni di viaggio, vice-sindaco, credo, di Palermo, mi disse: —
Lei ci crede a quelle fandonie? La mafia non esiste, è una leggenda. La mafia
non c'è: se ci fosse sarebbe una bella cosa, sarei mafioso anch'io —. Eravamo
225 ormai giunti alla costa. A Trabia il corteo si dovette fermare perché, tra
fiaccole e mortaretti, passava una solenne processione. Scesi a guardare:
lunghe file di uomini sfilavano tra gli spari della «masculata»:[13] era la Processione del Santissimo Crocifisso. L'Arciprete, che camminava a passi lentis-

230 simi davanti alla grande croce, venne avvertito che nell'automobile ferma c'era il signor Impellitteri. Balzò di piacere e di commozione, si tolse il cappello per rispetto, e, abbandonato il Cristo, si mise a correre verso la *Pontiac*. Qui ossequiò il signor Impellitteri, e lo pregò di portare i suoi saluti personali a monsignor Spellmann. Aggiunse: — Ho anche un cugino a Chicago. Lo conosce? — Il signor Impellitteri non lo conosceva.

235 La mattina seguente, di buon'ora, ero immerso, nella mia stanza del grande albergo moresco, nel piú profondo sonno, quando venni destato da colpi violenti alla porta, e dal rumore di qualcuno che entrava. Aprii gli occhi a quella prima luce, e vidi, vicino al mio letto, un uomo di mezza statura e di mezza età, tarchiato, nero di pelle e di occhi, che mi disse: — Sono 240 Impellitteri! — Era un cugino, un altro cugino: lo riconobbi agli occhi vagamente storti, come quelli del Paladino Orlando. Voleva che mi facessi suo interprete per presentarlo al cugino e parlargli di non so quale suo negozio di salumi: ma il sonno mi impediva di ascoltarlo. Mi vestii in fretta, e fuggii. Volevo andare a Lercara Friddi (il paese di Lucky Luciano), a vedere le 245 miniere di zolfo. Là avrei incontrato davvero un'altra faccia del mondo, dei mostri feudali, di un tempo remotissimo e incredibile, e tuttavia viva oggi, e in lotta feroce coi magri zolfatari. Un altro mondo si apriva, un'altra Sicilia, nella contemporaneità dei tempi. Impellitteri era partito.

NOTE LESSICALI E CULTURALI

[1] **Bedduzzo di mamma! I fimmini di Isnello qua stanno** *forma dialettale per Bello di mamma! (espressione d'affetto usato nel sud d'Italia) le donne di Isnello sono qua*

[2] **il Generale dei Cappuccini, Difensore del Vincolo al Tribunale** *rappresentante ufficiale della Sacra Rota*

[3] **romanzo rosa** *romanzo non impegnativo, di solito racconta una storia d'amore*

[4] **Gogol** *famoso scrittore russo vissuto tra il 1809 e il 1852, autore de* **Le anime morte,** *"Il naso," "Il cappotto," ecc.*

[5] **magnanimi lombi** *espressione usata ironicamente per alludere alle origini generazionali*

[6] **mogliera** *forma dialettale per moglie*

[7] **dint' a' sacca** *espressione dialettale per* **dentro la tasca**

[8] **Golgota** *monte su cui, secondo il Vangelo, Gesù Cristo fu crocefisso*

[9] **vo'** *voglio*

[10] **mocatoli** *specialità dolciaria della regione*

[11] **a me familiari** *sono familiari all'autore perché si riferiscono all'anno di esilio politico passato in un piccolo paese del sud che egli descrive in* **Cristo si è fermato a Eboli**

[12] **facchino sopra una macchina** *persona che fa lavori manuali pesanti*

[13] **masculata** *forma dialettale per una serie di fuochi artificiali programmati a scoppiare ad intervalli*

DOMANDE

1. Come mai il narratore è in ritardo?
2. Dove va il signor Impellitteri?
3. Che cosa è la "Casazza" e chi sono gli attori?
4. Che cosa c'è scritto sugli striscioni?
5. Cosa urla una delle donne?
6. Perché si fa vedere prima vestita come le altre donne e poi diversamente?
7. Chi incontra il narratore a messa?
8. Quali erano stati i mestieri ai tempi d'oro di Isnello?
9. Che cosa viene regalato al sindaco al Municipio?
10. Cosa rappresenta la donazione della terra?
11. Che cosa rappresentano le due leggi dell'onore e quella dell'amore?
12. Che tipo di discorso fanno le autorità siciliane?
13. Che cosa dice il signor Impellitteri nel suo discorso?
14. Dovè va dopo il Municipio il sindaco?
15. Da chi va a pranzo?
16. Quale donazione fa il sindaco?
17. Cosa ne pensa il capo dei comunisti del sindaco?
18. Di che cosa discutono in macchina il narratore e le autorità?
19. Perché i vari parenti continuano a disturbare il narratore?
20. Qual è lo scopo di Levi nelle tante allusioni di paragone tra Impellitteri e Cristo?

TEMI

1. Il problema dell'emigrazione in un altro paese.
2. L'economia del sud d'Italia, c'è una somiglianza con gli stati del sud degli Stati Uniti?
3. Il mito di una persona lontana.

ESERCIZI

I. *Riscrivere le frasi seguenti, sostituendo alle parole in corsivo un pronome di complemento diretto o di termine:*

1. Dovetti inseguire *il corteo* come in un assurdo film americano. Il corteo avanzava lentamente, per dar agio *agli ospiti illustri* di godere il paesaggio.

2. Ci voltammo a guardare *la donna velata.*
3. Mostrarono *le carte preziose al pubblico.*
4. Si segnava portando *il pollice* alla bocca, secondo l'antica usanza.
5. Non si poteva dare *al signor Impelliteri le chiavi della città* perché non esistevano.
6. *Le stesse cose* disse, in modo più semplice e meno enfatico, il sindaco.
7. Guarda benevolo *le donne.*
8. Egli capí *i suoi concittadini.*
9. Una bambina offrí dei fiori *a me e a tutti gli altri ospiti.*
10. Fu annunciato che regalava molto denaro *al suo cugino.*

II. *Volgere il verbo in corsivo all'imperfetto:*

1. La mattina, il sole *levarsi,* brillante e allegro.
2. Loro *potere* accompagnare il gruppo all'inizio della salita.
3. Il dramma della Passione *tenersi* nella Settimana Santa.
4. Si *raggiungere* le stanzette al primo piano per una ripida scaletta.
5. *Fare* la domanda del visto per emigrare ogni anno anche voi?
6. Tutti *volere* regalare agli ospiti dei ricordi.
7. Io *seguire* un antico uso feudale nel consegnare la terra.
8. *Esserci* sul balconcino i rappresentanti che *dovere* fare i discorsi ufficiali.
9. Il calzolaio e il falegname *far* parte del mito.
10. *Essere* delle canzoncine scritte per l'occasione.

III. *Formare una domanda per ognuna delle seguenti risposte, adoperando un pronome, un aggettivo o un avverbio interrogativo:*

1. Si destò tardi perché il portiere aveva dimenticato di dargli la sveglia.
2. Procedettero insieme per le curve della montagna.
3. Erano tutti lí, contadini, pastori, artigiani e donne.
4. Ha visto degli striscioni dove era scritto: "Welcome Impy."
5. Si rivolge a un editore per pubblicare un libro.
6. Il Municipio consiste in due stanzette al primo piano di una vecchia casa.
7. Parlò dell'orgoglio del povero emigrante, diventato illustre.
8. Egli capí che i suoi concittadini celebravano se stessi in lui.
9. Era quella al numero 70, all'angolo del vicolo Betlemme, non quella al numero 67.
10. Guadagna tremila lire all'anno.

IV. *Dare la forma contraria delle seguenti parole e espressioni:*

1. maschio e _____
2. nascita e _____
3. presenza e _____
4. felice e _____
5. giusto e _____

6. perfetto e _____
7. pavimento e _____
8. all'inizio e _____
9. silenzioso e _____
10. immigrante e _____

V. *Dare la forma richiesta del verbo* potere *in corsivo:*

1. Il signor Levi *(will be able to)* raggiungere il corteo al passaggio al livello.
2. La donna vestita col velo nero delle contadine *(could have been)* un'attrice.
3. Noi *(couldn't)* evitare le mosche che entrarono perfino in chiesa.
4. Impellitteri e la moglie *(hadn't been able to)* vedere tutto il paesaggio.
5. Se il sindaco *(couldn't)* fare un bel discorso ufficiale, chi lo farebbe?
6. I giornalisti *(cannot)* capire quel che sta succedendo.
7. Voi *(have been able to)* trovare il vicolo Betlemme?
8. Come Impellitteri *(could)* conoscere il cugino dell'Arciprete a Chicago?

VI. *Scrivere un riassunto delle due letture di Levi, descrivendo a grandi linee gli elementi essenziali con 10–15 frasi.*

IL SECONDO DOPOGUERRA E GLI ANNI '60-'90

- **CAMPANIA**
  Domenico Rea, *L'albero di Natale*
  Giuseppe Marotta, *Cecilia*

- **ABRUZZO**
  Natalia Ginzburg, *Inverno in Abruzzo*

- **LAZIO**
  Alba de Cespedes, *La paura*
  Alberto Moravia, *Un gioco*

- **SICILIA**
  Ercole Patti, *Piccolo proprietario terriero*
  Leonardo Sciascia, *Il lungo viaggio*
  Vincenzo Consolo, *Comiso*

- **LOMBARDIA**
  Gianni Rodari, *La macchina ammazzaerrori*
  Piero Chiara, *Vieni fuori, eremita*
  Lucio Mastronardi, *Dalla santa*

- **PIEMONTE**
  Italo Calvino, *Marcovaldo al supermarket*

- **LIGURIA**
  Gianni Celati, *Mio zio scopre l'esistenza delle lingue straniere*

CAMPANIA

Domenico Rea (1921-)

Domenico Rea nacque a Napoli e trascorse la sua infanzia nei dintorni di Salerno. A sedici anni aveva già completato il suo primo esperimento narrativo, anche se la prima raccolta di racconti, *Spaccanapoli,* risale a qualche anno dopo (1947). In essi viene descritta una Napoli che vive in un clima di incredibile anarchia politica, economica e sociale, sullo sfondo dell'Italia che si lasciava trasportare ancora dall'euforia post-bellica. Nella società descritta da Rea, la legge è solo uno strumento di oppressione e mai di giustizia. Le classi sociali meno abbienti restano così emarginate e tenute sotto controllo da pochi malviventi. In questi racconti Rea fa spesso ricorso all'uso del dialetto, non solo nei dialoghi ma anche nel narrato che quindi risulta più vivo e immediato. Alla fine degli anni '40, furono pubblicati *Le Formicole Rosse* (1948) e *Gesù, fate luce* (1950), in cui Rea approfondisce lo studio dello squallido ambiente della metropoli e della provincia campana: disoc-cupati, mendicanti, contadini sono i protagonisti dei suoi racconti. Per questi personaggi la storia non esiste e l'uomo vive ogni giorno una drammatica avventura personale.

La produzione tra il 1952 e il 1959 è caratterizzata da un altro tema estremamente delicato: l'emigrazione. In un saggio del 1950, "Le due Napoli", Rea mette in rilievo la differenza tra il disperato volto della vera Napoli e quella, invece, rappresentata in letteratura. Per questa ragione, la sua narrativa prende spesso spunto da episodi di cronaca. È anche perciò che Rea ha sempre preferito la struttura più agile dei racconti al romanzo e, solo nel 1959, fu pubblicato il primo romanzo *Una vampata di rossore.*

Dalla metà degli anni '50 il suo interesse fu soprattutto rivolto verso una letteratura di tipo sociale e si fa più chiara la sua coscienza di scrittore meridionalista. *Il re e il lustrascarpe* (1960), da cui è tratto "L'albero di Natale", e *Diario Napoletano* (1971) sono perfetti esempi di questo suo nuovo corso. Si tratta, infatti, di opere che si collocano tra la saggistica e la narrativa. La posizione più interessante di Rea è quella del rifiuto dell'evasione dalla vita noiosa delle metropoli del nord per la cosidetta "felice" arte d'arrangiarsi. Napoli è sempre stata associata a questo trito stereotipo in cui i desideri e le speranze della gente si realizzano solo attraverso la fantasia. Quello che lo scrittore chiede per la propria città è lavoro, un'attività industriale che possa fornirle un'adeguata struttura economica che ne spazzi via i mali.

"L'albero di Natale" ha la dimensione della favola ma rispecchia molto bene il fatto che molte persone ricorrono alla fantasia per poter trasformare la misera realtà in qualcosa di sopportabile. È soprattutto lo spirito della storia che riflette il carattere che domina a Napoli.

BIBLIOGRAFIA ESSENZIALE

SPACCANAPOLI (1947)
LE FORMICOLE ROSSE (1948)
GESÙ, FATE LUCE (1950)
LA SIGNORA SCENDE A POMPEI (1952)
RITRATTO DI MAGGIO (1953)
QUEL CHE VIDE CUMMEO (1955)
UNA VAMPATA DI ROSSORE (1959)
IL RE E IL LUSTRASCARPE (1960)
I RACCONTI (1965)
LA SIGNORA È UNA VAGABONDA (1968)
DIARIO NAPOLETANO (1971)
NUBI (1976)
TENTAZIONE E ALTRI RACCONTI (1976)
FATE BENE ALLE ANIME DEL PURGATORIO (1977)
RE MIDA (1979)
IL FONDACO NUDO (1985)

«Due litri di vino? E che sono? . . . » dice il mio amico popolano. «Dovete sapere che una volta mio nonno, tornando dalla sua vigna con un barile di vino nuovo, incontrò la Finanza, che gli fa: "Compare[1] Enrico, che porti qua dentro?". "Brigadiere,[2] e che posso portare? Mica si porta l'acqua nei barili." "E hai pagato il dazio?" "E da quando in qua[3] corre il dazio sul vino di casa propria?" "Compare Enrico, non fare storie, lo sai che si paga." "Non faccio storie con le persone di rispetto, ma non pago." "E tu non passerai la zona." "E va bene" disse mio nonno. Allora che fece? Si sfilò una mezza canna di gomma dalla cintola dei calzoni, stappò il barile, v'infilò il tubo e si succhiò in una sola bevuta trenta litri di vino. "Brigadiere" disse "ora posso passare?"» Il mio amico racconta felice, con gli occhi del credente, il "cunto"[4] dei suoi antenati. La sua unica cultura per il bisogno di trasformare in favola la misera realtà.

L'ALBERO DI NATALE

Tanto tempo fa, un certo Ciccio Maestà, che della maestà non aveva nulla, anzi era quasi gobbo, con le gambe storte, la faccia lunga e rognosa, con la testa della forma di una pera, insomma brutto oltre ogni dire, ricorrendo la festa della Natività del Bambino Gesú, decise di comprare un albero di
5 Natale, nella speranza di attirare i bambini del vicinato e giocare con loro.

Cominciò a pensarvi un anno avanti, sottoponendosi a una dura economia e a molti digiuni. Nel novembre, nonostante fosse vecchio, si spinse addirittura tra la folla del mercato, offrendosi come guardiano di porci, come tiracarrette, per guadagnare di piú, perché quanto piú denaro accumulava,
10 tanto piú gli sembrava insufficiente per preparare quell'albero di Natale che aveva nella fantasia e che avrebbe dovuto essere grande quanto un giovane pino di Cuma,[5] scintillare col carico dei doni come i raggi del sole e sonare come la cupola del cielo.

Ma l'eccessiva fatica, non sopportata dalla malferma salute, lo ridusse a
15 letto ammalato e ciò accadde nei primi giorni di dicembre. Si provò ad uscire,

ma cadde a terra e, se non fosse intervenuta la guardia, i ragazzi cattivi l'avrebbero lapidato sotto gli sguardi e le risate degli adulti. Giacque nel letto, solo solo, piangendo e consumandosi lo spirito e sarebbe morto d'inedia se donna Beatrice, fattucchiera e medichessa, non sentendolo fiatare, né uscire
20 né entrare, non si fosse incuriosita e non fosse entrata di prepotenza nella tana; ché una tana era la casa di Ciccio Maestà.

Donna Beatrice, aveva la faccia e le mani delle streghe, ma la voce delle fate, lo rincuorò, gli rinfrescò lo spirito, ma gli disse anche che per guarire doveva curarsi. Gli preparò un brodo eccellente di coccodrillo e alcune pol-
25 pette di ranocchietti teneri di fiume, obbligandolo a mangiare. Il giorno seguente gli diede il latte dell'uccello-mosca, che la benefica vecchia mandò a prendere sulle montagne dell'America, una pastetta di cento orecchie di anguille del Sarno[6] e gli fece alcuni impacchi di unguento, ottenuto dalle carni di un lupo assai cattivo.
30 Ciccio Maestà seguí la cura punto per punto perché egli desiderava guarire per il pensiero dell'albero che lo faceva smaniare d'impazienza. Guarito che fu, per poco non[7] si ammalava di nuovo, apprendendo che la guarigione costava tre ducati d'oro. E Ciccio ne aveva da parte appena quattro, utili per acquistare l'albero. Propose a donna Beatrice di accettare un
35 pagamento rateale. Ma quella fattucchiera si mise a gridare e minacciò di farlo gettare nella botte dell'orco.[8]

Natale intanto tra una sessantina di ore sarebbe passato. Che doveva fare Ciccio Maestà? Andò a curiosare al mercato dei giocattoli. Gli alberi piú spogli e striminziti costavano ottocento grani di rame.[9] Gliene sarebbero
40 restati altri duecento con i quali avrebbe dovuto acquistare le palle di vetro, i nastri d'argento, le candeline, i fiocchi di neve ecc., ecc. e provvedere inoltre al cibo di quei giorni. Pensò di andare alla foresta di Cuma, lontana trenta chilometri, scavalcare il muro, rubare un pino e trasportarselo nella tana. Ma non era forza sua e non voleva rubare. Tornò a casa e si mise a guardare dalla
45 porta la gente che passava, trascinandosi gli alberi dietro. Di lí a poco passò una vecchia serva, che era stata amica di sua sorella e che era andata appunto ad acquistare un grosso albero di Natale per i figli del suo ricco padrone.

Ciccio Maestà confidò alla donna il suo affanno e costei, impietositasi, gli propose di accettare un ramo del suo albero. Le avrebbe fatto un favore
50 perché la casa del padrone era lontana e l'albero assai pesante.

«Non ce la facevo piú» disse la vecchia.

A Ciccio Maestà non sembrò vero. Con un coltellaccio ne staccò la parte inferiore, sentendosi rinascere con tutti i suoi sette spiriti buoni.[10] Era un tozzo avanzo di pino, con appena quattro ramicelli, mezzo morti, ma in
55 compenso ora avrebbe potuto coprirli di palle, di bottigliette, di limoni, di uccelli di tutti i colori, di ananas, di spighe e di campanelle di cri-

stallo . . . Lo ficcò subito in un vaso di morbida e umida terra e andò a comprare duecento grani di doni. Due ragazzini gli rubarono alcune campanelle e altri monelli moncarono[11] uno dei quattro rami. Ma che cosa poteva contare il
60 danno? L'albero bastava a Ciccio Maestà e con gli occhi dell'immaginazione lo vide grande e luminoso. Non si stancava di cambiare la posizione degli oggetti e di provarli e riprovarli. Rincasava anelante per rivederlo, essendosene, per la commozione, quasi dimenticato. E quando passò la festa di Natale, lo spogliò dei doni, che conservò nella paglia sotto il letto, lasciando
65 l'albero in un angolo.

A febbraio, in un duro e rigido giorno, dovette vendere il vaso di terracotta per comprare la legna per riscaldarsi e ficcare il resto del pino, che per un miracolo non accese, in una cassetta di lamiera. Nel far questa operazione si avvide che il pino era cresciuto e che le radici erano nervose e adunche come
70 zampe di galli guerrieri . . . L'albero viveva! Gli voleva bene e gli voleva far compagnia. Lo annaffiò, lo curò, lo espose al sole della Primavera e dell'Estate seguenti. Le radici ben presto sfondarono la lamiera e Ciccio Maestà dovette preparare una cassetta piú grande.

Il Natale seguente, a volerlo vendere, il pino sarebbe costato un ducato e
75 mezzo. Lo addobbò con un numero doppio di doni; e la gente provò rabbia. I bambini invece corsero intorno all'albero e a Ciccio Maestà, che raccontò loro la storia del misero e nudo tronco. Passato il Natale e la Primavera e l'Estate l'albero si fece alto e robusto e crebbe il doppio.

Al Natale successivo, a volerlo vendere, un pino simile sarebbe costato
80 tre ducati. Vennero bambini da tutte le parti a vederlo e il capopopolo[12] fece un elogio a Ciccio e gli disse che gli avrebbe conferito il premio per il miglior albero dei poveri se non fosse stato quel disgraziato di Ciccio Maestà che era.

La grandezza dell'albero cominciava però a preoccuparlo. Col ritorno della Primavera il pino toccò il tetto della tana e lanciò i suoi rami da una
85 parete all'altra, coprendo il letto di Ciccio Maestà il quale doveva dormire come sotto alle foglie di una foresta. Una notte Ciccio Maestà fu sul punto di morire per lo spavento: su un ramo del pino s'inseguivano due gatti con gli occhi di fuoco. Si alzò e cacciò via i gatti che fuggirono in alto nella chioma. Non si poteva andare avanti cosí. Il pino inoltre rischiava di morire soffocato;
90 per cui Ciccio Maestà si vide costretto, con grandi sforzi, a cacciarlo nel vicolo dove non riuscivano a passare tre persone in riga.

La gente si ribellò. Certi giovinastri volevano farne legna da ardere. Gatti, uccelli, pappagalli si davano appuntamento tra le fronde e i carretti, i muli, gli asini, i cavallini, i buoi e le greggi non potevano passare tanto
95 l'albero era bello forte e robusto sí, ma ingombrante. Infine un ragazzo inesperto si arrampicò sui rami e cadde slogandosi una gamba. La colpa naturalmente ricadde su Ciccio Maestà; e il padre del bambino, con altri uomini inferociti, abbrancarono il pino, lo strapparono dall'enorme cassa

dove succhiavano la vita le radici e andarono a gettarlo sulla montagna delle
100   immondizie, fuori la città.

Ciccio Maestà scrisse una supplica al Re, credendo che il Re leggesse le
sue parole. Non ebbe risposta. Allora decise di recarsi di persona alla reggia,
ma i palafrenieri,[13] invece di ascoltarlo e di presentarlo al Re, vedendolo
piccolo, storto e buffo, si misero a giocare con lui quasi fosse una palla. Infine,
105   senza che lui se ne avvedesse, gli appiccicarono sulle spalle una carta, come
un bando, su cui era scritto: "Costui voleva parlare col Re". Uscito dal
palazzo, indolenzito dai maltrattamenti e ignaro di avere sulle spalle la ridicola scritta, cominciò a formarsi dietro di lui un corteo, una folla di gente, che
gridava:
110   «Vedete chi voleva parlare col Re!» E chi gli lanciava bucce di frutta e chi
insulti, peggiori delle bucce, e qualche malandrino persino sassi e altri oggetti; per la qual cosa Ciccio Maestà dovette darsi alla fuga. E fu per tutti, per
le damigelle e per i cavalieri affacciatisi ai veroni, per i lazzaroni e per gli
scugnizzi, che tentavano di sbarrargli il passo e di fargli paura, uno spasso
115   vederlo ruzzolare come un animaletto ferito alle gambe.

Il pino intanto giaceva sotto una coltre di neve, che in quell'anno fu
abbondante. Ciccio Maestà si immalinconí e cadde gravemente ammalato
per lunghi e lunghi mesi.

Nell'estate seguente, Ciccio Maestà che era seduto sull'uscio della tana
120   per bere un rivolo d'aria fresca, seppe da un viandante che il pino stava
ancora tra le immondizie e che gli era sembrato fosse vivo e vegeto. Ciccio
Maestà sarebbe voluto andare a vederlo per soccorrerlo e aiutarlo a vivere in
un modo qualsiasi. Ma non ne ebbe la forza. E a chiunque passava chiedeva
notizie del povero pino. E tutti lo schernivano. Egli però non lo abbandonò
125   mai col pensiero e, rimettendosi a letto, per resistere al freddo del ritornato
inverno, se lo sognava grande e raggiante ogni notte. L'odore del nuovo
Natale penetrò anche nella sua tana e Ciccio Maestà si sentí morire quando
udí un grande frastuono proveniente dalla strada: rumori di zoccoli di cavalli,
di speroni, di spade. Come tutti i poveri, Ciccio Maestà pensò che quegli
130   uomini armati venissero ad arrestarlo, chi sa per quale ragione. In questo
timore, pian piano, discese dal giaciglio e si mise ad origliare dalle fessure
della porta. Che vide mai!

C'era tutto il paese, i cavalieri e i palafrenieri, in grande uniforme, e tutti,
tutti i bimbi del Regno. Il palafreniere che gli aveva appiccicato il burlesco
135   cartello sulle spalle, fu costretto a bussare alla sua porta e a dire:

«Abita qua il signor Ciccio Maestà?»

«Sí» rispose una voce timidissima.

«Sua Maestà il Re Vitruvio di Magnagrecia vi invita a vestirvi e ad
andargli incontro.»
140   Tremante, con perle di sudore che gli grondavano dalla fronte, Ciccio

Maestà si buttò addosso quei quattro cenci che formavano il suo abbigliamento e, come un topolino smarrito, venne fuori dalla sua tana. Un trombettiere a cavallo sonò l'attenti e la folla restò muta. In fondo al viale formato da
due ali di corazzieri c'era la carrozza reale e il Re in persona, a piedi, ad
145   attenderlo con un sorriso. Subito il Re ordinò che Ciccio Maestà fosse intro-
dotto nella regale carrozza accanto alla Regina. Egli, il Re, preferiva seguirli
sul cavallo bianco, bardato di campanelli d'oro e d'argento.

Ciccio Maestà provava vergogna di sedere accanto alla Regina e voleva
alzarsi e inginocchiarsi. Ma la Regina, scostando la tenda del finestrino, con la
150   sua mano di vetro, gli disse:

«Ecco, guarda lassú!»

Sulla montagna delle immondizie sovrastava il piú grande pino che
fosse mai spuntato sulla terra, carico di milioni di doni scintillanti come i raggi
del sole e sonanti come la cupola del cielo.

155   Ciccio Maestà lo vide, sorrise e spirò.

NOTE LESSICALI E CULTURALI

[1] **Compare**   *titolo paesano che si può usare anche tra vecchi amici*

[2] **Brigadiere**   *vedi Verga, LA LUPA, nota #9*

[3] **da quando in qua**   *da quanto tempo*

[4] **cunto**   *forma dialettale per racconto*

[5] **Cuma**   *zona della Campania*

[6] **Sarno**   *fiume della Campania*

[7] **per poco non**   *quasi (sempre seguito da una frase negativa)*

[8] **farlo gettare nella botte dell'orco**   *forma di minaccia usata soprattutto nelle favole per bambini*

[9] **grani di rame**   *unità monetaria regionale*

[10] **con tutti i suoi sette spiriti buoni**   *con tutto se stesso*

[11] **moncare**   *forma dialettale che indica tagliare a pezzi*

[12] **capopopolo**   *persona che funge da intermediario tra il popolo e il re*

[13] **palafrenieri**   *persone che si prendono cura dei cavalli; possono essere anche dei soldati, in questo caso al servizio del re*

DOMANDE

1. Com'è fisicamente Ciccio Maestà?
2. Perché Ciccio vuole comprare un albero di Natale?
3. Che cosa fa per guadagnare più soldi?
4. Che cosa gli succede prima di Natale?

5. Chi era Donna Beatrice e cosa ha fatto per Ciccio?
6. Come mai non può comprarsi un albero nuovo?
7. Chi gli rovina, in parte, il piccolo albero?
8. Perché il capopopolo non dà all'albero di Ciccio un premio?
9. Quando è troppo grande, dove mette Ciccio l'albero?
10. Perché la gente butta via l'albero?
11. Da chi va a lamentarsi Ciccio?
12. Quale scherzo gli fanno i palafrenieri?
13. Qual è il rapporto tra Ciccio e l'albero?
14. Come mai il re ha salvato l'albero?
15. Perchè Ciccio non può andare a vedere l'albero?
16. Cosa pensa Ciccio quando sente tanta gente arrivare?
17. Perché il re viene a trovarlo?
18. Come si chiama il re? È un nome di uso comune?
19. Che cosa vedono Ciccio e la regina dalla carrozza?
20. Che significato ha l'aneddoto che precede il racconto?

TEMI

1. I vantaggi o gli svantaggi nell'usare la fantasia per sfuggire a una realtà spiacevole.
2. L'impossibilità di avere qualcosa che si desidera.
3. Il rapporto tra la superstizione e la realtà.
4. Avete ereditato $1,000,000. La sola condizione è che dovete spenderli per aiutare gli altri. Come li spendereste?

ESERCIZI

I. *Volgere il verbo in corsivo alla forma impersonale o passivante, usando il pronome* si:

1. *Raccontano* la storia del nonno.
2. *Paga* il dazio sul vino di casa propria.
3. Non *fanno* storie con le persone di rispetto.
4. Non *porta* mica acqua nei barili.
5. *Ha bisogno di* trasformare in favola la misera realtà.
6. *Dicono* che Ciccio Maestà è brutto oltre ogni dire.
7. *Cerca* un albero di Natale per attirare i bambini.

8. *Comincia* a pensarvi un anno avanti.
9. *Segue* la cura punto per punto per guarire.
10. *Scrive* una supplica al re.

II. *Dare un sinonimo:*

1. nulla
2. felice
3. favola
4. sufficiente
5. scintillare
6. accadere
7. dono
8. fattucchiera
9. di lí a poco
10. assai cattivo

III. *Volgere il verbo in corsivo al passato prossimo:*

1. Ciccio *confida* alla donna il suo affanno.
2. Gli *propone* di accettare un ramo del suo albero.
3. Ne *stacca* la parte inferiore.
4. Due ragazzini gli *rubano* alcune campanelle.
5. Non *si stanca* di cambiare la posizione degli oggetti.
6. Passata la festa di Natale, lo *spoglia* dei doni.
7. Il pino *cresce* bene nel vaso di terracotta.
8. *Vengono* bambini da tutte le parti a vederlo.
9. Su un ramo del pino *s'inseguono* due gatti.
10. *Decide* di recarsi di persona alla reggia.

IV. *Tradurre:*

1. He was all alone in his room.
2. It wasn't really his fault.
3. The witch sent for it from far away.
4. Did you have a look around at the toy market?
5. Who loved him?
6. The tree's size worried him.
7. He was on the point of dying of fright.
8. One can't go on this way.
9. He found out that the tree was still there.
10. Very slowly, he went to the door.

V. Formare delle frasi con i seguenti elementi:

1. Pagare/il dazio/il vino di casa propria.
2. Ciccio Maestà/sperare/giocare con i bambini del vicinato.
3. Offrirsi/il mercato/guadagnare/il denaro.
4. Donna Beatrice/curarsi/un brodo/guarire.
5. Seguire la cura/smaniare d'impazienza/il pensiero dell'albero.
6. Curiosare/il mercato di giocattoli/Natale.
7. I nastri d'argento/le candeline/i fiocchi di neve/le palle di vetro/acquistare.
8. Una vecchia serva/un grosso albero di Natale/passare/proporre/un ramo/la casa del padrone/accettare/lontana/pesante.
9. Il Re/risposta/una supplica/scrivere/Ciccio.
10. Quattro cenci/un topolino smarrito/abbigliamento/tana/venir fuori.

VI. Dare la forma richiesta tra parentesi del verbo volere:

1. Nessuno (wants) essere gobbo.
2. Compare Enrico (wanted) portare il suo vino a casa senza pagare il dazio.
3. Chi (would not like) trasformare in favola la misera realtà?
4. La vecchia serva (had wanted) regalargli un ramo.
5. La gente (will want) gettare l'albero sulla montagna delle immondizie, fuori la città.
6. Ciccio (would have liked) andare a vedere l'albero ma non ne ebbe la forza.
7. Se egli (wanted) avere notizie del povero pino, dovrebbe chiedere ai passanti.
8. Tutti (have wanted) vedere quell'albero carico di milioni di doni scintillanti come i raggi del sole.

Natalia Ginzburg (1916 –   )

Nata a Palermo, dove il padre insegnava all'università, si trasferì ben presto a Torino dove passò una buona parte della sua vita. Poco prima della guerra si sposò con Leone Ginzburg, noto antifascista che venne torturato e ucciso dai fascisti (la sua morte è menzionata nel racconto qui riportato). Natalia Ginzburg esordì proprio durante la guerra con *La strada che va in città* (1942) a cui fece seguito *È stato così* (1947). In entrambe le opere è già abbastanza ben definito lo stile della Ginzburg. La sua prosa è caratterizzata da un' apparente semplicità in cui domina un tono quasi da cronaca giornalistica. Si nota infatti una costante tendenza ad usare nella sua narrativa il tempo presente, ciò le permette di comunicare con grande efficacia l'immediatezza delle esperienze che descrive. Questo non deve far pensare ad un'aridità espositiva; al contrario, poiché nei suoi romanzi la memoria diventa spesso la principale fonte ispiratrice, il suo narrare si fa ricco di tensione. È probabilmente questo elemento drammatico associato al suo stile che evita alla prosa della Ginzburg di scadere nel patetico. Si veda in particolare come i bambini e il problema dell'infanzia in generale siano trattati dall'autrice in modo del tutto anti-romantico. Da *Tutti i nostri ieri* (1947) a *Le voci della sera* (1961) e ancora in *Lessico familiare* (1963), la Ginzburg si specializza nella descrizione di piccoli quadretti familiari. La famiglia diventa infatti il microcosmo all'interno del quale è possibile esaminare una fitta trama di rapporti dominati da problemi esistenziali che si dilatano e si moltiplicano nel mondo esterno. In queste opere è facile notare come ogni personaggio sia caratterizzato da un gesto o da un modo particolare d'agire. Dopo la guerra la Ginzburg si sposò con Gabriele Baldini, studioso di letteratura inglese. Dal suo soggiorno in Inghilterra con il marito nacquero alcuni dei più interessanti saggi pubblicati nella raccolta *Le piccole virtù* (1962). La scrittrice si è anche dedicata al teatro, la sua opera più famosa a riguardo è *Ti ho sposato per allegria* (1968). Recentemente la Ginzburg ha pubblicato *La famiglia Manzoni* (1983) e *La città e la casa* (1984), il primo un romanzo-saggio in cui l'invenzione si mescola alle fonti storiche e il secondo un romanzo epistolare. La Ginzburg ha anche vinto due tra i premi letterari italiani più importanti: nel 1957 il Premio Viareggio per i racconti contenuti in *Valentino* e nel 1963 il Premio Strega per il romanzo *Lessico familiare.* Al momento la scrittrice vive e lavora a Roma.

"Inverno in Abruzzo" presenta le difficili condizioni di vita di una regione che la natura ha reso particolarmente aspra. Il clima inclemente è in un certo senso la rappresentazione delle difficili condizioni di vita che i suoi abitanti devono affrontare per sopravvivere.

BIBLIOGRAFIA ESSENZIALE

LA STRADA CHE VA IN CITTÀ (1942)
È STATO COSÌ (1945)
TUTTI I NOSTRI IERI (1952)
VALENTINO (1957)
LE VOCI DELLA SERA (1961)
LESSICO FAMILIARE (1963)
CINQUE ROMANZI BREVI (1964)
CARO MICHELE (1973)
FAMIGLIA (1977)
LA FAMIGLIA MANZONI (1983)
LA CITTÀ E LA CASA (1984)

INVERNO IN ABRUZZO[1]

In Abruzzo non c'è che due stagioni: l'estate e l'inverno. La primavera è nevosa e ventosa come l'inverno e l'autunno è caldo e limpido come l'estate. L'estate comincia in giugno e finisce in novembre. I lunghi giorni soleggiati sulle colline basse e riarse, la gialla polvere della strada e la dissenteria dei
5 bambini, finiscono e comincia l'inverno. La gente allora cessa di vivere per le strade: i ragazzi scalzi scompaiono dalle scalinate della chiesa. Nel paese di cui parlo, quasi tutti gli uomini scomparivano dopo gli ultimi raccolti: andavano a lavorare a Terni,[2] a Sulmona,[3] a Roma. Quello era un paese di muratori: e alcune case erano costruite con grazia, avevano terrazze e colonnine
10 come piccole ville, e stupiva di trovarci, all'entrare, grandi cucine buie coi prosciutti appesi e vaste camere squallide e vuote. Nelle cucine il fuoco era acceso e c'erano varie specie di fuochi, c'erano grandi fuochi con ceppi di quercia, fuochi di frasche e foglie, fuochi di sterpi raccattati ad uno ad uno per via. Era facile individuare i poveri e i ricchi, guardando il fuoco acceso, meglio
15 di quel che si potesse fare guardando le case e la gente, i vestiti e le scarpe, che in tutti su per giù erano uguali.

Quando venni al paese di cui parlo, nei primi tempi tutti i volti mi parevano uguali, tutte le donne si rassomigliavano, ricche e povere, giovani e vecchie. Quasi tutte avevano la bocca sdentata: laggiù le donne perdono i
20 denti a trent'anni, per le fatiche e il nutrimento cattivo, per gli strapazzi dei parti e degli allattamenti che si susseguono senza tregua. Ma poi a poco a poco cominciai a distinguere Vincenzina da Secondina, Annunziata da Addolorata, e cominciai a entrare in ogni casa e a scaldarmi a quei loro fuochi diversi.
25 Quando la prima neve cominciava a cadere, una lenta tristezza s'impadroniva di noi. Era un esilio il nostro: la nostra città era lontana e lontani erano i libri, gli amici, le vicende varie e mutevoli di una vera esistenza. Accendevamo la nostra stufa verde, col lungo tubo che attraversava il soffitto: ci si riuniva tutti nella stanza dove c'era la stufa, e lì si cucinava e si

30 mangiava, mio marito scriveva al grande tavolo ovale, i bambini cosparge-
vano di giocattoli il pavimento. Sul soffitto della stanza era dipinta un'aquila:
e io guardavo l'aquila e pensavo che quello era l'esilio. L'esilio era l'aquila, era
la stufa verde che ronzava, era la vasta e silenziosa campagna e l'immobile
neve. Alle cinque suonavano le campane della chiesa di Santa Maria, e le
35 donne andavano alla benedizione, coi loro scialli neri e il viso rosso. Tutte le
sere mio marito ed io facevamo una passeggiata: tutte le sere camminavamo a
braccetto, immergendo i piedi nella neve. Le case che costeggiavano la strada
erano abitate da gente cognita e amica: e tutti uscivano sulla porta e ci
dicevano: «Con una buona salute».[4] Qualcuno a volte domandava: «Ma
40 quando ci ritornate alle case vostre?» Mio marito diceva: «Quando sarà finita
la guerra». «E quando finirà questa guerra? Te che sai tutto e sei un professore,
quando finirà?» Mio marito lo chiamavano «il professore» non sapendo pro-
nunciare il suo nome, e venivano da lontano a consultarlo sulle cose più
varie, sulla stagione migliore per togliersi i denti, sui sussidi che dava il
45 municipio e sulle tasse e le imposte.[5]

D'inverno qualche vecchio se ne andava con una polmonite, le campane di Santa Maria suonavano a morto, e Domenico Orecchia, il falegname,
fabbricava la cassa. Una donna impazzì e la portarono al manicomio di
Collemaggio, e il paese ne parlò per un pezzo.[6] Era una donna giovane e
50 pulita, la più pulita di tutto il paese: dissero che le era successo per la gran
pulizia. A Gigetto di Calcedonio nacquero due gemelle, con due gemelli
maschi che aveva già in casa, e fece una chiassata in municipio perché non
volevano dargli il sussidio, dato che aveva tante coppe di terra[7] e un orto
grande come sette città. A Rosa, la bidella della scuola, una vicina gli sputò[8]
55 dentro l'occhio, e lei girava con l'occhio bendato perché le pagassero l'indennità. «L'occhio è delicato, lo sputo è salato», spiegava, E anche di questo si
parlò per un pezzo, finché non ci fu più niente da dire.

La nostalgia cresceva in noi ogni giorno. Qualche volta era perfino
piacevole, come una compagnia tenera e leggermente inebriante. Arrivavano
60 lettere dalla nostra città, con notizie di nozze e di morti dalle quali eravamo
esclusi. A volte la nostalgia si faceva acuta ed amara, e diventava odio: noi
odiavamo allora Domenico Orecchia, Gigetto di Calcedonio, Annunziatina,
le campane di Santa Maria. Ma era un odio che tenevamo celato, riconoscen-
dolo ingiusto: e la nostra casa era sempre piena di gente, chi veniva a chieder
65 favori e chi veniva a offrirne. A volte la sartoretta veniva a farci le sagnoccole.[9] Si cingeva uno strofinaccio alla vita e sbatteva le uova, e mandava
Crocetta in giro per il paese a cercare chi potesse prestarci un paiolo ben
grande. Il suo viso rosso era assorto e i suoi occhi splendevano di una volontà
imperiosa. Avrebbe messo a fuoco la casa perché le sue sagnoccole riuscis-

70 sero bene. Il suo vestito e i capelli si facevano bianchi di farina, e sul tavolo
ovale dove mio marito scriveva, venivano adagiate le sagnoccole.

Crocetta era la nostra donna di servizio. Veramente non era una donna
perché aveva quattordici anni. Era stata la sartoretta a trovarcela. La sartoretta divideva il mondo in due squadre: quelli che si pettinano e quelli che
75 non si pettinano. Da quelli che non si pettinano bisogna guardarsi, perché
naturalmente hanno i pidocchi. Crocetta si pettinava: e perciò venne da noi a
servizio, e raccontava ai bambini delle lunghe storie di morti e di cimiteri.
C'era una volta un bambino che gli morì la madre. Suo padre si pigliò un'altra
moglie e la matrigna non amava il bambino. Perciò lo uccise mentre il padre
80 era ai campi e ci fece il bollito. Il padre torna a casa e mangia, ma dopo che ha
mangiato le ossa rimaste nel piatto si mettono a cantare:

> *E la mia trista matrea*
> *Mi ci ha cotto in caldarea*
> *E lo mio padre ghiottò*
85 > *Mi ci ha fatto 'nu bravo boccò.*[10]

Allora il padre uccide la moglie con la falce, e l'appende a un chiodo
davanti alla porta. A volte mi sorprendo a mormorare le parole di questa
canzone, e allora tutto il paese mi ritorna davanti, insieme al particolare
sapore di quelle stagioni, insieme al soffio gelato del vento e al suono delle
90 campane.

Ogni mattina uscivo con i miei bambini e la gente si stupiva e disappro-
vava che io li esponessi al freddo e alla neve. «Che peccato hanno fatto queste
creature?—dicevano.—Non è tempo di passeggiare, signò.[11] Torna a casa».
Camminavamo a lungo per la campagna bianca e deserta, e le rare persone
95 che incontravo guardavano i bambini con pietà. «Che peccato hanno fatto?»
mi dicevano. Laggiù se nasce un bambino nell'inverno, non lo portano fuori
dalla stanza fino a quando non sia venuta l'estate. A mezzogiorno mio marito
mi raggiungeva con la posta, e tornavamo tutti insieme a casa.

Io parlavo ai bambini della nostra città. Erano molto piccoli quando
100 l'avevamo lasciata, e non ne avevano nessun ricordo. Io dicevo loro che là le
case avevano molti piani, c'erano tante case e tante strade, e tanti bei negozi.
«Ma anche qui c'è Girò», dicevano i bambini.

La bottega di Girò era proprio davanti a casa nostra. Girò se ne stava
sulla porta come un vecchio gufo, e i suoi occhi rotondi e indifferenti fissa-
105 vano la strada. Vendeva un po' di tutto: generi alimentari e candele, cartoline,
scarpe e aranci. Quando arrivava la roba e Girò scaricava le casse, i ragazzi
correvano a mangiare gli aranci marci che buttava via. A Natale arrivava
anche il torrone, i liquori, le caramelle. Ma lui non cedeva un soldo sul prezzo.
«Quanto sei cattivo, Girò», gli dicevan le donne. Rispondeva: «Chi è buono se

110 lo mangiano i cani». A Natale tornavano gli uomini da Terni, da Sulmona, da Roma, stavano alcuni giorni e ripartivano, dopo aver scannato i maiali. Per alcuni giorni non si mangiava che sfrizzoli,[12] salsicce pazze[13] e non si faceva che bere: poi le grida dei nuovi maialetti riempivano la strada.

In febbraio l'aria si faceva umida e molle. Nuvole grige e cariche vaga-
115 vano per il cielo. Ci fu un anno che durante lo sgelo si ruppero le grondaie. Allora cominciò a piovere in casa e le stanze erano dei veri pantani. Ma fu così per tutto il paese: non una sola casa restò asciutta. Le donne vuotavano i secchi dalle finestre e scopavano via l'acqua dalla porta. C'era chi andava a letto con l'ombrello aperto. Domenico Orecchia diceva che era il castigo di
120 qualche peccato. Questo durò più d'una settimana: poi finalmente ogni trac-cia di neve scomparve dai tetti, e Aristide aggiustò le grondaie.

La fine dell'inverno svegliava in noi come un'irrequietudine. Forse qualcuno sarebbe venuto a trovarci: forse sarebbe finalmente accaduto qual-cosa. Il nostro esilio doveva pur avere una fine. Le vie che ci dividevano dal
125 mondo parevano più brevi: la posta arrivava più spesso. Tutti i nostri geloni guarivano lentamente.

C'è una certa monotona uniformità nei destini degli uomini. Le nostre esistenze si svolgono secondo leggi antiche ed immutabili, secondo una loro cadenza uniforme ed antica. I sogni non si avverano mai e non appena li
130 vediamo spezzati, comprendiamo a un tratto che le gioie maggiori della nostra vita sono fuori della realtà. Non appena li vediamo spezzati, ci strug-giamo di nostalgia per il tempo che fervevano in noi. La nostra sorte trascorre in questa vicenda di speranze e di nostalgie.

Mio marito morì a Roma nelle carceri di Regina Coeli,[14] pochi mesi dopo
135 che avevamo lasciato il paese. Davanti all'orrore della sua morte solitaria, davanti alle angosciose alternative che precedettero la sua morte, io mi chiedo se questo è accaduto a noi, a noi che compravamo gli aranci da Girò e andavamo a passeggio nella neve. Allora io avevo fede in un avvenire facile e lieto, ricco di desideri appagati, di esperienze e di comuni imprese. Ma era
140 quello il tempo migliore della mia vita e solo adesso che m'è sfuggito per sempre, solo adesso lo so.

NOTE LESSICALI E CULTURALI

   [1] **Abruzzo**   *regione nell'Italia centrale*
   [2] **Terni**   *città nella parte meridionale dell'Umbria*
   [3] **Sulmona**   *città nella parte centrale degli Abruzzi*
   [4] **Con una buona salute**   *forma generica di auguri*
   [5] **le tasse e le imposte**   *le tasse sono un pagamento fatto su un guadagno in soldi contanti; le imposte sono da pagare per chi abbia dei beni immobili*

[6] **per un pezzo**   *per molto tempo*

[7] **coppa di terra**   *misura agraria*

[8] **A Rosa, la bidella della scuola, una vicina gli sputò**   *da notare l'uso del pronome di complemento di termine (gli invece di le) assieme al nome*

[9] **sagnoccole**   *lasagne a quadratini di farina di granoturco senza uova*

[10] **E la mia trista matrea/Mi ci ha cotto in caldarea/E lo mio padre ghiottò/Mi ci ha fatto 'nu bravo boccò.**   *E la mia triste matrigna/Mi ha cotto in pentola/E mio padre ghiottone/ci ha fatto un buon boccone*

[11] **signò**   *forma dialettale per signora*

[12] **sfrizzoli**   *forma dialettale per ciccioli, residuo abbrustolito delle parti grasse del maiale*

[13] **salsicce pazze**   *salsicce piccanti*

[14] **Mio marito . . . Regina Coeli**   *Il marito della Ginzburg fu torturato e ucciso dai fascisti nelle carceri di Regina Coeli.*

DOMANDE

1. Qual è la caratteristica delle stagioni in Abruzzo?
2. Perché gli uomini lasciano il paese?
3. Come si distinguevano i ricchi dai poveri?
4. Perché le donne non sono in buone condizioni fisiche?
5. Che vita fa la protagonista quando fuori inizia a nevicare?
6. Com'è il rapporto con i vicini?
7. Perché non sono a casa loro i protagonisti?
8. Di solito di che cosa si parlava in paese?
9. Perché la gente va a consultare il "professore"?
10. Come si sentivano loro in esilio?
11. Che visione ha del mondo la sartoretta?
12. Perché la gente pensa sia strano portare in giro i bambini?
13. Che negozio ha Girò?
14. Cosa succedeva a Natale?
15. Come vede la fine dell'inverno la protagonista?
16. Che atteggiamento ha la protagonista verso quel tempo passato?

TEMI

1. Ha mai provato ad essere costretto a essere lontano da casa?
2. È facile accettare le abitudini degli altri?
3. È possibile rendersi conto dei momenti belli mentre si vivono?
4. Perché la gente va in esilio e che differenza c'è tra l'andare in esilio ed emigrare?

ESERCIZI

I. Volgere il verbo in corsivo al presente del congiuntivo:

1. Nei primi tempi crede che tutte le donne del paese *assomigliarsi*.
2. Benchè non *esserci* pericolo qui per il "professore", sono tristi.
3. Le donne chiedono se è possibile che la guerra *finire* presto.
4. Temono che il freddo *fare* male ai bambini.
5. La bottega di Girò è l'unico negozio che *piacere* ai figli.
6. Cerca qualcuno che *potere* aggiustare le grondaie.
7. La nostalgia di Roma cresce sebbene loro *avere* dei buoni amici nel paese.
8. La bidella della scuola gira con l'occhio bendato perché quelli del municipio le *pagare* l'indennità.
9. Nessuno sa che cosa *accadere* a Roma.
10. Le donne insistono che il "professore" *dare* loro dei consigli.

II. Usare le seguenti espressioni in frasi:

1. tutte le sere
2. andarsene
3. in giro
4. c'era una volta
5. senza tregua
6. su per giù
7. per un pezzo
8. mettere a fuoco
9. a poco a poco
10. a braccetto

III. Riscrivere le frasi sostituendo ne *o* ci *alle parole in corsivo:*

1. Vanno *in campagna* a fare una passeggiata.
2. C'erano varie specie *di fuochi*.
3. I bambini mettevano i giocattoli *sul pavimento*.
4. Parlarono per un pezzo *della donna che impazzí*.
5. La nostra casa era sempre piena *di gente che veniva a chieder favori*.
6. *Da quelli che non si pettinano* bisogna guardarsi.
7. I bambini non avevano nessun ricordo *di Roma*.
8. Quando arrivava la roba *alla bottega di Girò*, egli scaricava le casse.
9. A Natale gli uomini tornavano *da Terni, da Sulmona e da Roma*.
10. Finalmente ogni traccia di neve scomparve *dai tetti* ma loro pensavano *agli amici lontani e alle vicende varie e mutevoli di una vera esistenza*.

IV. *Completare ogni frase con la forma corretta di* sapere *o* conoscere:

1. Quando siamo arrivati nel paese, non ＿＿＿＿＿＿＿＿ nessuno.

2. Io ＿＿＿＿＿＿＿＿ individuare i poveri e i ricchi, guardando il fuoco acceso.

3. Le donne del paese non ＿＿＿＿＿＿＿＿ quando tornassero gli uomini.

4. La sartoretta mi ha fatto ＿＿＿＿＿＿＿＿ Crocetta.

5. Aristide ＿＿＿＿＿＿＿＿ fare tante cose nella casa.

6. Prima di venire qui, io non ＿＿＿＿＿＿＿＿ questi dolci.

7. Come potevo ＿＿＿＿＿＿＿＿ quello che ci aspettava a Roma?

8. Volevano ＿＿＿＿＿＿＿＿ la stagione migliore per togliersi i denti.

9. Io non ＿＿＿＿＿＿＿＿ allora che quello era stato il tempo migliore della mia vita.

10. I bambini ＿＿＿＿＿＿＿＿ sempre quando Girò scaricava le casse.

V. *Vero o falso:*

1. Gli uomini in Abruzzo scompaiono prima degli ultimi raccolti.
2. D'inverno i bambini sono sempre scalzi sulle scalinate della chiesa.
3. L'aquila dipinta sul soffitto era un simbolo dell'esilio per la Ginzburg.
4. La sartoretta mette a fuoco la casa perché le sue sagnoccole riescano bene.
5. Le lettere portavano a volte una nostalgia acuta ed amara.
6. Le donne del paese non si pettinavano per evitare i pidocchi.
7. Le matrigne non odiano sempre i bambini del marito.
8. Gli uomini tornavano a Natale e scannavano i buoi.
9. A febbraio le grondaie si rompono a causa dello sgelo.
10. Diceva Girò, ''ognuno per sé e Dio per tutti.''

Giuseppe Marotta (1902-1963)

Giuseppe Marotta, nato e cresciuto a Napoli in una famiglia non particolarmente agiata, fu autodidatta e si formò nell'ambiente popolare della cultura napoletana. Sia le opere in italiano che quelle in dialetto, sia il teatro che la tradizione folkloristica orale della sua città formano infatti la base di partenza da cui Marotta trae spunto per molti dei suoi romanzi e racconti. Non sorprende quindi che nei personaggi delle sue opere vi si possano riscontrare tutte quelle caratteristiche più tipiche delle popolazioni meridionali: un'indomita vitalità e passionalità, il buon senso popolare nel compiere delle scelte e un'infinita e, a volte, passiva pazienza.

L'umorismo è un altro aspetto che spesso si nota nelle sue opere, ed egli difese sempre questo aspetto della sua narrativa dicendo "che sia proprio di forti ingegni lo scrivere opere divertenti e leggiadre". D'altronde, Marotta visse proprio il problema di farsi accettare dalla critica più seria che lo accusava di essere evasivo e superficiale. Forse questa diffidenza era anche dovuta alla sua provenienza, letterariamente parlando, dal "giornalismo facile" dei rotocalchi. La sua prima opera, il romanzo umoristico *Tutte a me* (1932), resta totalmente al di fuori delle correnti narrative che si svilupparono in quel periodo in Italia. Con questo romanzo siamo ancora nel campo della letteratura concepita quale puro divertimento. È interessante notare che *Tutte a me* si avvicina di più al cinema di quel periodo, quello così definito dei "telefoni bianchi", caratterizzato da storie di puro intrattenimento ed evasione. Questa superficialità, riscontrabile anche in altre sue opere di questo periodo, a volte viene superata da un più vigoroso ed ispirato modo narrativo. *L'oro di Napoli* (1947) fu il romanzo che gli diede successo. In questo romanzo la spontanea e onesta vena creativa di Marotta si uniscono per comporre alcuni dei più riusciti quadretti di vita napoletana. Con *A Milano non fa freddo* Marotta sposta la sua attenzione sulla città del nord che divenne la sua città d'adozione. Anche in altre opere quali *Mal di galleria* (1958) e *Le milanesi* (1962) egli esplora la sua condizione di immigrato dal sud nel grande centro industriale del nord. In queste opere lo scrittore non si distingue per la sua profondità d'analisi ma piuttosto per la sua capacità di presentare dei rapidi bozzetti d'ambiente. Tra il 1956 e il 1963 egli pubblicò anche una serie di critiche cinematografiche che ancora una volta non risaltano per l'esposizione di un particolare metodo o per una precisa ideologia ma per la naturale spontaneità che vi è riscontrabile.

Un aspetto interessante di "Cecilia" è la presenza della grande città (Milano), formata da un enorme agglomerato di persone con le loro abitudine e costumi. Durante il Natale, i vari gruppi etnici festeggiano con diversi piatti che riflettono certi aspetti della loro terra d'origine.

BIBLIOGRAFIA ESSENZIALE

TUTTE A ME (1932)

DIVORZIAMO, PER PIACERE? (1934)

QUESTA VOLTA MI SPOSO (1940)

MEZZO MILIARDO (1940)

L'ORO DI NAPOLI (1947)

S. GENNARO NON DICE MAI NO (1948)

A MILANO NON FA FREDDO (1949)

GLI ALUNNI DEL SOLE (1952)

LE MADRI (1952)

CORAGGIO, GUARDIAMO! (1953)

MI VOGLIO DIVERTIRE (1954)

QUESTO BUFFO CINEMA (1956)

MAROTTA CIAK (1958)

LE MILANESI (1962)

FACCE DISPARI (1963)

SAVIO DA LEGARE (1976)

CECILIA

Natale, a Milano, è fin troppo[1] Natale; ma non è uguale per tutti. Non faccio
questione di chi ha mezzi e di chi non li ha, questo è il meno. Dico per i luoghi
d'origine; venuto dicembre, ognuno se li ritrova addosso[2] pari pari, abbia o
non abbia, da poco o da molto, famiglia e posizione qui. Il veneto[3] esige, per
5   Natale, Venezia a tavola e nell'aria della sua casa; idem fanno pugliesi e
umbri, sardi e lucani,[4] eccetera: vogliono, per quel giorno, i cibi e le usanze dei
loro paesi lontani; e così Natale, a Milano, è il Natale dei Natali. Per noi
meridionali vengono, magari da Avellino,[5] come dice una canzonetta dei
tempi che furono, anche gli zampognari; ed è naturale che ci salti il cuore in
10   petto al suono di quella nenia che fa riapparire i vicoli di Napoli mentre vi si
azzuffano la pioggia e il sole. Gli zampognari ve la calcolano salata,[6] una
breve «novena» dinanzi all'immagine sacra nel tinello; poi vi chiedono abiti
smessi e avanzi di cucina se ne avete; ma dobbiamo tener presente che
arrivano dalla bassissima Italia, questi «magliari»[7] di Gesù Bambino, e limi-
15   tarci a badare che non aggranfino qualche soprammobile.

«Che roba è, signora Cecilia?» mi domanda la coinquilina Govesin, che è
del Friuli,[8] vedendomi appendere fuori dal terrazzino che dà sul cortile un
paio di grossi mazzi di sorbe acerbe. Glielo spiego aggiungendo che mature-
ranno a capriccio, quale oggi e quale domani;[9] e a capriccio, in qualsiasi
20   momento, non a pranzo o a cena, saranno mangiate: è un po' una «divozione»,[10] un atto di fede natalizio, concludo; ma sento che non mi ha capita. I
meloni spero li veda, che son meloni d'inverno palermitani; hanno una polpa
bianca e dolce che fa perdere i sensi come il primo bacio; li ho situati al riparo,
nel vano della finestra, e chiamano la sera di Natale, agli occhi miei con
25   l'urgenza dei galli quando chiamano l'alba.

Che altro? Eh, non siamo che al principio. Da Bagnoli Irpino[11] un conoscente di Eligio ha mandato una giara di sottaceti; i capponi li avremo da certi
amici di Viggiù;[12] cesti di mandarini, di arance, di uva stanca ma deliziosa, di
mele pregiate, seguiranno da ogni provenienza; lo spumante è nello sgabuz-

30 zino, fra i pacchi di noci, di nocciole, di mandorle, di fichi secchi al naturale e imbottiti; la rituale «cassata»[13] la porterà un camionista di Napoli, autenticata dal notaio, sigillata come i testamenti. Va bene? La casa dell'immigrato Eligio Summonte, in via Lorenteggio a Milano, è la casa dell'abbondanza natalizia meridionale; non vi mancano, in sostanza, che tre o quattro bambini; per il
35 resto, quando i muri hanno bisogno di allegria, ci pensa Eligio, e quando invece occorrono lacrime invisibili, ce le metto io.

Ne ho da regalarne alle fontane, ma sono avara e me le tengo. Gesù, che sorte è la mia. Venticinque anni, otto di matrimonio, sufficientemente bella, mi tocca dirmi: «Cecilia cara, la tua vita è conclusa». Tutto cominciò a Napoli,
40 nel '52. Stavo, con la mia strana famiglia, in un terraneo di quegli antichi palazzi di via Tribunali che sotto i Borboni[14] appartenevano agli aristocratici: una ex-rimessa, fuori della quale rimanevano ancora gli anelli di ferro per legarvi i cavalli e un abbeveratoio di pietra in cui lavavamo i panni. Eh sì, una famiglia curiosa, mezza di qua e mezza di là, composta di individui che non
45 parevano della stessa radice. Mio padre aveva una botteguccia mobile, una bacheca di penne stilografiche in piazza delle Mura Greche, ed era silenzioso e mite come l'acqua di cisterna. Mia madre, non meno docile e buona, cuciva di fino; oppure, nella stagione morta, s'inventava dieci altri lavori. Dunque perchè, noi figli, eravamo tanto diversi? Gennaro, il primogenito, è diventato
50 medico; io studiavo per il diploma di maestrina; ma Eduardo e Nunzio, che Dio li salvi, erano e sono due temuti «guappi», totalizzano cinquanta recidive per violenza e altre sudicie imputazioni, girano accigliati e armati come Orlando.[15]

M'innamorai di Eligio in questo modo: perchè in un filobus gremito,
55 avendomi premuto senza volerlo un gomito sul petto, mi rise in faccia. Che luce, in quel viso e in quegli occhi di zingaro... mi sbattevano le ciglia e mi tremavano le ginocchia; lui naturalmente se ne accorse e, quando scesi, mi seguì. Ci addentrammo in un vicolo della Riviera di Chiaia,[16] parlando. Eligio rideva, rideva contento, e a me pareva che tutto, in cielo e in terra, pigliasse
60 fuoco. Restammo come fulminati dalla passione, ecco quanto;[17] e non passò giorno che non ci rivedessimo. Nell'apprendere che ero sorella di Eduardo e di Nunzio, Eligio, pur continuando a ridere (questo era ed è il suo principale connotato, la sua forza) sospirò:

«Brutto affare. Io di professione mia compro e vendo abiti usati, e cioè
65 come eventuale cognato di tali cognati, non valgo un lupino.[18] Cara Cecilia, persuaditi, non c'è che un sistema: quello di metterli, prima che ce lo rendano impossibile avvitandomi la testa nel collo,[19] dinanzi al fatto compiuto».

Aveva ragione. Il fatto compiuto ebbe le sue normali conseguenze, ero

70 incinta di tre mesi quando confessai tutto ai miei. Non m'esce di mente, quel terribile pomeriggio d'agosto. Eduardo con una gelida occhiata immobilizzò i vecchi; mi disse, torcendomi un braccio:

«Visto che c'è la creatura, non ti rompo le ossa» e ordinò a Nunzio di acciuffare immediatamente Eligio.

75 Che scena, Madonna santa, che paura e che strazio. Nel cortile, osservati da una piccola folla che non osava fiatare, Eduardo e Nunzio si palleggiavano a ceffoni Eligio. Durò a lungo, questa malvagia tortura. Eligio cadeva e si rialzava, cadeva e si rialzava, ma con la bocca insanguinata rideva e diceva:

«Troppo giusto, don[20] Eduardo. . . non c'è di che, don Nunzio. . . però
80 non dovete e non potete uccidermi: io per voi sono, indegnamente, un capitale d'onore».

La smisero, infine; io per l'angoscia che mi aveva sconvolta ebbi un trauma, e addio bambino; vi furono anzi complicazioni, i dottori all'Ospedale della Pace mi guarirono, sì, ma dissero chiaro e tondo che madre non sarei
85 diventata mai più. Quanto a Eduardo e a Nunzio, decisero che non ci volevano fra i piedi e che filassimo qui, a Milano: fornirono a Eligio certi preziosi indirizzi locali, di gente abituata a rispettarli anche da lontano; e la simpatia di Eligio fece il resto. Piacevano, le sue lucenti risate ai milanesi; nel '55, dopo aver trafficato in cento modi, egli rilevò un bel negozio di tessuti in corso
90 Vercelli e subito incantò la fortuna.[21] Eccoci signori, con l'appartamento in via Lorenteggio, la macchina per lavare[22] senza bagnarsi un dito, l'aspirapolvere, la televisione, l'automobiletta e le corna.[23]

La parte lesa, in fatto di corna, son io. Ho tutte le prove che voglio, fin dal maggio scorso, eppure ho taciuto sempre. Zitta, Cecilia, zitta. Vado e vengo
95 nella casa, lamentandomi sobriamente, un gemito o un singhiozzo ogni mezz'ora, e sfaccendando. Se mi vengono richiesti i miei doveri coniugali, non mi rifiuto; li svolgo come un'infermiera: di Eligio o mia?; non lo so. Mi ripromettevo di andare avanti così all'infinito; ma c'è Natale, c'è che a Natale, come ho detto, Milano si scinde, si fraziona, e chiunque ritorna dov'era e
100 com'era, con i piatti originari sulla mensa e con tutto il passato nelle vene. D'accordo? E quindi farò qualcosa. Il progetto che volto e rivolto nella coscienza, è questo. Eligio ha l'abitudine (che faccia avremmo soli soli, noi due, con tanta grazia di Dio fra noi sulla tovaglia?) di invitare cinque o sei conterranei. So già che verranno gli Spicacci, il Guarracino, il Battaglia, lo Ziviello.
105 Be', ecco. Quando saranno tutti seduti, pronti allo sbafo, mi alzerò per un discorsetto. La mia voce sarà neutra, bassa, ma ferma; la sentiremo, tanto io che loro, un po' distante, come se uscisse da una lettera o da un guanciale.

Dirò:

«Signori e signore, vi auguro, prima di tutto, un felice Natale; identico a quello che festeggiammo uniti l'anno scorso. Ma debbo avvertirvi che ci sarà un cambiamento di menu. Per il Natale del '60 mangiammo e bevemmo, ricordate?, il meglio del meglio della speciale cucina delle nostre parti. Numero uno: i cespi di indivia imbottiti di ulive, di capperi, di alici salate, di pinoli. Numero due: gli spaghetti alle vongole, che odorano di scoglio bagnato e di grano e di aglio stizzito.[24] Numero tre: il cefalo in bianco, enorme, col prezzemolo fra i dentini come i fiori d'arancio sul velo di sposa. Numero quattro: il baccalà fritto o lesso, a scelta: morbido, latteo, si scioglieva in bocca. Numero cinque, il massimo piatto natalizio della nostra indimenticabile città: un capitone largo come le funi dei bastimenti e cucinato, a pezzi, nei tre modi classici: in umido, fritto, e arrostito sulla graticola con una leggera benedizione di aceto. Numero sei: cavoli neri e cavolfiori all'insalata, con puro olio di Bitonto.[25] Numero sette... ma è inutile continuare: vedo che vi vi struggete, che vi fervono i sapori in gola, e vengo all'essenziale. Attento, Eligio. Questo cenone di Natale sarà molto diverso, come ho detto. Ero una moglie completa e soddisfatta, allora; mentre oggi sono, abbiate pazienza, limitata e afflitta».

Non permetterò che mi interrompano. Stringendo la tovaglia fra le dita, soggiungerò:

«Non preoccupatevi, io non ho l'intenzione di avvelenarvi la festa, nè quella di mettere negli impicci Eligio. So che ha una ganza e so pure che avrà un figlio. Questo è il punto: io non ho continuazione e lui sì; perciò non agisco, non mi difendo. Avrei potuto avvicinare quella donna, parlarle a tu per tu:[26] ma una moglie è obbligatoriamente svantaggiata e avvilita, in questi incontri; e io, poi, con la menomazione che ho... Basterebbero, che so, anche due righe ai fratelli miei, li conoscete, Eduardo e Nunzio: si preciterebbero a Milano e sistemerebbero tutto. Ma io non desidero il male di Eligio. Mi sento battuta e sfregiata da lui, ma non lo odio; c'è il sacramento, fra noi, sì o no? Dunque non v'immalinconite, adesso, per carità. Di nuovo, qua, non trovate che il menu di stasera. Non abbiamo spaghetti alle vongole e non abbiamo capitone, questo è.[27] Non ci scosteremo di un passo da Milano e dal presente. Non ci illuderemo che fuori palpiti il mare e che abbiamo, tutti, quindici o vent'anni di meno, l'età della tenerezza e dei miracoli. Non voglio Napoli e il passato qui, davanti all'umiliazione e alla vergogna mie. Scusatemi... perciò vi ho preparato un risotto con lo zafferano e i funghi, cotolette, gallinaccio, panettone.[28] Buon appetito, signori e signore, buon Natale».

Suonerò il campanello, affinchè la donna cominci a servire. Non dubito che avrò gli occhi asciutti come la rena in luglio. Già vedo, senza il minimo piacere, i volti chiusi, gravi come suoni d'organo, dei convitati.

NOTE LESSICALI E CULTURALI

[1] **fin troppo**   *anche troppo*

[2] **se li ritrova addosso**   *vuol dire che durante il periodo di Natale la nostalgia per il luogo d'origine è piú forte*

[3] **il veneto**   *persona del Veneto, regione situata nell'Italia orientale; il capoluogo è Venezia*

[4] **pugliesi, umbri, sardi, lucani**   *abitanti di varie regioni italiane: la Puglia, l'Umbria, la Sardegna, la Lucania*

[5] **Avellino**   *città della Campania che si trova a est di Napoli*

[6] **ve la calcolano salata**   *ve la fanno pagare cara*

[7] **magliaro**   *venditore ambulante di tessuti che spesso ruba*

[8] **Friuli**   *regione della parte nord-est dell'Italia*

[9] **quale oggi e quale domani**   *alcune oggi alcune domani*

[10] **divozione**   *devozione*

[11] **Bagnoli Irpino**   *paese che si trova nell'Irpina, una zona montagnosa in Campania*

[12] **Viggiù**   *piccolo paese che si trova in Lombardia*

[13] **cassata**   *dolce siciliano fatto con ricotta e frutta candita*

[14] **i Borboni**   *la dinastia che regnò a Napoli nel secolo XVIII*

[15] **Orlando**   *vedi Levi, IL PONTIAC A ISNELLO, nota #4*

[16] **la Riviera di Chiaia**   *quartiere di Napoli vicino al mare*

[17] **ecco quanto**   *questo è tutto*

[18] **non valgo un lupino**   *non valgo niente*

[19] **avvitandomi la testa nel collo**   *uccidendomi*

[20] **don**   *vedi Pirandello, nota #4*

[21] **incantò la fortuna**   *fece fortuna*

[22] **la macchina per lavare**   *espressione in disuso, sostituita da **lavatrice***

[23] **le corna**   *dall'espressione idiomatica **fare le corna** che significa che il marito o la moglie, il fidanzato o la fidanzata, non sono fedeli*

[24] **aglio stizzito**   *aglio raggrinzito, cioè seccato dal tempo*

[25] **Bitonto**   *città che si trova in Puglia, vicino a Bari*

[26] **parlare a tu per tu**   *parlare privatamente*

[27] **questo è**   *questa è la situazione*

[28] **panettone**   *dolce natalizio dalla caratteristica forma a cupola, diffuso soprattutto nel nord d'Italia*

DOMANDE

1. Cosa pensa del Natale a Milano il narratore?
2. Da dove viene la protagonista?
3. Chi sono i zampognari?
4. Che cosa appende Cecilia fuori dalla porta?
5. Che cosa le ricordano i meloni?
6. Quali altre cose tipiche del Natale meridionale avrà la protagonista?

7. Che lavoro facevano il padre e la madre?
8. Che cosa studiava lei?
9. Come sono i fratelli della protagonista?
10. Come ha incontrato suo marito?
11. Perché il lavoro che fa lui è un problema?
12. Quale reazione ha la famiglia quando lei annuncia di essere incinta?
13. Perché Cecilia e Eligio vanno a Milano?
14. Hanno avuto fortuna a Milano?
15. Di che cosa si lamenta Cecilia?
16. Cosa pensa di dire prima della cena di Natale?
17. Perché vuole fare quel discorso?
18. Come dimostra il rifiuto delle solite tradizioni meridionali?
19. Qual è il rapporto di Cecilia con la sua terra d'origine?
20. Cecilia sembra contenta a Milano?

TEMI

1. Hai mai provato a festeggiare una ricorrenza lontano da casa o da amici?
2. Quali sono i problemi che si incontrano trasferendosi in un'altra città?
3. Quali soluzioni si possono prendere se una persona sa di essere tradita?
4. Trasferendovi in un'altra regione, quali sono le cose che vi mancherebbero (o che vi sono mancati) di più?

ESERCIZI

I. *Volgere l'infinito in corsivo all'imperfetto del congiuntivo:*

1. La coinquilina non sapeva che cosa *essere* le sorbe.
2. Non sembrerebbe Natale se io non *avere* i meloni d'inverno e i mandarini.
3. Era bene che noi *potere* contare sugli amici di Napoli per farci mandare queste belle cose.
4. Benché il primogenito, Gennaro, *fare* il medico, gli altri due fratelli erano e sono due temuti guappi.
5. Dopo aver conosciuto Eligio, non passò giorno che Cecilia non lo *rivedere*.
6. Cecilia non sapeva che fare perché i fratelli *accettare* Eligio.
7. Le sembrava che Eduardo e Nunzio lo *uccidere*.

8. Accettato il fatto compiuto, fornirono a Eligio certi preziosi indirizzi perché egli *potere* aver successo a Milano.

9. Affinché il marito e gli invitati *capire* la sua vergogna e la sua umiliazione, non preparò una cena tradizionale napoletana.

10. Se Cecilia *scrivere* due righe ai fratelli, loro si precipiterebbero e sistemerebbero tutto.

II. *Completare le seguenti frasi con l'aggettivo richiesto:*

1. Si chiama _____ una persona che viene dal Veneto.

2. Si chiama _____ una persona che viene dall'Umbria.

3. Si chiama _____ una persona che viene da Milano.

4. Si chiama _____ una persona che viene dalla Puglia.

5. Si chiama _____ una persona che viene dalla Sardegna.

6. Si chiama _____ una persona che viene da Napoli.

7. Si chiama _____ una persona che viene dalla Lucania.

8. Si chiama _____ una persona che viene da Roma.

9. Si chiama _____ una persona che viene dalla Sicilia.

10. Si chiama _____ una persona che viene da Firenze.

III. *Scegliere tra le seguenti congiunzioni per completare le frasi:*
come. . .dove. . .dunque. . .e. . .ma. . .mentre. . .nè. . .o. . .perciò. . .però. . .pure. . .quando. . .quindi. . .se

1. _____ alcuni hanno mezzi, altri non li hanno.

2. I meloni hanno una polpa bianca _____ dolce che fa perdere i sensi _____ il primo bacio.

3. _____ confessai tutto ai miei, Eduardo ordinò a Nunzio di acciuffare immediatamente Eligio.

4. Eligio risponde ai fratelli ridendo _____ dice loro che non devono _____ possono ucciderlo.

5. A Milano incantò la fortuna _____ lui e Cecilia hanno l'appartamento, l'aspirapolvere _____ la televisione.

6. _____ Cecilia scrive ai fratelli, possono sistemare tutto.

7. Vedo che vi struggete _____ vengo all'essenziale.

8. I capitoni si possono cucinare a pezzi in tre modi classici: _____ fritto _____ in umido _____ arrostito.

9. Cecilia non vuole Napoli e il passato _____, cambia il menú della cena.

10. _____ suona il campanello, la donna comincia a servire.

IV. *Mettere ogni piatto della seconda colonna in una delle sei categorie della prima:*

1. Antipasto
2. Farinacei
3. Pesce
4. Carne
5. Contorno
6. Dolce, frutta fresca e frutta secca

panettone, gallinaccio, uva, capitone fritto, fichi secchi, spaghetti alle vongole, cassata, cavolfiori all'insalata, arance, cefalo in bianco con prezzemolo, mandorle, mandarini, sottaceti, baccalà lesso, patate arrostite, nocciole, mele, risotto con lo zafferano e i funghi, cespi di indivia imbottiti, cotolette alla milanese, cappone, meloni d'inverno, olive, cavoli neri, baccalà fritto, alici salate, capitone in umido, patate fritte

V. *Scegliere dei piatti di ogni categoria per una festa, aggiungendovi altri piatti italiani che conoscete.*

LAZIO

Alba de Cespedes (1911–   )

Nata a Roma, Alba de Cespedes è rimasta per molti anni quasi ignorata per l'impossibilità di essere inserita in una particolare corrente letteraria. Per questa ragione al successo di pubblico non è sempre corrisposto il dovuto riconoscimento critico. In tempi più recenti la critica femminista ha rilevato il valore anticipatorio di certi temi presentati nei suoi romanzi. La posizione della donna nella società moderna, con le sue paure, le sue crisi e le sue rivendicazioni, sono temi infatti che solo negli ultimi anni hanno trovato una più precisa collocazione critica anche in letteratura. D'altronde non è neppure corretto limitare la lettura delle opere della de Cespedes in chiave esclusivamente femminista; si correrebbe il rischio di darne una lettura monodimensionale che ridurrebbe il valore artistico della scrittrice. I suoi romanzi sono ricchi di situazioni in cui la condizione della donna può essere presa quale esempio dell'alienazione e della frustrazione quotidiana in cui i rapporti familiari sono ormai sentiti come un'insopportabile imposizione esterna della società. Con ovvie differenze di prospettiva questa è anche la tematica caratteristica di tanti racconti d'ambiente romano di Alberto Moravia. Il racconto qui presentato, "La Paura", è un perfetto esempio di questo particolare aspetto della sua narrativa.

Tra i romanzi uno dei più caratteristici è senz'altro *Prima o dopo* (1955) il cui titolo si riferisce alla scelta che bisogna fare, prima o poi, tra una felicità che è quasi sinonimo d'incoscienza e superficialità e la capacità d'analizzare la propria situazione e la conseguente infelicità e disperazione. Il "dopo" sembra essere lo stadio a cui si arriva dopo un penoso "prima" fatto spesso di illusoria felicità. Una simile situazione si ripresenta in *Quaderno proibito* (1952) dove la protagonista scopre l'altra faccia della felicità dopo un'intera vita dedicata alla famiglia. Uno dei suoi più famosi romanzi, *La bambolona* (1967), da cui è stato tratto anche un film, ha come protagonista un uomo di successo che è portato alla rovina dalla sua stessa intelligenza e presunzione e alla fine deve confrontarsi con sè stesso ed accettare la propria sconfitta. Più interessante, dal punto di vista tecnico, è *Nel buio della notte* (1973) in cui la de Cespedes arricchisce la sua narrazione di varie soluzioni tecniche innovative tra cui il monologo interiore.

L'atmosfera de "La paura" è dominata dai vari stati emotivi dei due protagonisti mentre percorrono, di notte, i vari quartieri di Roma. La volontà di lei e il furore di lui ripetono il tema eterno dello slancio vitale della gioventù, il tutto messo in discussione dall'ironia del finale.

BIBLIOGRAFIA ESSENZIALE

L'ANIMA DEGLI ALTRI (1935)
IO, SUO PADRE (1935)
CONCERTO (1937)
NESSUNO TORNA INDIETRO (1938)
FUGA (1940)
DALLA PARTE DI LEI (1949)
QUADERNO PROIBITO (1952)
GLI EFFETTI DI FAMIGLIA (1952)
INVITO A PRANZO (1953)
IL RIMORSO (1963)
PRIMA O DOPO (1964)
LA BAMBOLONA (1967)
LE RAGAZZE DI MAGGIO (1970)
NEL BUIO DELLA NOTTE (1973)

LA PAURA

Non appena uscita dal portone capivo subito di che umore era Mario. Mi aspettava fermo sull'orlo del marciapiede, con aria distratta, come se fosse lì per piantonarmi. Aveva un carattere difficile; quando mia madre me lo faceva notare, scotendo la testa e dicendomi: «Te ne accorgerai», io replicavo
5 che gli uomini basta saperli prendere, ma, in fondo, ero convinta che avesse ragione. Mario esigeva che fossi puntuale minacciando, nel caso contrario, di non farsi trovare più. L'avevo sempre trovato, veramente; tuttavia cercavo di arrivare precisa perché allora lo vedevo squadrarmi soddisfatto, mentre gli andavo incontro, ed era segno buono. Altrimenti lo trovavo con le spalle
10 girate che guardava passare le macchine e, sebbene avesse la mia stessa età, mi metteva soggezione.

Stava di spalle, quella sera. Io pensai: «Ci siamo». Mi avvicinai sorridente, fingendo di non notare il suo malumore, giacché spesso, quando facevo così, anche lui se ne dimenticava. Ma egli neppure si volse ed io tornai
15 col pensiero a ciò che era avvenuto la sera prima, alla voce con cui m'aveva parlato al telefono, quando ero rincasata: avevo la coscienza tranquilla, eppure divenni rossa come un papavero.

— Che caldo — dissi, sventolandomi con la borsetta.

Lui non aprì bocca.
20 — Non lo senti il caldo? — ripetei. Infine mi volsi a domandargli: — Che hai? Non mi dici neanche buonasera?

Fumava, le mani in tasca, la sigaretta penzoloni tra le labbra. Poi prese a camminare senza guardarmi e io gli camminavo al fianco pensando: «Ci vuole pazienza».
25 Mia madre lo ripeteva sempre; diceva, anzi, che nessuno sa più sopportare — i giovani, i poveri e gli innamorati meno di tutti — perciò le cose vanno come vanno nel mondo. Era una donna di buon senso e conosceva bene la vita e la gente perché faceva le carte[1] e ne sentiva di tutti i colori;[2] ma le dispiaceva che, per la sua professione, molti la schivassero.
30 «Che c'è di male?» protestava. «Io dico a tutti che le cose si aggiusteranno, che

bisogna aver pazienza e bruciare una certa erba ogni sera, per tre settimane. È un'erba qualunque che colgo qui vicino; ma, in tre settimane, o le cose s'aggiustano o uno s'abitua ad aver pazienza». In casa ci eravamo abituate ad aver pazienza con mio padre, finché era vivo, e poi con mio fratello; ma l'idea
35 di abituarmi ad averne anche con Mario mi metteva addosso una gran malinconia.

Passammo davanti al bar dove spesso entravamo a prendere il gelato e, senza fermarci, traversammo la piazza avviandoci verso il Lungotevere.[3] Mario vi si dirigeva immancabilmente quando aveva voglia di litigare ma poi,
40 siccome lì era buio, quasi sempre cambiava idea.

Sotto i platani c'era un'ombra folta, deserta. — Amore... — io dissi piena di speranza, e gli passai la mano sotto il braccio.

Mario s'arrestò di colpo, volgendosi finalmente a guardarmi. I suoi occhi erano terribili. Rimossi la mano, impaurita, e allora lui mi dette uno
45 schiaffo che mi fece dolere forte il naso.

— Ahi! — gemetti, guardandomi attorno.

— Ahi? — egli ripeté. — Hai pure il coraggio di dire ahi? Dove sei stata ieri sera? Avanti, di' la verità. Che hai fatto?

— Niente — risposi: — Te l'ho già spiegato al telefono. L'ingegnere
50 m'aveva chiesto di rimanere per finire di battere la relazione... trenta pagine... un male alle spalle!... e quando ha visto che erano passate le dieci m'ha detto...

— Che t'ha detto? — interruppe lui duramente.

— Ha detto: «Non si preoccupi, signorina, ho già dato ordine di accom-
55 pagnarla a casa con la macchina». Sono scesa giù sola. Te lo potrebbe dire l'usciere che ha raccomandato all'autista: «Fa' presto a tornare se no, prima che lui esca, ci vuole un'altra ora». Hai capito? Sei convinto, adesso? — gli domandai sorridendo.

Mario non rispondeva, continuava a fissarmi con quello sguardo tre-
60 mendo, alzandosi e abbassandosi sulle punte dei piedi. Temevo che, all'improvviso, si avventasse contro di me. «Mi ammazza», pensavo, e avevo più paura dei giornali e dello scandalo che della morte.

— È la verità — insistevo, tentando con gli occhi e con la voce di convincerlo della mia innocenza.— L'autista ha sette figli, è un padre di famiglia,
65 lo hai visto tante volte... Di che sei geloso?

Mario taceva sempre, bianco in viso, e io intuivo che dovevo continuare a parlare: se avessi smesso, chi sa che cosa sarebbe accaduto.

— Lui stava avanti, io dietro — continuavo — non abbiamo neppure scambiato parola. Ah, sí: a un certo punto lui ha detto: «Che ore, povera
70 signorina... Mia figlia studia stenografia, alla fine dell'anno prende il di-

ploma, ma non posso pensare che dovrà fare questa vita». Io sospiravo: «Eh, lo so io!. . .» ed ero tanto stanca che, quando siamo arrivati e lui m'ha aperto lo sportello come a una signora, mi dispiaceva di scendere.

75 Non l'avessi mai detto: Mario mi sonò un altro schiaffo e poi un altro che mi fece uscire il sangue dal naso. Lo sentivo colare sulle labbra, caldo, disgustoso, e mi vergognavo dei passanti.

— Dammi il fazzoletto — gli chiesi; poi, col naso tappato, andai ad affacciarmi al parapetto.

«Che ho fatto di male?» mi domandavo in un gemito, guardando il fiume 80 e pensando che tanti finiscono col buttarcisi. Mario mi si era avvicinato, ma capivo che lo faceva soltanto perché gli seccava dare spettacolo; infatti, acciocché non mi rassicurassi, batteva il pugno sul parapetto, svelto, rabbiosamente.

— Che ho fatto, Mario? — mormorai tra le lacrime.

85 Intanto riflettevo come la vita cambia da un momento all'altro: io ero una bella ragazza, allegra, di buona salute, contenta di lavorare e di essere fidanzata con Mario, un bel giovane che tutte le amiche mi invidiavano, e adesso stavo lì a guardare il fiume, disperata di avere soltanto diciannove anni e ancora tanto tempo da vivere.

90 — Lo sai tu, quello che hai fatto — diceva Mario con una voce che pareva una frusta. — T'approfitti perché passa gente, ma sbagli: non conosci ancora chi sono io.

Alle nostre spalle sentivo piangere un ragazzino che i genitori trascinavano. La madre lo minacciava inutilmente, poi gli disse: — Smettila o ti 95 lascio solo — e quello tacque subito. Dunque tutti, più ancora di una cosa o di qualcuno, hanno paura della solitudine. Io, infatti, ero spaventata dalla voce di Mario e da quello che poteva accadere, ma non sopportavo l'idea di rimanere lì sola. Alzavo la testa, sperando che il naso smettesse di sanguinare, e vedevo un cielo tutto annuvolato; i ponti sui quali passavano i trams 100 con le loro luci erano lontani. Se Mario se ne fosse andato lo avrei rincorso, mi sarei appesa al suo braccio, mi sarei fatta trascinare come un cencio sul marciapiede polveroso.

— Ti dispiaceva di scendere, dunque? — Mario insisteva con astio. — E io, come un cretino, stavo a casa ad aspettare la tua telefonata! Mangia, 105 cavallo mio. . .[4] Anche venerdì scorso sei tornata dall'ufficio alle undici.

— Avevo preso l'autobus, quella sera — gli rammentai, come pentita di aver goduto la comodità della macchina, la sera prima.

Mario osservò: — Fai progressi. La settimana ventura ti accompagnerà personalmente l'ingegnere. Ma io ti spacco la testa. Diglielo: la spacco a te 110 e a lui.

Giurai che non mi avrebbe accompagnata, che avrei rifiutato in ogni modo, anzi, promisi di dire all'ingegnere che non potevo più rimanere in ufficio oltre l'orario.

— Purché — soggiunsi — non mi cacci via.

115 — E se ti caccia via? — lui domandò, infuriato, costringendomi con violenza a guardarlo negli occhi. — Che faresti, di'?... Non rispondi?

M'aveva presa per le braccia e mi scrollava tanto forte che le vertebre del collo parevano spezzarmisi. Il fazzoletto intriso di sangue mi cadde di mano. Guardavo quel sangue e il viso stravolto di Mario, così giovane. Eravamo due 120 ragazzi, eppure io ero già ridotta a farmi picchiare sul Lungotevere come una sgualdrina. Vedevo me all'ospedale e lui in galera.

— Rispondi! — insisteva.

Non sapevo che dire: avevo paura di mia madre che contava sul mio stipendio e avevo paura di Mario. Una paura singolare mi legava a lui; una 125 debolezza che avevamo in comune tra noi, come l'età, e che ci lasciava indifesi di fronte a tutte le forze buone e cattive con le quali ci scontravamo per la prima volta. Ne avevo già avuto una prova la sera che eravamo sdraiati in un prato buio e ero riuscita a fuggire via, comprendendo che persino la felicità ci tendeva un tranello.

130 Mi lasciavo scuotere senza ribellarmi, mentre lui ripeteva crudelmente:
— Su, di'. Che faresti se minacciasse di cacciarti via? Parla.

Io lo fissavo sbigottita, in silenzio. Quando lo vidi alzare il braccio gridai: — Ho paura! — e mi misi a piangere.

Non so come mi ritrovai contro il suo petto. Mario mi carezzava i capelli, 135 le spalle, ma forte, quasi continuasse a picchiarmi. Intanto mormorava non so che cosa con voce calda, amorevole. Io pensavo: «Mi perdona, è fatta» come se fossi riuscita attraverso un inganno a fargli accettare una mia colpa. Era tenero, un agnello; sembrava che, prima, fosse stato costretto alla violenza.

— T'ho fatto male? — mi domandava umilmente, guardando il mio 140 fazzoletto rosso di sangue.

— È passato — io risposi con un sorriso e nascosi nella borsa il fazzoletto, soddisfatta della mia generosità. La testa mi doleva, ero tutta pesta, ma, in fondo, orgogliosa che un uomo fosse arrivato per me a quegli eccessi.

— Sono un vigliacco. Un vigliacco... — Mario ripeteva. — Stai bene? 145 Vuoi che ti porti in farmacia?

Io scotevo la testa contro la sua spalla.

— Sono geloso — confessò: — quando t'aspetto la mia mente lavora, lavora, temo che tu mi dica tante bugie...

— Bugie? — lo interruppi, offesa.

150 — No, no, santa mia, tesoro mio — s'affrettò a dire, carezzandomi la fronte. — Ma sei tanto bella, lo vedono tutti. Ho paura di perderti... Non

voglio che tu monti in quella macchina, che tu rimanga sola con quell'uomo...

— Ma se neppure mi vede! — esclamai.

155 — Non è possibile. Non vuoi dirmelo o forse non te ne accorgi. Tutti gli uomini si voltano quando passi. Quello lì, dovrebbe essere cieco.

— Sarà cieco — ammisi. — E poi, quante volte devo ripeterti che ha quasi vent'anni piú di me?

Ridevo e, dopo una breve incertezza, anche Mario rise. Eravamo felici.

160 — Ci sposeremo presto — dissi: — allora la smetterai di essere geloso.

— Presto? — ripeté lui abbuiandosi. — Metti almeno tre anni.

— Che sono tre anni? — obiettai. — Diciannove più tre: ventidue. Non credi che saremo ancora abbastanza giovani a ventidue anni?

Ci stringemmo, godendo della nostra età come di un dispetto. Eppure
165 era proprio la nostra età che mi faceva trovare a disagio di fronte alla sicurezza di quelli che mi dicevano sempre: «Sei giovane, che vuoi capire? Vedrai» e che me lo dicevano con una voce pesante di minacce. Provavo un'inspiegabile paura che cercavo di nascondere a tutti come una colpa; per questo mi pareva sempre di mentire a Mario benché non gli avessi mai detto una bugia.

170 — Tre anni — ripresi — ma appena tu entri in pianta[5] le cose cambieranno: potremo incominciare a cercarci una camera. Dunque, visti così, non sono proprio tre anni.

— È vero — ammise lui. Mi baciava, senza staccarsi se passava gente.
— È buio, non ci vedono — mormorava. — E poi, d'estate, tutti sono buoni
175 con gli innamorati. Anche le guardie.

Quando sbirciai il suo orologio ebbi un sussulto.

— Va avanti almeno dieci minuti — egli disse. Lo diceva sempre e sapevo che non era vero.

Ci incamminammo lesti, sottobraccio. Mario era tornato di buon umore,
180 faceva tanti piani per il futuro, sempre i soliti che ripeteva con le medesime parole ogni sera, quasi temendo che io li dimenticassi o di dimenticarsene lui stesso. La strada era deserta e i nostri passi risonavano nel silenzio. Forse a causa del silenzio o dei muri alti e lisci lungo i quali camminavamo o della gente che immaginavo fitta dietro le fitte finestre dei grandi caseggiati popo-
185 lari, di tutto ciò che rendeva opprimente quell'afosa sera estiva, mi pareva che noi due fossimo già sposati da anni, già vecchi; e, come tutti i vecchi, rassegnati a qualcosa più forte di noi che, fatalmente, sarebbe venuto a separarci. Guardavo Mario, bello, forte, con una piega caparbia tra i sopraccigli, e mi stringevo a lui che mi teneva la vita col braccio. Sentivo d'amarlo
190 più del solito quella sera, con ostinazione quasi; quando fummo sotto casa indugiavo nel salutarlo. Non ero mai rimasta fuori con lui fino a quell'ora, eppure non riuscivo a staccarmi.

Egli mi tolse di mano le chiavi e aprì il portone: era un gesto che gli piaceva fare come se fossimo già marito e moglie.

195 — Entra — disse premuroso. — Io rimango qui e aspetto un momento prima di richiudere. Semmai chiama.

— Di che hai paura? — gli domandai sorridendo.

— Di tutto. Temo perfino che qualcuno possa essere appostato nelle scale per rubarti, per portarti via.

200 Ma era ormai tanto sicuro da aggiungere scherzosamente:

— L'ingegnere, per esempio.

— È una fissazione! — protestai. — Te l'ho detto, neppure mi guarda.

— Strano — disse lui pensieroso.

Poi mi baciò lievemente, sollecitandomi:

205 — Va' su, mamma starà in pena.

Mi sentivo fiera e felice nel salire le scale. Entrai nella camera che dividevo con mia madre: lei già dormiva. Per assicurarmene chiamai sottovoce: — Mamma... —. Poi, sentendola respirare forte, mi avvicinai allo specchio e rimasi a osservarmi lungamente alla luce del moccolotto 210 sempre acceso davanti a un altarino. Mi raddrizzai sul busto, mi passai la mano, adagio, sul viso, sui capelli. «È strano», mi dicevo indispettita. «In fondo, Mario ha ragione: è proprio strano che l'ingegnere neppure mi guardi».

Fu tutta colpa sua, quello che accadde. Io non ci pensavo, prima, non ci 215 avevo mai pensato: posso giurarlo.

NOTE LESSICALI E CULTURALI

[1] **fare le carte**   *usare le carte per prevedere il futuro*
[2] **sentirne di tutti i colori**   *sentire storie strane e curiose*
[3] **il Lungotevere**   *la passeggiata che a Roma costeggia il fiume Tevere*
[4] **Mangia, cavallo mio**   *Fai pure quello che hai fatto sinora*
[5] **entri in pianta**   *trovi un lavoro stabile*

DOMANDE

1. Che cosa esigeva sempre Mario?
2. Cosa voleva dire quando Mario girava le spalle?
3. Che cosa faceva la mamma della protagonista?
4. Quando andavano di solito verso il Lungotevere?

5. Perché Mario le dà uno schiaffo?
6. Come si sentiva lei durante la passeggiata?
7. Chi l'aveva accompagnata a casa dal lavoro?
8. Che lavoro fa lei?
9. Di che cosa aveva veramente paura la ragazza?
10. Che significato ha la scena del ragazzo che passa con i genitori?
11. Che età hanno i protagonisti?
12. Come si sente lei quando Mario le accarezza i capelli?
13. Che programmi hanno per il futuro?
14. Che importanza ha per lei l'età?
15. Che cosa le fa pensare l'atmosfera della città di sera?
16. Cosa succede quando Mario accompagna la ragazza a casa?
17. Come finisce il racconto?
18. Quale punto di vista la narratrice sottolinea maggiormente?

TEMI

1. La gelosia è veramente un sentimento che si può evitare?
2. È vero che la letteratura genera e perpetua gli stereotipi che riguardano le differenze di comportamento tra l'uomo e la donna, oppure ciò riflette piuttosto una verità di base e universale?
3. In letteratura e nel cinema perchè ci sono sempre più esempi di storie raccontate dal punto di vista femminile?

ESERCIZI

I. *Scegliere la forma corretta del verbo tra parentesi:*

1. Io (*arriverò-ero arrivata-arrivo-fui arrivata*) precisa perché non avevo voglia di litigare.
2. Sapevo che egli (*ebbe sempre avuto-ha sempre-aveva sempre avuto-avesse sempre avuto*) un carattere difficile.
3. Scuotendo la testa, mia madre me lo (*avevo fatto-fare-facesse-aveva fatto*) notare.
4. Io (*mi avvicinavano-mi ero avvicinata-mi avvicina-mi fui avvicinata*) sorridente.
5. Egli non mi (*ebbe detto-abbia detto-aveva detto-disse*) neanche buona sera.

6. Mario e io *(eravamo passati-saranno passati-erano passati-fummo passati)* davanti al bar e poi *(abbiamo entrato-entriamo-entrarono-eravamo entrati)*.

7. Egli *(tacesse-era taciuto-tacere-sia taciuto)*, bianco in viso.

8. Mi *(dispiaccia-fu dispiaciuto-dispiaccio-era dispiaciuto)* scendere dalla macchina.

9. L'autista ed io non *(eravamo scambiati-avevamo scambiato-scambiarono-saremmo scambiati)* più di quattro parole.

10. Egli mi *(toglieste-togliesse-tolga-era tolto-aveva tolto)* di mano le chiavi e *(aprisse-aveva aperto-ebbe aperto-è aperto)* la porta.

II. *Che differenza c'è fra:*

1. una porta e un portone?
2. il marciapiede e la strada?
3. picchiare e dare uno schiaffo?
4. mettere soggezione e minacciare?
5. uno sportello e una porta?
6. un parapetto e un muro?
7. indispettito e arrabbiato?
8. umore e carattere?

III. *Scegliere la frase o le parole in corsivo che meglio completano la frase secondo il contenuto del racconto:*

1. Mario aspettava la fidanzata *sorridente/soddisfatto/con le spalle girate*.
2. La madre era una donna *abituata ad aver pazienza/di buon senso/distratta*.
3. Mario si dirigeva verso il Lungotevere quando voleva *gemere/accompagnarla/litigare*.
4. La ragazza aveva più paura *dello scandalo/dello schiaffo/della sua colpa* che della morte.
5. Per non rassicurare la fidanzata *sonò un altro schiaffo/la fissò con quello sguardo tremendo/batteva il pugno sul parapetto*.
6. Vedeva sé all'ospedale e lui *morto/in galera/lontano*.
7. Aveva goduto *l'astio/il viso/la comodità* della macchina.
8. Quando si sposeranno, Mario smetterà di essere *offeso/indifeso/geloso/costretto alla violenza*.
9. Tutti gli uomini si voltano quando lei *passa/si ribella/sale le scale*.
10. Tornati a casa, lei *si sventola con la borsetta/indugia nel salutarlo/finge di non notare il suo malumore*.

IV. *Scegliere i proverbi più adatti rispetto al racconto. Spiegare la vostra scelta.*

    1. Corda troppo tesa spezza se stessa e l'arco.
    2. Il mattino ha l'oro in bocca.
    3. I fatti sono maschi e le parole sono femmine.
    4. Da cosa nasce cosa.
    5. Chi si scusa s'accusa.
    6. Chi semina vento raccoglie tempesta.
    7. Non tutto il male viene per nuocere.
    8. Non tutte le ciambelle riescono col buco.

V. *Trovare la parola o l'espressione della seconda colonna che ha un legame con quella della prima colonna:*

1. picchiare	1. accadere
2. la malinconia	2. appendere
3. sbigottito	3. folto
4. stare in pena	4. volgersi
5. avvenire	5. fiero
6. penzoloni	6. preoccuparsi
7. fitto	7. caparbio
8. voltarsi	8. impaurito
9. l'ostinazione	9. dare uno schiaffo
10. orgoglioso	10. abbuiarsi

VI. *Descrivere un ragazzo che la madre preferirebbe come fidanzato per sua figlia.*

Ercole Patti *(1904 – 1976)*

In Ercole Patti, scrittore siciliano trasferitosi ancor giovane a Roma, sono mescolati tratti tipici della sua terra d'origine e spunti altrettanto caratteristici della sua città d'adozione. È possibile paragonare il taglio della sua indagine sociale al lavoro di Vitaliano Brancati; anche se Patti, sentendosi parte di quella società che critica, finisce con l'essere meno moralista e più comprensivo. Quale giornalista, ha viaggiato in vari paesi extraeuropei tra i quali il Giappone, la Cina e l'India. Per alcuni anni è stato anche critico cinematografico del settimanale *Tempo*.

Il suo stile secco e essenziale è dovuto senz'altro a questa lunga esperienza giornalistica. *Quartieri alti* (1940), raccolta di elzeviri, segna l'inizio della sua carriera come scrittore. La sua ricerca è rivolta soprattutto a rivelare gli squallori di quella società romana che si nasconde dietro il falso perbenismo della propria posizione sociale. La seconda raccolta della produzione di Patti, *Il punto debole* (1952), è contraddistinta dalla mescolanza di racconti in cui prevale il tema sociale sopra menzionato, e altri di ambiente fascista in cui si fa più forte il ricordo personale della sua adolescenza. Qui è evidente una più forte dose di ironia e anche di spietatezza a cui Patti fa ricorso nel rappresentare l'ambiente romano. Spesso è il mondo del cinema, con tutte le sue miserie e splendori, ad offrire gli spunti più interessanti per lo scrittore. Anche se la seconda parte vorrebbe essere un'altrettanta feroce indagine sulla società fascista in Sicilia, il ricordo personale non permette alla sua ironia di caricarsi della stessa forza registrata nella prima parte della raccolta.

Nel 1954 uscì il suo primo romanzo, *Giovannino,* seguito poi da *Un amore a Roma* (1956) e *La cugina* (1965); quest'ultimo è quello in cui Patti mostra di essere narrativamente maturo, capace di dare più sviluppo ai personaggi e di creare una narrazione a più ampio respiro. L'ambiente rimane quello caro allo scrittore, cioè Catania e la campagna circostante, spesso vista dai giovani protagonisti sotto una luce estremamente sensuale. Esemplare per il senso di nostalgico sguardo alla campagna siciliana è il romanzo breve *Un bellissimo novembre* (1967), dove l'attenzione dello scrittore è rivolta a quel periodo dell'anno che, nella natìa Sicilia, simboleggia un ultimo momento di sensuale resistenza estiva all'inverno ormai imminente. Nel 1971 raccoglie in *Diario Siciliano* vari suoi scritti in cui ha accentuato l'attenzione sul microcosmo siciliano, fatto di emozioni semplici che tendono a scomparire nella civiltà industriale. Nella raccolta *In riva al mare* (1973), Patti ripresenta alcuni racconti già pubblicati in precedenza e altri racconti inediti dove si ritrovano i temi più cari allo scrittore, soprattutto il suo volgersi indietro verso un tempo ormai scomparso, senza però che la sua ricerca risulti mai nè banale nè scontata.

Il racconto "Piccolo proprietario terriero" presenta la situazione tipica dell'aristocrazia terriera siciliana che dagli sfarzi dell'Ottocento è passata alle miserie del XX secolo. I titoli nobiliari sono venduti per posta, indice questo della totale svalutazione dei titoli stessi e di quanto essi rappresentano.

BIBLIOGRAFIA ESSENZIALE

DUE MESI DI VITA DI UN GIOVANOTTO (1933)
QUARTIERI ALTI (1940)
IL PUNTO DEBOLE (1952)
GIOVANNINO (1954)
UN AMORE A ROMA (1956)
LA CUGINA (1965)
UN BELLISSIMO NOVEMBRE (1967)
L'INCREDIBILE AVVENTURA DI ERNESTO (1969)
GRAZIELLA (1970)
DIARIO SICILIANO (1971)
IN RIVA AL MARE (1973)
GLI OSPITI DI QUEL CASTELLO (1974)
UN LUNGO VIAGGIO LONTANO (1975)

PICCOLO PROPRIETARIO TERRIERO

È un pomeriggio di dicembre in un paesetto sulle pendici dell'Etna.[1] Il cielo è coperto, piove da parecchi giorni. Il piccolo proprietario terriero Sebastiano Lanzafame gironzola per le stanze di casa sua con un grande scialle nero da donna sulle spalle. Si sofferma dietro i vetri a guardare la pioggia che batte sul
5 balcone, sulla strada e sulla vecchissima casa di fronte che non ha subíto il piú piccolo cambiamento da quando lui è nato, verso il 1900. Poi va a guardare dal balconcino della parte opposta dove si scorge in basso la vigna immersa nella bruma e nell'umidità. Nelle belle giornate da lí si vede un panorama immenso che arriva fino al mare lontanissimo: oggi si intravede appena, fra le
10 viti, la vicina casupola bianca che nell'autunno è mèta di cacciatori, specie nelle giornate del passaggio delle allodole.

La casa, situata al centro del paese, è quella dei suoi nonni ai bei tempi. Stanzoni pieni di vecchi mobili, di ingrandimenti fotografici e di portaritratti di velluto. Uno di questi dalla forma di una grandissima tavolozza di pittore,
15 attaccato ad una parete del salone, è bucherellato da tanti piccoli ovali con le fotografie di tutta la famiglia sin dalla prima metà dell'800: dai bisnonni con gli scopettoni e le trisnonne in crinoline ad alcuni zii e zie piccolissimi, di due o tre anni, morti a quell'età. L'ultimo, quel poppante con la cuffietta, è ancora vivo in America ed ha settantacinque anni.

20 La stanza da pranzo conserva ancora il ricordo dei grandi pranzi che vi si sono svolti nei primi anni del secolo, attorno all'ampia tavola rotonda allun-gabile. Dietro le vetrine delle due alte credenze sono sistemati ai vari ripiani, piatti, bicchieri e servizi da caffè mai adoperati, accanto a qualche bottiglia vuota di vecchio liquore conservata da un trentennio per la sua forma inso-
25 lita.

Il Lanzafame gira per le stanze cantarellando: «Pa pa pa tararà» mentre si sente battere fitta la pioggia contro i vetri; si spinge fin sulla soglia della cucina ove la vecchia cameriera Agata è seduta dietro il balconcino interno, con un cesto di verdura da pulire sulle ginocchia e una piccola conca di rame

30 con la carbonella accesa, accanto ai piedi. Agata ogni tanto allunga il collo verso il vetro, come una tartaruga, per gettare uno sguardo senza curiosità nel cortile sottostante buio e fradicio di pioggia. Il Lanzafame la guarda per un attimo, poi gira sui tacchi e si allontana cantarellando, con le frange dello scialle che gli battono sui polpacci.

35 È da dieci anni vedovo, non si è mai allontanato dal paese se non per brevissimi viaggi a Roma o a Merano in estate. Possiede una vigna alle porte del paese; questa proprietà ai tempi di suo nonno arrivò a produrre ottocento salme[2] di vino, cioè circa seicento ettolitri. Ma sono epoche favolose il cui ricordo vive soltanto nella memoria di certi vecchi massari. Adesso sí e no la 40 vigna fa duecento e talvolta centocinquanta salme. Col ricavato di questo vino, e facendo anche qualche debito, il Lanzafame vive modestamente con la vecchia domestica Agata che lo ha visto nascere. «Pa pa pa tarararà», canticchia il Lanzafame soffermandosi accanto a un antico cembalo sovraccarico di statuette di santi, di vasetti, di candelieri con pendagli di vetro che 45 tintinnano al buio ogni volta che giú in istrada passa l'autobus di Catania.[3]

A un tratto si sente un suono di voci rozze provenienti dall'androne. Il Lanzafame si affaccia a una finestrella interna e vede il postino imbacuccato in un ferraiolo col cappuccio, e si intrattiene a scherzare col calzolaio vicino. Finalmente il postino comincia a salire le scale e il Lanzafame corre ad aprirgli 50 la porta.

Il postino ha portato l'avviso del notaio per una piccola cambiale in protesto ed una grande lettera con stemmi in rilievo. Si tratta della nomina di Sebastiano Lanzafame a Duca di Marigliana. Ancora un titolo nobiliare da aggiungere a tutti quelli che ha accumulato da alcuni anni a questa parte, per 55 corrispondenza. Entrato in un certo giro, che si svolge sempre per posta, è Grand'Ufficiale di ordini speciali, nobile ed ha anche titoli ungheresi e sloveni. Dopo le ultime investiture, che ha ottenuto sempre per corrispondenza, da un po' di tempo ha la facoltà di nominare lui stesso Commendatori e Grandi Ufficiali di misteriosi ordini. Alcuni sensali e piccoli proprietari che si 60 riuniscono a giuocare a briscola[4] nella dolceria vicina sono stati da lui insigniti del titolo di Commendatori e custodiscono i diplomi nelle cornici.

In casa del Lanzafame i diplomi arrotolati e chiusi in appositi astucci riempiono un settore di un grande armadio di velluto con dentro insegne e medaglioni da appendere al collo, da appuntare in basso sulla marsina o 65 rosette da mettere all'occhiello.

Sebastiano Lanzafame, contento della nuova nomina che attendeva da mesi, butta sul comò senza aprirlo il protesto cambiario e si dirige verso l'armadio. La pioggia adesso si è intensificata, picchia sui vetri con un ampio fruscio mista a qualche chicco di grandine; il cielo è basso e scuro. In quella

70 luce scialba da sottoscala che entra dal balcone il Lanzafame comincia ad
aprire alcune scatole che allinea sul letto; tira fuori qualche onorificenza,
qualche collare. Ne ha moltissime, una collezione di tutte le onorificenze del
mondo. C'è perfino il Toson d'Oro con la pecora appesa per la pancia e le
zampe a penzoloni.

75 Un rumore di passi chiodati nella stanza vicina lo riscuote; è arrivato
Turi il massaro della Sciarella. Turi si siede in punta alla sedia, posando
appena lo sguardo su quegli ori e quegli smalti che conosce già. Poi con voce
lamentosa inizia subito ad esporre una questione di fave e di innesti. Il
Lanzafame lo interrompe per fargli vedere la lettera arrivata adesso che lo
80 nomina, oltre che Duca di Marigliana, Gran Maestro e Governatore di un
nuovo ordine cavalleresco. Il massaro tace e allunga il collo per osservare i
fregi sulla carta da lettere, approva educatamente col capo e riprende la sua
querula esposizione a proposito delle fave che sono andate a male e qui si
richiama alla storia di certi lupini che si sono ammuffiti l'anno avanti perché
85 il sacco che li conteneva aveva preso acqua dato che nella cantina da anni ci
sono varie tegole rotte e ci piove. Riferisce anche la discussione che ha avuto
con il vicino a proposito del muretto di divisione che ha sbracato in un punto
stroncando un piccolo pero. Inoltre ha bisogno di ventimila lire per pagare le
giornate degli uomini che hanno zappato tre settimane fa, ancora non hanno
90 avuto niente e protestano. Le scarpe inzuppate del contadino diffondono due
macchie di acqua sul pavimento.

— Te le darò dopo, — dice il Lanzafame soppesando fra le mani una
grossa stella d'oro smaltato.

— Quelli non vogliono piú aspettare e se la prendono con me, — fa il
95 contadino piagnucolando, — finisce che non posso piú andare in piazza.

— Ditegli⁵ di aspettare, Turi.

— Gliel'ho detto tante volte. Appena mi vedono mi corrono appresso e
io non so piú che cosa dire. Se potessimo almeno dargli la metà.

— Digli che la settimana entrante saranno pagati.

100 —Abbiamo detto cosí anche dieci giorni fa. Adesso non ci credono piú.
Diamogli almeno settemila lire.

— Come sono noiosi! Che aspettino! — sbuffa il Lanzafame
infastidito. — Non mi affliggere, Turi!

Il contadino tace.

105 — Con questa nomina — fa dopo una pausa il Lanzafame con voce
raddolcita, — adesso mi tocca il titolo di Eccellenza.

Il massaro lo guarda con l'occhio atono. Poi fissa le due macchie d'acqua
che le sue scarpe spandono sul pavimento. Il Lanzafame ha tirato fuori altre
insegne e le ha deposte sul letto. Croci, profili di santi, poi prende in mano
110 delicatamente il Toson d'Oro.

— Ma questa è una pecora! — esclama Turi illuminandosi come chi in un ambiente per lui del tutto misterioso e sconosciuto riconosce inaspettatamente una persona cara.

— È il Toson d'Oro, una onorificenza altissima che soltanto i regnanti e i personaggi della piú illustre nobiltà possono avere. Io, grazie a un certo traffico, spero di poterci arrivare, — spiega dolcemente il Lanzafame sollevando il pendaglio dorato e facendolo dondolare un poco alla luce opaca che entra dalla finestra.

In quella[6] arriva strisciando piano piano le ciabatte, la vecchia cameriera con in mano uno scolapasta pieno di cicoria.

— Vuole la cicoria stasera oppure i cavolicelli che ha portato Turi? — chiede con la sua voce tremolante.

— Ah! Ci sono i cavolicelli? E non me lo avevi detto? Allora non si discute nemmeno: i cavolicelli — risponde il Lanzafame dimenticando per un attimo il Toson d'Oro che continua a tenere sollevato in aria, — e ricordati di andare giú nella dispensa a prendere un bottiglione di vino nero della Sciarella.

— Ma è una pecora. Perchè? — insiste il contadino con tono stupidamente ilare, non riuscendo a spiegarsi che una onorificenza tanto alta e ambita abbia come simbolo un cosí umile animale.

Il Lanzafame sorride come per scusare tanta ignoranza e poi spiega: — Il Toson d'Oro fu creato nel 1426 dal duca Filippo il Buono di Borgogna; successivamente Gran Maestro dell'ordine fu Carlo il Temerario. L'uniforme comporta un gran mantello rosso e un tocco. Forse dovrò farmeli fare, — aggiunge curvandosi confidenzialmente verso il contadino, — e chissà quanto mi costeranno. Purtroppo questa roba costa carissima.

Turi sta a sentire facendo di sí con la testa. Poi, incoraggiato dal tono cordiale del padrone, si riscuote.

— Se gli potessimo dare almeno cinquemila lire — azzarda timidamente. — Tanto per farli star zitti.

—Ho detto di no, Turi! Pagheremo la settimana entrante, — risponde secco il Lanzafame buttando il Toson d'Oro nella sua scatola e chiudendola di scatto.

Il contadino tace fissandosi le punte delle scarpe. Si è fatto buio, ai vetri si sente battere abbondantemente la pioggia.

Uscito il contadino, il Lanzafame si dirige verso la stanza delle rivoltelle.

La stanza delle rivoltelle è di piccole dimensioni. Due grandi armadi di noce antico e lustro, un divano, due poltrone e una piccola scrivania gremita di ninnoli che non lasciano un solo centimetro per poter scrivere, la riempiono completamente. Dal balcone alto sul grande vigneto, nelle giornate serene, entra una blanda luce di campagna che sembra avere il dolce riflesso

verde delle viti sottostanti. Quella luce illumina il vasto ingrandimento foto-
grafico ovale, incorniciato di velluto cremisi, del padre di Sebastiano Lanzafame morto ventottenne verso il 1902: viso pallido e paffuto, grandi baffi neri
155 all'insú, colletto duro e occhi mesti di antico defunto.

I due armadi sono pieni di rivoltelle, la grande passione, dopo quella
delle onorificenze, di Lanzafame, che da molti anni impiega tutto il suo
denaro nell'acquisto di armi da fuoco e soprattutto di rivoltelle e pistole.
Rinunzia a qualsiasi cosa pur di poter comprare una nuova arma da fuoco,
160 arriverebbe a togliersi il pane di bocca.[7]

Ogni armadio ha quattro ampi cassetti nella parte inferiore, e nella parte
superiore un piano con sopra altri cassetti piú piccoli e una specie di tabernacolo a due battenti al centro.

Le rivoltelle sono disposte un po' dappertutto sul fondo dei cassetti,
165 sopra sottili imbottite per evitare che urtando sul legno si possano graffiare.
Ce ne sono di tutte le fogge. Da una serie di bellissime Colt a tamburo di varia
grandezza e con diversi sistemi di apertura, ad una brillante fila di Smith and
Wesson che durante quarant'anni non hanno subíto quasi nessun cambiamento, talmente erano perfette all'origine.

170 Nel campo delle rivoltelle a tamburo la varietà è grande; ci sono tamburi
a diciotto colpi, altri a cinque, uno rarissimo a quattro e perfino uno a tre; ci
sono rivoltelle a due canne sovrapposte, altre dalla canna lunghissima, altre
ancora tozze dalla canna corta e dal tamburo lungo, usate dai poliziotti
americani. E non mancano le minuscole e garbate Velodog del 1913 dalle
175 sottili pallottole foderate di rame.

Anche nel campo delle pistole automatiche la collezione è molto ricca;
dalle piccole pistole dorate e istoriate adatte alle borsette delle signore assieme al portacipria e al rossetto, e attraverso una serie di altre pistole leggere
e schiacciate da tenere nel taschino del gilet o nella tasca posteriore dei
180 pantaloni, si arriva alle pesanti armi militari di ordinanza, alle Beretta e alle
pistole degli ufficiali tedeschi nell'ultima guerra. Un cassetto è adibito alle
munizioni. Disposti in ordine vi si trovano caricatori di diversissime misure:
lunghi da pistole mitragliatrici e piccoli come accendisigari, delle minuscole
Walter. Numerosi pacchetti di cartone verdolino, pesanti di bossoli sono
185 ammucchiati da una parte, mentre diverse capsule sciolte rotolano sul fondo
del cassetto.

Quando l'inverno stringe il paese e la vecchia casa in una fascia di
fredda nebbia come oggi, il Lanzafame si chiude nella stanza delle rivoltelle e
le passa in rassegna, le unge con speciali olii alla luce di un paralume verde
190 sotto il grande ritratto del padre ventottenne che dall'alto della parete lo
guarda coi suoi mesti occhi di defunto. Il *clic* docile e preciso dei grilletti e dei
tamburi che rientrano nelle loro sedi ben lubrificate, sottolinea il silenzio
profondo nel quale è immersa la stanza.

NOTE LESSICALI E CULTURALI

[1] **Etna**   *vedi Verga, LA LUPA, nota #10*
[2] **salme**   *la salma è un'unità di misura usata soprattutto in Sicilia*
[3] **Catania**   *città della Sicilia orientale, vicino all'Etna*
[4] **briscola**   *popolare gioco di carte che è diffuso in tutta l'Italia*
[5] **Ditegli**   *il proprietario cambia il modo di indirizzarsi al massaro e usa in questo caso il voi di rispetto*
[6] **in quella**   *proprio in quel momento*
[7] **arriverebbe a togliersi il pane di bocca**   *rinuncerebbe a tutto, anche al cibo*

DOMANDE

1. Che atmosfera domina nella descrizione d'apertura del racconto?
2. In che tipo di casa vive il signor Lanzafame?
3. Che atmosfera regna in casa?
4. Vive agiatamente il protagonista?
5. Com'è diversa la vita di Lanzafame da quella dei suoi antenati?
6. Come ottiene i titoli nobiliari?
7. Che cosa prende dalle varie scatole il signor Lanzafame?
8. Com'è Agata?
9. Che cos'è il Toson d'Oro?
10. Che cosa vuole veramente il massaro dal padrone?
11. Quali sono le due grandi passioni del signor Lanzafame?
12. Perché le onorificenze gli stanno a cuore?
13. Come tiene le pistole?
14. Quali tipi di pistole ha?
15. Cosa farebbe pur di potersi comprare delle pistole?
16. Cosa fa nelle brutte giornate d'inverno?
17. Come fa il narratore a mettere in evidenza le differenze tra il signor Lanzafame e il massaro?
18. Secondo Lei, il signor Lanzafame è un caratteristico rappresentante di una classe sociale?

TEMI

1. Che tipo di rapporto deve esistere tra due persone di diverso rango sociale?
2. È vero che non si dà più nessuna importanza ai titoli?
3. Come mai gli interessi di una persona possono diventare delle ossessioni?

ESERCIZI

I. Rispondere alle domande adoperando il futuro di probabilità:

1. Che cosa ha fatto Sebastiano da bambino e da giovane per divertirsi in questo paese?
2. Perché l'ultimo zio è andato in America?
3. Com'era la moglie di Sebastiano?
4. Come si spiega il fatto che la vigna rende molto meno adesso che nelle "epoche favolose"?
5. Che cosa ha spinto Sebastiano alle grandi passioni delle onorificenze e le armi?
6. Perché sono morte cosí giovani tante persone delle vecchie generazioni di Lanzafame?
7. Quanti anni aveva Agata quando è entrata in servizio nella famiglia?
8. Sebastiano ha adoperato spesso le rivoltelle della sua collezione?

II. Tradurre le seguenti frasi che illustrano l'uso idiomatico di da + *il tempo presente e* da + *l'imperfetto:*

1a. Lanzafame vive nella stessa casa dal 1900.
1b. Lanzafame viveva nella stessa casa dal 1900.
2a. Da quanto tempo Agata sta in cucina a pulire la verdura?
2b. Da quanto tempo Agata stava in cucina a pulire la verdura?
3a. Da anni il postino porta grandi lettere con stemmi in rilievo.
3b. Da anni il postino portava grandi lettere con stemmi in rilievo.
4a. Da tre settimane Turi cerca di avere dei soldi per i contadini.
4b. Da tre anni Turi cercava di avere dei soldi per i contadini.
5a. Piove da parecchi giorni sulle pendici dell'Etna.
5b. Pioveva da parecchi giorni sulle pendici dell'Etna.
6a. La stanza è immersa in silenzio da due generazioni.
6b. La stanza era immersa in silenzio da due generazioni.
7a. Sembra che quelle fotografie lo guardino da sempre.
7b. Sembrava che quelle fotografie lo guardassero da sempre.
8a. La stanza da pranzo conserva da quasi un secolo il ricordo di quei grandi pranzi.
8b. La stanza da pranzo conservava da quasi un secolo il ricordo di quei grandi pranzi.

III. *Cambiare le frasi al negativo adoperando le forme indicate tra parentesi:*

1. (*non. . .nessuno*) La vecchissima casa di fronte ha subito dei cambiamenti.
2. (*non. . .che*) Sulla tavola mette un cesto di verdura.
3. (*non. . .piú*) I piatti, bicchieri e servizi da caffè sono sempre adoperati.
4. (*non. . .neanche*) Si è allontanato dal paese anche per andare a Milano e a Firenze.
5. (*non. . .mai*) Il Lanzafame si intrattiene spesso a scherzare col calzolaio vicino.
6. (*Nemmeno*) Turi capisce la passione che Lanzafame ha per le onorificenze.
7. (*Non. . .mica*) È un personaggio della piú illustre nobiltà o un regnante.
8. (*Nè. . .nè*) Le pistole automatiche e le rivoltelle a tamburo sono dorate.
9. (*Non. . .affatto*) Lanzafame la guarda.
10. (*Neppure*) Il padre che lo guarda dall'alto della parete capirebbe.

IV. *I verbi composti di* tenere (*presente*, tengo, tieni, tiene, teniamo, tenete, tengono), (*passato remoto*, tenni): appartenere, contenere, mantenere, ottenere, ritenere, sostenere, trattenere.
Dare la forma richiesta tra parentesi:

1. Come (did he obtain) tante onorificenze?
2. (We kept) tutti i vecchi mobili dei nonni.
3. Lanzafame (didn't want to detain) Turi.
4. L'armadio (contained) tutte le rivoltelle.
5. Anche la casupola (had belonged) alla famiglia Lanzafame ai tempi dei nonni?
6. Sebastiano (supported himself) con il prodotto della vigna.
7. Anche se lo (considers) giusto, Lanzafame non paga quello che deve ai contadini.
8. Come (could they maintain) una casa cosí grande?
9. Era il rispetto o la paura a (hold back) Turi?
10. Chi sa se (they have kept) gli ingrandimenti fotografici della famiglia.

V. *Siete un operatore cinematografico e dovete girare un breve film tratto da questo racconto. Il regista vuole mettere a fuoco i tre personaggi, Sebastiano Lanzafame, Agata, e Turi, ognuno in una scena, e con il minimo dialogo. Il vostro primo compito è di scattare una serie di fotografie mostrando l'ambiente e i gesti tipici dei personaggi in quest'ambiente. Per ogni personaggio descrivete 5 fotografie che fareste.*

Gianni Rodari (1920-1980)

Gianni Rodari nacque a Omegna, in Piemonte, nel 1920. All'età di 18 anni ricevette il diploma di maestro. L'interesse per la letteratura per i ragazzi si sviluppò proprio nel periodo in cui egli insegnò nella scuola elementare. Rodari era amato dai suoi studenti per la capacità di inventare favole e raccontarle durante le lezioni. Il suo interesse per questa forma di comunicazione tradizionale orale lo portò anche a sperimentare con i suoi alunni nuove forme di invenzione libera, arrivando a soluzioni che stimolarono la sua vena creativa. Egli si interessava soprattutto ai giochi di parole, alle analogie lessicali, alle libere associazioni delle immagini, tutti elementi che riteneva essenziali nella costruzione di una storia.

Dopo queste prime esperienze, Rodari iniziò a scrivere storie brevi che vennero regolarmente pubblicate sul quotidiano *L'Unità*. Nel 1950 si trasferì a Roma e iniziò la sua collaborazione al giornale *Paese Sera*. Ben presto la sua produzione venne raccolta in vari volumi di storie per ragazzi. Tra questi bisogna ricordare *Il libro delle filastrocche* (1952), *Favole al telefono* (1962), *Gip nel televisore* (1962), *Novelle fatte a macchina* (1973). Gianni Rodari morì a Roma nel 1980.

Il merito di Rodari è stato quello di rinnovare la letteratura infantile eliminando i soliti luoghi comuni che spesso la caratterizzano. Rodari sosteneva che le fiabe non sono un allontanamento dal reale ma sono piuttosto una rappresentazione della realtà da un particolare punto di vista. Egli riuscì infatti ad agganciare le sue storie ad una realtà quotidiana che troppo spesso era stata ignorata nelle storie per ragazzi. Egli sosteneva che i libri per ragazzi sono sempre stati legati a particolari trasformazioni sociali, per cui il suo interesse per la realtà sociale risulta fondamentale nel processo di evoluzione di questo tipo di letteratura. D'altro canto egli rimane attento osservatore dell'aspetto folkloristico delle fiabe, analizzando nei suoi numerosi saggi critici le origini e l'importanza di questo tipo di narrazione.

"La macchina ammazzaerrori" si presenta come una divertente analisi di vari dialetti, soprattutto del Centro-Nord d'Italia, in cui lo scrittore mette in rilievo le varie differenze linguistiche che ancora formano il substrato della lingua italiana. L'incapacità di poter usare efficacemente la macchina per eliminare i difetti di pronuncia, sottolinea l'importanza che queste differenze hanno nel complesso della cultura italiana.

BIBLIOGRAFIA ESSENZIALE

IL LIBRO DELLE FILASTROCCHE (1950)
IL ROMANZO DI CIPOLLINO (1951)
IL TRENO DELLE FILASTROCCHE (1952)
FILASTROCCHE IN CIELO E IN TERRA (1960)
FAVOLE AL TELEFONO (1962)
GIP NEL TELEVISORE (1962)
IL LIBRO DEGLI ERRORI (1964)
LA TORTA IN CIELO (1966)
GLI AFFARI DEL SIGNOR GATTO (1972)
NOVELLE FATTE A MACCHINA (1973)
MARIONETTE IN LIBERTÀ (1974)
LA FILASTROCCA DI PINOCCHIO (1974)
TANTE STORIE PER GIOCARE (1974)

LA MACCHINA AMMAZZAERRORI[1]

Una volta il professor Grammaticus inventò la macchina ammazzaerrori.

— Girerò l'Italia, — egli annunciò alla sua fida domestica, — e farò piazza pulita[2] di tutti gli errori di pronuncia, di ortografia e simili.

— Con quella roba lí?

5 — Non è una roba, è una macchina. Funziona come un aspirapolvere, aspira tutti gli errori che circolano nell'aria. Batterò regione per regione, provincia per provincia. Ne parleranno i giornali, vedrai.

— Oh, basta là,[3] — commentò la domestica. E per prudenza non aggiunse altro.

10 — Comincerò da Milano.

A Milano il professore andò a sedersi a un tavolino di caffè, in Galleria,[4] mise in funzione la macchina e attese. Non ebbe molto da attendere. Ordinò un tè al cameriere, e il cameriere, milanese puro sangue, gli domandò con un inchino:

15 — Ci vuole il limone o una *sprussatina*[5] di latte?

Le due *esse* erano appena uscite al posto delle due *zeta* dalla sua bocca lombarda, poco amica dell'ultima consonante dell'alfabeto, che la macchina ammazzaerrori indirizzò energicamente il suo tubo aspirante in faccia al cameriere.

20 — Ma cosa fa? A momenti mi portava via il naso con quella roba lí.

— Non è una roba, — precisò il professor Grammaticus, — è una macchina. Sono ancora poco pratico nell'usarla.

— E allora, perché la fa *funsionare?*[6]

Splaff! Il tubo aspirante guizzo in direzione della nuova «esse» e colpí il
25 cameriere all'orecchio destro.

— Ohei! Ma lei mi vuole proprio *ammassare!*[7]

Sploff! Nuova sberla volante, questa volta sull'orecchio sinistro.

Il cameriere cominciò a gridare: — Aiuto, aiuto! C'è un *passo!*[8]

Voleva dire un pazzo, naturalmente, ma la macchina non gli perdonò.

30 *Spliff!* Intanto una folla di curiosi, in parte milanesi in parte no, si era radunata per assistere al bizzarro duello tra un cameriere e un aspirapolvere.

Il professor Grammaticus, dopo infiniti sforzi e sospiri, riuscí a schiacciare il tasto giusto e a far star cheta la sua macchina.

— Ce l'ha la *licensa?*[9]

35 Cielo,[10] un vigile urbano.

— Licenza! Licenza, con la zeta, — gridò Grammaticus.

— Con la *seta*[11] o *sensa,*[12] ce l'ha la *licensa?* Si può mica andare in giro a vendere elettrodomestici senza *autorissasione.*[13]

Quella nuova pioggia di «esse» tolse addirittura il fiato al professore. Di
40 azionare la macchina, però, non se la sentiva. Gli convenne seguire il vigile al comando, pagare una multa, pagare la tassa per la licenza e ascoltare un discorsetto sull'onestà in commercio. Finalmente poté correre alla stazione dove prese un direttissimo. La sera sbarcò a Bologna, deciso a fare un'altra prova.

45 Si cercò un albergo, si fece assegnare una stanza e stava già per andare a dormire quando il portiere dell'albergo lo richiamò:

— Mi scusi bene, sa, mi deve *lassiare*[14] un documento.

Squash! La macchina ammazzaerrori scattò.

— Ben, ma cosa le salta in mente?

50 — Abbia pazienza, non l'ho fatto apposta. Lei però è proprio un bolognese...

— E cosa vuole trovare a Bologna, i caracalpacchi?[15]

— Voglio dire: perché non pronuncia «lasciare» come va pronunciato?

— Senta, signore, non stiamo a far *ssene...*[16]

55 *Skroonk!* Il tubo aspiratore era balzato attraverso l'atrio e aveva colpito alla spalla il portiere petroniano.[17]

Il professor Grammaticus corse a barricarsi in camera, ma il portiere lo seguí, cominciò a tempestare di pugni la porta chiusa a chiave e gridava:

— Apra quell'*ussio,*[18] apra quell'*ussio!*

60 *Sprook! Spreeek!* Anche il tubo aspiraerrori, dal di dentro, batteva contro la porta, nel vano tentativo di raggiungere l'errore di pronuncia tipico dei vecchi bolognesi.

— Apra quell'*ussio*, o chiamo le guardie.

Squak! Squok! Squeeeek!

65 Batti di fuori, batti di dentro, la porta andò in mille pezzi.

Il professor Grammaticus pagò la porta, tacitò il portiere con una ricca mancia, chiamò un taxi e si fece riportare alla stazione.

Dormí qualche ora sul treno per Roma, dove giunse all'alba.

— Mi sa indicare dove posso prendere il filobus numero *75?*

70   — Proprio davanti alla *stazzione*,[19] — rispose il facchino interpellato.

(Dovete sapere che, se i milanesi dànno scarsa importanza alla zeta, i romani gliene dànno troppa. Tutte le zeta ripudiate a Milano si radunano a Roma, e fanno gazzarra).

Il professore schiacciò il tasto con il mignolo, sperando finalmente di
75 ottenere un buon risultato. Le altre volte lo aveva schiacciato con il pollice. Ma la macchina, si vede, non faceva differenza tra le dita. Un colpo bene (o male) assestato fece volar via il berretto del facchino.

     — Aho! E ched'è,[20] un attentato?

     — Ora le spiego. . .
80   — No, no, te la spiego io la *situazzione*,[21] — fece il facchino, minaccioso.

Questa volta il tubo colpí la vetrina del giornalaio, perché il facchino aveva abbassato prontamente la testa.

Si udí una grandinata di vetri rotti. Uscí il giornalaio gridando: — Chi è che fa 'sta *rivoluzzione?*[22]
85 La macchina lo mise K.O. con un *uppercut* al mento.

Accorsero gli agenti. Il resto si può leggere nel verbale della Pubblica Sicurezza.

Alle tredici e quaranta il professor Grammaticus riprendeva tristemente il treno per il Nord.
90 La macchina? Eh, la macchina aveva tentato di mettere zizzania anche tra le forze dell'ordine: c'erano in questura, tra gli agenti, torinesi, siciliani, napoletani, genovesi, veneti, toscani. Ogni regione d'Italia era rappresentata. Rappresentata anche, s'intende, da tutti i difetti di pronuncia possibili e immaginabili. La macchina era scatenata, impazzita. Fu ridotta al silenzio a
95 martellate, non ne rimase un pezzetto sano.

Il professore, del resto, aveva capito che la macchina esagerava: invece di ammazzare gli errori rischiava di ammazzare le persone. Eh, se si dovesse tagliar la testa a tutti quelli che sbagliano, si vedrebbero in giro soltanto colli!

NOTE LESSICALI E CULTURALI

[1] **ammazzaerrori** *parola composta (**ammazzare** + **errore**) inventata dallo scrittore*

[2] **fare piazza pulita** *togliere completamente*

[3] **basta là** *forma colloquiale che significa **smettila***

[4] **la Galleria** *posto nel centro di Milano, dove la gente ama riunirsi per parlare, bere un caffè e incontrare amici e conoscenti. La Galleria è al coperto e ci sono molti negozi e ristoranti*

[5] **sprussatina** *trascrizione dell'errore di pronuncia; viene pronunciata una —s invece che la —z. La parola dovrebbe essere **spruzzatina***

[6] **funsionare** *funzionare*

[7] **ammassare** *ammazzare*

[8] **passo**   *pazzo*

[9] **licensa**   *licenza*

[10] **cielo**   *Dio mio*

[11] **seta**   *zeta*

[12] **sensa**   *senza*

[13] **autorissasione**   *autorizzazione*

[14] **lassiare**   *lasciare*

[15] **caracalpacchi**   *minoranza etnica nell'URSS*

[16] **ssene**   *scene*

[17] **petroniano**   *di Bologna. Gli abitanti sono detti petroniani dal nome del patrono della città, San Petronio*

[18] **ussio**   *uscio*

[19] **stazzione**   *stazione*

[20] **e ched'è**   *forma dialettale per e che cos'è*

[21] **situazzione**   *situazione*

[22] **rivoluzzione**   *rivoluzione*

DOMANDE

1. Cosa vuol fare il professore con la sua macchina?
2. Dove va per prima cosa?
3. Quale errore fa il cameriere?
4. Cosa fa la macchina quando sente un errore?
5. Che cosa vuole il vigile urbano?
6. Quale difficoltà di pronuncia ha il portiere dell'albergo?
7. Come fa a scappare dall'albergo il professore?
8. Qual è la differenza della pronuncia tra Roma e Milano?
9. Perché la polizia arresta il professore?
10. Chi c'era alla stazione di Pubblica Sicurezza?
11. Che cosa hanno fatto alla macchina?
12. Come la prende il professore?

TEMI

1. Secondo Lei, una persona che parla con un accento dovrebbe correggersi?
2. Quali accenti può riconoscere in inglese? E in italiano?
3. Discutere le ragioni per cui in anglo-americano ci sono meno dialetti che in italiano.
4. Il tipo di lingua o dialetto che uno parla può influire sulla reazione degli altri? Come reagisce la gente a sentire una lingua straniera o un dialetto?

ESERCIZI

I. *Trovare un verbo conveniente e volgerlo al condizionale presente:*

1. _____ esistere una macchina ammazzaerrori?
2. Il professore _____ girare l'Italia con la sua invenzione.
3. Dove egli _____ andare prima? A Milano.
4. Se il professore non fosse cosí poco pratico nell'usarla, la macchina _____ meglio?
5. _____ bizzarro un duello tra un cameriere e un aspirapolvere.
6. Come _____ voi queste parole?
7. Tu _____ una multa al professore?
8. Secondo il vigile urbano, non si _____ andare in giro a vendere elettrodomestici senza autorizzazione.
9. Quei facchini mi _____ indicare dove posso prendere il filobus numero 75?
10. Chi _____ se la macchina ammazzasse tutti quelli che sbagliano?

II. *Il professore vuole visitare le città d'Italia in ordine alfabetico con la sua macchina ammazzaerrori. Preparate il suo itinerario, scegliendo una città per ognuna delle lettere seguenti:*
A _____; B _____; C _____; D _____; E _____; F _____;
G _____; I _____; L _____; M _____; N _____; O _____;
P _____; R _____; S _____; T _____; U _____; V _____.

III. *Domande da fare a un altro studente:*

1. Che cosa fa una domestica?
2. Che cosa fa un cameriere?
3. Che cosa fa un professore?
4. Che cosa fa un vigile urbano?
5. Che cosa fa un portiere d'albergo?
6. Che cosa fa un facchino?
7. Che cosa fa un giornalaio?
8. Che cosa fa un aspirapolvere?

IV. *Usare le seguenti parole ed espressioni in frasi:*

1. ridurre al silenzio
2. addirittura
3. per prudenza
4. apposta
5. non sentirsela
6. del resto
7. saltare in mente (a)
8. proprio (*avv.*)
9. fare una prova
10. appena

Italo Calvino *(1923 – 1985)*

Italo Calvino nacque a Cuba dove il padre era andato per dirigere una piantagione sperimentale per un progetto di lavoro. La famiglia tornò in Liguria, il cui paesaggio — alternato a quello torinese — fa da sfondo a molti dei suoi racconti e romanzi. Durante la guerra partecipò alle attività partigiane; si laureò all'Università di Torino, in letteratura inglese, scrivendo la tesi di laurea su Joseph Conrad. Passò molti anni a Torino, trasferendosi poi a Roma e a Parigi, prima di stabilirsi definitivamente a Roma. Una delle sue prime opere a ricevere una certa notorietà fu *Il sentiero dei nidi di ragno* (1947), in cui il filone della narrativa dell'adolescenza, tipico degli anni '30, è ripreso dallo scrittore, in una storia che racconta delle attività partigiane sui colli liguri. Il suo neo-realismo, caratterizzato da un apertura al fantastico, risulta essere estremamente originale e si discosta dal filone più classico. Anche la raccolta *Ultimo viene il corvo* (1949) fa parte di questa tendenza di inserire i problemi pratici della realtà quotidiana in una lontana dimensione di avventure adolescenziali che, poco dopo, confluirà nella trilogia *I nostri antenati: Il visconte dimezzato* (1952), *Il barone rampante* (1957), e *Il cavaliere inesistente* (1960). La realtà è quella di un remoto, sebbene ben definito momento storico, in cui però non viene mai meno la seria ricerca sul rapporto individuo-società contemporanea: ogni personaggio può essere visto come metafora della condizione umana.

Più tardi, Calvino ritornerà a una più diretta ricerca sulla civiltà moderna, con racconti ambientati nell'Italia degli anni '60, quando il paese, per la prima volta dalla fine della guerra, vedeva la propria economia fiorire. È una nuova rivoluzione industriale che trasforma le grandi città, soprattutto quelle del nord e rompe quel ritmo e quei valori personali in cui "la macchina" non ha ancora preso il sopravvento sull'uomo. "Marcovaldo al supermarket" fa parte della raccolta *Marcovaldo ovvero le stagioni in città,* in cui il protagonista è visto lottare con le strutture economiche e sociali di un moderno centro industriale, il tutto inquadrato nel contesto naturalistico del passare delle stagioni che riesce ancora a regolare anche la vita della città. L'innocente gioia di Marcovaldo si sprigiona non appena egli nota la natura dominare la società industriale. Con *Le cosmicomiche, Le città invisibili,* e *Palomar,* Calvino trova sempre nuove formule simmetriche in cui collocare e sviluppare la sua visione multiforme di queste possibilità nell'affrontare il mondo mentre i rapporti tra l'uomo, la storia, e la natura rimangono la pietra di paragone per le sue creazioni sia realistiche che fantasiose.

In "Marcovaldo al supermarket" la sorpresa e l'indecisione del protagonista, di fronte alla nuova forma di rapporto produttore-consumatore, rappresentano perfettamente il cambiamento che la società italiana del nord stava registrando alla fine degli anni '50. Anche l'ambiguità della parabola finale è un perfetto esempio della narrativa del Calvino di questo periodo e sottolinea la sua insistenza sull'idea delle "infinite possibilità" che sono il patrimonio dell'uomo e della sua fantasia.

BIBLIOGRAFIA ESSENZIALE

IL SENTIERO DEI NIDI DI RAGNO (1947)
ULTIMO VIENE IL CORVO (1949)
IL VISCONTE DIMEZZATO (1952)
FIABE ITALIANE (1956)
IL BARONE RAMPANTE (1957)
LA SPECULAZIONE EDILIZIA (1957)
I RACCONTI (1958)
IL CAVALIERE INESISTENTE (1959)
LA GIORNATA DI UNO SCRUTATORE (1963)
MARCOVALDO, OVVERO LE STAGIONI IN CITTÀ (1963)
LE COSMICOMICHE (1965)
TI CON ZERO (1967)
LE CITTÀ INVISIBILI (1972)
SE UNA NOTTE D'INVERNO UN VIAGGIATORE (1979)
PALOMAR (1983)
COLLEZIONE DI SABBIA (1984)
SOTTO IL SOLE GIAGUARO (1986)
LEZIONI AMERICANE (1988)
LA STRADA DI SAN GIOVANNI (1990)

MARCOVALDO AL SUPERMARKET

Alle sei di sera la città cadeva in mano dei consumatori. Per tutta la giornata il gran daffare della popolazione produttiva era il produrre: producevano beni di consumo. A una cert'ora, come per lo scatto d'un interruttore, smettevano la produzione e, via!, si buttavano tutti a consumare. Ogni giorno una fiori-
5 tura impetuosa faceva appena in tempo a sbocciare dietro le vetrine illumi-
nate, i rossi salami a penzolare, le torri di piatti di porcellana a innalzarsi fino al soffitto, i rotoli di tessuto a dispiegare drappeggi come code di pavone, ed ecco già irrompeva la folla consumatrice a smantellare a rodere a palpare a far man bassa.[1] Una fila ininterrotta serpeggiava per tutti i marciapiedi e i portici,
10 s'allungava attraverso le porte a vetri nei magazzini intorno a tutti i banchi, mossa dalle gomitate di ognuno nelle costole di ognuno come da continui colpi di stantuffo. Consumate! e toccavano le merci e le rimettevano giú e le riprendevano e se le strappavano di mano; consumate! e obbligavano le pallide commesse a sciorinare sul bancone biancheria e biancheria; consu-
15 mate! e i gomitoli di spago colorato giravano come trottole, i fogli di carta a fiori levavano ali starnazzanti, avvolgendo gli acquisti in pacchettini e i pacchettini in pacchetti e i pacchetti in pacchi, legati ognuno col suo nodo a fiocco. E via pacchi pacchetti pacchettini borse borsette vorticavano attorno alla cassa in un ingorgo, mani che frugavano nelle borsette cercando i borsel-
20 lini e dita che frugavano nei borsellini cercando gli spiccioli, e giú in fondo in mezzo a una foresta di gambe sconosciute e falde di soprabiti i bambini non piú tenuti per mano si smarrivano e piangevano.

Una di queste sere Marcovaldo stava portando a spasso la famiglia. Essendo senza soldi, il loro spasso era guardare gli altri fare spese; inquan-
25 toché[2] il denaro, piú ne circola, piú chi ne è senza spera: «Prima o poi finirà per passarne anche un po' per le mie tasche». Invece, a Marcovaldo, il suo stipendio, tra che era poco e che di famiglia erano in molti, e che c'erano da pagare rate e debiti, scorreva via appena percepito. Comunque, era pur sempre un bel guardare, specie facendo un giro al supermarket.

30   Il supermarket funzionava col self-service. C'erano quei carrelli, come dei cestini di ferro con le ruote, e ogni cliente spingeva il suo carrello e lo riempiva di ogni bendidio.[3] Anche Marcovaldo nell'entrare prese un carrello lui, uno sua moglie e uno ciascuno i suoi quattro bambini. E così andavano in processione coi carrelli davanti a sé, tra banchi stipati da montagne di cose

35 mangerecce, indicandosi i salami e i formaggi e nominandoli, come riconoscessero nella folla visi di amici, o almeno conoscenti.

    — Papà, lo possiamo prendere questo? — chiedevano i bambini ogni minuto.

    — No, non si tocca, è proibito, — diceva Marcovaldo ricordandosi che

40 alla fine di quel giro li attendeva la cassiera per la somma.

    — E perché quella signora lí li prende? — insistevano, vedendo tutte queste buone donne che, entrate per comprare solo due carote e un sedano, non sapevano resistere di fronte a una piramide di barattoli e tum! tum! tum![4] con un gesto tra distratto e rassegnato lasciavano cadere lattine di pomodori

45 pelati, pesche sciroppate, alici sott'olio a tamburaggiare nel carrello.

    Insomma, se il tuo carrello è vuoto e gli altri pieni, si può reggere fino a un certo punto: poi ti prende un'invidia, un crepacuore, e non resisti piú. Allora Marcovaldo, dopo aver raccomandato alla moglie e ai figlioli di non toccare niente, girò veloce a una traversa tra i banchi, si sottrasse alla vista

50 della famiglia e, presa da un ripiano una scatola di datteri, la depose nel carrello. Voleva soltanto provare il piacere di portarla in giro per dieci minuti, sfoggiare anche lui i suoi acquisti come gli altri, e poi rimetterla dove l'aveva presa. Questa scatola, e anche una rossa bottiglia di salsa piccante, e un sacchetto di caffè, e un azzurro pacco di spaghetti. Marcovaldo era sicuro

55 che, facendo con delicatezza, poteva per almeno un quarto d'ora gustare la gioia di chi sa scegliere il prodotto, senza dover pagare neanche un soldo. Ma guai se i bambini lo vedevano! Subito si sarebbero messi a imitarlo e chissà che confusione ne sarebbe nata!

    Marcovaldo cercava di far perdere le sue tracce, percorrendo un cam-

60 mino a zig zag per i reparti, seguendo ora indaffarate servette ora signore impellicciate. E come l'una o l'altra avanzava la mano per prendere una zucca gialla e odorosa o una scatola di triangolari formaggini, lui l'imitava. Gli altoparlanti diffondevano musichette allegre: i consumatori si muovevano o sostavano seguendone il ritmo, e al momento giusto protendevano il braccio

65 e prendevano un oggetto e lo posavano nel loro cestino, tutto a suon di musica.

    Il carrello di Marcovaldo adesso era gremito di mercanzia; i suoi passi lo portavano ad addentrarsi in reparti meno frequentati; i prodotti dai nomi sempre meno decifrabili erano chiusi in scatole con figure da cui non risul-

70 tava chiaro se si trattava di concime per la lattuga o di seme di lattuga o di

lattuga vera e propria o di veleno per i bruchi della lattuga o di becchime per attirare gli uccelli che mangiano quei bruchi oppure condimento per l'insalata o per gli uccelli arrosto. Comunque Marcovaldo ne prendeva due o tre scatole.

75 Cosí andava tra due siepi alte di banchi. Tutt'a un tratto la corsia finiva e c'era un lungo spazio vuoto e deserto con le luci al neon che facevano brillare le piastrelle. Marcovaldo era lí, solo col suo carro di roba, e in fondo a quello spazio vuoto c'era l'uscita con la cassa.

Il primo istinto fu di buttarsi a correre a testa bassa spingendo il carrello
80 davanti a sé come un carro armato e scappare via dal supermarket col bottino prima che la cassiera potesse dare l'allarme. Ma in quel momento da un'altra corsia lí vicino s'affacciò un carrello carico ancor piú del suo, e chi lo spingeva era sua moglie Domitilla. E da un'altra parte se n'affacciò un altro e Filippetto lo stava spingendo con tutte le sue forze. Era quello un punto in cui le corsie di
85 molti reparti convergevano, e da ogni sbocco veniva fuori un bambino di Marcovaldo, tutti spingendo trespoli carichi come bastimenti mercantili. Ognuno aveva avuto la stessa idea, e adesso ritrovandosi s'accorgevano d'aver messo insieme un campionario di tutte le disponibilità del supermarket. — Papà, allora siamo ricchi? — chiese Michelino. — Ce ne avremo
90 da mangiare per un anno?

— Indietro! Presto! Lontani dalla cassa! — esclamò Marcovaldo facendo dietrofront e nascondendosi, lui e le sue derrate, dietro ai banchi; e spiccò la corsa piegato in due come sotto il tiro nemico, tornando a perdersi nei reparti. Un rombo risuonava alle sue spalle; si voltò e vide tutta la famiglia
95 che, spingendo i suoi vagoni come un treno, gli galoppava alle calcagna.

— Qui ci chiedono un conto da un milione!

Il supermarket era grande e intricato come un labirinto: ci si poteva girare ore ed ore. Con tante provviste a disposizione, Marcovaldo e familiari avrebbero potuto passarci l'intero inverno senza uscire. Ma gli altoparlanti
100 già avevano interrotto la loro musichetta, e dicevano: — Attenzione! Tra un quarto d'ora il supermarket chiude! Siete pregati d'affrettarvi alla cassa!

Era tempo di disfarsi del carico: ora o mai piú. Al richiamo dell'altoparlante la folla dei clienti era presa da una furia frenetica, come se si trattasse degli ultimi minuti dell'ultimo supermarket in tutto il mondo, una furia non si
105 capiva se di prendere tutto quel che c'era o di lasciarlo lí, insomma uno spingi spingi[5] attorno ai banchi, e Marcovaldo con Domitilla e i figli ne approfittavano per rimettere la mercanzia sui banchi o per farla scivolare nei carrelli d'altre persone. Le restituzioni avvenivano un po' a casaccio:[6] la carta moschicida sul banco del prosciutto, un cavolo cappuccio tra le torte. Una
110 signora, non s'accorsero che invece del carrello spingeva una carrozzella con un neonato: ci rincalzarono un fiasco di barbera.

Questa di privarsi delle cose senz'averle nemmeno assaporate era una sofferenza che strappava le lacrime. E cosí, nello stesso momento che lasciavano un tubetto di maionese, capitava loro sottomano un grappolo di ba-
115 nane, e lo prendevano; o un pollo arrosto invece d'uno spazzolone di nylon; con questo sistema i loro carrelli piú si vuotavano piú tornavano a riempirsi.

La famiglia con le sue provviste saliva e scendeva per le scale rotanti[7] e ad ogni piano da ogni parte si trovava di fronte a passaggi obbligati dove una cassiera di sentinella puntava una macchina calcolatrice crepitante come una
120 mitragliatrice contro tutti quelli che accennavano a uscire. Il girare di Marcovaldo e famiglia somigliava sempre piú a quello di bestie in gabbia o di carcerati in una luminosa prigione dai muri a pannelli colorati.

In un punto, i pannelli d'una parete erano smontati, c'era una scala a pioli posata lí, martelli, attrezzi da carpentiere e muratore. Un'impresa stava
125 costruendo un ampliamento del supermarket. Finito l'orario di lavoro, gli operai se n'erano andati lasciando tutto com'era. Marcovaldo, provviste innanzi, passò per il buco del muro. Di là c'era buio; lui avanzò. E la famiglia, coi carrelli, gli andò dietro.

Le ruote gommate dei carrelli sobbalzavano su un suolo come dissel-
130 ciato, a tratti sabbioso, poi su un piancito d'assi sconnesse. Marcovaldo procedeva in equilibrio su di un asse; gli altri lo seguivano. A un tratto videro davanti e dietro e sopra e sotto tante luci seminate lontano, e intorno il vuoto.

Erano sul castello d'assi d'un'impalcatura, all'altezza delle case di sette piani. La città s'apriva sotto di loro in uno sfavillare luminoso di finestre e
135 insegne e sprazzi elettrici dalle antenne dei tram; piú in su era il cielo stellato d'astri e lampadine rosse d'antenne di stazioni radio. L'impalcatura tremava sotto il peso di tutta quella merce lassú in bilico. Michelino disse: — Ho paura!

Dal buio avanzò un'ombra. Era una bocca enorme, senza denti, che
140 s'apriva protendendosi su un lungo collo metallico: una gru. Calava su di loro, si fermava alla loro altezza, la ganascia inferiore contro il bordo dell'impalcatura. Marcovaldo inclinò il carrello, rovesciò la merce nelle fauci di ferro, passò avanti. Domitilla fece lo stesso. I bambini imitarono i genitori. La gru richiuse le fauci con dentro tutto il bottino del supermarket e con un
145 gracchiante carrucolare tirò indietro il collo, allontanandosi. Sotto s'accendevano e ruotavano le scritte luminose multicolori che invitavano a comprare i prodotti in vendita nel grande supermarket.

NOTE LESSICALI E CULTURALI

[1] **far man bassa** *portare via tutto*
[2] **inquantoché** *poiché*
[3] **ogni bendidio** *vedi Chiara, ''Vieni fuori, eremita!'', nota #4*

[4] **tum! tum! tum!**   *suono onomatopeico che, in questo caso, descrive il cadere dei barattoli nei carrelli della spesa*

[5] **spingi spingi**   *una grande confusione*

[6] **a casaccio**   *senza ordine*

[7] **le scale rotanti**   *forma non molto usata; l'espressione piú comune è* **scala mobile**

DOMANDE

1. Come vede il fenomeno del fare la spesa il narratore?
2. Come mai Marcovaldo non ha soldi?
3. Cosa faceva, di solito, Marcovaldo mentre gli altri facevano la spesa?
4. Qual è il meccanismo per cui si compra sempre tanto al supermarket?
5. Cosa fanno Marcovaldo e la sua famiglia quando entrano al supermarket?
6. Cosa fa Marcovaldo, non appena la moglie e i figli non lo vedono?
7. Che cosa prende Marcovaldo dagli scaffali?
8. Perché Marcovaldo prende anche degli articoli che non conosce?
9. Qual è la reazione dei figli quando vedono che il padre ha messo tanta roba nel carrello?
10. Perché Michelino dice al padre "Ce ne avremo da mangiare per un anno"?
11. Come reagiscono quando l'autoparlante annuncia che il supermercato avrebbe chiuso dopo un quarto d'ora?
12. Cosa stava costruendo un'impresa in una parte del supermercato?
13. Dove si trovano Marcovaldo e la famiglia uscendo dal buco?
14. Cosa ne fanno della roba che hanno preso?
15. A che cosa assomiglia la gru?
16. Si è mai trovato perso in un grande magazzino di una grande città?
17. Lei compra sempre solo quello di cui ha bisogno quando va al supermercato?
18. Come si potrebbe descrivere il modo di pensare di Marcovaldo?
19. Da che cosa dipende il fatto che Marcovaldo sembri così sprovveduto all'interno del supermercato?

TEMI

1. Il senso di meraviglia e impotenza di fronte a qualcosa di totalmente nuovo.
2. Il meccanismo dietro al rapporto domanda-offerta nella nostra società urbana e la differenza tra città e campagna.
3. Quando si è poveri, è meglio o peggio vivere nella grande città?

ESERCIZI

I. *Trovare nel racconto una forma diminutiva delle seguenti parole e formare una frase:*

1. pacco
2. borsa
3. carro
4. latta
5. sacco
6. serva
7. formaggio
8. musica
9. cesto
10. tubo

II. *Volgere il verbo in corsivo all'imperfetto:*

1. Le commesse *avvolgono* gli acquisti in pacchi.
2. Marcovaldo *sta portando* a spasso la famiglia.
3. Ogni cliente *spinge* il suo carrello e lo *riempie* di ogni bendidio.
4. Non *sappiamo* resistere di fronte alle piramidi di barattoli.
5. *Si può* reggere fino a un certo punto.
6. *Vuoi* soltanto provare il piacere di portarla in giro per dieci minuti.
7. Tutt'a un tratto la corsia *finisce* e c'è un lungo spazio vuoto.
8. Da ogni sbocco *viene* fuori un bambino di Marcovaldo.
9. *Approfitto* della confusione per rimettere la mercanzia sui banchi.
10. *Salgo* e *scendo* per la scala mobile.

III. *Formare delle frasi con le seguenti parole:*

1. produrre/produzione/prodotto
2. consumare/consumatore/consumo
3. incassare/cassa/cassiera
4. mangiare/mangereccio
5. mercanzia/mercantile
6. carrello/carrozzella

IV. *Domandare in italiano a un altro studente:*

1. Do you prefer carrots or celery?
2. Do you prefer fresh peaches or peaches in syrup?
3. Do you like pizza with or without anchovies?
4. Where can I find a box of dates?
5. Did I put a package of spaghetti in your cart?

6. The squash are near the lettuce and the cabbages.
7. Do you want a small can of peeled tomatoes?
8. Are the bunches of bananas small or large?
9. Do you need a new mop?
10. Is there a small tube of mayonnaise on that shelf?

V. *Completare le seguenti frasi con la forma indicata in corsivo del verbo* esserci:

1. *There were* dei banchi stipati di cose mangerecce.
2. Che cosa *will there be* nelle vetrine illuminate?
3. Quando *had there been* una fila ininterrotta serpeggiante per tutti i marciapiedi e i portici?
4. Credo che *there are* molti bambini smarriti che piangono.
5. Oggi *there will have been* migliaia di persone nel supermarket.
6. *There has been* un buco nel muro da qualche giorno.
7. *There had been* un buco nel muro da qualche giorno.
8. Perché *haven't there been* commesse a servirci a questo banco?
9. *There was* un momento quando Marcovaldo cercò di far perdere le sue tracce.
10. Quell'uomo dice che *there are* delle belle torte oggi.

VI. *Fare una lista di dieci alimenti che si comprano in barattolo al supermarket.*

Piero Chiara (1913-)

Piero Chiara nacque a Luino, in Lombardia. Durante il fascismo si rifugiò in Svizzera dove insegnò in un liceo italiano. Nel dopoguerra si dedicò alla letteratura curando varie opere e collaborando a riviste e giornali. Si diede alla produzione narrativa piuttosto tardi anche se era sempre stata la sua massima ambizione. Spesso criticato per la qualità di letteratura "popolare" che caratterizza tutta la sua produzione, è possibile però notare come la consumabilità del suo prodotto sia un preciso obbiettivo che Chiara si è posto, quasi che i suoi romanzi possano risultare a causa della loro facile fruizione ancora più corrosivi e taglienti. L'ambiente che Chiara descrive è quello della provincia lombarda, una provincia così vicina allo sviluppo industriale della grande metropoli, Milano, eppure ancora estremamente arretrata. Una rigida divisione delle classi sociali sottolinea la chiusura quasi feudale che governa la vita di provincia. Emergono così tutti i pregiudizi e gli ipocriti valori su cui basano la loro esistenza squallidi personaggi di un mondo moderno eppure così "depresso". L'elemento grottesco è forse quello che più ha danneggiato l'opera di Chiara di fronte ai critici che si sono spesso fermati ad una lettura piuttosto superficiale dei personaggi dello scrittore. Non che essi brillino per profondità di descrizione ma è proprio la loro apparente monodimensionalità che li rende più "realistici" e nel contempo Chiara riesce anche a sottolineare il contrasto tra le varie classi sociali.

Chiara è uno scrittore estremamente prolifico, alcuni dei suoi romanzi sono stati adattati per il cinema con discreto successo, quasi ad indicare una facilità di comunicazione con il grande pubblico che può senz'altro essere visto come dato positivo. Il romanzo *La Spartizione* (1964) è poi diventato *Venga a prendere un caffè da noi,* per il grande schermo, mentre il film *La stanza del vescovo* è tratto dall'omonimo romanzo del 1976.

Il ruolo problematico della chiesa appare chiaramente in "Vieni fuori, eremita!", ruolo sottolineato dalla presenza del giovane narratore il quale rimane all'inizio colpito dalla presenza quasi magica dell'eremita. Solo con il senno di poi riesce a vedere l'eremita sotto una luce ben più razionale e meno mistica.

BIBLIOGRAFIA ESSENZIALE

IL PIATTO PIANGE (1962)
IL BALORDO (1967)
L'UOVO AL CIANURO E ALTRE STORIE (1969)
IL PRETE DI CUVIO (1973)
VEDRÒ SINGAPORE? (1981)
IL CAPOSTAZIONE DI CASALINO E ALTRI 15 RACCONTI (1986)

«VIENI FUORI, EREMITA!»

Quando passavo i mesi dell'estate al paese di mia madre, sulle colline del Vergante che guardano da un lato il Lago Maggiore[1] e dall'altro il lago d'Orta,[2] fra le imprese e razzìe che i miei cugini di campagna organizzavano, c'era ogni anno il progetto di andare a sorprendere l'eremita del monte San Salvatore.

Si sapeva in tutta la plaga che da tanti anni sul monte aveva preso dimora un eremita. Abitava dentro alcune cellette murate fra i dirupi, vicino a una minuscola chiesa. Di quella chiesetta il romito, certamente laico, non era officiante ma semplice custode e depositario della chiave, della quale si serviva durante i nubifragi e i grossi temporali per entrare a suonar la campana, che quasi da sopra le nubi spargeva per le valli i suoi remoti rintocchi a stornar dai coltivi il nembo, a fugare la grandine e a dilungare le piene dell'Erno.[3]

Solo una volta l'anno, il giorno della sagra, saliva un prete a dir messa nella chiesetta, seguito da una moltitudine di contadini usciti dai paesi intorno al monte. Ma in quel giorno l'eremita badava bene a star chiuso nelle sue cellette, davanti alle quali i pellegrini lasciavano provviste e fiaschi di vino, sostando a lungo per vedere il barbuto omuncolo,[4] che non li accontentava, e appariva solo dopo qualche ora a un finestrino o all'altro, di sfuggita, attendendo la sera e la dipartita degli ultimi devoti per uscire a tirar dentro la roba.

Pochi l'avevano visto intero: qualche boscaiolo, qualche cercatore di funghi o cacciatore, al quale appariva tra le piante o in cima alle rupi, senza mai lasciarsi avvicinare. Viveva apparentemente di erbe, di funghi, di castagne e degli altri frutti selvatici dei quali la montagna abbondava, ma in verità dei donativi che pastori e contadini deponevano fuori dal suo romitorio: cesti di frutta, vasi di miele, pezzi di lardo, pagnotte e perfino dolci. Per bere, quando aveva vuotato i fiaschi pieni di vino, ricorreva allo zampillo d'una sorgente che sgorgava dalle rocce vicine al suo rifugio.

30 D'inverno scendeva qualche volta fino al margine dei paesi. Qualcuno se ne accorgeva e gli portava delle vivande, abbandonandole su qualche sedile di pietra e ritirandosi affinché potesse portarsele via indisturbato.

L'eremita, lungi dal risultar di peso alle popolazioni del Vergante, pareva loro una specie di privilegio, se non proprio una benedizione del Cielo.
35 Di tanti monti che si stendevano a oriente e a occidente, uno solo, il San Salvatore, era animato da una presenza simile, certamente propiziatrice.

Di notte, guardando la curva del monte sotto le stelle, i contadini pensavano che su quella cima, proprio al limite del cielo, un uomo pregava; benché nessuna luce si fosse mai vista baluginare dal romitorio. Forse nel luogo più
40 addentrato e nascosto dei suoi grami alloggi, il solitario, accendeva una candela o un lucignolo, appena appena per diradare le tenebre e poter contemplare qualche immagine o teschio o crocifisso appeso al muro o posato sopra un masso. Sempreché di notte pregasse invece di dormire o andare per il Vergante, comparendo, come si diceva, a rimetter sulla strada giusta un
45 viandante smarrito o a fermare un carrettiere addormentato sull'orlo di qualche burrone.

L'anno che andò ad effetto la nostra spedizione, arrivammo verso il mezzogiorno sulla vetta. Dopo aver gironzolato a lungo intorno alle cellette murate, non avendo avuto alcun segno di presenza umana, sedemmo
50 all'ombra della chiesetta per consumare la colazione.

Era forse la una del pomeriggio quando, lasciando gli altri assopiti sull'erba, andai alla sorgente per bere. Allo svolto del sentiero vidi l'eremita di spalle, che stava riempiendo d'acqua una zucca. Rimasi interdetto, non sapendo se avvicinarmi o scappare. Ma intanto l'uomo, che mi aveva sentito
55 senza vedermi, si ritirò rapidamente dietro i dirupi evitando di mostrarmi la faccia.

Avevo visto niente altro che un omiciattolo[5] dai capelli lunghissimi, coperto da un saio fratesco stretto in vita da una corda, che si dileguava mostrando i calcagni nudi e lasciando nell'aria odor di selvatico.
60 Chiamati i compagni, tornai con loro alla sorgente, e fatto ardito, cominciai a chiamare:

«Eremita! Eremita! Vieni fuori, eremita!»

Ma il chiamato non compariva, e dall'interno non faceva il minimo rumore che lo svelasse dentro i loculi segreti dove stava da anni per penitenza
65 o disdegno del mondo.

Nella strada del ritorno, volgendomi ogni tanto a guardare sul monte il biancheggiare della chiesuola e dei muri del romitorio, poi alcuni giorni dopo udendo nel buio di un temporale la campana che gemeva lontana tra le nubi, pensai all'eremita come a un santo ammesso al dialogo con le potenze su-

70 perne, senza badare a qualche villeggiante che lo dava per un matto uscito dal consorzio umano e considerato dagli altri uomini al pari d'un lebbroso, quando non fosse l'ignoranza o la superstizione a mettergli intorno quell'aureola di mistero che lo rendeva ammirabile e che mi aveva incantato.

Ma alcuni anni dopo, sentendo dire che l'eremita prosperava sempre

75 più, finii col persuadermi che fosse un furbo, un fannullone, per niente uscito dal consorzio umano. Egli si era infatti collocato sopra un monte accessibile e contornato di paesi, aveva preso possesso di un luogo di devozione ben frequentato, e con la commedia della segregazione lasciava che gli ingenui lo credessero un santo e un penitente. Intanto i contadini lo mantenevano e lo

80 coccolavano, pur standogli discosti, come non avrebbero fatto con altri po- veri e bisognosi, trattandolo alla pari di un prete e anche meglio, tanto da suscitare il risentimento dei curati del Vergante, i quali vedevano con ram- marico andare sul monte il bendidio[6] che sarebbe toccato a loro senza quell'importuno e forse impostore, come lo qualificavano con malcelato

85 dispetto.

Né un santo né un pazzo, mi dicevo. E neppure un transfuga della vita civile. Un sornione, un simulatore e in fondo un mendicante, che aveva trovato modo di campare senza fatica proprio nel mezzo di quella società per la quale ostentava tanto disprezzo. E mi spiegavo perché tirasse con tanta

90 forza la campana quelle poche volte che si avvicinava la grandine: vedeva in pericolo le vigne delle quali beveva il vino, le primizie che i contadini si facevano obbligo d'offrirgli, quell'abbondanza dei raccolti che gli garantiva l'esistenza, solo che avesse saputo mantenere intorno a sé un po' di mistero e di favola.

NOTE LESSICALI E CULTURALI

[1] **il Lago Maggiore**   *secondo lago (per grandezza), si trova in Lombardia, a circa 50 km a nord di Milano*

[2] **lago d'Orta**   *si trova in Piemonte vicino al Lago Maggiore*

[3] **l'Erno**   *fiume in Lombardia*

[4] **omuncolo**   *uomo piccolo, ha un senso di commiserazione*

[5] **omiciattolo**   *uomo fisicamente e moralmente meschino*

[6] **bendidio**   *antica espressione popolare che significa i doni del Signore, cioè ogni genere di cose*

DOMANDE

1. Dove viveva l'eremita?
2. Che cosa faceva?
3. Chi celebrava la messa nella chiesetta sul monte?
4. Che cosa lasciano i pellegrini davanti alla celletta dell'eremita?
5. Di che cosa viveva?
6. Che cosa faceva d'inverno?
7. Cosa pensava la gente dell'eremita?
8. Qual era la loro idea sull'attività notturna dell'eremita?
9. Che cosa succede al narratore durante una spedizione sul monte?
10. All'inizio, che cosa pensa dell'eremita il narratore?
11. Perché cambia opinione?
12. Che cosa pensano i preti della zona?
13. Perché, secondo il narratore, l'eremita suona la campana quando grandina?
14. Che cosa spinge la gente a dargli da mangiare?
15. Perché il narratore pensa che non si tratti di un vero eremita?

TEMI

1. Figure mitiche dell'adolescenza.
2. Eremiti o anticonformisti dei giorni nostri.
3. Le basi psicologiche e filosofiche della filantropia.
4. L'atteggiamento dei bambini verso le persone che si comportano in modo strano.

ESERCIZI

I. *Volgere il verbo in corsivo al trapassato prossimo:*

1. *Esserci* ogni anno il progetto di andare a sorprendere l'eremita.
2. Il giorno della sagra, un prete *salire* a dir messa nella chiesetta.
3. Una moltitudine di contadini *uscire* dai paesi intorno al monte e lo *seguire*.
4. L'eremita non li *accontentare;* *rimanere* nascosto nelle cellette.
5. Una volta egli *scendere* fino al margine del paese.
6. Noi *sedersi* all'ombra della chiesetta.

7. Tu lo *sentire* arrivare per riempire d'acqua la zucca?
8. Voi *persuadersi* che non era piú nella valle?
9. I contadini lo *mantenere* e *coccolare*.
10. Non tutti i mendicanti *trovare* modo di campare senza fatica.

II. Dare il numerale richiesto:

1. È (the 10th) volta che gli portiamo un cesto di frutta.
2. È (the 23rd) volta che gli portiamo dei funghi.
3. È (the 12th) volta che gli portiamo dei vasetti di miele.
4. È (the 6th) volta che gli portiamo delle castagne.
5. (The 4th) pezzo di lardo è troppo piccolo.
6. (The 7th) finestrino è quello dell'eremita.
7. È (the 100th) festa in questo paese.
8. È (the 1st) valle dopo il fiume.
9. Dov'è andato (the 9th) cacciatore?
10. Questo è (the 67th) temporale che abbiamo avuto quest'anno.

III. Formare una domanda con le seguenti espressioni:

1. andare sul monte
2. a lungo
3. sentir dire
4. lungi da
5. pensare a
6. vivere di
7. di sfuggita
8. in fondo

IV. Qual è la differenza fra:

1. un prete o un curato e un laico?
2. i dirupi e le valli?
3. lungi da e addentrato?
4. un furbo e un ingenuo?
5. il bosco e il campo?
6. un fannullone e un lavoratore?
7. un pastore e un boscaiolo?
8. le vivande e le primizie?
9. gironzolare e collocarsi?
10. scappare e sostare?

Alberto Moravia (1907–1990)

Nel suo romanzo d'esordio, *Gli indifferenti* (1929), Alberto Moravia viene subito riconosciuto tra i primi scrittori di questo secolo a registrare la crisi della borghesia, vista anche come classe all'interno della quale opera la maggior parte degli intellettuali. Egli stesso, per estrazione familiare, è immerso in quella cultura borghese in cui si è formato; adotta la struttura classica del romanzo come quella più adatta a rappresentare i valori borghesi in crisi. Quando però la forma si svuota della volontà di investigare l'ambiente borghese ne nascono opere abbastanza artificiose come, per esempio, *Le ambizioni sbagliate* (1935). Moravia ritrova la sua migliore vena quando descrive una serie di esclusi — prostitute, adolescenti — che i valori della classe dominante emarginano in uno stato di momentanea impotenza. A questo riguardo si vedano soprattutto i romanzi brevi *Agostino* (1944) e *La disubbedienza* (1948), e i racconti *Inverno di malato, L'imbroglio* e *L'ufficiale inglese*. Già con *La Romana* (1947) e *La Ciociara* (1957), Moravia introduce la figura dell'intellettuale borghese che ha l'opportunità di "redimersi" unendosi al popolo nella lotta che lo accomuna. Gli anni della Resistenza e del periodo immediatamente postbellico avevano offerto allo scrittore questa possibilità che invece scomparirà negli anni successivi. L'impotenza dell'intellettuale diventa tragica ne *La noia* (1960) e *L'attenzione* (1965).

Di particolare interesse per l'ambiente e i personaggi presentati sono i *Racconti romani* (1954) e i *Nuovi racconti romani* (1959); in essi vengono descritte le classi sociali meno abbienti di Roma. I protagonisti sono lavoratori, impiegati, commercianti, artigiani — in alcuni casi perfino ladri — persone sempre comunque dotate di una virtù fondamentale alla sopravvivenza, cioè la scaltrezza. Il meccanismo dei loro intrighi serve a Moravia per sottolineare lo stato precario in cui vivono e anche a dimostrare la spontaneità che essi hanno rispetto al rigido formalismo della classe borghese.

Il suo interesse per il racconto — sempre d'ambientazione romana — continua ancor oggi. La sua attenzione è però più rivolta verso il ceto alto e medio-alto e non più verso il popolo delle borgate. Moravia è tutt'ora uno dei più prolifici scrittori italiani e, all'attività narrativa, alterna anche quella di critico cinematografico per il settimanale *L'espresso*. Nel 1988 Moravia ha pubblicato *Il viaggio a Roma*, romanzo in cui si ha la sensazione che non succeda mai nulla e i personaggi si consumano in una specie di vuoto intellettualismo.

* *Nel settembre 1990, nella fase di pubblicazione del presente volume, Alberto Moravia è deceduto nella sua casa di Roma.*

La Roma che emerge da "Un gioco" è quella dei Ministeri, delle migliaia di impiegati anonimi il cui linguaggio si appiattisce giorno dopo giorno. I due protagonisti restano vittime loro stessi di frasi funzionali ma vuote che si sono autoimposti.

BIBLIOGRAFIA ESSENZIALE

GLI INDIFFERENTI (1929)
LE AMBIZIONI SBAGLIATE (1935)
AGOSTINO (1945)
LA ROMANA (1947)
LA DISUBBEDIENZA (1948)
IL CONFORMISTA (1951)
RACCONTI ROMANI (1954)
LA CIOCIARA (1957)
NUOVI RACCONTI ROMANI (1959)
LA NOIA (1960)
IO E LUI (1971)
LA VITA INTERIORE (1978)
1934 (1982)
LA COSA (1983)
L'UOMO CHE GUARDA (1985)
IL VIAGGIO A ROMA (1988)
LA VILLA DEL VENERDÌ E ALTRI RACCONTI (1990)

UN GIOCO

Il mio fidanzato Vittorio ed io abbiamo inventato un gioco tutto nostro: la caccia al luogo comune. È cominciato così: un giorno Vittorio ha detto: "È inutile, soltanto una madre può capire certe cose."

Chissà perché, sono scattata subito: "Luogo comune."

5 "Perché luogo comune?"

"Pensa un momento a quella cretina di tua madre e dimmi poi se è vero."

"Ma io non parlavo di mia madre."

"Non importa. Se non hai da dire qualche cosa di cui sei sicuro che è 10 originale, è meglio che non dici nulla."

"Dovrei star zitto?"

"Zitto no. Soltanto cercare di dire cose assolutamente insignificanti."

"Per esempio."

"Ma, non so: oggi è giovedì; il cielo è blu; fa freddo; sono le cinque del 15 pomeriggio."

"Ho capito. Ma sei sicura tu stessa di non dire mai luoghi comuni?"

"Per nulla. Anzi, ti invito senz'altro a correggermi tutte le volte che me ne sfugga qualcuno."

Così è cominciato il gioco. A tutta prima[1] è stato Vittorio che ha avuto la 20 peggio. Anche perché, pur essendo ambedue impiegati nello stesso ministero, io ho su di lui il vantaggio di tre anni di studi universitari nella facoltà di lettere: mi sono fatto un poco l'orecchio ai problemi del linguaggio. Come mosche estive su quelle strisioline di carta ingommata che si veggono[2] tuttora nelle tabaccherie di provincia, i luoghi comuni e le frasi fatte si 25 appiccicavano a sciami sul discorso di Vittorio. Non facevo addirittura a tempo a beccarlo mentre parlava: "Alto là: locuzione piccolo-borghese. Attento: slogan pubblicitario. Ci sei ricascato: modo di dire snobistico-mondano. E dàgli:[3] espressione del linguaggio burocratico. Ahi, ahi: formuletta del gergo politico." Esasperato da questa conversazione trasformata in corsa 30 ad ostacoli, Vittorio alla fine ha seguito il mio consiglio esprimendosi sempre più con frasi funzionali. La sua conversazione con me è diventata così una sequela di: ''Oggi è giovedì. Il cielo è blu. Fa freddo. Sono le cinque del pomeriggio.'' Mi annoiavo ma non potevo rimproverarlo perché ero stata io a terrorizzarlo e a indurlo a ridurre il suo linguaggio ad una filza di proposizioni

35 insignificanti. Siamo andati così avanti per qualche tempo e poi ho capito che Vittorio, il quale finché si era espresso per luoghi comuni, aveva mostrato di volermi bene, adesso che parlava in maniera funzionale, si faceva, chissà perchè, sempre più freddo e più distante. Tanto che un giorno non ho potuto più resistere alla oscura gelosia che mi angosciava e gli ho detto: ''Lo sento.

40 Nel tuo cuore c'è un'altra donna.''

''Adesso chi parla per luoghi comuni?''

''Sarà un luogo comune ma è anche la verità.''

''Quale verità? Quella dei parolieri di San Remo?''[4]

''Vittorio, ti avverto: il mio amore potrebbe trasformarsi in odio.''

45 ''Banalona.''

''Vittorio, rispondi a questa domanda: sei ancora capace di calore umano oppure il tuo cuore è diventato davvero di ghiaccio?''

''Fumettara.''

''Vittorio, non scherzare: per me è una questione di vita o di morte.''

50 ''Romanticona.''

''Vittorio, confessalo: nel tuo subconscio tu mi odi.''

''Sentimental-psicanalitica.''

''Vittorio, non spingermi alla disperazione.''

''Melodrammatica.''

55 ''Potrei commettere qualche atto inconsulto.''

''Giornalistica da cronaca nera.''

Si vendicava. Da quel giorno ho sempre più perso piede[5] con lui; e non mi sono più ripresa. Già, perché dopo avere infierito per alcuni mesi spulciandogli senza pietà il linguaggio; ecco, tutto ad un tratto, scoprivo di essere

60 anch'io portata al luogo comune. Sola differenza tra me e lui era che in lui il luogo comune riguardava la vita pubblica: politica, società, cultura, lavoro; invece in me, la vita privata ossia, come si è soliti dire con acconcio luogo comune, gli affari di cuore. Non c'era dubbio: appena si veniva a parlare di amore, non soltanto mi esprimevo infilando l'una dopo l'altra, come perle,

65 tutte le frasi fatte piú smaccate; ma anche queste frasi fatte mi piacevano, mi ci riconoscevo, mi parevano, al momento di pronunziarle, addirittura grondanti di straziante autenticità.

Una di quelle sere, disperata, ho deciso di far precipitare la situazione. Vittorio doveva scegliere: o me... oppure la donna che fuori d'ogni dubbio

70 stava scalzandomi[6] nel suo sentimento. Posseggo la chiave del suo appartamento, sono entrata di soppiatto, sono andata a sedermi nel soggiorno. Era la sera, non ho acceso lumi, ho pensato che lui, rientrando, mi avrebbe trovata

seduta nella penombra, simile ad un fantasma silenzioso e immobile; il fantasma appunto di quello che ero stata per lui e adesso sapevo di non essere

75 piú. A questo pensiero ho cominciato a piangere impetuosamente, in parte per compassione di me stessa, in parte per rabbia perché prevedevo che anche questa volta non avrei evitato il linguaggio dei fumetti. Poi mi sono detta che se l'amore pareva essere condannato alla convenzione, in compenso l'azione non poteva essere convenzionale, in nessun caso, in quanto

80 scaturiva direttamente dalla profondità del sentimento. Le parole, tutti erano capaci di pronunziarle; ma pochi agivano e ciascuno agiva a modo suo. Ma quale azione? Piangendo dirottamente in quell'ombra ormai fitta, mi sono detta che il suicidio era la sola azione che convenisse alle circostanze in cui mi trovavo. Sì, soltanto uccidendomi potevo dimostrare a Vittorio, ma soprat-

85 tutto a me stessa che il mio amore, anche se si esprimeva per luoghi comuni, era ciononostante sincero e autentico. O meglio, poiché il mio scopo non era di morire ma di convincere, io dovevo limitarmi a tentare il suicidio. Ma dovevo tentarlo con sincerità, senza riserve. Una sincerità da lavanda gastrica, da gamba spezzata, da ferita di arma da fuoco guaribile in quaranta

90 giorni.

Mi ero preparata da tempo a questa eventualità. Nella borsetta avevo la rivoltella e un tubetto di barbiturici. Per prima cosa, sempre stando seduta al buio, ho impugnato la piccola pistola pesante e corta e ho puntato la canna contro il costato, sotto il cuore. Mi sono subito vista, con gli occhi dell'imma-

95 ginazione: riversa, la camicetta largamente insanguinata, la rivoltella ancora nella mano. Ma c'erano alcuni inconvenienti: prima di tutto il pericolo di morire dissanguata se Vittorio, come era solito, ritardava; in secondo luogo, chi mi garantiva che là dove puntavo la canna non ci fosse qualche organo vitale? Ho riposto la rivoltella nella borsetta e, sempre manovrando al buio,

100 ho tirato fuori il tubetto dei barbiturici, ho versato, a tastoni, l'acqua della caraffa in un bicchiere, sul tavolino, ho svitato il coperchio del tubetto . . . ma a questo punto, ecco, ho scoperto di non sapere affatto quale fosse la dose letale e quale quella, diciamo così, soltanto letargica. Insomma il tubetto è andato a raggiungere la pistola in fondo alla borsa. In quel momento, nell'in-

105 gresso, c'è stato il rumore della porta che si apriva.

Vittorio, poiché era lui, si è affacciato dall'anticamera; un po' di chiarore mi ha investito; lui mi ha visto, ha avuto un'esclamazione di sorpresa. "Sei tu? Ma che fai qui, al buio?"

Ho risposto con voce sepolcrale, proprio da fantasma: "Vittorio, così

110 non si può più andare avanti."

"Frase fatta."

"Vittorio, la mia vita non è più una vita."

"Luogo comune."

"Vittorio, addio, il mio sangue ricadrà sulla tua testa."

115   Mi sono alzata, sono andata direttamente al bagno, ho chiuso a chiave la porta, ho acceso la luce. La finestra era spalancata, eravamo al secondo piano,[7] mi sarei gettata di sotto: sapevo che se mi fossi gettata in piedi sarei caduta su un'aiola e, al massimo, mi sarei fratturata una gamba. Ero stata campionessa di salto con la pertica a scuola, e me ne intendevo. In una

120 tempesta di lagrime che mi flagellava il volto, sono andata alla finestra e mi sono chinata in fuori per misurare l'altezza dal suolo. Allora, proprio nel momento in cui stavo per slanciarmi, ho visto sul marmo del davanzale una rivista di fotoromanzi. Senza dubbio l'aveva lasciata lì la cameriera di Vittorio, la quale, come sapevo, ne faceva un grande consumo. Ma Vittorio

125 stesso mi aveva confessato una volta che quei fotoromanzi erano la sua grande anche se furtiva e vergognosa passione. Sulla copertina c'era una fotografia: l'eroina, una bella ragazza bruna molto ben pettinata, stava in piedi sul davanzale di una finestra e dalla sua bocca usciva un fumetto con la scritta: "Addio. Ricordati qualche volta di me." Dietro di lei, una porta era

130 aperta, un volto spaventato di giovanotto si affacciava e il fumetto diceva: "Gilda, per l'amor di Dio, che fai? Sei matta?" È stato un momento, ma uno di quei momenti nei quali, come si dice, si può vedere in prospettiva tutta la propria vita. Poi sono discesa e lasciando che Vittorio scuotesse la porta, mi sono avvicinata allo specchio e mi sono guardata. Dunque, ho pensato, anche

135 l'azione più sentita e più autentica alla fine non era che parodia; dunque, anche il desiderio di morte piú sincero era privo di autenticità. Ho indugiato qualche secondo, quindi ho aperto a Vittorio che trasportato dalla foga quasi mi è cascato addosso. Gli ho detto: "Il gioco è finito."

     "Ma quale gioco?"

140   "Quello dei luoghi comuni. D'ora in poi parleremo come viene viene.[8] E agiremo egualmente come viene viene."

     Mi guardava stupito. Ho concluso abbracciandolo: "Siamo due poveri diavoli cresciuti tra rotocalchi, fumetti, televisione, radio, cinema e romanzi di consumo. Riconosciamolo una buona volta, rassegniamoci e non pensia-

145 moci più."

NOTE LESSICALI E CULTURALI

[1] **a tutta prima**   *all'inizio*

[2] **veggono**   *vedono*

[3] **e dàgli**   *espressione colloquiale che può significare oh, no, ancora*

[4] **i parolieri di San Remo**   *autori di testi delle canzoni presentate al Festival di San Remo. Questo è un festival dove, ogni anno, vengono presentate nuove canzoni italiane*

[5] **ho perso piedi**   *ho perso contatto*

[6] **stava scalzandomi**   *stava sostituendomi*

[7] **al secondo piano**   *In Italia si comincia a contare i piani di un edificio dal **pianterreno** (primo piano americano), **primo piano** (secondo piano americano), ecc.*
[8] **come viene viene**   *fare una cosa senza pensarci molto*

DOMANDE

1. Cosa pensa la protagonista della madre del fidanzato?
2. Perché inizia il gioco tra Vittorio e la fidanzata?
3. Dove lavorano?
4. Che cosa ha studiato la donna?
5. Che cosa ha fatto Vittorio per evitare i luoghi comuni?
6. Qual è l'accusa che la fidanzata fa a Vittorio?
7. Come reagisce Vittorio alle varie accuse?
8. Di che cosa si rende conto la protagonista?
9. Qual è l'ultimatum che lei gli impone?
10. Qual è, secondo la donna, l'unica soluzione che ha?
11. Invece che con la pistola, con che cosa decide di tentare il suicidio?
12. Che cosa trova nel bagno di Vittorio?
13. Perché rinuncia ai tentativi di suicidio?
14. Perché il gioco finisce?
15. Che cosa propone la protagonista alla fine?
16. Qual è lo scopo del gioco tra i due fidanzati?
17. Qual è la conclusione a cui arriva la protagonista alla fine?
18. Di quale ambiente sociale sono rappresentanti i due protagonisti?

TEMI

1. Il linguaggio di diversi gruppi sociali e dei liberi professionisti.
2. La gelosia — fenomeno d'altri tempi?
3. Come la gente viene influenzata dai mezzi di comunicazione.

ESERCIZI

I. *Volgere le frasi seguenti alla forma passiva:*

1. Abbiamo inventato un bel gioco.
2. L'amica non lo rimprovera.
3. Le risposte di Vittorio la spingono alla disperazione.

4. Il luogo comune condanna il loro amore alla convenzione.
5. Riduce il suo linguaggio a proposizioni insignificanti.
6. Un po' di chiarore l'investe.
7. Il suicidio la tenta.
8. La cameriera lascia lì la rivista.
9. Vittorio apre la porta dell'ingresso con molto rumore.
10. Tutti esprimono male quei sentimenti?

II. *Dare il contrario:*

1. utile	6. odiare
2. sicuro	7. il diavolo
3. alla fine	8. il buio
4. lo svantaggio	9. oscuro
5. annoiarsi	10. allontanarsi

III. *Sostituire all'infinito in corsivo la forma conveniente del verbo al passato prossimo:*

1. Vittorio e la sua fidanzata *inventare* un gioco tutto loro.
2. Io non *dire* mai luoghi comuni.
3. Il fidanzato la *correggere* ogni volta che gliene sfuggiva qualcuno.
4. Io *annoiarsi* ma non lo *rimproverare.*
5. *Esserci* un'altra donna nel suo cuore?
6. Da quel giorno la fidanzata *perdere* sempre piede con lui; e non *riprendersi* piú.
7. Quando Vittorio *rientrare,* la *trovare* seduta nella penombra.
8. In quel momento, *esserci* un rumore nell'ingresso.
9. "Mia madre," *dire* lui, "non *essere* mai una cretina."
10. Quando la fidanzata gli *aprire* la porta, le *cascare* addosso.

IV. *Dare la forma corretta di* **bello, quello, grande,** *o* **santo:**

1. Vittorio aveva un _____ e

   _____ soggiorno. (grande/bello); c'erano dei

   _____ bicchieri e una caraffa sul tavolino. (bello)

2. Hai acceso _____ lumi? (quello)

3. Era stata una _____ campionessa di salto con la
   pertica a scuola. (grande)

4. Anche le _____ dosi sono soltanto letargiche. (grande)

5. Prima di saltare, tocca il medaglione di _____ Cristoforo. (santo)

6. Continua a dire che non usa mai _____ slogan pubblicitari. (quello)

7. La storia di Gilda era una _____ parodia della sua. (bello)

8. Adesso, tutto il _____ giorno parlava in _____ maniera funzionale. (santo/quello)

9. Il _____ gioco era finito. (bello)

10. Se Vittorio la lascia, può pregare _____ Caterina per un marito. (santo)

V. *Trovare il sinonimo nella seconda colonna per la parola nella prima colonna:*

1. stare zitto	1. suicidarsi
2. un luogo comune	2. sembrare
3. ambedue	3. subito
4. terrorizzare	4. sostituire
5. voler bene a	5. tutti e due
6. tutto ad un tratto	6. far paura
7. riguardare	7. una frase fatta
8. parere	8. tacere
9. scalzare	9. amare
10. uccidersi	10. concernere

Leonardo Sciascia (1921–1989)

Nato in Sicilia, in provincia di Agrigento, Leonardo Sciascia rimase per tutta la sua vita legato in modo estremamente originale alla sua terra. Dopo avere frequentato l'Istituto Magistrale di Caltanisetta, nel 1949 incominciò a insegnare nelle scuole elementari. Le sue prime due opere d'esordio, una di narrativa, *Favole della dittatura,* e una in versi, *La Sicilia, il suo cuore,* presentano già due aspetti dell'autore che verranno sviluppati in molte delle sue opere. Da una parte è presente il suo forte moralismo laico e dall'altra — forse quale diretta conseguenza del primo — il suo atteggiamento privo di falsi sentimentalismi nei confronti della Sicilia. Si tratta di un porsi di fronte alla propria gente che sorprende per mancanza di falsa retorica — anche se non si arriva mai a un vero cinismo per il forte legame che Sciascia nutre per la Sicilia. Con *Gli zii di Sicilia* (1958) la sua creatività narrativa viene a mischiarsi al tono saggistico che rimarrà una delle sue principali caratteristiche. Del resto la sua produzione letteraria contiene numerosi esempi di saggi e talvolta proprio un misto tra il saggio e la narrativa. Tra i numerosi romanzi bisogna ricordare *Il giorno della civetta* (1961) e *A ciascuno il suo* (1966), esempi quasi unici di opere in cui al tono tipico del romanzo poliziesco Sciascia include anche un forte impegno politico sociale. Le sue analisi storico sociali della realtà italiana, e siciliana in particolare, sono svolte con estremo rigore ma anche con una giusta dose di ironia e distacco.

Alla metà degli anni '70 venne eletto, come indipendente, consigliere comunale nelle liste del Partito Comunista. Il suo impegno politico assunse una dimensione nazionale quando nel 1979 fu eletto deputato nelle file del Partito Radicale. In questo periodo la sua produzione letteraria si infittì di romanzi, saggi e articoli, tra i quali vale la pena menzionare *L'affaire Moro* (1978), testo che prende in esame uno degli episodi più oscuri della storia politica italiana: l'uccisione dell'allora Primo Ministro Democristiano, Aldo Moro, da parte del gruppo terrorista chiamato Brigate Rosse. Tra i suoi romanzi pubblicati prima della sua morte va ricordato *Il cavaliere e la morte,* in cui il tono poliziesco fa da sfondo alla caratteristica fitta trama di legami personali che sembrano sempre sorprendere lo scrittore ogni volta che li descrive. Sciascia ha passato l'ultima parte della sua vita tra Palermo e il paese natale di Racalmuto.

"Il lungo viaggio" fa parte della raccolta *Il mare colore del vino* che include racconti scritti tra il 1959 e il 1972. In esso viene messo in rilievo la necessità dei contadini siciliani di lasciare la propria terra alla ricerca di un futuro migliore. Importante è anche l'immagine dell'America, quale luogo dalle caratteristiche quasi mitiche. Sciascia sottolinea anche con amaro distacco la facilità con la quale l'ignoranza della gente può lasciare spazio al primo venuto.

BIBLIOGRAFIA ESSENZIALE

FAVOLE DELLA DITTATURA (1950)
LA SICILIA, IL SUO CUORE (1952)
LE PARROCCHIE DI REGALPIETRA (1956)
GLI ZII DI SICILIA (1958)
IL GIORNO DELLA CIVETTA (1961)
IL CONSIGLIO D'EGITTO (1963)
MORTE DELL'INQUISITORE (1964)
A CIASCUNO IL SUO (1966)
IL MARE COLORE DEL VINO (1973)
TODO MODO (1974)
LA SCOMPARSA DI MAJORANA (1975)
L'AFFAIRE MORO (1978)
NERO SU NERO (1979)
OCCHIO DI CAPRA (1985)
LA STREGA E IL CAPITANO (1986)
1912+1 (1986)
PORTE APERTE (1987)
IL CAVALIERE E LA MORTE (1988)
UNA STORIA SEMPLICE (1989)

IL LUNGO VIAGGIO

Era una notte che pareva fatta apposta, un'oscurità cagliata che a muoversi[1]
quasi se ne sentiva il peso. E faceva spavento, respiro di quella belva che era il
mondo, il suono del mare: un respiro che veniva a spegnersi ai loro piedi.

5 Stavano, con le loro valige di cartone e i loro fagotti, su un tratto di
spiaggia pietrosa, riparata da colline, tra Gela e Licata:[2] vi erano arrivati
all'imbrunire, ed erano partiti all'alba dai loro paesi; paesi interni, lontani dal
mare, aggrumati nell'arida plaga del feudo. Qualcuno di loro, era la prima
volta che vedeva il mare: e sgomentava il pensiero di dover attraversarlo
tutto, da quella deserta spiaggia della Sicilia, di notte, ad un'altra deserta
10 spiaggia dell'America, pure di notte. Perché i patti erano questi — Io di notte
vi imbarco — aveva detto l'uomo: una specie di commesso viaggiatore per la
parlantina,[3] ma serio e onesto nel volto — e di notte vi sbarco: sulla spiaggia
del Nugioirsi,[4] vi sbarco; a due passi da Nuovaiorche[5] . . . E chi ha parenti in
America, può scrivergli che aspettino alla stazione di Trenton, dodici giorni
15 dopo l'imbarco . . . Fatevi il conto da voi . . . Certo, il giorno preciso non posso
assicurarvelo: mettiamo[6] che c'è mare grosso, mettiamo che la guardia costiera stia a vigilare . . . Un giorno piú o un giorno meno, non vi fa niente:
l'importante è sbarcare in America.

L'importante era davvero sbarcare in America: come e quando non
20 aveva poi importanza. Se ai loro parenti arrivavano le lettere, con quegli
indirizzi confusi e sgorbi che riuscivano a tracciare sulle buste, sarebbero
arrivati anche loro; «chi ha lingua passa il mare»,[7] giustamente diceva il
proverbio. E avrebbero passato il mare, quel grande mare oscuro; e sarebbero
approdati agli *stori* e alle *farme*[8] dell'America, all'affetto dei loro fratelli zii
25 nipoti cugini, alle calde ricche abbondanti case, alle automobili grandi come
case.

Duecentocinquantamila lire: metà alla partenza, metà all'arrivo. Le tenevano, a modo di scapolari, tra la pelle e la camicia. Avevano venduto tutto
quello che avevano da vendere, per racimolarle: la casa terragna il mulo
30 l'asino le provviste dell'annata il canterano le coltri. I piú furbi avevano fatto

ricorso agli usurai, con la segreta intenzione di fregarli; una volta almeno, dopo anni che ne subivano angaria: e ne avevano soddisfazione, al pensiero della faccia che avrebbero fatta nell'apprendere la notizia. «Vieni a cercarmi in America, sanguisuga: magari ti ridò i tuoi soldi, ma senza interesse, se ti

35 riesce di trovarmi». Il sogno dell'America traboccava di dollari: non piú, il denaro, custodito nel logoro portafogli o nascosto tra la camicia e la pelle, ma cacciato con noncuranza nelle tasche dei pantaloni, tirato fuori a manciate: come avevano visto fare ai loro parenti, che erano partiti morti di fame, magri e cotti dal sole; e dopo venti o trent'anni tornavano, ma per una breve

40 vacanza, con la faccia piena e rosea che faceva bel contrasto coi capelli candidi.

Erano già le undici. Uno di loro accese la lampadina tascabile: il segnale che potevano venire a prenderli per portarli sul piroscafo. Quando la spense, l'oscurità sembrò piú spessa e paurosa. Ma qualche minuto dopo, dal respiro

45 ossessivo del mare affiorò un piú umano, domestico suono d'acqua: quasi che vi si riempissero e vuotassero, con ritmo, dei secchi. Poi venne un brusío, un parlottare sommesso. Si trovarono davanti il signor Melfa, ché con questo nome conoscevano l'impresario della loro avventura, prima ancora di aver capito che la barca aveva toccato terra.

50 — Ci siamo tutti? — domandò il signor Melfa. Accese la lampadina, fece la conta. Ne mancavano due. — Forse ci hanno ripensato, forse arriveranno piú tardi... Peggio per loro, in ogni caso. E che ci mettiamo ad aspettarli, col rischio che corriamo?

Tutti dissero che non era il caso di aspettarli.

55 — Se qualcuno di voi non ha il contante pronto — ammoní il signor Melfa — è meglio si metta la strada tra le gambe e se ne torni a casa: ché se pensa di farmi a bordo la sorpresa, sbaglia di grosso; io vi riporto a terra com'è vero dio, tutti quanti siete.[9] E che per uno debbano pagare tutti, non è cosa giusta: e dunque chi ne avrà colpa la pagherà per mano mia e per mano dei

60 compagni, una pestata che se ne ricorderà mentre campa; se gli va bene...[10]

Tutti assicurarono e giurarono che il contante c'era, fino all'ultimo soldo.

— In barca — disse il signor Melfa. E di colpo ciascuno dei partenti diventò una informe massa, un confuso grappolo di bagagli.

65 — Cristo! E che vi siete portata la casa appresso? — cominciò a sgranare bestemmie, e finí quando tutto il carico, uomini e bagagli, si ammucchiò nella barca: col rischio che un uomo o un fagotto ne traboccasse fuori. E la differenza tra un uomo e un fagotto era per il signor Melfa nel fatto che l'uomo si portava appresso le duecentocinquantamila lire; addosso, cucite nella giacca

70 o tra la camicia e la pelle. Li conosceva, lui, li conosceva bene: questi contadini zaurri, questi villani.

Il viaggio durò meno del previsto: undici notti, quella della partenza compresa. E contavano le notti invece che i giorni, poiché le notti erano di atroce promiscuità, soffocanti. Si sentivano immersi nell'odore di pesce di

75 nafta e di vomito come in un liquido caldo nero bitume. Ne grondavano all'alba, stremati, quando salivano ad abbeverarsi di luce e di vento. Ma come l'idea del mare era per loro il piano verdeggiante di messe quando il vento lo sommuove, il mare vero li atterriva: e le viscere gli si strizzavano, gli occhi dolorosamente verminavano di luce se appena indugiavano a guardare.

80 Ma all'undicesima notte il signor Melfa li chiamò in coperta: e credettero dapprima che fitte costellazioni fossero scese al mare come greggi; ed erano invece paesi, paesi della ricca America che come gioielli brillavano nella notte. E la notte stessa era un incanto: serena e dolce, una mezza luna che trascorreva tra una trasparente fauna di nuvole, una brezza che dislagava i

85 polmoni.

— Ecco l'America — disse il signor Melfa.

— Non c'è pericolo che sia un altro posto? — domandò uno: poiché per tutto il viaggio aveva pensato che nel mare non ci sono né strade né trazzere, ed era da dio fare la via giusta, senza sgarrare, conducendo una nave tra cielo

90 ed acqua.

Il signor Melfa lo guardò con compassione, domandò a tutti — E lo avete mai visto, dalle vostre parti, un orizzonte come questo? E non lo sentite che l'aria è diversa? Non vedete come splendono questi paesi?

Tutti convennero, con compassione e risentimento guardarono quel

95 loro compagno che aveva osato una cosí stupida domanda.

— Liquidiamo il conto — disse il signor Melfa.

Si frugarono sotto la camicia, tirarono fuori i soldi.

— Preparate le vostre cose — disse il signor Melfa dopo avere incassato.

100 Gli ci vollero pochi minuti: avendo quasi consumato le provviste di viaggio, che per patto avevano dovuto portarsi, non restava loro che un po' di biancheria e i regali per i parenti d'America: qualche forma di pecorino[11] qualche bottiglia di vino vecchio qualche ricamo da mettere in centro alla tavola o alle spalliere dei sofà. Scesero nella barca leggeri leggeri, ridendo e

105 canticchiando; e uno si mise a cantare a gola aperta, appena la barca si mosse.

— E dunque non avete capito niente? — si arrabbiò il signor Melfa. — E dunque mi volete fare passare il guaio?... Appena vi avrò lasciati a terra potete correre dal primo sbirro che incontrate, e farvi rimpatriare con la prima corsa: io me ne fotto,[12] ognuno è libero di ammazzarsi come vuole... E poi,

110 sono stato ai patti: qui c'è l'America, il dover mio di buttarvici l'ho assolto... Ma datemi il tempo di tornare a bordo, Cristo di Dio!

Gli diedero piú del tempo di tornare a bordo: ché rimasero seduti sulla

fresca sabbia, indecisi, senza saper che fare, benedicendo e maledicendo la notte: la cui protezione, mentre stavano fermi sulla spiaggia, si sarebbe
115 mutata in terribile agguato se avessero osato allontanarsene.

Il signor Melfa aveva raccomandato — sparpagliatevi — ma nessuno se la sentiva di dividersi dagli altri. E Trenton chi sa quant'era lontana, chi sa quanto ci voleva per arrivarci.

Sentirono, lontano e irreale, un canto. «Sembra un carrettiere nostro»,
120 pensarono: e che il mondo è ovunque lo stesso, ovunque l'uomo spreme in canto la stessa malinconia, la stessa pena. Ma erano in America, le città che baluginavano dietro l'orizzonte di sabbia e d'alberi erano città dell'America.

Due di loro decisero di andare in avanscoperta. Camminarono in direzione della luce che il paese piú vicino riverberava nel cielo. Trovarono quasi
125 subito la strada: «asfaltata, ben tenuta: qui è diverso che da noi», ma per la verità se l'aspettavano piú ampia, piú dritta. Se ne tennero fuori, ad evitare incontri: la seguivano camminando tra gli alberi.

Passò un'automobile: «pare una seicento»;[13] e poi un'altra che pareva una millecento, e un'altra ancora: «le nostre macchine loro le tengono per
130 capriccio, le comprano ai ragazzi come da noi le biciclette». Poi passarono, assordanti, due motociclette, una dietro l'altra. Era la polizia, non c'era da sbagliare: meno male che si erano tenuti fuori della strada.

Ed ecco che finalmente c'erano le frecce. Guardarono avanti e indietro, entrarono nella strada, si avvicinarono a leggere: *Santa Croce Camarina —*
135 *Scoglitti.*[14]

— Santa Croce Camarina: non mi è nuovo, questo nome.

— Pare anche a me; e nemmeno Scoglitti mi è nuovo.

— Forse qualcuno dei nostri parenti ci abitava, forse mio zio prima di trasferirsi a Filadelfia: ché io ricordo stava in un'altra città, prima di passare a
140 Filadelfia.

— Anche mio fratello: stava in un altro posto, prima di andarsene a Brucchilin[15]... Ma come si chiamasse, proprio non lo ricordo: e poi, noi leggiamo Santa Croce Camarina, leggiamo Scoglitti; ma come leggono loro non lo sappiamo, l'americano non si legge come è scritto.

145 — Già, il bello dell'italiano è questo: che tu come è scritto lo leggi... Ma non è che possiamo passare qui la nottata, bisogna farsi coraggio... Io la prima macchina che passa, la fermo: domanderò solo «Trenton?»... Qui la gente è piú educata... Anche a non capire quello che dice, gli scapperà un gesto, un segnale: e almeno capiremo da che parte è, questa maledetta Tren-
150 ton.

Dalla curva, a venti metri, sbucò una cinquecento: l'automobilista se li vide guizzare davanti, le mani alzate a fermarlo. Frenò bestemmiando: non pensò a una rapina, ché la zona era tra le piú calme; credette volessero un passaggio, aprí lo sportello.

155   — Trenton? — domandò uno dei due.

— Che? — fece l'automobilista.

— Trenton?

— Che trenton della madonna[16] — imprecò l'uomo dell'automobile.

— Parla italiano — si dissero i due, guardandosi per consultarsi: se non 160 era il caso di rivelare a un compatriota la loro condizione.

L'automobilista chiuse lo sportello, rimise in moto. L'automobile balzò in avanti: e solo allora gridò ai due che rimanevano sulla strada come statue — ubriaconi, cornuti ubriaconi, cornuti e figli di . . . — il resto si perse nella corsa.

165   Il silenzio dilagò.

— Mi sto ricordando — disse dopo un momento quello cui il nome di Santa Croce non suonava nuovo — a Santa Croce Camarina, un'annata che dalle nostre parti andò male, mio padre ci venne per la mietitura.

Si buttarono come schiantati sull'orlo della cunetta: ché non c'era fretta 170 di portare agli altri la notizia che erano sbarcati in Sicilia.

NOTE LESSICALI E CULTURALI

[1] **un'oscurità cagliata che a muoversi** *che ha valore consecutivo: cosí cagliata che a muoversi*

[2] **Gela, Licata** *città nella Sicilia sud-ovest*

[3] **parlantina** *capacità di parlare velocemente per cercare di far colpo su una persona*

[4] **Nugioirsi** *trascrizione della pronuncia italianizzata di New Jersey*

[5] **Nuovaiorche** *stesso caso della nota #4 per la parola, New York*

[6] **mettiamo** *immaginiamo come ipotesi*

[7] **chi ha lingua passa il mare** *proverbio che indica che una persona che è capace di parlare riesce ad andare dovunque*

[8] **stori, farme** *stesso caso della nota #4 rispettivamente per le parole stores e farms, con la sola differenza che queste parole prendono le desinenze italiane, -i e -e*

[9] **vi riporto a terra com'è vero dio, tutti quanti siete** *significa vi riporto sicuramente a terra tutti*

[10] **se gli va bene . . .** *se è fortunato*

[11] **qualche forma di pecorino** *qualche pezzo di formaggio tipico della loro regione*

[12] **io me ne fotto** *forma volgare che significa a me non interessa*

[13] **pare una seicento** *cinquecento, seicento, millecento: modelli di automobili prodotti dalla FIAT, molto diffusi negli anni '60*

[14] **S. Croce Camerina-Scoglitti** *paesi nel sud della Sicilia*

[15] **Brucchilin** *stesso caso della nota #4. In questo caso significa Brooklyn*

[16] **Che trenton della madonna!** *imprecazione che significa: Trenton? Che diavolo state dicendo!*

DOMANDE

1. Da dove vengono le persone che iniziano il viaggio?
2. Chi c'era ad aspettarli?
3. Quali erano i patti?
4. Chi è esattamente la persona con cui si incontrano?
5. Quanto tempo avrebbero dovuto impiegare per arrivare a destinazione in America?
6. Cosa pensavano di trovare in America?
7. Cosa minaccia il signor Melfa se qualcuno non ha i soldi?
8. Che opinione ha il signor Melfa dei contadini?
9. Come hanno fatto per avere i soldi necessari?
10. Com'erano le notti sulla nave?
11. Come gli sembra "l'America" quando la vedono di notte?
12. Perché i loro bagagli sono meno pesanti quando sbarcano?
13. All'inizio qualcuno ha dei dubbi di non essere in America?
14. Qual è la loro destinazione in America?
15. Perché il signor Melfa aveva raccomandato loro di sparpagliarsi?
16. Cosa pensano delle auto che vedono?
17. Che cosa decidono di fare con la prossima auto che passa?
18. Cosa succede quando parlano all'automobilista?
19. Che cosa ricorda loro il nome Santa Croce Camerina?
20. Quale notizia devono portare agli altri?

TEMI

1. L'illusione e il desiderio possono far cambiare l'opinione su qualcosa?
2. Come può la gente difendersi da persone come il signor Melfa?
3. Perché i poveri e gli ignoranti sono spesso presi di mira in letteratura o in altre forme di espressione artistica o di spettacolo?
4. Se doveste emigrare, in quale paese andreste? Perché?

ESERCIZI

I. Volgere il verbo in corsivo all'imperfetto del congiuntivo:

1. Benché *essere* spaventati, erano lí sulla spiaggia di notte.
2. Il signor Melfa voleva che loro *scrivere* ai parenti in America.
3. Alcuni avevano paura che i parenti non *venire* ad aspettarli alla stazione di Trenton.

4. Bisognava che ognuno *pagare* metà alla partenza, metà all'arrivo.
5. Era improbabile che gli usurai li *seguire* in America per farsi pagare.
6. Immaginavano che una vita migliore li *aspettare.*
7. La famiglia aveva venduto tutto prima che noi *partire.*
8. Può darsi che i due che mancavano al momento della partenza non *avere* i soldi per il viaggio.
9. Non era importante come e quando loro *sbarcare.* L'importante era sbarcare in America.
10. Era necessario che io *fermare* qualcuno sulla strada.

II. *Indicare la parola o l'espressione che non ha legami con le altre:*

1. spiaggia/sabbia/costiera/mare
2. piroscafo/secchio/nave/barca
3. sbirro/vigile/villano/polizia
4. coltri/fagotti/bagagli/valige
5. baluginare/splendere/brillare/balzare
6. imbrunire/abbeverarsi/nottata/oscurità
7. sparpagliarsi/ammucchiarsi/aggrumarsi/racimolare
8. spavento/sgomento/atroce/pauroso
9. imprecare/bestemmiare/maledire/riparare
10. parlantina/guizzare/gridare/parlottare

III. *Scegliere fra le tre possibilità quella che meglio completa la frase:*

1. Per alcuni era la prima volta che
   a. andavano in America.
   b. avevano racimolato.
   c. vedevano una spiaggia deserta della Sicilia.
2. Se ci fosse mare grosso,
   a. potrebbero arrivare anche in anticipo.
   b. potrebbero arrivare più tardi.
   c. il signor Melfa non li accompagnerebbe.
3. Se le lettere arrivassero,
   a. i parenti sarebbero contenti di aiutarli.
   b. gli indirizzi sarebbero confusi.
   c. arriverebbero loro.
4. Le provviste dell'annata
   a. erano tutto quello che avevano.

    b. per patto avevano dovuto portarsi.

    c. avevano venduto.

5. I parenti partiti prima di loro

    a. tornavano magri e cotti dal sole.

    b. tornavano per portarli sul piroscafo.

    c. tornavano per una breve vacanza.

6. Quando l'impresario della loro avventura fece la conta,

    a. mancavano due contadini.

    b. tutti assicurarono che il contante c'era.

    c. sbagliò di grosso.

7. I fagotti e le valige di cartone

    a. erano meno allo sbarco.

    b. erano nella biancheria.

    c. scesero nella barca leggeri leggeri.

8. Se qualcuno non avrà il contante pronto,

    a. farà a bordo la sorpresa al signor Melfa.

    b. sarà riportato a terra da solo.

    c. nessuno partirà.

9. Appena il signor Melfa li avrà lasciati a terra,

    a. potranno rimpatriare.

    b. potranno cantare a gola aperta.

    c. potranno tornare a bordo.

10. A Santa Croce Camarina

    a. è andato lo zio di uno degli immigranti prima di andare a Filadelfia.

    b. è andato il padre di uno degli immigranti per la mietitura.

    c. è andato il fratello di uno degli immigranti prima di andarsene a Brucchilin.

IV. Quale (o quali) fra i seguenti proverbi è più pertinente al racconto? Spiegare la vostra scelta.

1. Chi va piano va sano e lontano.
2. Chi pecora si fa, il lupo se la mangia.
3. I ragli dell'asino non arrivano in cielo.
4. Cane non mangia cane.
5. L'erba del vicino è sempre più verde.
6. Dimmi con chi vai e ti dirò chi sei.
7. Chi troppo abbraccia meno stringe.
8. Non è tutt'oro quel che riluce.

V. *Scegliere l'espressione nella seconda colonna che ha lo stesso significato dell'espressione nella prima colonna:*

1. fare spavento	1. ricorrere a
2. mettere in moto	2. andar via
3. stare ai patti	3. corretto
4. non è il caso	4. fortunatamente
5. allontanarsi	5. rispettare un contratto
6. giusto	6. impaurire
7. fare ricorso a	7. non c'è bisogno
8. meno male	8. cominciare

LOMBARDIA

Lucio Mastronardi *(1930–1979)*

Nato a Vigevano, in Lombardia, da una famiglia di insegnanti, divenne lui stesso maestro. Dal 1956 egli contribuì con alcuni racconti su vari giornali, e, nel 1958, pubblicò, sull'importante rivista letteraria *Il Menabò,* il romanzo *Il Calzolaio di Vigevano.* In quest'opera è estremamente importante l'uso che Mastronardi fa del linguaggio, per sottolineare una certa polemica sociale, che è tipica di molti dei suoi protagonisti. Egli usa trascrizioni fonetiche e italianizzazioni del dialetto lombardo, idiomi che caratterizzano la lingua di un gruppo di persone alla ricerca di uno *status* sociale. L'attaccamento ai beni materiali, cioè alla ''roba'', che Mastronardi mette in rilievo ricorda da vicino il mondo di Giovanni Verga. Mastronardi presenta un universo di personaggi in cui non sono rappresentate né la classe capitalista né quella degli operai, evitando così tensioni di tipo politico. È così che in *Il Maestro di Vigevano* (1962), forse l'opera più famosa, e in *Il Meridionale di Vigevano* (1964), compare una nuova classe sociale, quella dei burocrati statali, che si inseriscono nella società senza quella spinta verso un obbiettivo che è invece la forza delle classi sociali locali. Il capitalismo è originalmente visto come una struttura caotica all'interno del quale ogni singolo individuo appartenente alla classe media cerca di conquistare una piccola particella di potere, diventando in alcuni casi una vera e propria ossessione. È in questo contesto che emergono alcune osservazioni interessanti di Mastronardi. Si veda ad esempio il suo accenno alla crudeltà che caratterizza alcuni dei suoi personaggi senza scrupoli. Anche il sesso, ad esempio, diventa un mezzo per raggiungere il proprio posto al sole. Mastronardi annota anche un interessante fenomeno che ha caratterizzato l'Italia del boom economico degli anni '60: l'inserimento cioè in questa classe intermedia di un nuovo gruppo sociale migratorio proveniente dal Sud. Al substrato lombardo, infatti, si inserisce, in modo alquanto sperimentale, quello centro-meridionale. Gli esiti di questa narrativa sono a volte insoddisfacenti per la complessità dei problemi posti e il superficiale approccio che, a tratti, Mastronardi mostra.

Nel racconto ''Dalla Santa'' è interessante notare come Mastronardi ci offra un aspetto abbastanza insolito della società industriale del Nord. La superstizione — fenomeno più facilmente riscontrabile nella società meridionale — ha infatti un ruolo estremamente importante nella vita di ogni giorno, e investe sia la classe media che quella meno abbiente. Interessante è anche l'uso del dialetto milanese che emerge in vari momenti del racconto.

BIBLIOGRAFIA ESSENZIALE

A CASA TUA RIDONO (1971)
L'ASSICURATORE (1975)
GENTE DI VIGEVANO (1977)
RACCONTI DI MASTRONARDI (1981)
QUATTRO RACCONTI (1981)

DALLA SANTA

Avevo un fastidio a un occhio. Mi hanno consigliato di farmelo vedere da una donna che fa miracoli. La santa di Vigevano.[1] Ci andai un pomeriggio. La santa abita in un vecchio stabile, nella vallata San Martino, uno dei più vecchi rioni della città. Nella corte, una donna, senza che le chiedessi niente, m'indicò la scala dove la santa abitava. Salii. I baselli erano sconnessi e di legno. Ne mancava anche qualcuno. Arrivai su di un ballatoio con la ringhiera sempre di legno, che puzzava di marcio; ed entrai nell'unica porta che c'era. Mi sono trovato in una vecchia e grande stanza, piena di donne e donnette. Alle pareti erano appesi dei Cristi incorniciati in tutte le pose: mentre prega, col cuore in mano, mentre predica, mentre miracola,[2] mentre sale il Calvario, mentre muore, mentre risuscita... Tutte le pareti erano così quarciate[3] da quei quadri e quadretti, che non si vedevano nemmeno i colori dei muri. La gente sedeva su sedie scompagne, aspettando con pazienza il suo turno. Sul tavolo c'era una scatola di scarpe con un buco sul coperchio. La santa sedeva sull'orlo di una branda con un crocifisso in una mano e un rosario nell'altra. Portava una saia da frate. Aveva una faccia paffuta, e occhi neri e vivi. Capelli corti e brizzolati, divisi a metà dalla riga; e un vocione comunicativo, dalla parlata dialettale.

Seduta davanti a lei, una donnetta le contava le sue croci.[4] Suo figlio gliene sta per combinare una, proprio grossa. Si è innamorato di una... figlia dell'amore. — Io gli ho detto: se tu sposi quella lì, me,[5] ti rifiuto da figlio. Ma non c'è verso, diceva la donnetta panettandosi gli occhi, noi siamo gente per bene; io non mi voglio imparentare con una così!

La santa si raccolse. Si prese la testa fra le mani. Una parente ci fece segno di tacere: è in rapporto con Gesù, disse.

Per qualche minuto la santa rimase con lo sguardo per terra, fisso sui disegni del pavimento nuovo. Poi disse:

— Quella ragazza ci ha fatto il pignattino a suo figlio![6]

— No! gridò la donnetta.

La santa gettò uno sguardo ai quadri del suo padrone, come disse.

— Passerò tutta la notte a pregare per voi e per vostro figlio. Vedrà che il mio padrone mi darà da trà;[7] che il pignattino non funzionerà più.

— Mi faccia questa grazia, disse la donnetta.

La santa le diede un santino,[8] con una preghiera dietro, da dire quando
35 suo figlio è in casa. La donna uscì un portafoglio. Mise l'immagine in una tasca, con cura. Introdusse nella scatola qualche biglietto da mille e uscì.

— Se mi fate la grazia, so il mio dovere, disse sull'uscio.

— Non ho bisogno di niente, io. Ciò lui,[9] disse la santa, fiera, alzando la croce.

40 Toccava a una donna. Come sedette davanti alla santa, scoppiò a piangere. Disse che suo marito ha una fabbrica di scarpe a socio con uno, che gliene fa da vendere.[10] — Sappiamo solo noi cosa ci fa passare quel socio; i dané che ci giuntiamo;[11] il lavoro che va a male... Il mio uomo vuole spartirsi. Quellolà non ci sta. Il mio uomo dà fuori,[12] se non si spartisce, dà fuori da
45 matto. Passa delle notti senza sarare su occhio;[13] sempre con quel pensiero fisso nella mente.

— Cosa vuole il socio per spartirsi? domandò la santa.

— La fabbrica intera vuole. E dei danari insieme. Tutto il lavoro mio e del mio uomo darcelo[14] tutto a lui...

50 La santa si alzò; andò dall'altra parte della branda; da un canterano prese una reliquia, e scomparve dietro una tenda.

— Silenzio. È in crisi, mormorò la parente.

Per qualche minuto si sentirono solo i singhiozzi compressi della donna. La santa riapparve.

55 — Dategli tutto quello che vuole al socio. Quella fabbrica è maledetta. Sfatevene subito. Ripigliate da capo, voi e il vostro uomo, e nessun altro di mezzo. Pregherò che gli affari vi vadano bene! disse la santa.

La donna se ne andò poco convinta. — Ciula, borbottava, ciula, tutta la nostra roba in bocca al lupo. Me ne sogno neanche...

60 Ora toccava a una donna giovane. Sedette imbarazzata davanti alla santa. Si guardava d'attorno. Doveva seccarle dire i fatti suoi davanti a tutti.

— Io so perché siete venuta, disse la santa, guardandola fissa; non ce la fate a imbastire un figlio; vero?

La sposa assentì.

65 — È tre anni che lui mi mena da uno specialista all'altro, mormorò con voce stanca.

— Ma lui è affettuoso?

— Non mi dice più niente. Quando viene sua sorella con suo figlio, lui ci slingua[15] vicino al nipote. Cià[16] una fabbrica a socio con sua sorella. Ecco,
70 dice, tanto da fare, tanto rabattarsi,[17] per lasciargliela tutta al nipote la fab-

brica... E quando si esce, c'è sempre qualcuno che dice: ma che bella coppia! che torniamo a casa che non ci abbiamo voglia di guardarci in faccia.

La sposa parlava all'orecchio della santa, ma la voce le usciva forte.

La santa la fece stendere sulla branda. Con le mani le premeva il ventre; 75 ci faceva croci, mormorando preghiere.

— Aspettate il periodo della luna piena, disse. Se non ci resta,[18] dite al vostro uomo di andare lui a farsi curare!

— Davvero? disse la sposina, raggiante.

La santa strizzò l'occhio con un sorriso furbo.

80 In quella,[19] sorretta da due donne, comparve una ragazza con le gambe sciancate. La santa le andò incontro e l'abbracciò. Disse che quella povera anima le era tanto cara. È in cura da me, disse. Il viso devastato della ragazza s'illuminò, mentre le mani della santa la sostenevano.

— Hai fatto quello che t'ho detto? domandò la santa.

85 La ragazza accennò di sì. — Ho fatto solo un giro intorno al tavolo, disse.

La santa trasalì, e dopo un momento di silenzio, gridò:

— Fanne due subito di giri. Non toccatela. Avanti!

La poveretta si levò; a stento raggiunse il tavolo. Sta per appoggiarsi.

90 — No! urlò la santa.

La ragazza arrancava intorno, fermandosi dopo qualche passo; riprendendo. Dopo un giro cadde su una sedia.

— Ancora un altro, gridò la santa. La ragazza si alzò, riprese a camminare; la santa le andava dietro, vicino, e le diceva:

95 — Ci sono io. Abbi fede. Non toccare il tavolo. Ci sono io. Io ci sono. Avanti. Sono qui io. Senza paura. Vedi che ce la fai. Avanti...

La ragazza fece tre giri, e sedette sull'orlo della branda.

— Non ho fatto fatica! diceva.

Una della donne che l'accompagnava, disse:

100 — Qui ce la fa. A casa no. Qui ci siete voi.

— Non è vero, disse la santa, io non sono niente. È il mio padrone. Che è dappertutto: anche a casa vostra.

Baciò la ragazza, e disse alle donne di farle fare a casa tre giri intorno al tavolo; e di tornare da lei fra qualche giorno. Le donne promisero.

105 — Adesso vai fuori! gridò alla ragazza, che sforzandosi di non appoggiarsi né al tavolo né alle sedie, arrivò sull'uscio.

La santa si sentiva stanca. Si fece dare una scodella d'acqua, e prima di berla ci fece dei segni di croce che parevano scongiuri.

Toccò a una donna. Ha su un fabbrichino. Ha taccagnato con una 110 operaia, che le ha detto: quando morirete farò suonare le campane.

— Quando suona una campana, per me è una roba che podinò[20] spiegare. Peggio che un supplizio, disse la donna. E le campane tacciono mai . . .

— L'avete licenziata l'operaia?

115 — Sì. Ma quelle campane, madonna santa, quelle campane . . .

— Quando sentite le campane, disse la santa, sforzatevi di pensare che suonano per quellalà.

La donna scosse la testa.

— Ciò[21] già provato, disse. Prima non ci facevo mai caso, alle campane;
120 adesso è un tormento che comincia la mattina bonora[22] e continua fino la notte . . .

— Allora fatevi tre segni di croce a ogni scampanata, disse la santa, con tre requiem insieme!

Toccava a una vecchietta. Suo figlio fa il modellista. E vuole andare nel
125 Sud Africa, a lavorare. Un padrone di Vigevano cià piantato un'azienda, là, e il me balosso[23] vuole andare a mostrarci il mestiere ai zulù. Vuole firmare il contratto per dieci anni. Dice che farà su tanti di quei soldi, che podrà[24] tornare a Vigevano e mettersi in proprio e in grande: una bella fabbrica di scarpe. Che me lo faccia stare a casa!

130 — Mandatemelo qui; gli dirò solo quattro parole, e ci farò passare la voglia di partire! disse la santa, sicura. Lo aspetto domani!

Finalmente toccava a me. Mi sedetti davanti alla santa.

— Ho un occhio che mi lacrima, dissi, indicando l'occhio.

— Vi scarnebbia l'occhio? disse la santa. Mi prese la testa, ci soffiò sulla
135 palpebra, e ci fece delle croci. Da una scatola uscì una ''fotografia'' di Gesù, formato tessera, dall'aria terribile, e me la diede.

— Fissatela, disse.

Io la fissai.

— Ci vedete una croce sulla fronte?

140 — No.

— Io sì. Seguitate a fissarla . . .

Donnette si fecero d'attorno, e poco dopo tutte vedevano la croce. Qualcuna ci sentiva anche un leggero profumo.

— La vedete la croce? disse la santa.

145 — Sì, adesso la vedo.

La santa mi guardò contenta.

— Vedete, io sono una povera donna, senza studi, senza niente. Ma c'è il mio padrone, a illuminarmi. Ci posso mostrare a tutti, io. Quando un qualcosa non vi va, o vi va per traverso, fate come avete fatto adesso: guarda-
150 telo fisso finché non avete visto la croce che avete visto adesso.

La scatola dei soldi era piena. I miei non ci entravano. La parente della santa la sostituì con un'altra vuota. Mentre uscivo entrava gente. E altra gente incontravo per le scale, e nella corte, e sul portone.

Mentre tornavo a casa, l'occhio mi scarnebbiava ancora, ma poco. E fu
155   l'ultima volta. Poi non mi scarnebbiò più.

NOTE LESSICALI E CULTURALI

[1] **Vigevano**   *cittadina della Lombardia, non lontana da Milano*

[2] **miracola**   *terza persona singolare del verbo dialettale,* **miracolare,** *fare dei miracoli*

[3] **quarciate**   *adornate*

[4] **contava le sue croci**   *raccontava i suoi problemi*

[5] **me**   *io*

[6] **quella ragazza ci ha fatto il pignattino a suo figlio**   *la ragazza ha stregato suo figlio*

[7] **mi darà da trà**   *forma dialettale per* **mi darà retta,** *cioè* **seguirà il mio consiglio**

[8] **santino**   *immagine che riproduce su un pezzo di carta la figura di un Santo*

[9] **ciò lui**   *forma dialettale per* **ho lui**

[10] **che gliene fa da vendere**   *che gli combina molti guai*

[11] **i dané che ci giuntiamo**   *forma dialettale per* **i soldi che ci mettiamo**

[12] **dar fuori**   *forma dialettale per* **impazzire**

[13] **sarare su occhio**   *forma dialettale per* **chiudere un occhio,** *cioè* **dormire**

[14] **darcelo**   *forma colloquiale per* **darglielo**

[15] **ci slingua**   *forma colloquiale per* **gli piace**

[16] **cià**   *forma dialettale per* **egli ha**

[17] **rabattarsi**   *darsi da fare*

[18] **se non ci resta**   *se non rimane incinta*

[19] **in quella**   *in quel momento*

[20] **podinò**   *forma dialettale per* **non posso**

[21] **ciò**   *io ho*

[22] **bonora**   *forma dialettale per* **di buon'ora,** *cioè* **di mattina presto**

[23] **il me balosso**   *forma dialettale per* **il mio ragazzo**

[24] **podrà**   *forma dialettale per* **potrà**

DOMANDE

1. Perché il narratore va dalla donna che fa miracoli?
2. Come mai una donna indica al narratore la scala dove abita la santa senza che lui le chieda niente?
3. Come mai non va dal dottore?
4. Com'è la stanza dove c'è la santa?
5. Qual era il problema della prima signora che parlava alla santa?
6. Che cosa fa la santa quando si concentra?

7. Qual è la risposta della santa?
8. Cosa ne pensa la donna?
9. Come mai la giovane donna è preoccupata?
10. Come si comporta la santa con la ragazza con le gambe sciancate?
11. Chi è il "padrone" di cui parla sempre la santa?
12. Perché a una delle donne non piacciono le campane?
13. Cosa vuole andare a fare in Sud Africa il figlio di un'altra donna?
14. Com'è il problema del protagonista rispetto a quello degli altri?
15. Che cosa gli fa la santa?
16. Cosa dovrebbe fare il protagonista quando qualcosa non va?
17. Guadagna molto la santa?
18. Che tipo di rimedi propone di solito la santa?
19. Come mai ci sono solo donne da lei?
20. Il protagonista crede al potere della santa?

TEMI

1. La superstizione: dove è diffusa e perché la gente ci crede.
2. Esiste un'alternativa alla medicina tradizionale?
3. Le credenze popolari possono ancora influenzare la società moderna?
4. La superstizione o la fede?

ESERCIZI

I. *Volgere il verbo in corsivo al passato remoto o all'imperfetto, secondo il caso:*

1. Il giorno dopo loro mi *consigliare* di farmi vedere l'occhio dalla santa.
2. Io *aspettare* una mezzo'ora nella grande e vecchia stanza.
3. La santa *prendere* un crocifisso in una mano e un rosario nell'altra.
4. Lei *portare* un saio da frate.
5. Per qualche minuto lei *rimanere* con lo sguardo per terra.
6. *Dovere* seccare alla giovane donna dire i fatti suoi davanti a tutti.
7. La santa *dire* che quando la donna *sentire* le campane, doveva sforzarsi di pensare che *suonare* per quella là.
8. Lei *dire* sempre che quella povera anima le *essere* tanto cara.
9. Io *guardare* l'immagine e la *mettere* in una tasca del portafoglio, con cura.
10. Noi *fermarci* per vedere la scatola che *essere* piena.

II. *Completare le frasi secondo quanto letto nel racconto:*

1. Una donna che fa miracoli si chiama _____.

2. Era di _____ anche la ringhiera.

3. Su tutte le pareti c'erano _____.

4. Nel coperchio della scatola c'era _____.

5. Il pavimento della stanza era _____.

6. La santa dice che non ha bisogno di niente perché ha

_____.

7. Alla donna, il cui marito ha una fabbrica di scarpe, la santa dice che la

fabbrica è _____.

8. La sposina sedette imbarazzata davanti alla santa perché non voleva

dire davanti alle altre donne _____.

9. A casa la ragazza con le gambe sciancate non poteva

_____.

10. Quando la santa dà la "fotografia" di Cristo al narratore, gli dice di

_____.

III. *Scegliere la parola nella seconda colonna che ha un legame con quella nella prima:*

1. la croce	1. l'occhio
2. il padrone	2. l'operaia
3. il rione	3. il supplizio
4. predicare	4. borbottare
5. lo scongiuro	5. il crocifisso
6. il tormento	6. l'azienda
7. la fotografia	7. la città
8. mormorare	8. pregare
9. la palpebra	9. l'immagine
10. la fabbrica	10. la preghiera

IV. *Nelle seguenti frasi cambiare il verbo in corsivo con il* fare *causativo (usare lo stesso soggetto):*

Esempio: **Guarda l'immagine./Fa guardare l'immagine.**

1. *Cerchiamo* la donna che fa miracoli.
2. *Vediamo* dei Cristi incorniciati in tutte le pose.
3. *Consiglia* alla donna di dire una preghiera.
4. *Preghiamo* per l'anima della parente.
5. *Diamo* tutto al socio.
6. *Metto* i soldi nel buco del coperchio.
7. *Vendono* la fabbrica a un altro padrone.
8. *Prende* una reliquia dal canterano e la *dà* loro.
9. *Credete* alle sue parole.
10. *Sostituisco* la vecchia tessera con la nuova.

V. *Usare le seguenti espressioni in domande da fare a un altro studente:*

1. fare fatica
2. far caso a
3. gettare uno sguardo
4. toccare a
5. scoppiare a piangere

Gianni Celati (1937-)

Gianni Celati, nato a Sondrio, in Lombardia, nel 1937, studiò a Bologna, dove si laureò in lingue e letterature straniere, con una tesi su James Joyce. Negli anni '60 soggiornò a lungo in Inghilterra. Celati alterna ora la professione di scrittore a quella di professore. Attualmente insegna letteratura anglo-americana presso l'Università di Bologna.

Nel 1965, venne notato da Italo Calvino che stabilisce con lui un rapporto di collaborazione e di amicizia. Con il famoso scrittore, Carlo Ginzburg e altri si dedicò nel 1970 allo studio d'un progetto di una rivista letteraria, che però non vide mai la luce. Il suo esordio letterario avvenne appunto quell'anno con il romanzo *Comiche;* con *Avventure di Guizzardi* (1972) vinse il premio Bagutta, una delle onoreficenze italiane più importanti. Tra il 1970 e il 1972, Celati fu invitato a insegnare come "visiting professor" alla Cornell University, a Ithaca. Nel 1973 ritornò in Italia e cominciò l'insegnamento della letteratura anglo-americana all'Università di Bologna. Alla fine degli anni '70 abbandonò, temporaneamente, l'insegnamento e l'attività letteraria, per un lungo soggiorno negli Stati Uniti. Al suo ritorno in Europa nel 1979, visse fino alla fine dell'anno a Parigi e poi rientrò a Bologna a riprendere l'attività di professore. Tra il 1987 e il 1989 insegnò all'Università di Caen, in Normandia.

Della sua produzione più recente sono da ricordare *Narratori delle pianure, Quattro novelle sulle apparenze, Verso la foce* (1989), e il recentissimo *Parlamenti buffi* (1989). Oltre alla narrativa, numerose sono le sue traduzioni dall'inglese di autori come Swift, Twain, Melville e Conrad, e dal francese di Céline e Barthes. Nel 1975 pubblicò anche una raccolta di saggi dal titolo *Finzioni occidentali.* È uno dei più interessanti scrittori della generazione maturata dopo che il neo-realismo e lo sperimentalismo degli anni '60 avevano esaurito la propria spinta innovativa.

Tratto da una serie di racconti che parlano della Pianura Padana, "Mio zio scopre l'esistenza delle lingue straniere", sottolinea la capacità del protagonista di farsi capire anche da chi usa dialetti diversi dal suo.

BIBLIOGRAFIA ESSENZIALE

COMICHE (1971)
AVVENTURE DI GUIZZARDI (1973)
LA BANDA DEI SOSPIRI (1976)
LUNARIO DEL PARADISO (1978)
NARRATORI DELLE PIANURE (1985)
QUATTRO NOVELLE SULLE APPARENZE (1987)
VERSO LA FOCE (1989)
PARLAMENTI BUFFI (1989)

MIO ZIO SCOPRE L'ESISTENZA DELLE LINGUE STRANIERE

Mio nonno paterno era un uomo molto magro e molto basso, esattamente della stessa altezza e nato nello stesso giorno del re d'Italia Vittorio Emanuele III.[1] Essendo così basso non avrebbe dovuto fare il servizio militare; ma quell'anno è stato abbassato il limite minimo di altezza necessaria per entrare nell'esercito, perché altrimenti neanche il futuro re d'Italia avrebbe potuto entrare nell'esercito. Per questo motivo mio nonno ha dovuto fare il servizio di leva.

Era muratore e tutti i suoi figli hanno dovuto fare i muratori come lui, tranne mio padre perché andava in giro a suonare la chitarra e la fisarmonica nelle feste dei paesi. Mio nonno era il muratore di molte famiglie ricche, e anche della famiglia di quell'occupatore di città di cui ho detto.

In casa e sul lavoro era dispotico come un re. Quando i suoi figli hanno dovuto fare il servizio militare, ha voluto diventassero tutti carabinieri benché il periodo di leva fosse più lungo, in quanto così guadagnavano dei soldi e non perdevano del tempo.

Per lui come per i suoi figli muratori i giorni di festa non contavano, lavoravano di domenica come gli altri giorni. Neanche la religione per loro contava, tranne per necessità come battesimi, matrimoni, funerali. Non solo mio nonno non leggeva i giornali, ma non credeva neanche che le notizie riportate sui giornali avessero qualche fondamento, e le considerava come favole che fanno solo perdere tempo.

Uno dei figli muratori molto presto ha litigato con mio nonno dispotico, e se n'è andato per conto suo[2] a lavorare all'estero. È rimasto in Francia per alcuni anni, e diceva che durante quegli anni non s'era mai accorto che là si parlava francese.

Mio nonno e i suoi figli parlavano il dialetto del loro paese, ma appena fuori di casa e subito oltre il Po i dialetti erano già diversi. Quando mio zio se n'è andato di casa e s'è fermato a lavorare vicino a Genova, ha trovato un dialetto molto diverso dal suo. E così trovava dialetti molto diversi ad ogni

30 posto in cui si fermava, Mentone, Nizza, Digione.[3] Riusciva però sempre a farsi capire, e allora per lui un dialetto era uguale a un altro.

A Digione viveva in un sobborgo dove c'erano molti italiani. S'è sposato e subito ha imparato le frasi necessarie per parlare in francese con sua moglie e con gli altri; e anche quello era per lui un altro dialetto.

35 Infatti (raccontava mio zio) dov'era la differenza se lui parlava con un francese o con un contadino della riviera? Capiva poco l'uno e poco l'altro, ma riusciva a intendersi con entrambi.

Poi è nato suo figlio. Due anni dopo è tornato a lavorare in Italia lasciando la moglie a Digione.

40 E solo quando è rientrato in Francia dopo altri due anni, ascoltando suo figlio e scoprendo che parlava in modo tanto diverso dal suo, cioè una lingua straniera, gli è venuto in mente un mare pieno di nebbia che non si può traversare; al di là c'è uno che ti parla e tu lo senti, ma non ci arriverai mai a farti capire, perché la tua bocca non riesce a dire le cose come stanno, e sarà 45 sempre tutto un fraintendersi, uno sbaglio a ogni parola, nella nebbia, come vivere in alto mare, mentre gli altri però si capiscono bene e sono contenti.

Così mio zio ha scoperto l'esistenza delle lingue straniere, per primo nella nostra famiglia.

Sentire suo figlio che parlava in francese, così piccolo e già lontano 50 mondi e mondi dal dialetto di mio nonno dispotico, è stata la più grande sorpresa della sua vita, come se si svegliasse da un sogno, e s'è messo a piangere.

NOTE LESSICALI E CULTURALI

[1] **Vittorio Emanuele III (1869 – 1947)** *Durante il suo regno (1900 – 1946) Mussolini prese il potere. Secondo molti storici, egli non fu forte abbastanza da opporsi ai fascisti. Fu l'ultimo re d'Italia, perché con un referendum l'Italia divenne una Repubblica il 2/VI/1946. Vittorio Emanuele III morí in Egitto, in esilio*

[2] **per conto suo** *a vivere da solo*

[3] **Mentone, Nizza, Digione** *città francesi: Mentone e Nizza si trovano sulla costa; Digione, a sud-est di Parigi*

DOMANDE

1. Come mai il nonno ha dovuto fare il servizio di leva?
2. Perché il padre del narratore non ha dovuto fare il muratore?
3. Perché il nonno voleva che i figli diventassero carabinieri?
4. Cosa pensa dei giornali?

5. Di che cosa si è accorto uno dei figli?
6. Che lingua parla lo zio che è andato in Francia?
7. In casa com'era il nonno?
8. Come mai lo zio riusciva a farsi capire fuori dalla sua città?
9. Perché lo zio torna in Italia?
10. Di che cosa si rende conto lo zio quando torna a casa?
11. Perché è così sorpreso della sua scoperta?
12. Per lo zio qual è la differenza tra comunicare e farsi capire?

TEMI

1. Che cosa sono i dialetti? È giusto cercare di preservare il patrimonio linguistico rappresentato dai dialetti?
2. È veramente utile sapere un'altra lingua?
3. Come e perché cambia la lingua che parliamo?

ESERCIZI

I. Volgere il verbo in corsivo al futuro semplice:

1. Neanche il re *avrebbe potuto* entrare nell'esercito.
2. *Hanno dovuto fare* il servizio di leva.
3. *Andava* in giro a suonare la chitarra e la fisarmonica.
4. Così *guadagnavamo* dei soldi e non *perdevamo* del tempo.
5. *Volevano* lavorare vicino a Genova.
6. A Digione *viveva* in un sobborgo.
7. *Riuscite* a intendervi con entrambi?
8. Non *arrivo* mai a farmi capire.
9. Così *abbiamo scoperto* l'esistenza di queste lingue.
10. Non s'era mai *accorto* che là si parla francese.

II. Inserire se necessario una delle seguenti preposizioni semplici o articolate:
a ... con ... di ... da ... durante ... in ... per ... secondo ... senza ...
su ... tra ... tranne

1. Tutti i figli hanno fatto i muratori ＿＿＿＿＿＿＿＿＿＿ mio padre.
2. Gli è venuto ＿＿＿＿＿＿＿＿＿＿ mente l'idea che tutte le lingue erano le stesse.

3. Volevo tornare _____ Italia

_____ lavorare.

4. Quel figlio è andato _____ conto suo perché

aveva litigato _____ padre.

5. _____ due anni vive in un sobborgo di Digione.

6. A Genova il dialetto era molto diverso _____

suo.

7. _____ lui, le notizie riportate

_____ giornali erano false.

8. _____ quel periodo non c'era mezzo di comuni-

cazione _____ padre e figlio.

9. Si fermava in molti posti francesi _____ impa-

rare il francese.

10. Si è messo _____ piangere

_____ sorpresa.

III. *Completare le seguenti frasi secondo i fatti del racconto:*

1. Il nonno paterno era molto grasso e molto basso? No, era

_____ e _____ .

2. È stato aumentato il limite minimo d'altezza? No, è stato

_____ .

3. In casa e sul lavoro era umile il nonno? No, era

_____ come un re.

4. Era l'amico di molte famiglie ricche? No, era il

_____ di quelle famiglie.

5. Voleva che i figli diventassero avvocati? No, voleva che diventas-

sero _____ .

6. La religione per loro contava sempre? No, contava soltanto per

_____ , _____ , e

_____ .

7. Tutti i figli sono rimasti a casa col padre? No, un figlio

   _____ .

8. I dialetti di Mentone, Nizza e Digione erano gli stessi? No, erano

   _____ .

9. A Digione lo zio e la famiglia vivevano in centro città? No, vivevano

   _____ .

10. Rientrato in Francia, era contento? No, non era contento perché

   scoprí che _____ .

IV. *Trovare l'infinito da cui derivano i seguenti nomi:*

1. lo sbaglio
2. il posto
3. il sogno
4. il servizio
5. il battesimo
6. l'occupatore
7. la sorpresa
8. il limite
9. il muratore
10. l'esercito

Vincenzo Consolo (1933-)

Vincenzo Consolo è nato a Sant'Agata di Militello, un piccolo paese sulla costa settentrionale della Sicilia. Dopo aver frequentato il liceo, si trasferisce a Milano dove si iscrive all'università. In questa sua emigrazione al nord, Consolo segue una strada che prima di lui avevano già seguito molti scrittori siciliani come Giovanni Verga, Luigi Capuana e Federico De Roberto. Proprio in quegli anni lavorava a Milano anche un altro scrittore siciliano: Elio Vittorini. Quest'ultimo, insieme a Cesare Pavese, stava diffondendo in quegli anni la letteratura americana in Italia, soprattutto tramite traduzioni di alcuni tra i più importanti scrittori. Questa scelta era giustificata dalla censura fascista, che era invece più tollerante nei confronti delle traduzioni. Dopo aver conseguito la laurea in Giurisprudenza, Consolo ritorna in Sicilia dove per alcuni anni insegna, in sperduti paesini dell'interno, in scuole agrarie. Nel 1963 pubblica il suo primo romanzo, *La ferita dell'aprile,* in cui si parla del periodo del dopoguerra in Sicilia, della riorganizzazione sociale dopo la caduta del fascismo e delle prime elezioni politiche dopo la Liberazione. Quando negli anni '60 si verificò il grande esodo dalle campagne del Sud verso le industrie e le grandi città del Nord, anche Consolo torna a Milano nel 1968. All'inizio della sua nuova carriera al Nord, egli abbandona l'insegnamento per lavorare in un'azienda. Nel 1976 pubblica *Il sorriso dell'ignoto marinaio,* il romanzo che, favorevolmente accolto da critica e pubblico, gli diede notorietà. È un romanzo storico, ambientato in Sicilia nel 1860, ma che vuole metaforicamente rappresentare il presente, il momento della grande trasformazione politica e culturale che si verificò in tutta Italia negli anni Settanta. Nel 1985 viene pubblicata *Lunaria,* una favola teatrale ambientata nei '700 a Palermo, alla corte del viceré spagnolo. Ancora di natura storica è il romanzo *Retablo* in cui Consolo narra di un viaggio nella Sicilia del '700 di un pittore milanese. L'interesse per il teatro viene dimostrato anche dal suo ultimo lavoro, *Catarsi,* una tragedia in versi in cui viene descritta la morte di Empedocle, suicida sull'Etna.

Il racconto "Comiso" fa parte di una collezione che Consolo ha pubblicato nel 1988 dal titolo *Le pietre di Pantalica.* Il libro contiene racconti che abbracciano un periodo storico che va dal secondo Dopoguerra fino ai giorni nostri. "Comiso" presenta molto chiaramente il contrasto che l'autore rileva al suo ritorno in Sicilia tra un mitico passato e la difficile realtà del presente, in cui i missili potrebbero essere l'unica soluzione ai perenni problemi economici del piccolo paese siciliano.

BIBLIOGRAFIA ESSENZIALE

La ferita dell'aprile (1963)
Il sorriso dell'ignoto marinaio (1976)
Lunaria (1985)
Retablo (1987)
Le pietre di Pantalica (1988)

COMISO[1]

Io non so che voglia sia questa, ogni volta che torno in Sicilia, di volerla girare e girare, di percorrere ogni lato, ogni capo della costa, inoltrarmi all'interno, sostare in città e paesi, in villaggi e luoghi sperduti, rivedere vecchie persone, conoscerne nuove.

5 Una voglia, una smania che non mi lascia star fermo in un posto. Non so. Ma sospetto sia questo una sorta d'addio, un volerla vedere e toccare prima che uno dei due sparisca.

Fu così che quest'anno, girando, capitai nel paese di Comiso. Vi capitai al principio d'agosto, nei giorni in cui facevano il blocco davanti all'aeroporto
10 dei *Cruise*[2] i pacifisti giunti qui d'ogni dove.[3]

Andai di primo mattino davanti al cancello centrale del campo a vedere questo blocco. Ch'era fatto sì e no da trecento ragazzi, accovacciati a semicerchio per terra in duplice fila. Volevano così impedire ai camion, alle impastatrici, agli operai di entrare nel campo.

15 Era agosto, ma alle sei del mattino era fresco, e tutti avevano maglie, giacconi, cappellucci variopinti sopra le teste di capelli ricciuti. Alcuni avevano tute o casacche bianche, e sul petto e le spalle dipinte grandi croci scarlatte. Le ragazze portavano giacchette indiane con ricami e specchietti o la *kufia* palestinese[4] sopra le spalle.

20 Sul muro di mattoni sovrastato dal filo spinato e da un filare di eucalipti dalle chiome scomposte erano scritte di calce e appesi striscioni di tela. Dicevano "Pace", "Amsterdam contra militarisme",[5] "Testate nucleari — Carceri speciali — È questa la guerra contro i proletari", "Vogliamo vivere — vogliamo amare — diciamo no alla guerra nucleare".

25 Erano ancora tutti assonnati e di più assonnati poliziotti e carabinieri che chissà in quali ore notturne erano stati fatti partire dalle caserme di Ragusa o Catania.[6] Erano giovani anch'essi e schierati, nelle loro divise cachi o azzurre, tagliate da bandoliere e cinturoni bianchi, in piedi davanti al cancello, a fronteggiare quegli altri in semicerchio accovacciati per terra. I quali mangia-
30 vano, si passavano tra loro bottiglie, pomodori, fichi e racèmi.

M'aggiravo sullo spiazzo di terra battuta e di stoppie, da un capo all'altro di quel semicerchio, e guardavo quei visi di giovani e volevo capire chi era dell'Isola,[7] vedere se ne riconoscevo qualcuno. Ma nessuno; mi sembravano tutti d'un luogo di cui non avevo cognizione. E mi sembrava d'essere
35 estraneo, che fra me e loro si aprisse un fossato, un vuoto di tempo o di spazio, ch'io fossi capitato in quel luogo da un passato o da una lontananza infinita o quelli fossero sorti improvvisi dal nulla. Fu allora che mi sentii chiamare, richiamare. E mi corsero incontro alcuni del mio paese lì alle falde dei Né-brodi,[8] figli o nipoti di vecchi amici o compagni. Erano Aldo, Antonella,
40 Francesco, Rino, Grazia, Saro. Mi fecero festa e io chiesi se avevano bisogno di qualcosa, se avevano da mangiare e dormire. Mi risero come avrebbero riso a un padre ansioso. Ma era un modo forse il mio per dire ch'essi avevano colmato quel vuoto che mi teneva lontano da qui, avevano saldato qualcosa di rotto.
45 Arrivarono le impastatrici e i camion degli operai decisi ad entrare.

«A terra, a terra, fare blocco!»

E a un gruppo d'operai andarono incontro alcuni di loro. Gli operai dicevano che la sera dovevano portare da mangiare ai figli, che diritto aveva chiunque di proibirgli il lavoro? I ragazzi calmi spiegavano allora ch'essi
50 pensavano alla vita dei figli solo fino alla sera, al domani, ma che prepara-vano intanto la morte per loro. «Quale morte, quale morte?» rispondevano gli operai. «Noi solo scaviamo; e costruiamo alloggi, casette, una chiesa nel campo.» «Ma non capite, non capite?» dicevano i ragazzi.

Arrivava intanto altra gente, politici, preti, un abate di Roma ch'era stato
55 sospeso dal suo ufficio. E arrivavano ancora furgoni, jeep, camion della polizia e si disponevano all'ombra degli eucalipti, fra una vigna e un campo di mais. Arrivò anche il questore, un omino atticciato in giacca e cravatta, i capelli bianchi e gli occhiali in metallo. Si mise a dire che doveva entrare nel campo, che doveva telefonare a Roma. Tutti dissero no, no! e serrarono
60 ancora le fila davanti al cancello. I militi scesi da camion e furgoni si schiera-rono ai margini dello spiazzo, con elmo, scudo, tascapani a tracolla e manga-nello in mano, all'ombra degli alberi, gli eucalipti dalle chiome rade, scom-poste, i tronchi e i rami fibrosi qua e là scorticati. Sono maligni questi alberi, velenosi come serpenti, che scovano ovunque e succhiano acqua, fanno
65 intorno aridume e deserto, bruciano erbe e cespugli.

I politici si misero a parlamentare col questore, i ragazzi a scandire gli slogan. «Dalla Sicilia alla Scandinavia — No ai missili e al patto di Varsa-via.»[9]

Il sole era alto e picchiava, suscitava dai campi vapori che a poco a poco
70 salivano verso il cielo pulito del primo mattino. I ragazzi cominciarono a togliersi giacchette, pullover, camicie, a chiedere bibite, acqua. I politici par-

lavano ancora col questore e cercavano di persuaderlo a non entrare. Fu
invece il questore a convincere loro, i quali allora cercarono di convincere i
giovani ad aprire un varco e far passare il questore. Urlarono no, no!, i
75 ragazzi, e scandirono ancora gli slogan. Dietro il muro di cinta, tra gli spazi del
filo spinato, s'affacciavano americani che masticavano *chewingum*, ridevano
e riprendevano con la cinepresa.

Aiutato dai militi, alla fine il questore, nel suo vestito grigio chiaro, riuscì
a rompere la catena del blocco, a varcare il cancello e sparire nel campo. Urla e
80 fischi si levarono e alcuni s'alzarono e protestarono coi politici. I militi davanti al cancello s'irrigidirono, portarono le mani ai fianchi, quelli dietro
schierati ai margini dello spiazzo, abbassarono sul viso la celata di plastica,
alzarono davanti ai petti gli scudi. Si fece calma a poco a poco, calò su tutti la
pace e la fiacca, spessa come l'afa che già gravava su quella pianura.

85 Cominciarono a frinire le cicale, e poco lontano, al di là del campo di
mais, si scorgevano le chiome compatte e quelle a cascata di pini e di palme
davanti a una vecchia masseria che lasciavano sognare la frescura di un'oasi.
I ragazzi, sotto il sole, si spogliavano sempre di più e reclamavano cibo,
bevande, sigarette. Anche i militi si scomponevano, allentavano le cinture,
90 sbottonavano le camicie.

Non accadeva più niente, il tempo sembrava immobile. Poi radioline e
mangianastri diffusero musica, e ragazze e ragazzi s'alzarono e cominciarono
a dondolarsi, a ballare. Ballavano a ridosso dei militi, che ridevano e si
schermivano. Gli americani da dietro il muro erano scomparsi. Le ragazze si
95 misero a parlare coi carabinieri e i poliziotti lì davanti al cancello e anche con
quelli giù in fondo. Arrivavano intanto cibo, bevande, sigarette, tutto spariva
in un attimo. Cercai i miei paesani, li vidi seduti a parlare e non avevano né
panini né altro. Corsi allora alla macchina e raggiunsi veloce Comiso.

Tornato, mi stavo avvicinando con le provviste ai ragazzi, quando vedo
100 il questore vicino ai furgoni, sotto gli eucalipti, che, congestionato, gesticolo-
lava, dava ordini, urlava. Si mossero subito quelli del fondo con elmi, scudi e
manganelli. Caricarono alle spalle.[10] Quelli davanti al cancello, anche loro,
s'accanirono contro i ragazzi, che non ebbero il tempo neanche d'alzarsi.
Picchiarono e picchiarono, con quei bastoni di cuoio, sopra teste, schiene
105 nude, braccia di quelli chiusi, serrati fra due schiere. Urla si sentirono, la-
menti, e un gran polverone si levò dalla terra. Riuscirono solo ad alzarsi e a
scappare quelli ai lati, a inoltrarsi e nascondersi dentro il campo di mais.
Sparavano intanto lacrimogeni, nel cielo si formavano nuvole. Inseguivano e
picchiavano tutti, giovani e no, deputati, medici e infermieri, giornalisti e
110 fotografi. Stavo là impietrito a guardare. E vidi una donna bella scaraventata
per terra e picchiata; un giovanissimo carabiniere che s'inginocchia per terra
e piange; un poliziotto che sta per sparare, quando un altro a calci nel polso gli

fa cadere l'arma di mano... Vidi che afferravano per i capelli e a calci e spintoni facevano salire sui furgoni i catturati.

115   Mi sorpresi trasognato a urlare, a chiamare: «Antonella, Rino, Saro...». Ma in quel momento veniva verso di me correndo una schiera di militi che inseguiva i fuggitivi. Raggiunsi di corsa la macchina. E da lì a poco[11] arrivarono i miei paesani, sanguinanti, pallidi, storditi. «Scappiamo, scappiamo!» dissero. «Hanno preso Grazia» dicevano in macchina «hanno preso Frances-
120   co.» Vedevo Antonella accanto a me, esile, magra, col collo insanguinato; vedevo dietro, nello specchietto, Saro, Aldo e Rino a torso nudo, con strisce gonfie, rosse e viola di manganellate. «Hai acqua, hai acqua?» mi chiesero. E trovarono la borsa di plastica con dentro una bottiglia a cui s'attaccarono avidi. Antonella improvvisamente incominciò a singhiozzare, a piangere e
125   non poteva fermarsi.

Comprammo in paese alcool, garze e tintura di iodio. Tutto attorno alla piazza, dov'era una quinta di palazzi, si aprivano bar pasticcerie tabacchi carto-librerie-giornali[12] sedi di partiti circoli consorzi banche uffici... Oltre le quinte, da una parte e dall'altra, sulla stessa linea, in simmetria o in spaziale
130   perfetto antagonismo, si ergevano le eccelse cupole e i campanili delle chiese barocche della Matrice e dell'Annunziata.

Al caffè Diana, all'ombra degli archi di Donna Pippa, aspettammo immobili di sapere di Grazia e di Francesco.

In piazza arrivavano altri ragazzi, veneti, romani, tedeschi, olandesi,
135   tutti segnati da ferite, da manganellate. Sedevano sui gradini della fontana, sulle soglie delle case, ai bar, bevevano, parlavano concitati tra loro. Ma la gente di Comiso sembrava sparita; c'erano solo i vecchi, là in fondo, che man mano spostavano le sedie seguendo il filo dell'ombra. Dopo ore arrivarono Grazia e Francesco, ci dissero che erano stati portati nel campo, poi in ca-
140   serma, erano stati interrogati, schedati e quindi rilasciati con l'obbligo di sparire da Comiso.

Li lasciai raccomandando di tornarsene a casa, ché tanto[13] a Roma il governo era deciso a tener duro su Comiso, a far rispettare a ogni costo gli impegni con gli USA.[14] Scappai da Comiso, corsi sulla strada per Modica, alla
145   volta di Ispica.[15] Per gli stretti tornanti sulle falde degli Iblei[16] che sovrastano Comiso, le ruote stridevano. Mi fermai a una curva, una sorta di balcone ombreggiato dai carrubi, da cui si dominava tutto il paese. Vidi l'intrico dei vicoli, le piazze, le vecchie casupole, le innumerevoli chiese, il castello, le nuove case ai margini come piccoli grattacieli, l'aeroporto dei missili là in
150   fondo. Nel cielo, sopra il paese, si librava una nuvola giallastra, una nuvola di smog per le plastiche delle serre e i rifiuti che bruciavano da qualche parte.

Dopo una sosta a Modica (entrai in una chiesa in cima a un'alta scalinata attratto da un suono d'organo. Dentro non c'era nessuno, non vedevo

neanche l'organista in cantoria, e contro il soffitto, sopra il cornicione, da una
155 finestra all'altra senza vetri, volavano colombi, giunti poco prima del tramonto a Cava d'Ispica.[17] Percorsi il cammino che si stendeva per lungo tratto
sul ciglio di una parete della profonda e lunga vallata dov'erano le migliaia di
grotte scavate dall'uomo, le abitazioni, le chiese, le necropoli della preistoria,
della storia più antica dei Siculi, dei Greci, dei Romani, dei Bizantini, di quelli
160 di pochi anni passati. Un cammino bordato dai bastoni fioriti delle agavi,
dagli ulivi, dai fichi, dai pistacchi, dai carrubi.

Raggiunsi la necropoli bizantina su in alto, una piattaforma eminente
come la reggia di Argo, dov'erano tombe rettangolari scavate nel calcare. Mi
distesi dentro una tomba, un po' per scherzo e un po' per trovarvi riposo e
165 frescura. Supino, guardavo il cielo che da rosso si faceva violaceo e s'incupiva
man mano.

Apparve una falce di luna, e mi tornarono in mente, chissà perché, a me
che non ho mai amato il melodramma, le dolcissime note belliniane[18] e le
parole della preghiera di Norma: "Casta diva, che inargenti/queste sacre,
170 antiche piante...".

NOTE LESSICALI E CULTURALI

[1] **Comiso**   *paese a pochi chilometri a ovest di Ragusa*
[2] **i** *Cruise*   *testate nucleari che gli Stati Uniti hanno installato in varie basi NATO in Europa*
[3] **d'ogni dove**   *da varie parti*
[4] **la** *kufia* **palestinese**   *uno scialle arabo*
[5] **contra militarisme**   *contro il militarismo*
[6] **Ragusa, Catania**   *città in Sicilia*
[7] **l'Isola**   *qui s'intende la Sicilia*
[8] **i Nébrodi**   *catena montuosa in Sicilia*
[9] **il patto di Varsavia**   *alleanza politico-militare che riunisce i paesi dell'Est europeo*
[10] **caricarono alle spalle**   *attaccarono la folla da dietro*
[11] **da lì a poco**   *dopo poco tempo*
[12] **carto-librerie-giornali**   *nei piccoli paesi spesso i negozi vendono prodotti diversi. In questo caso oltre a giornali e a libri anche materiale per scrivere*
[13] **tanto**   *in ogni caso*
[14] **gli impegni con gli USA**   *accordi secondo i quali l'Italia aveva permesso l'istallazione dei Cruise*
[15] **Modica, Ispica**   *due paesini a pochi chilometri a sud di Ragusa*
[16] **gli Iblei**   *montagne che circondano Comiso*
[17] **Cava d'Ispica**   *zona vicino al paese d'Ispica*
[18] **belliniane**   *del compositore Bellini*

DOMANDE

1. Perché il protagonista vuole girare la Sicilia ogni volta che ci torna?
2. Che cosa stava succedendo a Comiso quando il protagonista è arrivato?
3. Cosa volevano fare i ragazzi?
4. Come descrive il narratore i manifestanti e i poliziotti?
5. Chi incontra tra i manifestanti?
6. Cosa succede quando arrivano gli operai che vogliono entrare nella base?
7. Cosa fa il questore quando arriva?
8. Come mai si istaura quasi un'atmosfera di festa?
9. Da che cosa è rotta questa atmosfera?
10. Cosa succede a due dei ragazzi che il protagonista conosce?
11. Dove va il protagonista dopo avere lasciato i ragazzi?
12. Cosa fa quando visita la necropoli bizantina?
13. Che significato hanno le parole della Norma che gli vengono in mente?
14. Che cosa cerca il protagonista quando va a visitare i vari luoghi della Sicilia?
15. Qual è la relazione tra lo stato d'animo del narratore e la manifestazione a cui assiste?
16. Come emerge il contrasto tra passato e presente nel racconto?

TEMI

1. Come è possibile conciliare gli interessi economici con quelli politico-sociali? Date degli esempi.
2. Fino a che punto due generazioni possono essere d'accordo su problemi politici scottanti?
3. È giusto che i problemi di una nazione vengano discussi e contestati da altre nazioni?

ESERCIZI

I. *Scegliere uno tra i verbi in corsivo e volgerlo all'imperfetto:*

1. Era una voglia che non mi *convincere-lasciare-andare* star fermo in un posto.
2. I pacifisti *fare-raggiungere-sparire* il blocco all'aereoporto.

3. Tu *spostare-dominare-capitare* spesso in quel luogo?
4. Il blocco *fare-impedire-portare* ai camion di entrare.
5. Urla e fischi *partire-levarsi-riconoscere* dalla folla.
6. I ragazzi *mettersi a-fare-chiamare* festa.
7. I poliziotti *picchiare-scappare-stendersi* con i bastoni di cuoio.
8. Le radioline e i mangianastri *distendersi-diffondere riprendere* musica.
9. Noi *rilasciare-fermarsi-raggiungere* sempre alla curva.
10. Roma *tenere-interrogare-proibire* duro su Comiso.

II. *Usare le seguenti espressioni in domande da fare a un altro studente:*

1. da qualche parte
2. in cima a
3. al di là (di)
4. man mano
5. veloce

6. accanto a
7. improvvisamente
8. verso
9. intanto
10. incontro a

III. *Trovare nella seconda colonna la forma contraria a quella data nella prima:*

1. muoversi
2. saldare
3. proibire
4. raggiungere
5. abbassare
6. apparire

1. scomparire
2. alzare
3. lasciare
4. fermarsi
5. rompere
6. permettere

IV. *Che differenza c'è tra:*

1. un camion e una jeep?
2. un'automobile e un furgone?
3. una motocicletta e una bicicletta?
4. uno sciopero e un blocco?
5. una tuta e una divisa?
6. una giacchetta e un giaccone?
7. una casacca e una maglia?
8. un elmo e un cappelluccio?
9. la radiolina e il mangianastri?
10. il pino e la palma?

V. Tradurre:

1a. They were shouting and giving orders.

1b. They shouted and gave orders.

2a. The sit-in wasn't succeeding.

2b. The sit-in didn't succeed.

3a. Nothing more was happening.

3b. Nothing more happened.

4a. I was calling to my friends.

4b. I called to my friends.

5a. Were you having something to eat or drink?

5b. Have you had anything to eat or drink?

Vocabolario

Abbreviazioni

abbr.	abbreviazione, abbreviato	*lat.*	latino
accr.	accrescitivo	*leg.*	legale, diritto
agg.	aggettivo	*m.*	maschile
agg. part.	aggettivo participiale	*med.*	medicina
avv.	avverbio	*mil.*	militare
contr.	contrazione	*mus.*	musica, musicale
dial.	dialettale	*n.*	nome
dim.	diminutivo	*neg.*	negativo, negazione
eccl.	ecclesiastico	*part. pass.*	participio passato
es.	esempio	*pl.*	plurale
f.	femminile	*pop.*	popolare
fam.	familiare	*prep.*	preposizione
fig.	figurato, figuratamente	*relig.*	religioso
imp.	impersonale	*scherz.*	scherzoso
indecl.	indeclinabile	*sing.*	singolare
ingl.	inglese	*spreg.*	spregiativo
invar.	invariato, invariabile	*V.*	vedi
irr.	irregolare	*volg.*	volgare
it.	italiano		

Escluso: il prefisso *-ri* (inglese *-re*); verbi ingl. con la desinenza *-ate,* in ital., *-are* (es., accumulare, obbligare, penetrare); n. e agg. ingl. in *-nt,* ital., *-nte* (es., insufficiente, eccellente); n. e aggl. ingl. in *-or,* ital., *-ore* (es., favore, inferiore, odore); n. ingl. in *-tion,* ital., *-zione* (es., immaginazione, posizione); n. e agg. ingl. in *-id,* ital., *-ido* (es., timido); n. e agg. ingl. in *-ic,* ital., *-ico* (es., frenetico); n. e agg. ingl. in *-te,* ital., *-to* (es., intricato); n. ingl. in- *ty,* ital., *-tà* (es., varietà); n. e agg. ingl. in *-ive,* ital., *-ivo* (es., offensivo), n. e agg. ingl. in *-al,* ital., *-ale* (es., feudale, municipale).

abate *m.* abbot

abbacchiare; abbacchiatore *m.* to knock fruit from a tree with a pole; fruit-picker

abbagliante *agg. part.* dazzling, gleaming, glittering

abbaiare to bark

abbandonare to abandon, to leave

abbassare; abbassarsi to lower; to lower oneself

abbasso down with; downstairs, below

abbattuto *agg. part.* pulled or knocked down

abbeverare; abbeverarsi; abbeveratoio to water animals; to drink in; drinking trough

abbigliamento clothes, wardrobe

abbondanza; abbondare abundance; to abound or be plentiful

abbottonarsi to button

abbracciare to embrace or hug

abbrancare to seize, to grab hold of

abbuiarsi to lapse into melancholy, to grow sad

abitante *m.* inhabitant

abitato village

abitatore *m.* inhabitant

abitazione *f.* house, dwelling

abitina della Madonna scapular

abolire to abolish

abusivo unauthorized

accadere to happen

accanirsi to become enraged, to persist furiously

accanto (a) next to, beside

accarezzare to caress or stroke, to embrace

accennare to show signs of; to indicate; to nod; to allude to or hint at

accendere; accendersi to light; to catch fire; to light up

accendisigaro pipe lighter

acceso lit, burning

accettare to accept

acchiappare to catch, to seize or grab hold

acciaio steel

accigliato frowning, sullen, glowering

accingersi to prepare, to get ready

accioché so that, in order that

acciuffare to lay hold of, to catch

accoglienza; accogliere welcome; to welcome, greet or receive

acconcio suitable, proper

accomodare to adjust

accontentare; accontentarsi to gratify or satisfy; to be content

accorgersi to realize, to become aware of, to notice

accorrere to run up, to run up to help

accosciato *agg. part.* lying down, crouched

accostare; accostarsi to bring near, to approach; to draw near or approach

accovacciarsi to crouch, to curl up

acerbo unripe, green, immature

aceto vinegar

acino berry

acquistare; acquisto to acquire; purchase, acquisition

acre sour, acrid

acrimonia acrimony, harshness

acuto acute, sharp

adagiare to set down gently

adagio in a low or quiet voice; slowly

adatto suited

addentrarsi; addentrato *agg. part.* to enter, to go into, to penetrate; deep within

addirittura completely; immediately, directly; even; quite; really, downright

addobbare to decorate

addosso; avere _____; mettere _____ on, upon, on one's back; to be burdened with; to fill or overwhelm with

adoperarsi; adoperato *agg. part.* to exert oneself; used

adunco curved

afa oppressive heat

affacciarsi to appear, to come forward; to show oneself, to look in or out, to lean over

affamato hungry, famished, starving

affannarsi; affannato; affanno; affannoso to be worried, to be preoccupied; breathless; suffering, sorrow; difficult or painful (of breathing)

affare *m.;* **brutto _____; affari** *m. pl.* affair; nasty or bad business; business

affastellare to tie into bundles

affermare to state, to say

afferrare to seize, grasp or take hold of

affetto; affettuoso affection, love; affectionate

affezionarsi to become fond of

affidare to entrust, to commit

affinché in order that, so that

affiorare to surface, to come through

affitto rent

affliggere to annoy or vex

afflitto *agg. part.* afflicted, hurt, dejected

affocato *agg. part.* fiery red

affollare to crowd, to throng

affondare to become embedded; to thrust

affrettarsi to hurry, to hasten

affrontare to confront, to attack

agente *m.* policeman

agevole easy-going, manageable

aggirarsi to wander about

aggiungere; aggiunta to add; addition

aggiustare to repair; to settle or bring to agreement

aggranfiare to steal

aggrapparsi to grasp or grab hold of

aggravarsi to become heavier, to lean heavily

aggrumato *agg. part.* clustered

agguato trap

agio, dare to give time or opportunity

agitarsi to fidget

aglio garlic

agnello lamb

ago needle

aguzzare; _____ gli orecchi; _____ lo sguardo; aguzzo to sharpen; to cock one's ears; to look closely or carefully; sharp, pointed, intent

aia barnyard, threshing floor

aiola flower bed

aiutante *m.;* **aiutare; aiuto** helper; to help, to aid; help

ala wing

alba dawn, daybreak, sunrise

alcool *m.* alcohol

alice *f.* anchovy

allargare to spread

allattamento; allattare suckling, nursing; to nurse

allegria; allegro merriment, gaiety; merry, gay, cheerful, good-humored

allenare to train

allentare to loosen

allevare to raise

allineare; allineato *agg. part.* to line up; lined up, in line

allodola lark

allogare to place

alloggio; alloggiare lodging(s); to room, to lodge

allontanarsi to draw away, to leave or go away

allorché whenever

allungabile; allungare; allungarsi extendable; to reach out; to lengthen, extend or stretch, to grow longer

almeno at least

alquanto rather, considerably

altarino *dim.* **altare** small shrine (in a private house)

alterare; alterato *agg. part.* to alter, to change; angered; perturbed

altero haughty, proud

altezza height

alto là *fig.* stop! whoa!

altoparlante *m.* loudspeaker

altro che yes, indeed! most certainly!

altrove elsewhere

altrui of others, of other people

alzata rising, getting up

amaro bitter

ambedue both

ambiente *m.* surroundings, environment

ambiguamente ambiguously

ambito *agg. part.* coveted, sought after

ambizioso ambitious

ambo both

ammalato *agg. part.* ill, sick

ammazzare; ammazzarsi to murder or kill; to commit suicide, to kill oneself

ammesso admitted

ammettere to admit

ammirabile; ammirare admirable; to admire

ammonire to warn or caution

ammucchiarsi to pile up or heap

ammuffito *agg. part.* moldy

amorevole, amoroso loving

ampiezza; ampio width, breadth; broad, wide, diffused

ampliamento enlargement

analfabeta illiterate

ananas (ananasso) *m.* pineapple

àncora anchor

andare avanti; andarsene to go on, to continue; to die *fig.*

androne *m.* entrance hall

anelante *agg. part.* eager; breathless, panting

anello ring

angaria high interest rate; oppression

angolo; angoloso corner; angular

angosciare; angoscio; angoscioso to torment, to distress; anguish, distress; languishing

anguilla eel

angusto narrow

anima; _____ viva soul, heart; living soul

animo heart

animoso spirited, ardent

animaletto *dim.* **animale** small animal

annaffiare to water

annaspare to grope blindly, to paw the air

annata year

annegato *agg. part.* drowned

annerito *agg. part.* darkened, blackened

annoiarsi to be or become bored

annunciare to announce

annuvolato *agg. part.* clouded, gloomy

annunziare to announce

ansante *agg. part.* panting, breathless

ansioso anxious

antagonismo antagonism

anticamera; fare _____ hall; to wait or be kept waiting

antichità antiquity

antipatico unpleasant, displeasing

antro cavity

anulare *m.* ring finger

anzi on the contrary; indeed, in fact

anziché rather than

apertura opening

apocrifo apocryphal

apostolo apostle

appagato *agg. part.* satisfied, fulfilled

apparecchiato *agg. part.* set (of a table)

apparecchio machine, apparatus

apparire; apparenza; apparizione *f.* to appear; look, outward appearance, appearance

appartenere to belong

appena hardly, scarcely

appendere to hang (up)

appeso hanging, hung

appiccicare; appiccicarsi to stick on, to attach; to cling or stick

applicare to apply, to attach

appoggiarsi to lean (against)

apposito respective

apposta; a farla _____ purposely, on purpose; just at the right moment

appostato *agg. part.* lying in wait

apprendere to learn, to be informed, to hear

appressarsi to approach, to draw near

appresso next, following; near, close, along

apprezzare to appreciate

approdare to land, to come to shore

approfittare, approfittarsi to take advantage of

appuntamento, darsi to arrange to meet

appuntare to stick into

appunto precisely, exactly

aquila eagle

aranceto orange grove

arare; aratura to plough; ploughing

arbitro referee

arboscello small tree

archibugio arquebus

arciprete *m.* archpriest

arco arch

ardere to burn

ardito *agg. part.* bold, courageous

argento silver

Argo Argos

arguto sharp, acute

aridume *m.* dryness

arma; _____ da fuoco; armato *agg. part.* weapon, heraldic design; firearm; armed

armadio closet, wardrobe, cabinet

armeggiare to fumble, to fuss, to manoeuvre

armonia harmony

arrabbiarsi to become angry

arrampicarsi to climb

arrancare to drag oneself along, to trudge

arrestare; arrestarsi to arrest, to stop or check; to halt, to stop suddenly

arretrarsi to withdraw, to move back

arricchito *agg. part.* made wealthy, grown rich

arricciare to turn up one's nose; to grimace

arrossire to blush

arrostire; arrostito *agg. part.* to roast; grilled

arrosto roast

arrotolato *agg. part.* rolled up

arrovellarsi to worry oneself

artigiano artisan

ascella armpit

asciugare; asciutto to dry; dry

asfodelo asphodel (plant family incl. the narcissus and daffodil)

asino donkey

aspettarsi to expect

aspetto look, appearance, aspect

aspirapolvere *m.* vacuum cleaner

aspirare to suck up, to aspirate

aspro harsh

assai very, quite

assalire to attack, to assault

assalto assault, attack

assaporare to savor, to enjoy

asse *f.* board, plank

assegnare to assign

assentire to assent, to agree

assenza absence

assestare un colpo to deal a blow

assicurare to assure

assieme together

assistere a to be present at, to witness

assolvere to accomplish, to perform

assonnato drowsy, sleepy

assopito *agg. part.* dozing, drowsy

assordante deafening

assorto preoccupied, immersed, absorbed

assumere to hire or take on

astio resentment, rancour

astro star, heavenly body

astuccio container, case

atono expressionless

atrio entrance hall, lobby

atroce atrocious

attaccapanni coat rack

attaccare; attaccarsi to affix, hang, fasten or attach, to attack; to take hold of

atteggiamento attitude, stance

attendere to wait (for), to await

attentato attempt on one's life

attenti *m. sing.* call to attention

attento; stare _____ attention!

watch out!; to pay attention, to keep a look out

atterrare to throw or knock down

atterrire; atterrirsi to frighten, to terrify; to become frightened or terrified

attesa: in _____ **di** while waiting for

attestato certificate, testimonial

atticciato stocky, heavy-set

attimo moment, instant

attirare to attract, to draw; to entice

atto; _____ **di nascita; fare gli atti** act, action, deed, gesture; birth certificate; to file a complaint

attorcere to twist

attorno around

attratto drawn, attracted

attraverso across

attrezzo tool

audace *n.; agg.* audacity, rashness, daring; daring, bold, audacious

augurare, augurarsi to wish, hope, or desire

aureola halo

autenticato *agg. part.;* **autentico** authenticated; authentic

autista chauffeur, driver

autorevole imposing, commanding

avanscoperta reconnaissance

avanzare; avanzo to put or come forward, to advance; left-over, remainder

avaro miser

avena oat

avercela con to be angry with

avvedersi to notice; to become aware of

avvenimento event

avvenire; *n. m.* to happen, to take place, to occur; future

avventare; avventarsi to let fly; to fling or hurl oneself

avventore *m.* client

avverare; avverarsi to come true, to be fulfilled; to occur, to come to pass

avido avid, thirsting

avvertire to point out; to inform; to advise; to warn; to notice

avviarsi to set out (toward), to go in the direction of

avvicinarsi to approach, to draw near

avvilito *agg. part.* humiliated, debased

avviso notice, announcement

avvolgere to wrap or envelop; to wind; to entangle

avvolto envelopped, shrouded

avvoltolato *agg. part.* wadded up, rolled up

azionare to set into motion, to activate

azzardare; azzardarsi to risk, to venture; to dare

azzuffarsi to riot; to come to blows

baccalà dried salt cod

baccano d'inferno infernal uproar

bacheca display case

badare to pay attention, to be careful

badessa abbess

baffetti *dim.* **baffo; baffi all'insù; baffo; baffuto** small moustache; turned up moustaches; moustache; moustached

bagaglio baggage

bagnato *agg. part.* wet

balaustra balustrade

balbettare to stammer

balconcino *dim.;* **balcone** *m.* small balcony; balcony

balenare; baleno: in un _____ to flash; in an instant, in a flash

balzare; balzo: fare un _____ to leap, jump or bounce; to give a jump, to bound

ballatoio external porch-like corridor or gallery

baluginare to loom; to blink; to be seen indistinctly

balzare to bounce, to spring

banalona *accr.* **banale** extremely banal

banco; bancone *m. accr.* counter, row of classroom desks; bench, large counter

bandiera; con le bandiere spiegate; bandierino *dim.* flag; with flags flying or unfurled; small flag

banditore *m.* town crier

bando proclamation, edict

bandoliera bandolier

baracca hut

barattolo can

barba; barbuto beard; bearded

barbaro crude, uncouth, barbarous

barbera a heavy Piedmontese wine

barbiere *m.* barber

barbiturico barbiturate

barca; barcaiolo boat; boatman

bardato harnessed

barricarsi to barricade oneself

barile *m.* barrel

barlume *m.* glimmer, gleam

barocco Baroque

basello *dial.* step

bastare to suffice, to be enough

bastimento ship, vessel

bastone *m.* stick

battaglia battle

battello boat

battente *m.* hinged or folding door panel

batter d'occhio, in un; battere; —— a macchina; —— una regione in a twinkling; to beat, to hit; to type; to work a region (like a travelling salesman)

battesimale; battesimo; battezzato *agg. part.* baptismal; baptism; baptized

battibecco squabble

be' *abbrev. di* bene well, well then

beccare to catch; to peck

becchime *m.* birdseed

becco di latta tin pipe or tube

becero lower-class or uneducated Florentine

belva wild beast

bendato *agg. part.* bandaged

bendidio abundance

benedire to bless

beneficenza charity, donation

beneficio good, benefit

benefico kindly, charitable

benessere *m.* well-being

benestante financially well off or comfortable

benevolo kind, benevolent

beni *m. pl.* goods, property

benvenuto welcome

berretta, berretto cap, beret

bestemmia; bestemmiare; —— come un turco curse; to curse; to swear like a trooper, to curse a blue streak

bestia animal, beast

bevanda drink, beverage

bevuta a single drink or swallow

biancastro whitish

biancheggiare to appear or look white

biancheria linens; clothing

bianco: in —— boiled (of food)

bibita drink

bidello; bidella school caretaker or janitor; janitress

biforcuto forked, bifurcate

bigotta, vecchia 'old church hen', over-zealous churchgoer

bimbo *dim.* bambino child, baby

bisaccia knapsack

bisbetico ill-tempered, peevish

bisbigliare to whisper

bisognoso needy

bisnonno great-grandparent

bitume bituminous

bivaccare to camp out, to bivouac

Bizantino; *agg.* Byzantine

bizzarro bizarre

blando bland, subdued

bloccare; blocco to block; blockade, sit-in

boato rumbling, roar

boccata mouthful

bocconi prone, face down

bollire to boil

bonario good-natured, friendly

bontà goodness

borborigmo intestinal rumbling

borbottare to mutter

bordato *part. agg.* bordered, edged

bordo; a —— edge, side; on board

borghese *m. & f.*; in borghese; piccolo —— *agg.* member of the middle class; in civilian clothes; lower middle-class

borsa; borsellino *dim.* borsetta *dim.* purse, shopping bag; change purse; small handbag

boscaiolo woodcutter

bosco forest

bossolo boxwood; gun-powder box

botte *f.* cask, barrel

bottega; bottegaio; botteguccia *spreg. dim.* small shop; shopkeeper; shabby little shop

bottiglietta *dim.* bottiglia small bottle

bottino loot, booty

bove *m.* ox

braccetto, a arm in arm

bracciante *m.* laborer

bracciata arm stroke

brace *f.* ember, live coal

braga live coal

bramoso eager, greedy

brancolare to grope, to falter

branda cot

brandire to brandish, to wave

bretella strap

brezza breeze

brigadiere *m.* Carabiniere sergeant

brigante *m.* brigand, highwayman

brigare to pull strings, to intrigue

brillare; brillante to shine or sparkle; bright

brivido shiver

brizzolato *agg. part.* turning grey

brodo broth

bruciare to burn

bruco caterpillar

bruciacchiato *agg. part.* scorched, blackened

bruciapelo, a point-blank, suddenly

bruma fog, mist

bruno brown

brusio bustle, stir; confused sound of voices

buca (small) hole

bucato *agg. part.* pierced, holed

buccia peel, rind

bucherellato *agg. part.* filled with small holes

buco (large) hole

bue *m*; *pl.* buoi ox

buffo comical, ridiculous

buffone *m.* jester, joker

buon'ora, di early in the morning

burbero gruff

burlare; burlarsi; burlone *m.* to make jokes; to make fun of, to laugh at; joker

burlesco burlesque, farcical

burocratico bureaucratic

burrone *m.* ravine

bussare to knock

busta envelope

busto bust, chest

buttare; buttarsi; —— addosso to throw, cast or toss; to throw, hurl, fling or launch oneself; to throw on (clothes)

caccia; cacciare; —— via; cacciarsi; cacciatore *m.* hunt, hunting; to chase or drive out, to blow (smoke); to chase away, to kick out; to put or thrust oneself, to plunge; hunter

cachi khaki

cadenza cadence, rhythm

cadere; —— ammalato to fall; to fall or become ill

caffettiera coffee pot

cagionare to cause

cagliato clotted, curdled

cagnaccia *spreg.* cane cur

cagnara uproar, hubbub

Caino Cain

calabrese Calabrian

calare to drop, fall, go down or set; to lower; to droop

calca crowd, throng

calcagna, alle; calcagno at one's heels; heel (of the foot)

calcare *m.* limestone

calce *f.* whitewash

calcio kick; soccer

calcolo calculation

calice, a in the shape of a chalice or goblet

calma *n.* quiet, still

calmo *agg.* calm

calore *m.* warmth, heat

calpestare to stamp (on), to trample

calura heat

Calvario Calvary

calza stocking

calzettone *m.* heavy woolen sock

calzolaio shoemaker

calzoni *m. pl.* trousers

cambiale *m.* promissory note

cambiamento; cambiare change; to change

cameriera maid

camicetta *dim.* **camicia** blouse

camicia shirt; blouse

camino fireplace

camion *m.*; **camionista** *m.* truck; truck driver

cammino path

campagnolo peasant, countryman

campana; campanella *dim.*; **campanone** *m. accr.* bell; small bell, buzzer; large bell

campare (to manage) to live, to make a living

campeggiare to stand out, to be prominent

campicello *dim.* **campo** small field

campionario sample collection

campionato championship

campionessa champion *f.*

campo field

camposanto cemetery, graveyard

cancellato *agg. part.* rubbed out, erased

cancello gate

candela; candeliere *m.* **candelina** *dim.* **candela** candle; candle holder, candlestick; small candle

candido white

cane di guardia watchdog

canestro wicker basket

canna tube; reed; rod; gun barrel

canniccio roof made of reeds

cantarellare to hum

canterano chest of drawers

canticchiare to sing softly; to hum

cantina basement or cellar (storeroom)

canto, da un on the one hand

cantonata street corner

cantoria choir stall

cantuccio corner of a room, cubbyhole

canzonare; canzonatorio to make fun of, to tease; teasing, taunting

canzoncino, *dim.* **canzone; canzonetta** *dim.* little song; popular song

capace capable; capacious

capanna hut, shed

caparbio determined; obstinate

capitare to turn up; to happen

capitone *m.* large eel

capo; da _____ end, head; from the beginning

capolino, far to peep out

capostazione *m.* station master

capovolta upside down

cappellaccio *dim. spreg.* **cappello; cappelluccio** *dim.* battered old hat; small cap

cappone *m.* capon

cappuccio hood

capra goat

capriccio; a _____ caprice, whim; in their own time

capsula capsule; shell

carabiniere *m.* member of an army corps which also serves as a police force

caramella hard candy

carattere *m.* letter

carbone *m.*; **carbonella** *dim.* coal; small coal, charcoal

carcerato; carcere *m.* prisoner; jail

cardine *m.* hinge

carezzare to caress

carica; caricare; caricatore *m.*; **carico;** *agg.* tackle, charge; to load, to charge or tackle; magazine (of a firearm); load; loaded, laden, heavy

carità; per _____ kindness, charity; please! for pity's sake!

carne *f.* meat; flesh

carovana wagon train

carrello *dim.* **carro** small cart

carrettiere *m.* wagon or cart driver

carretto *dim.* **carro** hand cart or barrow

carriera, di _____ *mil.* career

carro; _____ armato cart, wagon; tank

carrozza; carrozzella *dim.* carriage; baby carriage

carrubo carob

carrucolare to hoist with a pulley

carta bollata paper used for official documents bearing a tax stamp

cartello sign, placard

cartone *m.* cardboard

cartucciera ammunition belt

caruso Sicilian sulphur mine worker

casaccio, a haphazardly, at random

casacca jacket, tunic

cascare addosso to fall on, to fall over on

cascate, a cascading

cascina farmhouse

casco helmet

caseggiato low-cost apartment buildings

caserma barracks

caso: far _____ a; non è il _____ to pay attention to; there's no need

casotto *accr.* **casa** kiosk, ticket booth

cassa; _____ armonica chest, cupboard, cash register, coffin, box, bin; resonance chamber

cassetta box

cassetto drawer

cassettone *m.* chest of drawers, dresser

cassiera cashier

cassone *m.* linen chest

castagna chestnut

castello; _____ d'asti castle; frame construction

castigo punishment

casto innocent, chaste

casupola *dim.* **casa** hut, cottage

catasto land register

catena chain

catino; catinella *dim.* basin; small basin

catturato prisoner

cauto cautious, careful, wary

cavalcioni astride

cavaliere *m.* rider; gentleman, nobleman

cavalleresco knightly, chevalric, gentlemanly

cavallino *dim.* **cavallo** pony

cavare; _____ una parola di bocca; cavarsi to extract, dig out or take out; to get a word out of; to remove, to take off

cavezza halter

caviglia calf (of the leg)

cavo hollow

cavolfiore *m.* cauliflower

cavolicella *dim.;* **cavolo;** ———— **cappuccio** tiny cabbage; cabbage; small head of cabbage

cefalo mullet

celata; celato *agg. part.* visor; concealed, hidden

celebre renowned, famous, celebrated

celeste light blue, sky blue

celletta *dim.* **cella** small cell; recess

cembalo harpsichord

cencio rag

cenere *f.* ash

cenone *m. accr.* **cena** Christmas Eve supper

ceppo tree trunk, tree stump, log

c'era una volta once upon a time

cercatore *m.* seeker

cerchio; cerchietto *dim.* circle; small ring

cervello brain, mind

cervo stag, deer

cespo sprig

cespuglio bush

cessare to cease, stop, or come to an end

cesta, cesto; cestino *dim.* **cesto** basket; small basket

ché because

chetarsi; cheto to become silent; still, quiet

chiarore *m.* light, luminescence

chiassata row, disturbance

chiassuolo narrow canal, rain ditch

chiave *f.* key

chicco di grandine hailstone

chierica tonsure

chiesuola *dim.* **chiesa** small church

chilometro kilometer (5/8 mile)

chimera foolish illusion, chimera, wild supposition

chinare; ———— **il capo;** ———— **gli occhi; chinarsi** to bow, to bend; to nod; to lower one's eyes; to lean or bend over

chiodato with cleats or hobnails

chiodo; a ———— nail; headlong

chioma foliage

chissà who knows

chiunque whomever

chiuso a chiave locked

ciabatta slipper, scuff

ciarla gossip

cibo food

cicala cicada

cicoria chicory

cieco blind

ciglio edge

ciliegia cherry

cima; in ———— summit, peak; at the top

cimitero cemetery, graveyard

cinepresa movie camera

cingersi to wrap around oneself

cinghiale *m.* wild boar

cintola waistband

cintura; cinturone *m.* waist, belt; (military) belt

cionco drooping, sagging

ciononostante in spite of that

ciotola bowl

circolo club

circondare to surround

circonfuso *agg. part.* surrounded, engulfed

circostante surrounding, neighboring

circostanza circumstance

circuito track (racing)

cisterna cistern

citare to cite or quote; to take to court

cittadina; cittadino *n.; agg.* small town; inhabitant, citizen; city

ciuffo bunch, cluster

ciula *dial.* stupid

civile civil; city (of clothes); well-bred

civiltà civilization

coccio smaltato glazed clay

coccodrillo crocodile

coccolare to spoil, to baby

cocente burning, intense

coda tail

codesto that

codice *m.* legal code

cofanetto *dim.* **cofano** jewelry or trinket box

cogliere to pick, to gather; to seize; to take in

cognito well known

cognizione *f.* knowledge

coinquilina fellow tenant *f.*

colare to trickle, to drip, to run or pour

collare *m.* decoration ribbon worn around the neck

collega *m. & f.* colleague, fellow-worker

collera rage

colletto collar

collo; ———— **taurino; in** ———— neck; bull-neck; hanging at one's neck

collocamento, ufficio di employment office

collocarsi to settle (down)

colmare; colmo to fill; full, brimful

colombo dove

colone *m.* colonist

colonna; colonnina *dim.* column; small column

colorato colored

colore: dirne di ogni ———— to cover with insults

colorito *n.; agg. part.* high color; highly colored

coloro they, those people

colpa; aver ————**; dare la** ———— **a** fault, guilt; to be responsible or guilty; to blame

colpire to hit

colpo; ———— **di stantuffo; di** ————**; un** ———— **secco** blow; piston stroke; all at once; suddenly; a sharp knock

coltellaccio *spreg.* **coltello; coltellata** hunting knife; knife wound

coltivo cultivated land

coltre *f.* (bed) cover, bedspread

comandare; comando to command; headquarters

combattere to fight

combinare; combinarne una to arrange, to set up; to be up to something, to get into mischief or trouble

comitato committee

Commendatore Knight of an Order of Chivalry

commentare to comment, to remark

commercio commerce, business

commessa; commesso viaggiatore saleslady, salesgirl; travelling salesman

commettere to commit

commosso moved, touched

commoversi to be affected or moved

commozione *f.* emotion, agitation

commuovere to move, affect or stir

comò *indecl.* chest of drawers, dresser

comodità comfort

compaesano compatriot, fellow villager

compagna; compagno companion *f.;* companion

companatico food to go with bread

comparire to appear, to make an appearance

compatto compact
compenso compensation
compiacere to please
compiuto *agg. part.* completed
complice *m.* accomplice
comportare; comportarsi to include; to behave
compostezza orderliness
composto composed
compratore *m.* buyer, purchaser
comprendere to understand or comprehend
compreso understood, comprehended; included
compresso concise, compressed
compromettere to compromise
comune *m.* town hall
comunicare to receive communion
comunque all the same, however
conca basin, pot
conciare to tan (an animal skin); to mend or repair
conciabrocche *m. indecl.* tinker, pot mender
concime *m.* fertilizer
concitato excited, agitated
concittadino fellow citizen
concludere; concluso *part. pass.* to conclude; concluded
concorde in unison, together
concorso contest
condannato *agg. part.* condemned
condurre to lead, to direct, to conduct, to take (somewhere)
confare to be suitable or appropriate
conferire to confer on
confermare to confirm
confidare to confide
confidenzialmente confidentially
confine *m.* border
confortare to comfort
confrontare; confronto; a ——— di to compare; comparison; compared to
confuso confused; embarrassed; messy
congestionato *agg. part.* flushed
congiungere to join
congiunto relative
coniglio rabbit
coniugale conjugal
connotato characteristic feature
conoscente *m. & f.* acquaintance
conquista; conquistare conquest; to conquer, to gain
consegnare to hand over, to consign

conseguenza consequence
conserto; braccia conserte *f. pl.* folded, joined; folded or crossed arms
conservare to keep, to retain, to preserve
consigliare; consiglio to advise; advice
consorzio society
constatare to ascertain, to observe or note
consueto customary, usual
consulente *m. & f.* consultant
consultare to consult, to seek advice
consumare; consumarsi; consumatore *m.;* **consumo** to consume, to eat; to wear oneself out, to waste away; consumer, consumption
consunto worn out
conta, fare la to count heads
contadino; contadina; *agg.* farmer, peasant; peasant girl or woman; peasant
contare to count; to narrate, to tell
conte *m.* count
contendere to dispute, to contend
contenere to contain
contentarsi to be satisfied or content
conterraneo from the same city or area
continuo; di —— continual, continuous; continuously
conto, fare il to add up, to figure out
contorcere to twist or contort
contornato *agg. part.* surrounded
contorno outline, contour
contrapporre to contrast, to counterpose
contrarre to contract
contratto contract
contravvenzione *f.* fine, ticket
contropelo against the grain, the wrong way
convegno appointment
convenire to be appropriate, useful, necessary or advisable; to agree or concur
convento convent
convergere to converge
convincere; convincersi to convince; to be convinced
convinto convinced, persuaded
convitato guest
coperchio cover, top, cap
coperta, in on deck

copia copy
coraggio, farsi to gather up one's courage
corazziere *m.* cavalry soldier, cuirassier
corba large oval wicker basket
cordoncino *dim.* **cordone** twisted cord
corna *f. pl.* adultery
cornice *f.;* **cornicione** *m.* frame; cornice
corniola cornelian
corno horn; horn-shaped peak
cornuto cuckold; rogue
corpulento corpulent, obese, fat
coro chorus
corpetto bodice
corpo body
corrente, essere al to be well informed
correre to run; to be payable or due
corridoio hall, corridor
corroso *agg. part.* worn away
corrugare le sopraciglia to frown
corruscante *agg. part.* flashing, sparkling
corruttore *m.* corruptor
corsa; ——— ad ostacoli; con la prima ———; di —— race, speed, hurry; obstacle course; with the first boat; running, in a rush, quickly
corsettino *dim.* **corsetto** bodice
corsia aisle
corte *f.* court
corteo procession
cortile *m.;* **cortiletto** *dim.* courtyard or farmyard; small courtyard or farmyard
corvo crow
coscia thigh
coscienza consciousness, mind
cospargere to strew, to cover
costa (stretch of) coast; slope, hillside
costanza constancy, persistence
costato rib cage
costei she, this or that woman
costeggiare to flank, run along the side of
costernato *agg. part.* dismayed
costiera stretch of coast
costo: a ogni ——— at all costs
costola rib
costretto *agg. part.* forced, compelled
costringere to force, compel, oblige or constrain

costruire to construct, to build
costui he, this or that man
cotoletta cutlet
cotone *m.* cotton
cotto baked, tanned
covare to smoulder
covone *m.* sheaf, bundle
cratere *m.* crater
cravatta necktie
creatura child, baby
credente *m. & f.* believer
cremisi crimson
crepa; crepaccio *accr.* crack; large crack, fissure
crepacuore *m.* heartbreak
crepitante *agg. part.* crackling, rustling
crepuscolo twilight, dark
crescere to grow
cresta crest
cretino idiot, cretin
cristallizzare to crystallize
cristallo crystal
cristiano Christian
crocchio group, circle
croce *f.; fig.;* **farsi la** _____ cross; trouble, cross to bear; to cross oneself, to make the sign of the cross
crocifissione *f.;* **crocifisso** crucifixion; crucifix
cronaca; _____ **nera** chronicle; crime news
crudele cruel
cuccuma kettle, coffee pot
cucire; **cucitrice** *f.* to sew; seamstress
cuffietta *dim.* **cuffia** baby bonnet
culla crib
cumulo accumulation, heap, mass
cunetta roadside ditch
cuoio leather
cupo dark, gloomy
cura; **curare; curarsi** treatment; to take care of, to look after, to tend; to follow a treatment or cure, to pay attention or heed
curato parish priest
curiosare to look around inquisitively
curva d'arrivo curve before the last lap
curvare; **curvarsi; curvo** to bend; to bend, stoop or lean over; bent, stooping
cuscino cushion
custode *m.;* **custodia; custodire** caretaker; protection, care; to keep, to preserve

daccapo once again
daffare *m.* work, business
damigella damsel
danaroso moneyed, wealthy
dannarsi to be damned
danno; **ai danni di** damage; detrimental to, to the detriment of
danzante *agg. part.* dancing
dapprima at first
dardeggiante *agg. part.* piercing, flashing
datrice di lavoro *f.* employer *f.*
dattero date
davanzale *m.* window sill
davvero really, indeed
dazio duty, excise tax
debito debt
debole; **debolezza** weak; weakness
decadenza decay, decadence
decaduto *agg. part.* fallen into decay
decidersi to make up one's mind
decifrabile decipherable
deciso decisive, resolute, determined
dedalo labyrinth, maze
defunto dead, defunct
delicatezza tact, refinement, delicacy
deludere to disillusion
deluso disappointed, disillusioned
demonio devil, demon
denso thick
dente *m.* tooth
deporre to deposit; to put down, to set
depositario depositary
deputatessa, **deputato** representative, deputy
derrata foodstuff, victuals
derubare to rob
deserto; *agg.* desert; deserted, lonely
destare; **destarsi** to awaken; to wake up
destinare to appoint
destino fate, destiny
detonare to explode
devoto devout, pious
dialettale; **dialetto** dialect *agg.;* dialect
diavoleria; **diavolo** devilry, diabolical action; devil
dibattersi to struggle, to make violent movements
dietrofront *m.* about face
difatti as a matter of fact, indeed
difendere; **difendersi; difensore** *m.* to defend; to defend oneself; defender
difetto defect, flaw
diffidenza diffidence, distrust
diffondere to broadcast; to spread
digerire to digest
digiunare; **digiuno; a** _____ to fast, to go without food; fasting; lacking
dignitoso dignified
dileguare to flutter; to vanish or disappear
di lì a poco a short time later
dilungare to keep at a distance
dimenticare to forget
dimora residence, home
dimostrare to demonstrate
dinanzi in front (of), before
dipartita departure
dipinto painted
diradare to dissolve; to dissipate
dire chiaro e tondo to say frankly
direttissimo express train
direzione *f.* direction
dirigersi to go toward, to make for; to direct oneself
dirimpetto opposite
diritto right
dirottamente profusely
dirupo ruins; rocky terrain
diruto in ruins
disagio, a ill at ease
disapprovare to disapprove
discendere to descend, go down or come down; to get out of
discesa attack (soccer)
discorrere to talk, to converse, to discuss
discorsetto *dim.;* **discorso** short speech; conversation, speech subject
discosto; **poco** _____ distant, separated; not far from, close by
discretamente discreetly, gently
discutere to argue; to discuss, to consider
disdegno disdain
disegnarsi to be outlined or sketched
disfarsi; **disfatto** *part. pass.* to get rid of; worn out
disgrazia; **disgraziato** misfortune, ill-luck, accident; wretch
disgusto; **disgustoso** disgust; disgusting
disinganno disillusionment, disappointment
disintrecciato *agg. part.* unfolded

dislagare i polmoni *dial.* to open the lungs

disonorevole dishonorable

disordine *m.* disorder

disordinatamente confusedly, disorderly

disparire to disappear

disparte, in on one side, apart

dispensa storeroom; pantry

disperarsi to despair

disperato *agg. part.; n.* desperate, despairing; desperate man

disperdersi to be lost; to dissipate

dispetto; a _____ di irritation, annoyance; in spite of, despite

dispiegare to spread

disponibilità available item

disporsi to arrange oneself

disposto arranged, ordered; cupped (of the hand); willing, inclined

dispotico despotic

disprezzare; disprezzo to despise, to scorn; contempt, disdain, scorn

dissanguato *agg. part.* drained of blood

disselciato unpaved

dissenteria dysentery

distendersi to spread

distesa; disteso expanse, stretch; extended, stretched out

distinguere; distinguersi to distinguish; to distinguish oneself, to come into prominence

distinto distinguished

distratto distracted, inattentive, absent-minded

distribuire to distribute

districarsi to extricate oneself

distrutto *agg. part.* destroyed

disturna exchange of witticisms and quips between towns or communities

disusato in disuse, not used

ditale *m.* thimble

dito finger

diva star

divenire to become

diverbio dispute

dividere to divide

divieto prohibition

divino divine

divisa uniform

divorare to devour, to eat up

dolcemente; dolceria; dolcezza gently, softly; candy store, sweet shop; gentleness, delicacy

dolere to ache, to hurt

dolore *m.; doloroso** pain, sorrow; sorrowful, doleful, painful

domare to tame

domiciliare to take up residence

domestica maid, female servant

dominare to overlook

dominio power, dominion

donare; donativo to present (as a gift); bounty, largesse

dondolare; dondolarsi; dondolio to swing; to sway, to rock, to dangle; continuous rocking or swinging

donna di servizio maid

dono gift

doppio double

dorato *agg. part.* golden, gold

dote *f.* dowry

dotto scholarly

dramma della Passione *m.* play of the Passion of Christ

drappeggio drapery

drappo cloth

dritto straight

drizzare l'orecchio to listen attentively; to prick up one's ears

dubbio; dubitare doubt; to doubt

duca *m.* duke

ducato ducat

duello duel

duplice double

durare to last

duro difficult; hard

ebreo Hebrew, Jew

ebbro excited, elated

ecc. *abbr.* **eccetera** etc.

Eccellenza Excellency

eccelso high, lofty, sublime

eccesso excess

eccitato *agg. part.; ***eccitazione** *f.* excited; excitement

edicola small shrine

editore *m.* publisher

educato *agg. part.* polite, well-bred

effettivamente actually, really

effetto; andare a _____ effect; to be carried out, to effect

Egitto Egypt

eguale equal

ei *contr.* **egli** he

elemosina alms

elettore *m.* constituent

elettrico electric

elettrodomestici *m. pl.* household appliances

elmo helmet

elogio eulogy, praise

embrice *m.* flat roof tile with a raised edge

emettere to utter, emit or give out

emozionante *agg. part.* exciting, thrilling

empire to fill

energicamente energetically

enfatico emphatic

enorme enormous

entrambi both

entrante, la settimana at the beginning of next week

entrarci to be someone's business; to have to do with someone

entrata entrance

epifania epiphany

epoca time, period

equilibrio balance

erba grass

eremita *m.* hermit

ergersi to rise, to stand

errare to wander or roam

eretto standing; erect

esacerbato *agg. part.* aggravated, exacerbated

esagerare to exaggerate

esaltare to exalt

esaminare to examine

esclamare to exclaim

escluso excluded

esemplare *m.* model, example

esercito army

esibirsi to be exhibited

esigere to require; to demand

esile thin, slender

esilio exile

esistenza existence

esitare to hesitate

esortare; esortazione to exhort, to urge; exhortation

esperienza experience

esplodere to explode

esporre to expose, to set forth, to expound

esprimersi to express oneself

estero, all' abroad

estivo *agg.* summer

estraneo; *agg.* outsider, stranger; foreign, alien

estro fancy, whimsy, caprice

età age

eterno eternal

etimologia etymology

ettolitro hectolitre (100 litres)

eucalipto eucalyptus

evitare to avoid

evviva cheer, hurrah

fabbrica; fabbricare; fabbrichino *dim.* factory, works; to make or manufacture; small factory or manufacturing company

faccenda matter, work

facchino porter

faccia face

fagotto bundle

falce *f.;* _____ **di luna** scythe; crescent moon

falda hem; slope

falegname *m.* carpenter

familiare *m.* family member

fanatismo fanaticism

fanciulla; fanciullo girl; boy, lad

fandonia wild tale, lie; nonsense

fanfara fanfare; band

fanghiglia; fango; fangoso soft mud or mire; mud; muddy

fantasia imagination

fantasma *m.* apparition, ghost, phantom

fannullone *m.* idler, good-for-nothing

fantino jockey

farcela to manage or be able to do something

farina flour

fasce *f. pl.* swaddling clothes

fascia; fasciato *agg. part.* wrapping, band; bound, wrapped

fascina bundle of sticks

fascio bundle

fastidio annoyance, irritation, trouble; repugnance, disgust

fata fairy

fatica; fare _____; **faticosamente** toil, hard work; to have difficulty; laboriously

fatto compiuto *fait accompli,* completed act

fattucchiera witch, sorceress

fauci *f. pl.* gullet

fava; favata bean; bean soup

favola; favoleggiare; favoloso fable, fairy tale, fiction; to tell tales or stories; incredible, wonderful, fabulous

fazzoletto handkerchief

febbricitante *agg. part.,* **febbrile** feverish, febrile

fede *f.;* **tener** _____; **fedele** *m.* faith, wedding ring; to keep one's word; believer

fegatoso peevish, bilious

femmina female

fenomenale extraordinary

ferire; ferita; _____ **di arma da fuoco** to injure, to wound; wound; gunshot wound

fermo stationary, immobile, still; firm, steady

feroce ferocious

ferraiolo cloak

ferro; _____ **da calza** iron; knitting needle

ferrovia railroad

ferula cane

fervere to seethe or burn; to be ardent

fessura chink, fissure; aperture

festa; fare _____ **(a); festeggiare; festoso** (week-end) holiday, party; to greet joyfully, to make a fuss over; to celebrate; jovial, cheerful

festone *m.* festoon, garland

festuca di paglia single piece of straw

fetta slice

feudale; feudo feudal; fief, feudal domain

fiacca fatigue, tiredness

fiaccola torch

fiammella *dim.* **fiamma** small flame

fiammifero match

fianco side; hip

fiasco flask; 2 1/2 litre bottle

fiatare; fiato to breathe, to utter or say a word; breath

fibroso fibrous

ficcare; ficcarsi to plant, to stick in; to worm one's way in, to creep in

fico fig

fidanzata; fidanzamento; fidanzato; *agg. part.* fiancée; engagement; fiancé; engaged

fidarsi to trust, to have confidence

fido faithful, devoted

fieno hay

fiera fair

fiero; *avv.* proud; proudly

figlia dell'amore prostitute

figliastra step-daughter

figliuola daughter

figura figure, form

figurante *m.* walk-on performer, figurant

figurarsi to imagine

fila row, line

filantropo philanthropist

filare; *n.* to get out or clear out; row

filato *agg. part.* carried out

filiforme thread-like

filigrana filigree

filo; _____ **spinato; a** _____; **per** _____ **e per segno** blade (of grass), wire, thread; barbed wire; in rows or lines; in detail, exactly, completely

filobus *m.* electric or trolley bus

filza string

Finanza customs; revenue officer

fin da since, from the time

finezza delicacy, refinement

fingere; fingersi to pretend; to imagine oneself

finire con to end up with

fino a up to; until

fino, di finely, delicately

finocchiella *dim.* **finocchio** young fennel

finta feint

finto artificial, false

fiocco di neve snowflake

fiorire; fiorente *agg. part.;* **fiorito** *agg. part.;* **fioritura** to flower, to blossom; blooming, flourishing; in bloom, flowering; flourishing, flowering, beginning

fisarmonica accordion

fischiare, fischiettare; fischio to whistle; whistle

fissare; fissato *agg. part.* to stare, to fix one's eyes on; fixed, agreed upon

fissazione *f.* fixation

fisso; guardare _____ fixed, firm; to gaze intently

fitto; *avv.* crowded, dense, thick, heavy, deep; heavily, densely

fiumiciattolo *dim.;* **fiume** small river, stream; river

fiutare to sniff, to smell

flettere il busto to bend from the waist

focolare *m.* fireplace

foderato *agg. part.* lined

foga passion, ardor; impetus

foggia style

fogliame *m.* foliage, leaves

folata gust

folla crowd

folto dense, thick

fondamento; _____ **giuridico** foundation, basis in fact; legal grounds

fondere to merge, to unite; to cast

fondo: al _____; **in** _____ in the depths; in fact, at the end, at the back

fontana fountain

foraggio fodder

forca gallows

forcella, a forked

forestiera, forestiere *m.* stranger

formare; formarsi to constitute; to form or be formed, to gather

formato format, size

formica ant

fornace *f.* fornaciajo (fornaciaio) brickyard, furnace or kiln; furnace or kiln workman

fornello stove

fornire to furnish

forno furnace

forte strong

forza; a _____ di; le forze dell'ordine; per _____ strength, force; as a result of, thanks to, by means of, by dint of; the police force; by force, compulsorily

fosforico phosphoric

fossato; fosso long ditch; ditch

fotografo photographer

fottersene *volg.* not to give a damn

fotoromanzo photo-romance novel

fradicio drenched, soaking wet; rotten, putrid

fraintendersi to misunderstand each other

frammento fragment, bit, piece

frana landslide

franca: farla _____ to get away with it

frangia fringe

frasca bough, branch

frase fatta *f.* platitude, hackneyed phrase

frastuono uproar, hubbub

frate *m.;* _____ questuante; fratesco monk; monk collecting alms; monkish

fratta thicket, hedge

fratturare to fracture

frazionare to divide, to break up

freccia (directional) arrow

fregare *volg.* to cheat or do someone in

fregio ornament, decoration

fremere to tremble or shake with anger or impatience

frenare; frenato *agg. part.;* freno to brake, to put on the brakes; checked, curbed; restraint, control

frequentare; frequentato *agg. part.* to frequent; crowded, thronged

fresco youthful

frescura cool, shady coolness

fretta; a _____ , in _____; fretto-

loso hurry, rush; hurriedly, in a hurry; hurried, hasty

frinire to chirp

frizzo joke, witticism

frollata sweet pastry

fronda foliage; frond, leaf; branch

fronte *f.;* di _____ a forehead; faced with, before

fronteggiare to face, to confront

fronzuto with thick foliage, very leafy

frotta; frotte, a flock, cluster, collection; in clusters

frucare *V.* frugare

frugare to search, to rummage

frullo whirring

frumento wheat

fruscìo rustling

frusta; frustare; frustino *dim.* whip; to whip; riding crop

fuga; darsi alla _____ fugace flight, escape; to take flight; brief, fleeting

fuggevolmente; fuggire fleetingly; to flee, escape or run away

fugare to disperse, to put to flight

fulminare; fulmine *m.;* fulmineo; fulminio to strike by lightning, to strike down, to kill; thunderclap, (flash of) lightning; quick as lightning; repeated lightning

fumettara; fumettaro; fumetto melodramatic; creator of comic strips; comic strip balloon

fumo smoke

fune *f.* rope

funebre funereal

funerale *m.* funeral

fungo mushroom

funzionale; funzionare; funzione: mettere in _____ functional; to function, to operate; function, use; to put into use

fuoco, di blazing

fuocherella *dim.* fuoco small fire

furbo shrewd, cunning, sly, knowing

furgone *m.* van

furia; a _____ di rage, fury, frenzy; by dint of, because of

furibondo; *avv.* furious, violent; furiously, violently

furiosamente furiously

fustagno coarse cotton twill, fustian

gabbia cage

gajezza (gaiezza) gaiety, vivacity

galantuomo good or honorable man

galera prison

gallettino *dim.* gallo tiny rooster

gallina hen

gallinaccio turkey

gallo; _____ guerriero rooster; fighting cock

galoppare to gallop

gambe storte bow-legged

ganascia jaw, jowl

ganza mistress

gara, a as a wager or bet; vieing with each other

garantire to guarantee

garbato *agg. part.;* garbo, con polite, courteous; politely, graciously

garretto fetlock

garza gauze

gattaiola cat door

gelato *agg. part.* icy, frigid

gelido gelid, icy

gelo; gelone *m.* coldness, numbness, lack of feeling; chillblain

gelosia; geloso jealousy; jealous

gemella, gemello twin

gemere; gemito to moan or groan; moan or groan

genealogia geneology

genere *m.;* generi alimentari *m. pl.* kind, sort, type; foodstuffs

generoso generous

genovese Genoese

geranio geranium

gergo slang

gesto gesture

gesticolare to gesticulate

gettare; _____ uno sguardo; gettarsi to throw, toss or cast; to cast a glance; to throw or hurl oneself

ghermire to seize, grab or snatch

ghetta legging

giacca; giacchetta *dim.;* giaccone *accr.* jacket; light or short jacket; (work) jacket

giacché since

giacere to lie

giaciglio bed, couch

giallastro yellowish

giammai never, not ever

giara pot, jar

ginocchio knee

giocare to play

giocattolo toy

gioiello jewel

giornalaio newspaper seller

giornalista *m.;* giornalistico journalist; journalistic

giostra exhibition, tournament
giovanotto young man
giovinastro *spreg.* young hooligan
girandola whirlwind
girare to go or wander around, to roam
giro; fare un _____ circle, sphere; to take a walk
gironzolare to ramble around
giubba man's jacket
giudicare to judge
giudice *m.;* _____ istruttore *m.* judge; investigating magistrate
giumelle, a by double handful
giunto *agg. part.* joined
giuntura joint
giuocare *V.* giocare
giurare to swear
giustizia justice, *fig.* the law
giusto; *avv.* proper, right, fair, just; precisely, just
gloria; glorioso glory; glorious
gobbo hunchbacked
goccia; gocciola *dim.* drop; droplet
godere to enjoy
goffo clumsy, awkward
gola; a _____ aperta throat, mountain gorge or pass; full-throated
gomitata; gomito shove or blow with the elbow; elbow
gomitolo di spago ball of string
gomma; gommato rubber; made of rubber
gonfalone *m.* banner
gonfiarsi; gonfio to swell or blow up; swollen, filled with
gonnella *dim.* gonna skirt
governare; governatore *m.;* governo to tend, to look after; governor; government
gracchiante *agg. part.* croaking
gradino step
gradire; gradito *agg. part.* to appreciate, to find agreeable; pleasing, welcome, agreeable
grado degree
graffiare to scratch
gragnuola shower; hail
gramigna (crab) grass, weed
gramo wretched, miserable
grandezza (large) size
grandinare; grandine *f.* to hail; hail
grano grain, wheat
grappolo bunch, cluster
grasso heavy, fat
graticola grill
grato pleasing, welcome

grattacielo skyscraper
grattare to scratch
gravare to lie or weigh heavily
grave serious, grave
grazia; _____ di Dio favor, grace, elegance; abundance
grazioso gracious, charming
Greco Greek
gregge *m.* flock, drove
grembiule *m.* apron
grembo lap; center
gremito *agg. part.* filled, loaded; crowded
greto pebbly shore, shingle
greve heavy; grievous
grezzo rough, crude
gridare to shout or yell
grifo snout
grigio grey
grilletto trigger
grillo cricket
grommoso encrusted
grondaia gutter, rain pipe
grondare to stream, to pour, to ooze, to drip
groppa back (of an animal)
grossa, dirla; grosso to exaggerate or lie; large, thick, heavy
grotta cave, grotto
gru *f.* crane
grugnire; grugnito to grunt, to snort; grunt, snort
guadagnare to earn; to gain
guai; guaio woe!; trouble, difficulty, calamity
guancia cheek
guanciale *m.* bed pillow
guappo *dial.* bully, ruffian
guardare; guardarsi to look after, to take care of; to be on one's guard
guardaroba (linen) cupboard
guardia; _____ costiera traffic or street policeman; coast guard
guardiano caretaker, guardian
guarigione *f.* cure
guaribile; guarire curable; to get well or better, to cure, to heal
guastare to damage, to ruin
guasto decayed (of teeth)
guerra war
gufo owl
guizzare to quiver, to dart, to wave, to flick
gustare to enjoy
gusto; di _____; prendere _____ taste, pleasure; heartily; to take a liking to, to acquire a taste for

idem *Lat.* ditto, the same for
ignaro unaware, ignorant of
ignorare to be unaware of, ignorant of
ignoto unknown
ilare merry, hilarious
illudersi to delude oneself
illuminarsi to light up
illustre illustrious, distinguished
imbacuccato *agg. part.* wrapped
imbalsamato *agg. part.* stuffed
imbambolato *agg. part.* (of eyes) half-closed, heavy with sleep
imbarazzato *agg. part.* embarrassed
imbarcare to embark; to put on board
imbastire un figlio *fig.* to have (produce) a child
imbiancato *agg. part.* whitewashed
imbottita; *agg. part.* padding; stuffed
imbrattato *agg. part.* dirty, filthy, stained
imbroglione *m.* swindler, cheat
imbrunire, all' at dusk or nightfall
immaginario; immagine *f.;* _____ sacra imaginary; picture, image; sacred image
immalinconirsi to grow or become melancholy
immancabilmente without fail
immergere; immerso to immerse, to dip; immersed, submerged
immigrato immigrant
immobilizzare to immobilize
immondizia garbage, refuse
immoto motionless, still
immutabile constant, unchanging
impacciato *agg. part.* embarrassed; awkward; impeded; uncomfortable
impacco compress, poultice
impadronirsi to take over, to appropriate, to seize
impagliatura straw stuffing
impalcatura scaffolding
impallidire to grow pale
imparentarsi to become related by marriage
impastare; impastatrice *f.* to knead; cement mixer
impaurito *agg. part.* frightened, afraid, terrified
impazienza impatience
impazzire; impazzito *agg. part.* to become insane, to go mad or

crazy, to lose one's head; crazy, insane, gone mad

impedire to prevent

impegnare to pawn

impellicciato *agg. part.* covered or wrapped in fur, wearing a fur coat

imperio; imperioso command, imperious

imperizia ineptitude, lack of skill

impermalito *agg. part.* angry, vexed, put out

impero empire; dominion

impeto outburst; impetus

impetuoso impetuous, violent

impiantato *agg. part.* installed

impiccare to hang

impiccio trouble, tiresome matter

impiegare; impiegato; agg. part. to use or make use of; clerk; employed

impietosito *agg. part.* moved to pity

impietrito *agg. part.* petrified

imponente imposing

importare to matter

importuno nuisance, pest

impossessarsi to take possession of

imprecare to curse

impresa exploit, undertaking; building company

imprigionato *agg. part.* imprisoned

improvvisato *agg. part.* casual, improvised

improvviso; all'_____ sudden; suddenly

impugnare to grasp or grip

impulso impulse

impunito unpunished, without punishment

imputazione *f.* charge, accusation

inargentare to coat with silver

inaspettatamente unexpectedly

incalcinato *agg. part.* whitewashed

incamminarsi to set out, to start out

incantare; incantesimo; incanto to enchant; spell, sorcery, witchcraft; enchantment

incaricare; incarico to entrust (someone with something), to commit to someone's charge; task

incassare to collect, to take in (money)

incendio fire

incertezza; incerto uncertainty; uncertain

inchinarsi; inchino to bow; bow

incignato *agg. part.* inaugurated, used for the first time

incinta pregnant

inciso *agg. part.* engraved

inclinare; inclinarsi to bend, to lean; to bow, to lean, to bend

incollarsi to sling over one's shoulder

inconsulto rash

incontro; *avv.;* **andare _____ a; venire _____ a** encounter, meeting, toward; to go to or toward, to approach; to come up to, to approach

incorniciato *agg. part.* framed

incoraggiato *agg. part.* encouraged

incrociarsi to cross, to intersect

incupirsi to sadden; to become gloomy

incuriosirsi to become curious

indaffarato engrossed, busy

indeciso undecided

indefinibile undefinable

indegno unworthy, undeserving

indennità damages, compensation

indeterminato vague, undetermined

indifeso defenseless

indimenticabile unforgettable

indirizzare to direct

indiscutibile indisputable

indispettito *agg. part.* vexed, annoyed

indisturbato undisturbed

indivia endive

individuare to recognize

individuo individual

indole *f.* character, disposition

indolenzito *agg. part.* numb, benumbed

indomito untamed, indomitable

indovinare to guess, to surmise

indugiare to linger, to stay

indurre to induce, to persuade

inebriante intoxicating

inedia lack of food, starvation

inesperto inexperienced, inexpert

infamità infamy

infanzia childhood

infastidito *agg. part.* annoyed

infermiera nurse

inferocito *agg. part.* infuriated, enraged

infiammare; infiammarsi to inflame; to catch fire, to burn

infido untrustworthy

infierire to act cruelly; to rage

infilare to put in, to slip in or into; to turn into; to string or thread

infinito; all'_____ infinite; endlessly, indefinitely

infiorare to adorn, to embellish

infittirsi to thicken, to become dense

inflessione *f.* inflection

inforcare to put on (eyeglasses)

informe shapeless, formless

infuocato burning, red-hot

infuriato *agg. part.* infuriated, enraged, in a rage

inganno deceit, trick

ingenuo ingenuous, naïve

inghiottire to swallow up

inginocchiarsi to kneel, to genuflect

ingiuria; ingiuriare insult, offensive remark; to insult, to revile

ingiustizia injustice

ingombrante *agg. part.;* **ingombrare; ingombro** cumbersome, encumbering; to block or obstruct; obstacle, encumbrance

ingommato sticky, adhesive

ingorgo bottleneck, blocking

ingrandimento; ingrandirsi enlargement; to increase, to become more important

ingrassare to gain weight

ingresso entrance; entrance hall, entry

inimicizia hostility

ininterrotto uninterrupted

innalzarsi to rise, to climb; to raise

innamorarsi to fall in love

innanzi in front

innegabile undeniable, unquestionable

innesto graft; crotch

innocuo innocuous

innumerevole innumerable

inoltrarsi to advance, proceed or go on

inoltre in addition, moreover, besides

inorgoglirsi to become proud

inospitale inhospitable

inquadrarsi to take one's place; to be framed

inquieto; inquietudine *f.* uneasy; uneasiness, anxiety

inquilino tenant

insanguinato *agg. part.* bloody, drenched or soaked with blood

insegna sign, billboard; decoration; badge

inseguire; inseguirsi to pursue, to follow; to chase each other

insetto insect

insignito *agg. part.* decorated

insolito unusual

insomma in short, in a word

insonne wakeful, sleepful

inspiegabile unexplainable

insulto insult

intanfato di mosto mouldering with must, musty

intanto meanwhile

intartarito encrusted with tartar

intatto in tact, untouched

intemperie *f. pl. indecl.* inclement or bad weather

intendere; intendersi to understand; to know (a lot) about, to be a good judge; to get along, to come to an understanding

intentare to institute, to bring an action

intento intent, bent on

interdetto speechless, amazed

interessarsi to be interested, to take an interest

intermittente intermittent, fitful

interno inside, within

intero; *avv.* complete, entire; completely, entirely

interpellato *agg. part.* consulted, questioned

interrompere to interrupt

interruttore *m.* switch

intervenire to intervene

inteso understood; heard

intimo intimate

intitolato *agg. part.* entitled

intoccabile untouchable

intorno around

intrattenersi to linger

intrav(v)edere to catch sight of, to glimpse, to see indistinctly

intrecciarsi le mani to fold one's hands

intrico network, tangle

intriso soaked, drenched

introdurre to usher in, to let in; to put in, to slip in

intuire to guess, to perceive, to know (intuitively), to understand (immediately)

inumidito *agg. part.* moistened, dampened

inutilità; inutile uselessness; useless, vain

invano in vain

invaso invaded

invecchiare to grow old

invece instead

inventare; inventarsi to invent; to think up or devise for oneself

invertire to reverse

investire to accost; to fall upon

investitura investiture

invetrito *agg. part.* glassy, glazed

invidia; invidiare envy, jealousy; to envy

invocare to invoke, to call upon

inzuppato *agg. part.* soaked

iride *f.* iris

irreale unreal

irrequietudine *f.* restlessness

irrigidirsi; irrigidito *agg. part.* to stiffen; benumbed, stiffened

irrompere to surge, to break into

irrorare to bathe, to wet

ischerzo joke

iscrizione *f.* membership

ispettore *m.* inspector

istinto instinct

istoriato *agg. part.* storied, historical

ivi there

là: al di ＿＿＿ beyond

labbra premute *f. pl.;* labbro pursed lips, lips pressed together; lip

labirinto labyrinth

laccio slip knot

lacrima; lacrimare; lacrimogeno tear; to tear; tear gas

ladra, ladro; ladrocinio; ladrone *m. accr.* thief; robbery, theft; thief

lagnarsi to complain

lagrima *V.* lacrima

laico secular, lay, laic

lambire to wash over, to flow over

lamentarsi; lamento; lamentoso *agg.* to complain; lament, complaint; complaining

lamiera tin

lamina thin piece

lampada; lampadina *dim.;* lampadina tascabile light, lamp; light bulb; flashlight

lampo flash; (flash of) lightning

lana wool

lanciare; lanciarsi to throw or hurl; to shoot out, to hurl or fling oneself

landa prairie

lardo bacon

larghezza width

largo; al ＿＿＿; farsi ＿＿＿ wide, broad; at a distance; to make headway

lascito bequest

lato side

latta tin

latteo milky

lattina *dim.* latta small tin can

lattuga lettuce

lavagna slate

lavanda gastrica stomach pumping

lavoratore *m.* worker

lazzarone *m.* perjorative name given by the Spaniards to the Neapolitan lower class; lazy

lebbroso leper

leccornia delicacy

lega society, league

legale legal

legame *m.* link, tie

legare to tie, to bind, to fasten

legge *f.* law

leggenda legend

leggiero (leggero) light

legna firewood

legno wood

lembo strip; edge, border; side

lento slow

lenzuolo sheet

lepre *f.* hare

leso: la parte lesa *leg.* the injured party

lesso boiled

lesto; *avv.* rapid, quick; brisk; rapidly, briskly

letale lethal

letargico lethargic, sleep-producing

lettuccio *dim.* letto small bed

leva conscription

levare; levarsi; levarsi di torno to raise, to take away or remove, to take out; to stand up; to get rid of

librarsi to hover

licenza license

licenziare to fire

liceo classical high school

lieto joyful, joyous, happy, glad

lieve light, soft, gentle, slight

lievitato *agg. part.;* lievito raised, leavened; yeast

limitarsi; limite *m.* to limit oneself; limit

limone *m.* lemon

linea line, row

lineamento feature

lingua tongue; language

linguaggio speech, language

liquidare un conto to settle an account

liscio smooth

lista band, strip

lite *f.* lawsuit, litigation

litigare to quarrel or argue

litro litre (1.2 quarts)

livello level

livido grey, ashen

lizza arena

loculo tomb

lodato *agg. part.;* **lode** *f.* praised; praise

loglio darnel (weed grass common to cornfields)

logoro worn out, threadbare, worn

lombardo Lombard

lontananza distance

lotta struggle, battle

lubrificato *agg. part.* lubricated

luccicare to sparkle, glisten or shine

lucente bright, shining

lucerna; lucernina *dim.* oil-lamp; small oil-lamp

lucignolo wick

luiginesco *agg.* of the French aristocracy

lume *m.;* **perdere il _____ degli occhi; lumicino** *dim.* lantern, lamp, light; to see red; small lamp

luminoso shining, luminous, bright

lunare lunar

lungi, da; _____ da from a distance, from afar; far from

luogo; _____ comune place; cliché, commonplace

lupino; non valere un _____ lupin; to be worthless

lupa; lupacchiotta; lupigno; lupo she-wolf; young wolf *f.;* wolfish; wolf

lusinghesco flattering

lustrare; lustro to shine; shiny, polished

macchia spot

macchina; _____ calcolatrice machine; cash register

macigno large rock, boulder

macina millstone

madonnina *dim.* **madonna** tiny madonna

maestà; maestoso majesty; majestic

maestrina *dim.* **maestra; maestro;** *agg.* school teacher *f.;* teacher, master; main

magari perhaps

magazzino store

magistrato del Comune city official

maglia sweater

magro thin, lean

maiale *m.* pig

mais *m.* corn

malandrino ruffian

malanno misfortune, calamity; damn! cursed!

malattia illness

malcelato ill-concealed

malanimo ill-will, malevolence

maledetto *agg. part.;* **maledire** cursed; to curse

malfattore *m.* evil-doer, malefactor

malgrado in spite of

male, meno it's a good thing

maligno evil, malicious, spiteful

malinconia; malinconioso *agg.* melancholy; melancolic, melancholy

malizia malice, cunning

malo wicked, bad

maltrattamento ill-treatment, maltreatment

malumore *m.* bad mood

malvagio wicked

manata handful

man bassa, fare to lay waste, to plunder

mancare to fail; to be missing, to be lacking

mancia tip

manciata handful, large handful

mandarino tangerine

mandorla almond

manesco trucculent, aggressive

manganellata; manganello blow with a night-stick; night-stick

mangereccio edible

mangianastri *m.* casette player

mangiatoia trough or crib for feeding animals

maniaco manaiacal

manica; in maniche di camicia sleeve; in shirt sleeves

manicomio insane asylum

maniera manner, way

manifesto poster

manipolo sheaf, bundle

man mano as; while

mannello sheaf, bundle

mano: a _____ a _____ as; gradually

manovrare to manoeuver

mantellina *dim.* **mantella** short cape

mantello cloak

mantenere to keep; to support; to maintain

mantice *m.* bellows

marchese *m.* marquis

marciapiede *m.* sidewalk

marcio; *agg.* rot, rottenness; rotten

marcita irrigated meadow

mare grosso *m.* rough sea

maresciallo warrant officer

margine *m.* edge

marina; marinaio sea; sailor

marmo marble

marsina man's dress jacket, tailcoat

martellata; martelletto *dim.* **martello; martello** hammer blow; small hammer; hammer

maschio, mascolo male

masnada gang

massaia housewife

massajo (massaio) judicious

massaro farmer; farm steward

masseria farm; farm house

massima maxim

masso boulder, block of stone

masticare; _____ amaro to chew; to smack the lips deprecatingly

mastice *m.* cement

matarca four-footed chest with lid used for storing flour

materasso mattress

matrigna step-mother

matto; *n.* crazy, insane; eccentric, crazy man, madman

mattone *m.* brick

maturare to mature, to ripen

mazzo bunch

meandro meandering, winding

medaglia; medaglione *m.* medal; medallion

medesimo same

medichessa; medico condotto doctor *f.;* physician employed by a municipality

meliga millet

membra *f. pl.* appendages

menare to take, to lead

mendicante *m.* beggar

menomazione *f.* disability, impairment

mensa table

menta mint

mente *f.* mind

mentire to lie

mento chin

meravigliare; meravigliosamente to be amazed or astonished; marvelously, wonderfully

mercanzia merchandise, goods

mercato market

merce *f.* merchandise, goods

meridionale *m. & f.* southerner

meriggio midday, noon

merletto lace

mesata month's rent

mescolare; mescolarsi to mix; to mix with

messa mass

mesto sorrowful, sad, mournful

meta goal

metà, fare a to divide or share

metallico; metallo metallic; metal

mettere fuori; mettersi a to emit; to begin or start

mezzala sinistra inside forward (soccer)

mezzaria, a halfway in the sky

miagolare to miaow or mew

mica hardly, not at all

miele *m.* honey

mietere; mietitura to reap, to mow; harvest, mowing

migliaio about a thousand

miglio mile

mignolo little finger

milanese Milanese

militare military

milite *m.*; da _____ soldier; in (a soldier's) uniform

minaccia; minacciare; minaccioso; *avv.* threat; to threaten; menacing, threatening; menacingly, threateningly

miniera mine

ministero government office or bureau; ministry

minuscolo miniscule

miracolo miracle

mirare to aim

miriade myriad

miseria misery, poverty; trifle, something of no importance

misero wretched, poor

mistero mystery

misto mixed, combined

misura; prendere le misure; misurare size; to measure; to measure, to take the measurements

mite mild, gentle, meek

mito myth

mitragliatrice *f.* machine gun

mo: a _____ di by way of

moccolotto *accr.* moccolo large candle

modellista *m. & f.* designer; pattern cutter

modo way, manner

mogio mogio very quietly

mollare to let go

molle soft, gentle, languid

momenti, a soon; in another moment

monaca; monaco nun; monk

modo di dire expression, figure of speech

monello urchin, scamp

moneta coin

monotono monotonous

montare to ride, to be mounted on; to get into (an automobile)

monte *m.* mountain

mora mulberry, blackberry

morbido soft, tender

moresco Moorish

mormorare to murmur, to mutter

morso bite

mortaretto firecracker

morte *f.*; morto death; dead person *m.*

mosca fly

moschea mosque

moschettiere *m.* musketeer

moschida, carta fly-paper

mossa; mosso move; moved

mostrare to point out, to demonstrate; to show

mostro monster

mota mud, mire

motivo reason, motive

moto; rimettere in _____ motion; to start moving again

motocicletta motorcycle

motto: senza dir _____ without saying a word

mucchio pile, heap

mughetto lily-of-the-valley

mugolare to howl; to whine

mulattiere *m.* mule driver

mulo mule, donkey

multa fine

municipio town hall

muoversi to move

murare; muratore *m.*; muratura to wall (in), to block; mason, bricklayer; masonry

murello *dim.* muro: _____ di cinta low wall around a property

muro wall

musco moss

musicante *m.* musician

musichetta *dim.* musica little tune, musical trifle

muso *spreg.* face, "mug"

mutare; mutevole to change; changeable, changing

mutismo taciturnity, obstinate silence

muto mute, speechless; silent

mutria sulkiness

nafta diesel oil

napoletano Neapolitan

nascita birth

nascondere; nascostamente; nascosto; di nascosto to hide or conceal; stealthily; hidden, concealed; in secret

naso nose

nastro ribbon

natalizio *agg.* Christmas, relating to Christmas

natio native

naufrago shipwrecked person

nebbia; nebbioso fog, haze; foggy, hazy, misty

necropoli *f.* necropolis, cemetery

negare to deny; to refuse

nembo rain cloud

nemico enemy

nenia monotonous song, sing-song

neonato newborn child, infant

nerastro blackish

nereggiare to appear black or dark

nervoso nervous; vigorous, robust

nespola medlar

netto; di _____ clear, distinct, clean; precisely, exactly

neutro colorless; neutral

nevoso snowy

ninnolo knick-knack, trinket

nitido clear, lucid; bright

nitrito whinny(-ing), neigh(-ing)

nobiliare nobiliary, of the nobility

nobilitarsi to ennoble oneself

nocca knuckle

nocciola hazel nut

noce *m.* walnut

nodo a fiocco; nodoso bow knot; gnarled, knobby, knotted

noia, dar; noioso to cause trouble, to be a nuisance, to bother; annoying, bothersome

nomina; nominare nomination; to call or mention by name

noncuranza nonchalance

nondimeno nonetheless
nonnulla trifle
nonostante in spite of, notwithstanding
nota *mus.* note
notaio notary
notizia; notizie news item, news; news
noto (well) known
nottata night
notturno nocturnal, (of the) night
novena novena; a few notes
novità (item or piece of) news
nozze *f. pl.* marriage, wedding
nube *f.* cloud; mist
nubifragio downpour, heavy rain
nuca nape
nudo bare
nugolo cloud
nutrimento nourishment
nutrito *agg. part.* fed, nourished
nuvola cloud
nuziale wedding *agg.*

obbligare; obbligo to compel, to oblige; duty, obligation
obiettare to object
occhiali *m. pl.* eyeglasses
occhiata look, glance
occhiello buttonhole
occorrenza, all'; occorrere when necessary, if need be; to be necessary or required
occupare; occupatore *m.* to occupy; occupier
odiare; odio to hate; hatred
odorare; odoroso to smell; fragrant
offesa; offeso insult, hurt, insulted, offended
officiante *agg., part., eccl.* officiant
oggetto object
olandese *agg.* Dutch
olio, sott' in oil
olivella *dim.;* **olivo** tiny olive tree; olive tree
olmo elm
oltre beyond
omaggio homage
ombra; ombreggiato *agg. part.* shadow, darkness, apparition, spectre; shaded
Omero Homer
omiciattolo *dim.* **uomo** small man
omino *dim.* **uomo** small man
omuncolo *dim.* **uomo** «shrimp»
onda wave
onestà honesty
onorare; onore *m.* to honor; honor

onorario professional fee
onorificenza decoration
opaco opaque
opera work (of art)
operaio (factory) worker
opposto opposite
opprimere; opprimente *agg. part.* to burden, to weigh down, to oppress, to overwhelm; oppressive
orario; _____ **di lavoro** (work) schedule, period (of work); working day
oratoria; oratorio oratory, rhetoric; oratorical
orbace *m.* Sardinian wool cloth
orcio; _____ **di creta** jug, jar; earthenware jar or jug
orco ogre, bogeyman
ordigno device, contrivance
ordinanza, di regulation issue
ordinare; ordine *m.* to order; order
orecchio; farsi l'_____ ear; to accustom one's ear
orefice *m.* **oreficeria** goldsmith; goldsmith's or silversmith's workshop
orfanella *dim.* **orfana; orfanatrofio** young orphan girl; orphanage
organizzato *agg. part.* organized, arranged
organetto *dim.;* _____ **a mantice; organista** *m. & f;* **organo** small organ; accordion; organist; organ
orgoglio; orgoglioso pride; proud
originario original, native
origliare to eavesdrop
orizzonte *m.;* **orizzontale** horizon; horizontal
orlo edge, rim
ormai by now, now
ormeggiato *agg. part.* moored
ornare to decorate
oro gold
orto vegetable garden
ortografia spelling; orthography, writing
orzo barley
osare to dare
oscurare; oscurarsi; oscurità; oscuro to obscure; to become dim or dark; darkness; obscure, dark, gloomy
ospedale *m.* hospital
ospite *m. & f.* guest
ossequiare to pay one's respects
osservare to observe; to remark
ossessivo; ossesso obsessive; one possessed

ossia or rather; that is
osso bone
ostentare to affect, to make a show of, to be ostentatious
osteria inn, small restaurant
ostile hostile, sullen
ostinarsi; ostinato; ostinazione *f.* to persist obstinately; insistent, obstinate; obstinacy, stubbornness
ottenebrato *agg. part.* clouded, obscured
ottenere to obtain
ove where
ovunque everywhere

pacato *agg. part.* quiet, calm
pacco; pacchetto, pacchettino *dim.* package; small package
pace *f.* peace
padrona; _____ **di casa; padrone** *m.* mistress; landlady; master (Savior), employer, boss, owner (manufacturer)
paesano fellow-countryman
paesetto *dim.* **paese** tiny town
paffuto plump, fat
pagamento payment
paglia; pagliericcio straw; chopped straw
paiolo large metal cooking pot, kettle
pajo (paio) pair
pala shovel
palafreniere *m.* footman
palazzo palace; building
palermitano from Palermo
palleggiare a ceffoni to toss back and forth with blows
pallido pale
pallone *m.* ball
pallottola bullet
palma palm
palmento wine-press
palmo palm of the hand; a hand's breadth
palpare to handle, to finger
palpebra eyelid
palpitare to beat, to quiver
pancia; panciuto abdomen, belly; rounded, big bellied
pane *m.* ingot, block (loaf)
panettarsi gli occhi *dial.* to tamp or wipe one's eyes
panino roll; sandwich
pannello panel
panni *m. pl.* clothes
pantano swamp

pantofola slipper
papavero poppy
pappagallo parrot
paralizzato *agg. part.* paralyzed
paralume *m.* lampshade
paraninfa marriage broker, match-maker
parapetto parapet
parare to ward off or keep off
paravento screen
parentela family relationship
parere to seem
parete *f.* wall (of a room)
pari *agg. indecl. & n. m.* equal
parlamentare to discuss
parlata speech
parlottare to whisper, to murmur
parodia parody
parroco parish priest
parte, da; d'altra _____; da una _____ e dall'altra; fare la _____; dalle nostre parti; da tutte le parti put aside, saved; on the other hand; on both sides; to share or divide; in our region; from every direction, from all over
partecipe participating, sharing
parteggiare to side with; to support
partita match (sport)
partito party (political)
parto childbirth
pascolo pasture
passaggio; _____ a livello; _____ obbligatorio passage, passing; level railroad crossing; one-way aisle
passante *m. & f.* passer-by
passare il guaio; _____ in rassegna to have trouble or difficulty; to pass in review
passerotto fledgling sparrow
pastetta *dim.* pasta paste, mash
pasticceria pastry shop, confectioner's shop
pastora; pastore *m.* shepherdess; shepherd
patentato licensed, certified
paterno paternal
patire to suffer or endure
patria fatherland
patto; a nessun _____; patti *m. pl.*; stare ai patti agreement; not on any terms, on no terms; terms; to keep a bargain or agreement
pauroso frightening, terrifying, dreadful
pavimento floor
pavone *m.* peacock

paziente *m. & f.*; pazienza patient; patience
pazzo; *n.* crazy, mad; madman, lunatic, crazy man
peccato; peccatore *m.* sin, pity, shame; sinner
pecora; pecorina *dim.* sheep
pedata footstep, footfall
pelasgico Pelasgic
pelato *agg. part.* peeled
pelle *f.* skin
pellirosse *f. pl.* Indians (American)
pelo; peloso hair; shaggy, hairy
pena; fare _____; stare in _____ pain, suffering; to be pitiful; to worry
pendaglio pendant
pendice *f.* slope
pendio slope
pendulo hanging, swinging
penna; _____ stilografica feather; fountain pen
penombra shadow, half-light, penumbra
pensiero; pensieroso thought; pensive, thoughtful
pensionato *agg. part.* on a pension
pentimento; pentito *agg. part.* repentance; repentant, sorry
pentola pot
penzolare; penzoloni to dangle, to be suspended; dangling, hanging down
percepito *agg. part.* noticed, perceived
percorrere to move or travel through or across, to traverse or cross, to scour or look over
percuotere to beat or hit
perdere to lose
perdonare to pardon
perfetto perfect
perfino *avv.* even
pericolante *agg. part.*; pericolo; pericoloso unsafe, likely to fall; danger; dangerous
perla; perlaceo pearl; pearly
permettere to permit or allow
pero pear tree
persino *avv.* even
persona, di in person
pervinca *agg. invar.* periwinkle
pesca peach
pescare; _____ nel torbido to fish, to search, to root out; to fish in troubled waters
pesciolino *dim.* pesce tiny fish
pesante; peso heavy; weight

pestare; pestata; pesto *agg. part.* to trample, to stamp; pounding; pounded
pettinarsi to comb one's hair
petto chest
pezzente *m.* beggar
pezzetto *dim.*; pezzo piece; tiny or small piece
pezzuola kerchief, small piece of cloth
piagnucolare to whine
piancito floor, flooring
piangere to cry
piano valley, plain; plan
pianta: di sana _____ out of thin air
piantare *fam.* to build, to set up, to place or fix
piantonare to guard, to mount guard over
pianura plain
piastrella floor tile
piattaforma platform
piazza pulita, far to make a clean sweep
piccante sharp, spicy
picchiare; picchio to knock, tap, hit, beat or strike, to be pressing; knock, knocking
piccione *m.* pigeon
piccino tiny, very small
picco, a vertically
pidocchio louse
piedistallo base, pedestal
piega; piegare; piegarsi; piegato *part. pass.* bend, turn, wrinkle; to bend, to subdue; to bend, yield or submit; doubled over
pietà pity, compassion
pietra; pietroso; pietruzza *dim.* stone; stony, rocky; small stone
pigiato *agg. part.* pressed, squeezed
pigliare *fam.*; _____ fuoco to take; to catch fire
pignattino *dial.* spell
pigolare to cheep or chirp
pingue fat, corpulent
pino pine tree
pioggia rain
piombo, a straight down
pipetta *dim.* pipa small pipe
piroscafo boat, ship
pista race course, race track
pizzo lace
placarsi to be appeased
plaga region, district
platano plane tree
plaudente *agg. part.* applauding

plebe *f.;* **plebeo** lower class, working class; plebeian

poc'anzi shortly before

poco: a _____ **a** _____ **; per** _____ **non** little by little; almost, nearly

podere *m.* farm

podestà mayor (named by central govt.)

poggiare to lean, to rest

poiché since

polemica polemic, controversy

politico politician

polizia; poliziotto police; policeman

pollice *m.* thumb

polmonite *f.* pneumonia

polpa pulp

polpaccio calf (of the leg)

polpetta meatball

polso wrist

poltiglia mud

poltrona armchair

polvere *f.;* **polverone** *m. accr.;* **polveroso** dust; large dust cloud; dusty

pomello cheek bone

ponderato *agg. part.* careful; circumspect

ponte *m.* bridge

popolano; ** *agg.;* **popolare; popolo common man, working man, man of the people; of the (common) people; of the people; people

poppante *m. & f.* nursing infant

porcellana porcelain

porco pig

porgere to hand, to hold out, to offer

porro mole

porta; _____ **a vetri** goal (soccer); glass door, French door

portacipria compact

portafoglio, portafogli *m. indecl.* billfold

portare; portato *agg. part.* to lead; inclined, given to

portaritratti *m. indecl.* photograph or portrait frame

portavoce *m. indecl.* spokesman

portiere *m.* concierge; hotel porter; goal keeper (soccer)

portinaia porter or concierge *f.*

portone *m. accr.* **porta** main door of a building

posa posture, attitude; pose

posare; _____ **lo sguardo; posarsi** to place, to set (down); to look at, to glance at; to alight, to settle

possedere; possesso; possidente to own or possess; possession; man of property, land owner

posta mail

postino mailman

potare to prune

potente powerful

praticare un foro to drill a hole

pranzo nuziale wedding dinner

prateria plain

pratico experienced

prato meadow

precedenza, in previously

precedere to precede

precipitarsi; precipitosamente to rush, to run precipitately; hastily, precipitately

precipizio, a headlong

precisare; preciso to specify, to state precisely; precise, exact

precocemente precociously

preda prey; object of pursuit

predicare to preach

predone *m.* robber, plunderer

prefetto prefect (provincial)

pregare to pray; to exhort or beg

preghiera prayer

pregiato *agg. part.* highly valued or prized

pregiudizio prejudice

preistoria prehistory

premere to press, to weigh down

premio prize

premuroso solicitous, attentive

prendere in giro; prendersela to make fun of, to pull someone's leg; to be angry with or lay the blame on someone, to have or hold a grudge

preoccupare; preoccuparsi to worry or trouble; to worry, to be worried or anxious

preparativo preparation

prepotente; prepotenza, di insolent, arrogant, powerful; arrogantly, overbearingly

presa hold

presentimento presentiment, foreboding

presenza presence

preside *m.* principal

press'a poco very nearly

pressato *agg. part.* pressed, crushed

pressi: nei _____ **di** in the vicinity of

presso near, nearby; at, in

prestare to lend

prestito loan

presto, ben very quickly

presumere to presume

prete *m.* priest

pretendere to claim, to make claims; to want; to exact

pretesto pretext

prevedere; previsto to foresee, to predict; foreseen, anticipated

prezioso precious, valuable

prezzemolo parsley

prigionia; prigione *f.;* **prigioniero** detention, imprisonment; prison; prisoner

prima o poi sooner or later

primato supremacy, pre-eminence

primogenito first-born

principe *m.* prince

principio; da _____ **; in** _____ beginning; at first; at the beginning

privarsi to deprive oneself

privo without; deprived; devoid

procedere to advance, to proceed, to go on

processo process; investigation

proclamare to proclaim

procugino distant cousin

procurare di; procurarsi to try, to do one's best; to procure, to get

proda edge, side

prodezza bravery

prodotto product

produrre; prodursi to produce; to engage in

produttivo productive

profetico prophetic

profilo profile

profitto profit

profondo profound, deep

progettare; progetto to plan, project; plan, project

promettere; promesso to promise; promised

proibire to prohibit, to forbid

proletario proletariat

promessa; promesso promise; promised

promiscuità proximity, mixing

prontamente quickly, rapidly

propiziatorio propitiatory

proporre to propose

proposito subject

proprietario; _____ **terriero** owner; land owner

proprio one's own

prospettiva perspective

prossimo close

proteggere to protect

protendere to reach out, hold out or stretch out

proteso outstretched

protestare to protest

protesto cambiario protest of a bill of exchange

protettore *m.*, **protettrice** *f.* protector, patron

prova; provare; provarsi proof, trial, attempt, test; to attempt, to try (the effect of), to experience, to feel, to practice; to try, to attempt

proveniente *agg. part.*; **provenienza** coming (from); source, origin, provenance

provincia; provinciale, la province; secondary road (maintained by the province)

provvisoriamente temporarily

provvedere to provide

provvista supply, stock, provision

prudenza, per as a precaution

psicanalitico psychoanalytic

Pubblica Sicurezza police

pubblicare to publish

pubblicitario *agg.* advertising

pubblico public

pugno; pugna serrate *f. pl.* fist, punch, handful, fistful; clenched fists

puledro unbroken or wild colt

pulito *agg. part.* clear (of sky)

pulizia cleanliness

pungere to pierce or prick; to poke

punizione *f.* punishment

punta: a _____; alla _____ dell'alba; in _____ embroidered; at the first dawn; on the edge

puntare i piedi to dig in one's heels

punto point; spot, place; stitch

puntuale; *avv.* punctual; punctually

puntuto pointed, sharp

purché provided that, on condition that

puzza; puzzare stench, stink; to stink, to smell bad

quadrato square

quadriga chariot-like cart

quadro painting; picture; tableau

quadrupede *m.* quadruped

qualificare to call; to describe

qualunque any whatever

quanto: in _____; per _____ in that, in as much as; however much

quantunque although

quaresima Lent; fasting

quercia oak

querelo complaining, querulous

questore *m.* chief of police

questua house-to-house collection

questura police station

quietare to calm (down)

quieto quieto very calmly, very peacefully

quindi then, afterward

quinta theatre wing

quotidiano daily

rabbia; rabbioso anger, rage; angry, furious, raging

rabbrividire to shiver

raccattare to pick up (from the ground)

raccogliere; raccogliersi; raccoglimento to assemble, to gather (up); to reflect, to collect one's thoughts; concentrated attention

raccolta, raccolto harvest

raccomandare to insist on, recommend or request strongly; to warn or enjoin

raccostare la porta to close the door

racemo bunch of grapes

racimolare to put together, collect or gather

raddolcito *agg. part.* softened, assuaged

raddoppiare to increase, to become more intense

radicato *agg. part.*; **radice** *f.* deep-rooted, deep-seated; root, base, origin

radiolina *dim.* **radio** transistor radio

rado scattered, sparse

radrizzarsi sul busto to draw oneself up from the waist

radunarsi to gather, to collect

raffermare to strengthen

raggiante *agg. part.* radiant

raggio ray

raggiornare to become light (day) again

raggiungere to reach, to join; to catch up with

ragionare to talk; to argue

rame *m.* copper

ramicello *dim.*; **ramo** small branch; branch

rammarico regret, vexation

rammentare to remind

ramo branch

ramolaccia radish

randagio: andare _____ go roaming, roving

ranocchia heron

ranocchietto *dim.* **ranocchio** small frog

ranuncolo morning glory

rapina abduction; robbery

rapporto contact

rappresentante *m. & f.* representative

raschiatura scraping

rasente skimming, grazing, very close

raso shaved

rasojo (rasoio) razor

rassegnarsi to resign oneself

rassicurare to reassure

rassomigliare; rassomigliarsi to resemble; to resemble each other

rata; rateale *agg.* installment; installment

rattoppato *agg. part.* patched, mended

ravviarsi i capelli to smooth or rearrange one's hair

ravvolto *agg. part.* wrapped

razza race; stock; kind *pop.*

razzia raid

reale royal, regal

recarsi to go, to betake oneself

recidiva recidivism, lapse into crime

recinto di gioco playing field

reciprocamente reciprocally

reclamare to ask for; to claim

regalare to donate, to give or make (as) a gift

regale royal

regalo gift, present

reggere to bear, to withstand; to hold up or support; to carry

reggia royal palace, royal residence

registrare to record, to enter

regnante *m.* sovereign, ruler

regno kingdom

relazione *f.* report

reliquia relic

remare; remo to row; oar

rena sand

rendere to return, to give back, to render

rendita income

reparto department

replicare to reply

represso repressed, restrained

resistere to resist; to bear, to endure, to withstand

resoconto stenografico verbatim record

respingere to drive or push back; to repel

respirare; respiro to breathe; breath

restio reluctant

restituire to return or give back

resto, del moreover, besides

retorica rhetoric

retta: dare ——; prendere a —— to pay attention; to take in a boarder

rettangolare rectangular

riacquistare to get back, to re-acquire

riannodare to tie again

riarso dry, parched; burnt up

ribattere to reply, to retort

ribellarsi to protest, to rebel or rise against

ributtare to throw or hurl

ricadere to fall to, to come to; to be ascribed to; to fall upon; to hang over

ricamare; ricamo to embroider; embroidery

ricascare to fall again

ricavato proceeds, profit

ricchezza wealth, riches

riccio, ricciuto curly

richiamare; richiamarsi; richiamato *agg. part.;* **richiamo** to call back; to recall, to refer to; drawn; (warning) call

richiedere; richiesto to request, to require; asked for; required, demanded

riconoscere to recognize

ricordare; ricordarsi; ricordo to recall, to remind; to remember; recollection, remembrance, souvenir

ricorrere to recur, to come around again; to have recourse to

ricorso: fare —— a to have recourse to

ricusare to refuse

ridicolo ridiculous

ridosso, a sheltered, behind

ridotto reduced

ridurre to reduce

riempire to fill

rientrare to recede

riferire to report, to relate

rifiatare to breathe freely

rifiutare to refuse

rifiuto garbage

riflesso; *agg.* reflection; reflected

riflettere to reflect

riflettore *m.* spotlight

rifugiarsi; rifugio to take refuge or shelter; refuge

riga; in —— line, band, stripe, part (of hair); abreast

rigido extremely cold

riguardare to concern

riguardo: in —— a with regard to

rilasciare to release

rilevare; rilievo to point out, to underline the fact, to take over; prominence, relief, outline, attention

rimandare to postpone, to put off

rimbalzare to bounce; to ricochet

**rimedio; non c'è —— ** remedy; it can't be fixed

rimessa garage; stable; coach house

rimpatriare to return to one's native land

rimproverare to reproach, to criticize

rimuginare to turn over in one's mind

rincalcata downward pull

rincalzare to reinforce; to start up again

rincamminare to start walking again

rincasare to return home

rinchiuso *agg. part.* shut up, locked in

rincorrere to run after

rincuorare to give back hope

rinforzare to intensify

rinfrescare to refresh

ringhiera railing

rinnovare to renew, to change

rinovellare to renew

rinserrare to tighten

rintocco tolling; alarm

rinuncia; rinunciare renunciation; to renounce, to give up

rione *m.* district, section

riparato *agg. part.;* **riparo** sheltered, protected; shelter, protection

ripetere to repeat

ripiegare to fold up

ripigliare to start again

ripiano shelf

ripido steep, precipitous

ripiegato *agg. part.* bent

ripiombare to fall again heavily (like lead)

riportato *agg. part.* reported

riposare to replace or put back

riposo rest

riprendere; —— fiato; riprendersi to resume, to get back to, to reply; to catch one's breath; to recover

ripromettersi to expect, to count on, to hope

riprova confirmation, new proof

ripudiato rejected, repudiated

ripulire to clean (again)

risa; risata laughter, laugh; burst of laughter, laughter, laugh

riscaldarsi to warm oneself

risaputo *agg. part.* well-known

rischiarato *agg. part.* illuminated

rischiare; rischio to risk or run the risk; risk

riscuotere; riscuotersi to receive, to obtain; to rouse oneself, to come to

risentimento resentment

riserbare to keep, to reserve

risollevarsi to raise oneself again

risonare to resound, to echo

rispettare; rispetto to respect; respect

rispondere to face each other, correspond (of windows)

risposta reply, answer

rispuntare to reappear, to poke out again

risultare to emerge, to become clear

risultato result

risuonare to resound

risveglio awakening

ritardare; ritardatario to be late; late-comer

ritenuto *agg. part.* recognized

ritirare; ritirarsi to take back; to withdraw or retreat

ritmato; ritmo rhythmized, rhythm

rito ritual, rite

ritto upright, erect

ritrarre to withdraw

ritratto portrait

ritrovarsi to find oneself

rituale *m.* ritual

ritrovare to recover

riunirsi to gather, to meet

riva bank, shore

rivelare to reveal

riverberare to reverberate

riverenza bow

riverso on one's back, supine

rivolgere; rivolgersi to turn back; to apply, to address oneself

rivolo d'aria fresca breath of fresh air

rivoltella revolver

rivolto turned toward

rizzarsi to straighten up, to stand up straight

roba thing(s), kind of thing, goods, stuff, property

robusto vigorous, sturdy, robust

roccia rock

rodere to attack or eat away

rogazioni *f. pl. eccl.* rogations

rognoso scabby; dirty

romanticona *accr.* **romantico** overly sentimental

romanzo; _____ a dispensa; _____ di consumo novel; serial novel; popular novel

rombo booming, roaring, thundering noise

romito; romitorio hermit; hermitage

rompere to break

rondine *f.* swallow

ronzare to hum, to buzz

rosario rosary

rosato rosy-colored

roseo rosy, pink

rosicchiare to nibble; to gnaw

rossetto lipstick

rossigno reddish

rossore *m.* blushing, redness

rotocalco illustrated magazine, rotogravure

rotolare; rotolo to roll; bolt

rotondo round

rotto broken

rovesciare to overturn; to turn inside out or upside down; to dump

rovinarsi to ruin oneself

rozzo rough, crude

rubare to steal

rubizzo healthy-looking, florid, hale

rudezza roughness, harshness

ruggire to roar

rugiada dew

rullo drum roll or beating

ruota; ruotare wheel; to turn around

rupe *f.* cliff, rock

ruzzolare to tumble

sabbia; sabbioso sand; sandy

sacchetta *dim.* **sacca; sacchetto** *dim.* **sacco; sacco** bag for feeding animals grain; small bag or sack; sack

sacerdote *m.* priest

sacramentato *agg. part.;* **sacramento** consecrated; sacrament

sacrificarsi; sacrificio to sacrifice oneself; sacrifice

sacro holy, sacred

saetta; saettella *dim.* flash (of lightning), thunderbolt; bit

saggio prudent, sensible; wise

sagra feast of consecration of the church

saia da frate; saio monk's robe; robe

salato *agg. part.* salty

saldare; saldatura to solder, to repair or mend; joining

saldo firm, steady

salotto living room, parlor

salpare to weigh anchor

salsa sauce

saltare; _____ in mente (a); salto; _____ con la pertica to jump, to leap; to pop into one's head, to come over one; jump; pole vault

salume *m.* cold cut

salute malferma *f.* poor health

salvare; salvarsi to save, to preserve; to save oneself

salvia sage

sanare to mend or repair

sangue *m.;* **puro _____; sanguinare** blood; pure-blooded; to bleed

sanguisuga *f.* bloodsucker, leech

sano intact, whole

santuario sanctuary

sapa new wine boiled & condensed to use as a seasoning in cooking

sapore *m.* taste, flavor

saraceno Saracen

sarto; sartoretta *dim.* **sarta** tailor; seamstress

sasso stone, rock

satanasso devil

saziarsi; sazio to sate or satiate oneself; sated, satiated

sbafo, a free meal

sbagliare; _____ di grosso; sbagliato to make a mistake or an error; to make a big mistake; mistaken

sbalordito *agg. part.* stunned, dumbfounded

sbandierare to wave flags

sbarcare to disembark, to get off; to put ashore

sbarrare il passo a to block or bar one's way

sbatacchiare to slam

sbattere; sbattersi le ciglia; sbattuto *agg. part.* to beat, to flap or slap; to blink; tossed, shaken

sbieco: guardare di _____ to look angrily or scornfully

sbigottito *agg. part.* terrified; dismayed; timorous

sbilenco bow-legged

sbirciare; sbirciatina *dim.* **sbirciata** to (cast a sidelong) glance; short sidelong glance

sbirro policeman

sbocciare to blossom

sboccare; sbocco to come out (into), to lead (into); opening

sbornia drunken binge

sbottonare to unbutton

sbracare to fall down

sbraitare to bawl loudly

sbrigliato *agg. part.* unbridled, unchecked, set free

sbucare to emerge or come out

sbuffare to snort

scadenza expiration date

scagliare; scagliarsi alla gola to hurl, fling or throw; to throw one's arms around

scala; _____ a piola; scale rotanti *f. pl.;* **scaletta** *dim.* ladder; step ladder; escalator; small flight of stairs

scaldarsi to warm oneself

scalinata flight of steps, staircase

scalino step

scalpicciare; scalpiccio to tramp, to shuffle; tramping

scalpitare to paw; to trample

scalzare; scalzo to remove shoes or stockings, *fig.* to get rid of; barefoot

scambiare to exchange; to mistake one person for another

scamiciato *agg. part.* in shirt sleeves

scampanata peal, ringing

scandire to chant

scannare to slaughter, to butcher

scapare to worry, to rack one's brains

scapigliato *agg. part.* irregular; disorderly

scapitare to suffer loss

scappare, _____ via to flee, to run away, to escape

scapolare *m.* scapular

scaraventare to hurl, to fling

scaricare; scaricatore *m.* to unload, to empty; unloader

scarlatto scarlet

scarnebbiare *dial.* to fog or cloud over

scarparo street vendor of shoes

scarso poor, inadequate, slight, scant

scatenare to let loose

scatola box

scattare; _____ la testa to go off, to be released, to lose one's temper; to jerk one's head around

scatto; di _____ click, release; with a sudden movement, abruptly, suddenly

scaturire to arise, to spring from

scavalcare to climb or clamber over

scavare to dig

scellerato evil, wicked

scelta, a according to taste or preference

scemo half-witted

scempio havoc

scena scene

schedare to register, to process

schermirsi to ward or fend off

schernire to sneer or scoff; to ridicule, make fun of

scherzare to joke

schiacciare to squeeze, to press, to flatten

schiaffo slap

schiamazzo shouting, squawking

schiantare to burst, to shatter; to crush

schiarire to lighten, to grow brighter

schiena back

schiera; schierarsi; schierato *agg. part.* group; to draw up ranks, to deploy; lined up

schiudere to open

schivare to avoid, to shun

schizzare to spurt, to shoot, to dart

sciagura; sciagurato *agg. part.* misfortune, calamity; wretch, unfortunate one

scialbo dim, pale, faint

scialle *m.* shawl

sciame *m.* swarm

sciancato crippled

scindere to divide, to split

scintilla; scintillare spark; to sparkle or shine

sciocchezza stupid remark; foolishness

sciogliere; sciogliersi to untie, to undo; to dissolve, to melt, to break up

sciolto loose

sciopero; fare strike; to (go on) strike

sciorinare to spread out, to display

sciroppato in syrup

scivolare; scivoloso to slide, to run; slippery

scoccare to go off, to resound

scodella cup; bowl

scoglio rock, cliff

scolapasta colander

scolparsi to excuse or justify oneself

scommettere to bet

scompagno *agg. part.* mismatched

scomparire to disappear

scomporre to disarrange

sconciato *agg. part.* spoiled; marred

sconcio obscene, filthy

sconfidenza lack of confidence, distrust

sconfitto defeated

sconforto discomfort

scongiurare; scongiuro to avert or avoid; invocation, exorcism

sconnesso disconnected

sconosciuto unknown, strange

sconsolato *agg. part.* disheartened, saddened

scontrare to encounter

sconvolgere to upset

scopa; scopare broom; to sweep

scopo aim, purpose

scoppettoni *m. pl.* "mutton chop" whiskers

scoppiare; _____ a piangere; scoppio to explode, to burst out; to burst out crying; explosion, bang

scoppiettare to burst, to crackle

scoprire to uncover, bare or detect, to discover; to disclose

scorgere to perceive, to notice, to discern

scorno disgrace, shame

scorrazzare to raid, to make raids

scorrere to flow; to slide; to roll

scorta escort

scorticato *agg. part.* peeled

scosceso steep, precipitous

scostare to move aside or away from, to push aside; to leave

scotere *V.* **scuotere**

scottare to burn; to scorch

scovare to ferret out, to uncover

scricchiolio continuous creaking or grating

scritta notice, placard, sign, poster; writing, written words

scrollare to shake

scrosciare to pelt, to splash

scrupolo scruple

scrutare to scrutinize, to peer at

scudo shield

scugnizzo Neapolitan street urchin

scuotere to shake

scure *f.* axe, hatchet

scuro dark

sdegno anger, indignation

sdentato *agg. part.* toothless

sdraiarsi to lie down, to stretch out

sdrusciare to strike (a match)

seccare to annoy or bother

secchio pail, bucket

secco; _avv._ dry, dried, harsh; harshly, curtly

secolo century

sedano celery

sede *f.* seat, place; headquarters

sedere *m.* backside

sedile *m.* bench; seat

segnalare la mossa; segnale *m.* to signal the start (of a race); signal, bookmark

segnare; segnarsi; segnato *agg. part.;* **segno** to indicate, to mark; to cross oneself, to make the sign of the cross; scored; sign

segretaria secretary

segreto secret

seguitare to keep on, to continue

seguito; di _____ retinue; in a row

selciare to pave

sella; sellare; sellino saddle; to saddle; nose-piece of glasses

selvaggio savage, wild, primitive

selvatico wild

se mai if anything

seme *m.* seed

sementa seed

semicerchio semicircle

seminato; *agg. part.* planted field; scattered

seminudo half-naked

semivestito half or partially undressed

semmai if for any reason

sempreché provided that

senese Sienese

seno breast

sensale *m.* agent, broker

sentenza maxim, aphorism

sentiero path

sentinella sentinel

sentirsela to feel up to

senz'altro in fact, indeed, definitely

sepolcrale sepulchral

sequela succession, sequence

sequestrare; sequestro to sequester or imprison; confiscation, seizure, false imprisonment

serbare un segreto to keep a secret

sereno (of the sky) clear, cloudless

sergente *m.* sergeant

serio, sul; seriosamente in earnest, seriously; seriously

serpeggiare to wind, to meander

serpente *m.* snake

serra greenhouse

serrare le fila; serrato *agg. part.* to close ranks; close set

serratura lock

serva; servetta *dim.;* **servo** servant *f.;* young servant; servant *m.*

servizio service

seta silk

setola bristle

settore *m.* section

sfaccendare to stay busy, to bustle

sfarsi di to get rid of

sfavillare to be radiant, to sparkle, to shine

sferuzzare to sit and knit

sfilare to take out, to slip out or off; to march in parade

sfiorare to touch lightly, to graze or brush, to caress

sfogarsi to give vent to one's feelings

sfoggiare to show off or flaunt; to display

sfollare to disperse, to break up

sfondare to break through the bottom (of), to burst (through)

sforzarsi; sforzo to force oneself; effort, attempt, exertion

sfregiato *agg. part.* disgraced *fig.*

sfuggire to escape; to let slip

sfuggita, di fleetingly

sfumare to vanish or disappear

sgabello stool

sgabuzzino storeroom

sgarrare to err

sgelo thaw

sghinare to sneer, to laugh derisively

sghignazzare to laugh scornfully, to guffaw

sgocciolante *agg. part.* dripping

sgomentare; sgomento *agg. part.* to alarm, to terrify; dismayed, discouraged

sgorbio scrawled; crossed out

sgorgare to flow

sgranare bestemmie to utter a string of curses

sgretolare di denti *m.* gnashing of teeth

sgridare to reprimand, to scold

sgualdrina slut, whore

sguardata glance, look

sguardo; ——— fisso; gettare uno ——— glance, look, expression; stare, staring; to glance

sguinzagliare to unleash

sibilare; sibilo to rustle; rustle, hiss, whistle

sicano Sicilian

sicurezza assurance, certainty, assuredness

siepe *f.* hedge; wall, barrier

sigaretta cigarette

sigaro cigar

sigillato *agg. part.* sealed

Signore *m.* God, Lord

sillaba syllable

simile similar; such

simmetria symmetry

simpatia congeniality, pleasantness

simulacro simulacrum, shadowy likeness

sindaco mayor (elected)

singhiozzare; singhiozzo to sob; sob

singolare odd, peculiar, singular

sinistro sinister

s'intende it is understood

sirena siren

siriaco Syriac

sistemare to settle, to arrange

sito place, spot, site

slanciarsi to hurl oneself

slogare to dislocate

slombato *agg. part.* worn out, exhausted

sloveno Slovene

smaccato *agg. part.* excessive, nauseous

smaltato *agg. part.;* **smalto** enamelled; enamel

smania; smaniare longing, yearning; to be restless (with desire)

smantellare to dismantle

smarrirsi; smarrito *agg. part.* to go astray; bewildered, confused, lost

smesso; smettere cast-off; to leave off, to stop

smontato *agg. part.* dismantled, taken down

smorfia grimace

smorzare to reduce; to muffle

smunto wan; limp

snobbistico-mondano fashionable in high society, snobbistic-mundane

snodare; snodarsi to untie, to loosen; to untangle

sobbalzare to bounce

sobborgo suburb

sobriamente moderately, temperately

socchiudere to half open or close

soccorrere; soccorso to help or assist; assistance, help

socio partner

soddisfatto *agg. part.* satisfied, pleased

sofferenza suffering

soffermarsi to pause for a moment, to linger

soffiare; soffio to blow; blowing

soffione *m.* jet of boiling steam

soffitto ceiling

soffrire to bear or endure, to stand

soggezione, mettere (in) to awe; to intimidate

soggiorno living room

soggiungere to add, to say in addition

soglia threshold

sognare; sognarsi; sogno to wish; to imagine, to dream; dream

solcare to sail the seas

solco furrow

soldato soldier

soldo coin of small denomination, *fig.* penny, cent

soleggiato *agg. part.* sunny, bright

solenne solemn

solere; imp.; to be accustomed or wont; to usually happen or occur

solitario solitary, lonely, alone

sollecitare to urge or press

sollevare; sollevarsi to lift, to raise; to rise, to get up

solleone *m.* dog days

solo *avv.* only

somigliare to resemble

somma sum; total amount (to be paid)

sommesso subdued, low

sommo top

sommuovere to stir

sonare to strike

sonnecchiare to doze, to nod off

sonnolente drowsy, somnolent

soppesare to weigh in one's hand

soppiatto, di stealthily

sopportare to endure, bear, withstand, or tolerate

sopra over, above

soprabito coat

sopracciglio eyebrow

sopraggiungere to come along, to turn up, to arrive

soprammobile *m.* knick-knack, ornament

soprannome *m.* nickname

soprassalto sudden alert; jolt

sopravvenire to come up, to arrive

sorba sorb-apple

sordo; *agg.* deaf man; low, stifled

sorgente *f.;* **sorgere** spring; to rise, to emerge

sornione *m.; agg.* sneak; sly, crafty

sorpassare to pass, to overtake

sorprendere; sorprendersi; sorpresa to surprise; to be surprised, to catch oneself; surprise

sorretto supported

sorridere; sorriso to smile; smile

sorsata drink, mouthful, gulp

sorta kind, sort

sorte *f.;* **mala** _____; **tirar la** _____ fate, destiny, lot, luck; bad luck; to tell (one's) fortune, to predict the future

sospendere to suspend

sospettare; sospetto; *agg.;* **mettere in** _____; **sospettoso** to suspect; suspicion; suspicious, suspect; to make suspicious; suspicious

sospirare; sospiro to sigh; sigh

sosta, sostare pause, lull, stop; to stop, to pause

sostanza; in _____ substance; in conclusion, to sum up

sostare to stop or halt, to pause

sostenere; sostenitore *m.* to hold up, to support, to uphold, to sustain, to maintain; supporter

sostituire, sostituirsi to replace

sottaceto pickle

sottana skirt

sottile thin, fine

sottolineare to underline

sottomano at hand, within reach

sottomettersi to submit oneself

sottoporsi to subject oneself

sottoscala small room under a staircase

sottostante below

sottoterra in the ground

sottovoce in a low or soft voice

sottrarsi to escape from, to evade

sovente often

sovraccarico overloaded

sovrapposto one on top of the other

sovrastare to dominate, to lie (high) above

spaccare; spaccatura to crack, to break open; split, splitting

spada sword

spago string

spalancare to open wide

spalla; alle spalle; con le spalle girate; di spalla; divertirsi alle spalle di (qualcuno) shoulder, back; behind, at one's back; with one's back turned; from the back; to amuse oneself at someone's expense

spalliera back

spallucciata shrug of the shoulders

spalmare to smear

spandere to spread

sparare to shoot

sparecchiare to clear a table

spargere to spread, to scatter

sparire to disappear

sparo explosion, detonation

sparpagliarsi to scatter, to spread out

spartire; da _____; **spartirsi** to divide, to separate; in common with; to divide one's attention

spasso; andare a _____; **portare a** _____ amusement; to go for a walk; to take for a walk, to make fun of

spaurito *agg. part.* frightened

spaventato *agg. part.;* **spavento; fare** _____; **spaventoso** terrified, frightened; terror, great fright; to frighten; terrible, alarming

spaziale; spazio spatial, space; space, area

spazzare; spazzino to sweep; street sweeper

spazzolone *m. accr.* **spazzola** mop

specchiare; specchiarsi; specchietto *dim.* **specchio; specchiettino** *dim.;* **specchio** to reflect; to be reflected; small mirror; rear view mirror; mirror

specie *avv.* especially, particularly

spedizione *f.* expedition

spegnere; spegnersi to put out; to fade, to go out or be extinguished, to vanish

spento *agg. part.* finished, spent, worn out

speranza hope

sperduto out-of-the-way, secluded

sperone *m.* spur

spese, fare to shop

spesso dense, thick

spettorato *agg. part.* bare-chested

spezzare to shatter, to break (to pieces)

spia; spiare spy; to watch, to spy on

spiaggia beach

spianare to stretch out

spiazzo clearing, open area

spiccare: _____ **la corsa;** _____ **un salto** to start running, to take off running; to take a leap

spicchio sliver, slice, section

spicciolo small change

spiga ear of corn

spigolare to glean

spillo pin

spingere; spingersi; spingi spingi *m.* to push; to venture; to push forward; pushing and shoving

spinta; spintone *m. accr.* push, shove; hard push

spiraglio peep hole

spirare to expire, to breathe one's last

spiritato *agg. part.* crazy, possessed by an evil spirit

spiritoso witty

splendere to shine, to sparkle

spogliare; spogliatoio; spoglio to dispossess, to strip, to undress; dressing room; stripped

spolpare to strip of flesh

spolverare to dust, to brush (off)

sponda side

spontaneo spontaneous

sporco dirty

sporgenza; sporgere; sporgersi projection; to jut out or stick out, to stretch or reach out; to lean over

sportello car door

sposa bride, wife

spostare to move

sprazzo flash

sprecare to waste

spremere to squeeze (dry), to press

spretarsi to leave the priesthood

sprezzante contemptuous, disdainful

sprizzare to spurt, to fly like sparks

spruzzare to splash

spulciare to deflea

spumante *m.* sparkling wine

spuntare to come through, to appear, to emerge; to overcome, to win or succeed *fig.*

sputare; sputo to spit; spit

squadra team

squadrare to look at squarely

squarciagola, a at the top of one's voice

stabile *m.* building

stabilire; stabilirsi to establish; to settle, to establish oneself

stabilimento establishment

staccare; staccarsi; staccato *agg. part.* to detach, remove, pull or pick off or out, to take down; to move away or withdraw, to break away; separated

staccio sieve

stagnare; stagno to tinplate; tin

stalla; stalletta *dim.* stall, stable, cowshed; small pigsty

stamberga hovel

stambugio dark little room

stampato *agg. part.* imprinted, impressed

stancarsi to become or grow tired

stanga temple (of eyeglasses)

stantuffo plunger, piston

stanzino *dim.* stanza cubicle, tiny room

stappare to uncork

starnazzante *agg. part.* fluttering, flapping

statura height

stavolta this time

stecca small stick

stella; stellato *agg. part.* star; starlit, starry, stellate

stelo stalk; spike

stemma *m.* coat of arms

stendere; stendersi to spread, to stretch out; to lie down, to stretch out, to extend, stretch or spread

stento; a ——— stunted, difficulty, effort; barely, hardly, with difficulty

sterpo twig; shoot from a dead stump

sterrato *agg. part.* dug out, excavated

stilla drop

stimare to appraise

stinto faded

stipato *agg. part.* filled to overflowing, jammed

stirpe *f.* extraction

stipendio salary

stizza; stizzirsi; stizzoso anger, irritation; to become angry; petulant, irritable

stoccata stab, dagger thrust

stoffa fabric, material

stola stole

stoppia; stopposo stubble; stringy

stordito *agg. part.*; storditaggine *f.* bewildered, stunned; mistake, stupid action, folly

storie, fare to make a fuss

stormire to rustle

stornare to ward off, to divert

storpio crippled

storto; gli occhi storti twisted, crooked, deformed, bent, curved; cross-eyed

strabiliante amazing

stradone provinciale *m.* county road

stralunato *agg. part.* staring wildly, with rolling eyes

strame *m.* straw

strangolare to strangle

straordinario extraordinary, special; extra

strano strange

strappare; ——— gli occhi to pull or rip out, off or away, to snatch; to gouge out one's eyes

strapazzo fatigue

straripare to overflow

strascinare to drag along the ground

strattone *m. accr.* stratta violent pull

stravolto agitated, convulsed

straziante *agg. part.*; strazio heart-rending; torment, havoc

strega witch

stremato *agg. part.* exhausted, drained

stretta; strettamente hold, pressure; tightly

stretto; *avv.* narrow; (tightly) closed or clenched

stridere to screech, to rasp

stridulo shrill, strident, piercing

strillare to scream, to shriek

striminzito *agg. part.* stunted

stringere; stringersi; ——— nelle spalle to squeeze, to press, to tighten, to bring closer; to draw closer together; to shrug one's shoulders

striscia band, stripe

strisciare to shuffle, to drag

strisciolina *dim.* striscia thin strip

striscione *m.* banner

strizzare; ——— l'occhio to squeeze, to wring; to wink

strofinaccio dish towel; cleaning rag

strofinare to rub

stroncare to smash

stropicciare to rub

struggersi to be distressed, to languish; to be consumed

strumento instrument

studentesco *agg.* student

stufa stove

stuoia mat

stuolo troop, flock, swarm

stupefatto *agg. part.* stupefied, astonished

stupendo stupendous

stupire; stupirsi to amaze or astonish; to be amazed or astonished

stupore *m.* amazement, astonishment

su!; fare ———; ——— per giù come! come on!; to earn; more or less

subalterno subordinate, subaltern

subconscio subconscious

subire to undergo

successivo; successivamente next, following; afterward, subsequently

succhiare; succhiarsi to drink in, to suck in; to swallow

succoso juicy

sucido *V.* sudicio

sudario shroud

sudare; sudato *agg. part.* to perspire; bathed in perspiration

sudicio dirty, filthy, foul

sudore *m.* perspiration

suggerire to advise, to suggest

suicidio suicide

sul serio seriously

suocera mother-in-law

suolo ground, soil

suonare a morto; ——— nuovo to ring a death knell; to be heard for the first time

suono sound

suora nun, sister

superare to overcome, to get the better of

superbo splendid, superb

superno divine, supreme

superstizioso superstitious

supino supine, also *fig.*

supplica; supplicare; supplichevole petition; to beg, implore or entreat; imploringly

supplizio torture

supporre to suppose

suscitare to provoke, to give rise to

susseguirsi to follow one another

sussidio subsidy, aid

sussulto; avere un _____ jump, start; to give a start

sussurare to whisper

svanire to vanish, to disappear

svantaggiato at a disadvantage

sveglio awake; clever, quick-witted

svelare to reveal, to disclose

svelto; *avv.* smart, quick-witted; briskly, rapidly

svendere to sell off (below cost)

svenire to faint, to lose consciousness

sventolarsi to fan oneself

sventura bad luck, misfortune

svincolarsi to release or free oneself

svitare to unscrew

svolazzare to fly, to flutter

svolgere; svolgersi to complete, to carry out; to take place, to occur, to unfold, to unroll, to develop

svolta turn, turning

svolto bend

tabaccheria; tabacchi tobacco shop

tabernacolo tabernacle

taccagnare *dial.* to squabble, to argue

tacco heel of a shoe

taccuino note book or pad

tacere to be silent, to remain silent

tacitare to pay a debt

taciturno taciturn

tagliapietra *m.* stone cutter

tagliare; taglio to cut; cut

taluno someone

talvolta sometimes, at times

tambureggiare to rattle

tamburo drum; cylinder

tana den, lair, hole

tanaglie *f. pl* pliers

tanto: di _____ **in** _____ every once in a while, every now and then

tappato *agg. part.* plugged, stopped-up

tarchiato sturdy

tardare to delay, to be late

tartaruga turtle, tortoise

tasca; taschino del gilet *dim.*, **taschino del panciotto** *dim.* pocket; vest pocket

tascapane *m.* small haversack

tassa tax

tastare to touch

tasto button, key

tastoni, a feeling one's way, groping

tavola di legno board, plank

tavolozza palette

tegola (roof) tile

tela canvas; linen

temere to fear

tempesta; tempestare di colpi; _____ **di pugni** storm, tempest, shower; to shower with blows; to beat or pound with the fists

tempia temple

tempo, fare a to be quick enough

temporale *m.* storm, thunderstorm

temuto *agg. part.* feared, dreaded

tenda curtain

tendere to hold out, to stretch out

tendina curtain

tenebre *f. pl.* shadow, dark, darkness, gloom

tenente *m.* lieutenant

tener conto di to bear in mind, to take into account

tener duro to hold firm, to hold a tight rein

tenerezza; tenero tenderness, affection; tender, soft, gentle, affectionate

tentare; tentativo to attempt, to try, to tempt; attempt

tentazione *f.* temptation

tergo back

termine *m.* end

terra soil, earth

terragno ground-level

terraneo ground-floor flat

terrazzino *dim.*; **terrazza** small balcony; terrace

terrazzo terrace

terreno soil, ground, land

terrestre earthly

terriccio *dim.* **terra** loam

terrigno earthy

terrorizzare to terrorize

teschio skull

tesi *f.* thesis, proposition

tesoro treasure, darling

tessera identity card

tessuto fabric, material

testamento will, testament

testata nucleare nuclear warhead

testimone *m. & f.* **testimoniare; testimonio** witness (person); to bear witness; witness

tetro gloomy, dismal, dark

tetto roof; ceiling

timore *m.* fear

tinello breakfast room, (small) dining room

tingere to dye, tint or color

tino tub

tintinnare to jingle, clink or tinkle

tintura di iodio tincture of iodine

tiracarrette *m.* cart puller

tirare; _____ **delle legnate;** _____ **fuori** to pull; to hit hard, to deal strong blows; to take or pull out

tiro firing, shooting; throw, shot

titolo title

toccare; _____ **a** to touch; to be one's turn, to fall to (the lot of), to befall

tocco; *agg.* hat; screwy, touched

togliere to remove, to take off

tomba tomb

tonaca tunic, habit (clerical)

tondo, in (all) around

tonfo thud, noise

topo; topolino rat; mouse

torbido troubled, confused

torcere; _____ **la bocca; torcersi dalle risa** to twist; to make a wry mouth, to grimace; to split one's sides laughing

torchio press

torinese Turinese

torno torno all around

toro bull

torrente *m.* stream

torroncino *dim.* **torrone** *m.* small nougat candy with toasted almonds

torta cake

tortura torture

torvo surly; grim

toscano Tuscan

Toson d'Oro *m.* Golden Fleece

tosse *f.:* **un colpo di** _____ a fit of coughing

totalizzare to add up, to count (all together)

tovaglia tablecloth

tozzo; *agg.* bit, morsel; squat, stocky

traboccare to overflow

traccia; tracciare mark, trail, trace; to draw, to map out, to write

tracolla: a _____ (worn over the) shoulder

tradimento; a _____ **; tradire; traditore** m. betrayal; treacherously; to betray; traitor

trafficante m.; **trafficare; traffico** trader, dealer; to deal, to do business; trafficking

trafugare to steal, to slip off with

trainare to drag

tramonto sunset

tranello, tendere un to lay a trap

transfuga fugitive

trapano drill

trarre to draw (from), to take out; to obtain

trasalire to (give a) start, to jump

trascinare to drag, to pull

trascorrere to pass, to move or run over or through, to go around

trasferirsi to move

trasformare to transform

trasognato dreamy, lost in reverie

trasportare to transport, to carry, to transfer

trasudare to ooze out

trattare; trattarsi di to treat, to negotiate or deal; to have to do with; to be a matter or question of

trattenere to detain, to hold back

tratto; agg.; **di** _____ **in** _____; **d'un** _____, **tutto ad (tutt'a) un** _____; **a tratti** distance, stretch; dragged, pulled; every now and then; suddenly; in places

trave m. beam, rafter

traversa corner, turning

traversare; traversata to cross; crossing

traverso, per the wrong way, awry

trazzera dial. track or path made by constant passing of sheep

treccia tress

tregua respite; rest

tremare to shake, tremble or quiver

tremendo tremendous; terrible

tremito tremor, trembling

tremolante agg. part. trembling, quivering

trepestio trampling sound

trepidante agg. part. anxious, trembling

trespolo; scherz. support; rickety old cart

triangolo triangle

tribuna bleacher, stands

trinuccia dim. **trina** small edge or band of lace

trionfale; trionfo triumphant; triumph

tripode m. tripod

trisnonno great-great-grandfather

tristezza sadness

tromba trumpet

trombettiere m. trumpeteer

tronco trunk

trottola top

trucco trick

truffatore m. swindler, cheat

trugolo trough

tu: a _____ **per** _____ face to face

tubetto dim.; **tubo;** _____ **aspiratore** small tube, vial; tube; vacuum tube

tuono (roar of) thunder

turbare to disturb, to trouble

turno, a in turn

tuta overalls

tutt'altro anything but, just the opposite

tuttavia nevertheless, all the same

tutto quanto the whole, all (of it)

tuttora still

ubriacone m. drunkard

uccello; _____ **-mosca** bird; hummingbird

uccidere; uccidersi to kill; to kill oneself, to commit suicide

udienza hearing; trial

udire to hear

ufficiale; agg. officer; official

uggiolare to howl, to whine

uguaglianza; uguale equality; equal

uliva (oliva) olive

ulivo olive tree

umanitario humanitarian

umido; in _____ damp, humid, wet; in a casserole

umile humble

umiliazione f. humiliation

umore m. mood, humor

uncino; a _____ hook; in circles

ungere to oil or grease

ungherese Hungarian

unghia fingernail

unguento ointment, unguent

unto; agg. grease; oily, greasy

uragano hurricane

urgenza urgency

urlare; urlo to shout, yell or scream; shout, yell, howl, scream

urtare; urtato agg. part. to bump into or against, to jostle; irritated, annoyed

usanza; usare custom, usage; to use, to be accustomed

usciere m. bailiff; doorman

uscio doorway, entrance

uscita exit; statement, remark

uso custom; use

usuraio usurer, money lender

utile useful; for the purpose of

uva; _____ **passa** grape; raisin

vagare to wander or roam

vagheggiato agg. part. longed for, desired

vago vague

vagone m. wagon

valigia suitcase

vallata plain, wide valley

valle f. valley

valoroso outstanding

valutare to appraise

Vangelo Gospel

vano; agg. window opening; vain

vantaggio advantage

vantare; vantarsi to boast of, to vaunt; to boast

vaporare; vaporoso to give off vapor; transparent

varcare; varco to pass or go through; opening

variare; vario to vary; various, several

variopinto many-colored

vasetto dim.; **vaso** small vase; pot, jar, jug

vassallagio vassalage, subjection

vasto spacious, large, vast

vece: in _____ **sua** in his place, acting for him

vedova widow

vegeto thriving, flourishing

veglia; andare a _____ wakefulness; to go to spend the evening hours

velato agg. part. veiled, closed

veleno; velenoso poison; poisonous

veloce avv. rapidly

velloso fleecy, shaggy

velluto velvet

velo veil

vena; venato agg. part. vein; veined

vendemmiare to harvest grapes

vendicarsi to revenge oneself, to take revenge

vendita; in _____ sale; on sale

venditore m.; _____ **ambulante** m. vendor, seller; pedlar

veneto from the region of Venice

ventoso windy

ventre *m.* abdomen, belly; interior, inside

ventura fortune

venturo next

verbale *m.* written report, record

verdastro greenish

verdeggiante *agg. part.* green

verdolino greenish

verdone deep green

verdura vegetables; salad greens

vergogna; vergognarsi; vergognoso shame; to be ashamed; shameful

verminare *dial.* to see (worm-like) spots (floaters)

vernice *f.* polish

vero e propio real, honest-to-goodness

verone *m.* balcony, loggia

versare; ____ all'alba; ____ una lagrima to pour (out); to face east; to shed a tear

verso; fare il ____; *prep.* way; to imitate; toward

vertigine *f.* dizziness, vertigo

vescovo bishop

vespa wasp

vesta *pop.* **(veste)** garment, clothing, attire

veste *f.;* **vesticciuola** *dim.* dress; little dress

vetrina store window; glass front

vetro glass; glass (window) pane

vetta peak, summit

via; per ____ di; via via away; because of, on account of; as time goes on; as soon as, as fast as

viale *m.* avenue, boulevard; shaded path

viandante *m.* passer-by; traveller, wayfarer

vicenda event, happening; affair

vicinato neighborhood

vicolo lane, narrow street, alley

vigilare to keep watch, to keep under observation

vigile urbano city policeman

vigilia eve, evening before

vigliacco coward, bully

vigna vineyard; grapevine

vigneto vineyard

vigoroso vigorous, strong

villano peasant, countryman; boor, rustic

vincere; vincitrice *f.* to win; winner

vinto overcome

viola *indecl.;* **violaceo** *agg.* violet; violet, purple

violenza *leg.* act of violence

viottola country lane, footpath

viottolo track, footpath

virtù *f.* merit, worth

viscere *pl. pop.* viscera, guts

viso face

vista view, sight

visto visa

vita waist

vite *f.* grapevine

vitello calf

vitreo glassy

vittorioso victorious

vivace brightly colored

vivanda food

vivamente strongly, intensely

vociare *m.* shouting

vocione *m. accr.* **voce** loud voice

voglia desire, wish

volare; volo to fly; flight

volere: ____ bene a; ____ volerci; ____ male to love; to be needed, to be necessary; to wish (one) ill

volgere; volgersi to turn; to approach, to turn to, to turn around

volo flight

volontà will

volpe *f.* fox

volta turn

voltare; voltarsi to turn over; to turn (around)

volte, a sometimes

volto face

vongola clam

vorace voracious

vorticare to whirl

vossignoria *pop.* sir; your Excellency

vuotare; vuoto to empty; emptiness, void

zafferano saffron

zampa; zampetta *dim.* animal paw or foot; tiny animal paw or foot

zampillare; zampillo to gush forth; gush, jet

zampogna; zampognaro rustic bagpipe, shepherd's pipe; piper

zappa; zappare hoe; to hoe, to dig

zaurro *dial.* roughly or rustically boorish or uncivil

zingaro gypsy

zitella unmarried girl, spinster

zitto; star ____ quiet, silent, still; to be silent

zizzania discord

zoccolo hoof

zolfataro; zolfo sulphur mine worker; sulphur

zoppo lame

zucca squash

zuppo soaked, soaking wet

Appendice
Letture Supplementari

Curzio Malaparte (1898–1957)
Renata Viganò (1900–1976)
Libero Bigiaretti (1906–   )

Dino Buzzati (1906–1972)

Mario Soldati (1906–   )

Elio Vittorini (1908–1966)
Tommaso Landolfi (1908–1977)

Giovanni Guareschi (1908–1969)

Giuseppe Dessí (1909–1977)

Ennio Flaiano (1910–1972)
Pier Antonio Quarantotti Gambini
  (1910–1965)
Giorgio Bassani (1916–   )
Carlo Cassola (1917–   )
Mario Tobino (1910–   )

Anna Maria Ortese (1915–   )

Elsa Morante (1918–   )
Michele Prisco (1920–   )

Giovanni Testori (1923–   )
Antonio Tabucchi (1943–   )
Elio Vittorini e Italo Calvino
a cura di Antonio Baldini (1963)
a cura di Luigi Silori (1963)

DONNA COME ME
ARRIVA LA CICOGNA
L'UOMO CHE MANGIA IL LEONE
LA SCUOLA DEI LADRI
UCCIDI O MUORI
SESSANTA RACCONTI
IN QUEL PRECISO MOMENTO
I RACCONTI
55 NOVELLE PER L'INVERNO
PICCOLA BORGHESIA
RACCONTI
UN PANIERE DI CHIOCCIOLE
MONDO PICCOLO: DON CAMILLO
MONDO PICCOLO: DON CAMILLO E IL SUO
  GREGGE
LA SPOSA IN CITTÀ
RACCONTI VECCHI E NUOVI
LA BALLERINA DI CARTA
I RACCONTI
LE REDINI BIANCHE
GIOCHI DI NORMA
CINQUE STORIE FERRARESI
IL TAGLIO DEL BOSCO
LA GELOSIA DEL MARINAIO
L'ANGELO DEL LIPONARD
PER LE ANTICHE SCALE
IL MARE NON BAGNA NAPOLI
I GIORNI DEL CIELO
LO SCIALLE ANDALUSO
LA PROVINCIA ADDORMENTATA
FUOCHI A MARE
I SEGRETI DI MILANO
IL GIOCO DEL ROVESCIO
IL MENABÒ DELLA LETTERATURA
NUOVI RACCONTI ITALIANI I
NUOVI RACCONTI ITALIANI II